水經注

四部備要

史部

上海中華書局據長沙王氏合校本校刊

桐鄉　陸費逵總勘
杭縣　高時顯
　　　吳汝霖輯校
杭縣　丁輔之監造

序

少時讀漢書地理志驚歎以爲絕作惜其上溯古蹟旁羅水道宏綱已舉細目未賅雖爲書之體固然而於探奇者古之懷猶歉然弗愜也嗣讀酈善長水經注深美其用意足輔班氏所不逮蓋班之志水撮舉終始而所過之地從略酈則於漢世郡縣端委弅包曲折貫串旁引支流以千數百計使後之披渠訪瀆者一展卷而如案古圖書班之志地根據經籍俾三代以來之要典不至放失無稽酈尤因地致詳元魏以上故事舊文皆可攷求而得實其繁簡雖異精思實同洵乎閱覽之山淵方輿之鍵轄也已夫地無古不立水非地不章酈氏爲書之指在因水以證地而即地以存古是故遷

貿畢陳故實駢列世或訾其好奇騁博及視爲詞章所取資雖謂於地理之學槪未有聞焉可也今非無顯疏水道之書以校彼優絀果何如哉余耽此三十年足跡所至必以自隨考按志乘稽合源流依注繪圖參列今地兼思補證各史關涉水地事蹟及經注未備各水爲之作疏人事牽率懼不獲卒償斯願曾用官校宋本參合諸家輯爲一編久藏篋笥先授梓人以質海內之好讀是書者而推論其要義如此至合校之微意則備具例略中

例略

一校官本（四庫提要稱官校宋本）乾隆中裒集永樂大典就所引水經注排比原文鉤稽近本

武英殿聚珍板印行其後蘇州福建皆有刊本茲

取用互校與朱趙同者列爲正文而雙行標注異文於下以袪歧惑當時校上此書出戴震東原之手戴氏號稱究心酈亭之學自有刊本行世預修四庫全書以乾隆三十九年校上此本見官本案語而趙氏之書先成於乾隆十九年見趙本自序至五十一年丙午始謀鋟板見趙本畢序其流布反在官本之後世罕覯大典元文見戴校與趙悉合疑爲弋取然

聖明在上忠正盈廷安有此事且書中增補刪改多至七千餘字既著之案語中其訂正各條明注本文之下並非盡出大典是纂修時或旁攷羣書或獨伸己見亦未嘗隱而不言也趙氏覃精極思旁搜廣證合契古籍情理宜然特以數十年考訂苦心一旦爲中祕書所掩因之俗論滋紛今於官

本案語下並列趙氏所釋及刊誤各條俾讀者知右文盛世祕籍應運而呈奇而鴻生稽古之功亦不至聽其湮沒庶因兩美之合以釋千載之疑諸家聚訟若段玉裁茂堂（見經韻樓集）魏源默深（見周壽昌思益堂日札）張穆石舟（見近刻全校水經注附錄中兼言畢秋帆尚書索趙書於一清子載元載元恐父書不當畢意以巨貲購謝山本合併修飾此則過信無稽不通情理之言殊為無識）各執一詞存而不論可也

一校朱本明中尉朱謀㙔鬱儀所箋趙氏本之以作刊誤者也朱氏之前水經注本著稱者有二一黃省曾刻於嘉靖甲午一吳琯刻於萬歷乙酉朱氏復與其友謝耳伯孫無撓葦商榷校讎以成此書萬歷乙卯齊安李長庚序而刻之崇禎己巳竟陵譚元春鍾惺等加以評點重刻之所載箋語頗有異同至趙氏稱真州鏤板竊朱箋為己有者（見趙附錄）

今未得見有新安歙西黃晟曉峰者於乾隆十八年癸酉刻水經注前列歐陽玄黃省曾王世懋朱謀㙔李長庚五序文皆見趙附錄自跋云爰取舊本重爲校刊而不著其何本書中校語大氏與朱箋合豈卽趙所稱邪自來論朱箋者褒貶互見其攷訂誠爲未精然引證故實以輔注文厥勞甚鉅黃梨洲訾其無所發明未爲確論近因戴趙啓爭疑議蠭起至有謂朱箋尚存眞面遠勝二家改訂者此則全未讀書之言也今於趙氏刊誤所引外全錄箋語以資蒐討譚黃二本所載容有宅人羼入者不復加以區別矣

一校趙本趙讀酈書首爲之釋列於卷中存朱氏之是彌酈亭之違其朱箋謬者削之漏者補之別

爲刊誤十二卷今併散入正文下俾讀者開卷瞭如易於尋究酈注字分大小發自全氏而趙因之條理分明茲特參用其例家藏本冊面題籤水經注釋大字卷某之某小字後十二卷水經注朱箋刊誤大字卷某之某小字刻畫精善極爲我友繆筱珊朱蓉生兩太史所鑒賞眞最初本也別有舊藏一部字句增損竄易往往同符官本蓋出後來刊改頗失趙書面目故茲校一以初本爲主惟八卷濟水篇有漢司隸校尉魯恭冢下釋曰金石錄跋尾云魯峻碑其他云云改曰金石錄魯峻碑跋尾云嘗得石室所刻畫象與延之所記合其他云云增多十四字又文字分明下釋曰一牓鈴下二字二十餘騎删二字兩字後有騑馬二匹牓曰持騑馬删牓曰持騑馬及下又字次橫牓曰薦士一人删牓曰二字又騑史僕射二騎删又字蓋闕里之先賢也字而不名删字而不名四字與史家異同(缺二字)字不能次以爲兩魯張史記作申棠家語作申續檀弓以申詳爲顓孫子張之(缺二字)地云云删上缺二字三字移家不能次以爲兩於地字之上客拜侍於前後者六人侍者四人並删人字皆駕以一馬删以字鮮明卒上增有字朱浮墓畫象墓下增壁字十六卷穀水篇世謂之紵麻澗下釋曰此句是善長所增加改曰此句是連引郭璞注三十八卷資水篇縣故昭陵也下釋曰漢表作洛陽今湖南寶慶府東北五里有洛陽山蓋以侯封得名即前漢之昭陵云云改曰漢表作路陵路洛古通借校獵賦虎路三嵏晉灼曰路音洛然疑史漢表誤昭陵云云此四條有裨考訂附記於此刊誤間有增改無關要義不錄至若猶爲由邪爲耶已爲以克爲剋侵爲寖升爲昇

德爲悳懷爲褱隙爲隟累爲纍臘爲臈喜爲憙懸爲縣雛爲雍燕爲鷰蛇爲虵豲爲獂藕爲蕅綠爲淥虛爲墟野爲壄淀爲澱嶺爲領嵎爲隅岡爲罡隥爲磴崖爲厓嶂爲障崏爲岷洛爲雒沇爲兖淄爲菑滹沱爲滹池瑯琊爲琅邪險阻爲嶮岨或本同字或由叚借如此之類卷中不能悉出標舉首簡以備參稽

一校孫本孫星衍伯淵所手校桐城蕭穆敬甫聞余校刊水經持以相餉末卷孫氏自記略云水經向無善本予驟讀之便知經注錯亂以意定之嗣以唐人引此書若史記索隱正義文選注藝文類聚初學記元和郡縣志校之得休甯戴東原本多與酈意相合復是正數十條其與戴不同者不敢

附和也顧千里跋云伯淵觀察於此書用功甚深晚年對客猶能稱引瀾翻不須持本也手校丹青滿紙中多與戴東原氏異說尤可資考索道光四年閏月觀於桐城汪君均之插架爲識其後今觀所校亦不能盡如其說其引證今地極便考覽世無傳本悉登之以備一家漢志迺人人能讀之書繁稱無當不備載焉

一參校各家善長一序大典僅存餘姚盧文弨弓用武進臧氏所得絳雲樓舊藏宋本校之頗有奇異刊見羣書拾補中茲標注官本原序下陽湖董祐誠方立研精酈書著圖說四卷未竟而歾其兄基誠取其說刊入遺書而圖遂佚茲全錄入注此外如武進丁履恆游水疏證謝鍾英洛涇二水

補亦備采之近世爲水經之學者江甯汪士鐸水經注圖精思密致經緯釐然然亦頗有譌誤惜其不及參繪今地未爲盡善全氏七校水經注晚出湖中慈谿林頤山晉霞斥其僞造抉摘罅漏至數十事頃歲刊行茲編一字不敢闌入

一是編輯成久未付梓長沙張祖同雨珊謂可公諸同好遂用局錢刊行平江蘇海淵泉長沙王先慎惠英實助讎校蘇君匡正之力尤多時閱一期紙勞十返自慚獨學衰白無成敢居汗簡之名永志他山之美光緒十八年歲次壬辰秋七月王先謙識於長沙之葵園

合校水經注總目

卷首

卷十一

易水　滱水　（趙補）滹沱水　（趙補）泒水

（趙補）滋水

卷十二

聖水　巨馬水

卷十三

㶟水

卷十四

濕餘水　沽河　鮑邱水　濡水

大遼水　小遼水　浿水

卷十五

洛水　伊水　瀍水　澗水

卷十六

趙附錄上

趙附錄下

御製熱河考

考水源而不親履其地晰其支派脈絡分合之由雖博綜載籍稽諸故老之流傳不能參互而訂其踳舛或以熱河爲濡水之源余固心疑之而未暇深考夫濡水卽灤河自多倫諾爾之北而來其源甚遠又折而東南數百里乃歷喀喇河屯又東南流數十里至鳳皇嶺熱河乃南注會之不應其源反出於此蓋濡自有源而熱河又別有源是不容紊今秋駐山莊遣喀喇沁郡王拉特納錫第內大臣努三往尋熱河之源則得之於察汗陀羅海蒙古語察汗謂白陀羅海謂首蓋以山阜得名其地距熱河二百里而贏流經固都爾呼達巴漢麓蒙古語固都爾呼者伏行達巴漢者嶺也遂名固都爾呼河西南至於中關東茅溝河水自玳瑁溝出西南流注之又

合而南流賽音郭勒河水（蒙古謂好為賽音河為郭勒）自霍爾霍克（蒙古語謂熟食）達巴漢之三道溝出南流折而西南與湯泉（泉出山莊東北湯山）合又西注之三源既匯又西南流沿山莊東北歷錘峯下山莊行宮內亦有溫泉流出匯之於是始有熱河之名南流折而東復折而南入於灤是則熱河乃會濡水而非濡源審矣酈道元水經注云濡水又東南流武列水入焉其水三川派合西源曰西藏水西南流東藏水注之東藏水出東谿西南流與中藏水合又南右入西藏水故目其川曰三藏川又東南流逕列谿謂之武列水東南歷石梃下層巒之上孤石雲舉高可百餘仞其水合流入濡按道元所言石梃即今錘峯其曰三藏水即今固都爾呼茅溝賽音郭勒三源則熱河之為

武列水無疑第古今異稱今人但知熱河而不知
武列耳然所云三川合流之序則不足据今考固
都爾呼爲西源茅溝爲中源賽音郭勒爲東源西
源自北而來先合中源又南始與東源合道元所
謂西藏水又豈能越中藏而先與東合哉此其敘
述錯綜已足滋惑而以中藏爲先合東藏則又其
顯然大謬者也又如以濡水爲經白檀北夫白檀
乃今密雲實非濡水所經則誤以漢書地理志之
沍水亦名鮑邱水即今潮河爲濡又從而傅會之矣蓋徒尚耳食
而未親履其地晰其支派脈絡分合之由毋怪乎
其舛也或以爲熱河既會濡而東入於海則謂之
濡源亦無不可何須置辨是大不然夫江淮河濟
何一不入於海而皆謂之海可乎昔禹貢載導河

自積石或以爲亦若江之岷山淮之桐柏矣及今平定回部乃知河源自蔥嶺以東之和闐葉爾羌諸水瀦爲蒲昌海（卽鹽澤蒙古語謂之羅布諾爾）伏流地中復出爲星宿海（蒙古語謂之鄂敦諾爾卽元史誤譯爲火敦腦兒者其水在枯爾坤之東昔皇祖遣使窮河源得之於此　御製文以記其時回部未入版圖故止及星宿海也）至積石始名黃河則大禹所記亦第就目所經見者而言道元又安能以所未經見者而一一詳訂其曲折也耶苟非命使親履其地烏知此之爲是而彼之爲非乎近敕儒臣輯熱河志故考其源俾知所從事若夫濡水之源則更俟他日詳考之

御製灤河濡水源考證

濡水見史傳者凡五（說文出安東入漆涑者涿郡之濡也廣輿記出易州窮獨山一名聖女水者易州之濡也竝音儒左傳出高陽者河間之濡也音而三水皆由天津入海此獨石口外之濡讀如難音與灤近其水自由永平府之樂亭縣入海與畿內三濡迥不相涉又水經注蒼梧之濡水出永豐縣濡山字亦音儒名亦適相同耳）而惟灤河之濡水源遠流長雄於其四鄙道元水

經注所云出禦夷鎮者也昨歲命方觀承考濡源委亦既繪其梗概條分縷析而爲之說矣然以漢文訓蒙古語未如同文韻統得字音之正而鄂博之類穿鑿更甚蒙古語謂堆砌石以表祭處爲鄂博方觀承乃書作義軷且引鄭氏及詩大雅之言證爲軷祭行路神之義鑿而謬矣曾爲鄂博說以正其誤他如們綽克之爲們催達巴罕之爲大塡類此者不可枚舉難以一一爲之辨訂也因命嚮道大臣努三挈方觀承所遺同知黃立隆者重循其源以至其委於是二千餘里之灤河曲折分合盡得其實因詳注其地名及諸水之匯流而酈道元歐陽修等並元史河渠志所載相舛誤者都爲四條考證如左夫江淮河濟中國之四瀆也其理大物博較之灤河濡水不啻倍蓰而禹貢以數語盡之茲注濡水數千言猶有未盡焉古今相去不可及者如此蓋得其簡則足以提要而欲其詳反不免致繁抑以塞

外中土語言不同人跡罕至斯固難易所由殊然則就同文韻統會中外而傳濡水之實詎不在此時乎哉

灤河源出獨石口外東北一百餘里巴延屯圖古爾山（山為興安正幹自張家口向東至獨石口外為大山折而西北過上都城入於圍場之海喇堪與興安大嶺相連屬出泉處較興安山梁尤為特出山陽山陰樹木茂密與他山異信為名山山陽為民人居址山陰皆察哈爾蒙古游牧地）四泉湧出名都爾本諾爾涓流曲折伏而復見西北經訥克里和洛有小水自東注之又北經哈丹和碩之西噶爾都思台之水自東注之又曲折西北流至茂罕和碩（自都爾本諾爾至此計七十餘里）三道河自東來匯之（其水一出摩霍爾達巴罕一出伊克達巴罕一出楚庫爾蘇達巴罕各相距十餘里匯為一河）河流始暢又西北流復有二小水一自布爾噶蘇台一自克爾哈達先後來注之八十里經察汗格爾（俗名西涼亭）烏蘭河屯至上都店（入多倫諾爾界）又北流十餘里經淖海和

碩折而東北二百五十餘里經博洛河屯至庫爾圖巴爾噶遜河屯喀喇烏蘇自東注之又三十餘里至上都河屯上都即元開平府灤水經其城南故名上都河察汗諾爾自北注之又六十餘里經都什巴延珠爾克山至察汗鄂博東克伊綳河自東北來匯之河出興安山梁之陽南流伊克霍爾昆巴罕霍爾昆伊札爾三水自東注之西與海留台河合而爲一入於上都河河水倍暢折而東南流十八里至磴口額爾德尼布拉克自西注之其水經多倫諾爾之北又十二里至大河口圖爾根伊札爾河自東北來匯之其水亦出興安山梁之陽逶迤西南流錫喇札拜自北入之又西南流摩霍爾伊札爾自東南入之匯注於此又南流七里沙岱布拉克自西注之又折而西南流二里霍洛圖布拉克自東注之又九里海拉蘇台河自西注之又一里蒐集布拉克自東注之又南流一里渾齊布拉克亦自東注之又十里察汗郭勒自西注之又十一里什巴

爾台河自東北注之其水出伊克空鄂洛鄂博西爲木蘭圍場西界又折而西復折而南八里克籌布拉克自西注之又十七里經雁北灘入四旗廳界布爾噶蘇台哈丹和碩河自西注之又十七里經半壁山又南經大廟灣折而東復折而西南五十八里頭道河自西注之又二里羅密塔子亦自西注之轉而東南流三十二里至木廠又折而東流二十四里經韭菜梁又九十五里經小遼東至瓜地摩霍爾阿爾善所出之湯泉自南注之又二十七里經西屯庫爾奇勒河俗名小灤河自北來匯之其水出興安山梁之陽三支分引過托霍隆和洛合爲一西南流會瑪尼圖卡倫哈朗圭達巴罕珠爾噶台海拉蘇台諸水折而東南會霍來郭勒哈爾渾諸水又噶拜卓索阿魯布拉克昂阿諸水復先後會之合爲一河注於此自此遂名灤河又二十七里至郭家屯折而南流四十六里至大對山又折而東復折而南屈曲行八十餘里至興隆莊入喀喇河屯界南流五十

九里經五道河折而西南流四十九里至張博灣興州河自西北來匯之（其源出沙爾呼山西經土城子東南流曲注於此）折而東流七十餘里經喀喇河屯繞行宮東流伊遜河自北來匯之（其水發源圍場內南流經博洛河屯與伊瑪圖河合西南流屈折注此）東南流三十四里至石門（入熱河廳界）又四十七里經鳳皇嶺固都爾呼河自東北來匯之（其源出固都爾呼達巴罕西南流與茅溝河合又與賽音鄂勒河合三源既匯沿避暑山莊東北其水會茅溝後即與湯泉合至是行宮內亦有溫泉流出匯之遂名熱河）水至此益大折而南流四十三里白河自西注之（此與發源瑪尼圖達巴罕經密雲縣會潮河之白河異）又三十三里老牛河自東北注之又三十三里至滴水崖南二河自東注之又十里柳河自西注之又六里車河自西注之又三十餘里至門子哨（入遷安縣界）黃花川自西注之又三十二里清河自東注之又九里豹河自東北注之折而西流二十里經灤河灘又南流折而東復折而西

經楊枝峪又東南流二十一里入潘家口折而東又折而西十里經走馬哨又二十四里至潵河橋潵河自西注之又曲折東南流七十餘里至白布店恆河自西北注之又折而東流十餘里至煤峪口長河自東北注之又七十三里過平崖子清河自東北注之（此與黃花川南之清河異）折而南流二十餘里至峽口蛤螺河自東注之又二十九里過遷安縣西經黃臺山又二十三里折而東三里河自東注之（其河與三道泉合）又南流二十餘里經孤竹城（入盧龍縣界）又三十五里至合河口清龍河自東北來匯之（其源出特布克入桃林口復有一水自冷口來會之經永平府城西過虎頭石入於灤）河流至此勢益寬大又十一里繞雪峯寺又二十一里過武山西橫河自西注之又三里至偏涼汀（入灤州界）又東南流五十六里過定流河（入樂亭縣界）又三

十六里至老河口灤河故道今涸又西南流二十里至小河
崖清河自西北注之此與黃花川南及平崖子之清河俱異又七里至石家坨
灤自此分支名高密河常涸大雨時仍分流達海折而西南流五十餘里至
新橋口入於海自河源至此約二千餘里
酈道元水經注云濡水出禦夷鎮東南按禦夷鎮
爲北魏六鎮之一其建鎮之所雖不可考而魏太
祖紀云築長城於長川之西自赤城西至五原延
袤二千里又魏世祖破蠕蠕列置降人於漠南東
至濡源西槪五原陰山分六鎮是禦夷居六鎮之
東自獨石口外至開平皆其故地以今所考上都
河源方向覈之道元所言非盡無稽惟云二源雙
川夾山西北流則未能實辨都爾本諾爾爲濡水
正源而以夾山來會之三道河誤爲濡源雙引其

云出山合成一川則卽今之茂罕和碩耳至云又
西北逕禦夷故城東其遺跡無可据惟以鎮北百
四十里計之當在今烏蘭河屯之地其餘諸山水
雖與今圖不能悉合然所云又北逕箕安山東屈
而東北流似卽今之多倫鄂博圖其云逕沙野西
又逕沙野北則似指伊克們綽克至喀喇烏蘇一
帶沙磧言之其云三泉雁次合爲一水注呂泉水
則似今之克伊繃河合伊克霍爾昆等三源也云
逆流水則似今之伊札爾也云木林山水則似今
之海留台水也云又東盤泉水自西北東南流注
濡河則似今額爾德尼布拉克也又所云東南水
流迴曲謂之曲河鎮以今圖屈折形勢觀之蓋卽
今大河口自此以下道元卽闌入白檀要陽按其

地距所云會武列水之熱河境尚七百餘里漢時郡縣安得至此其舛尚何待深辨乎至云濡水又東南逕盧龍塞則爲今之潘家口無疑其云塞道自無終東出渡濡水向林蘭陘東至清陘無終爲今玉田林蘭陘蓋今喜峯口清陘卽今冷口卽此以證不特塞垣疆界了然卽田疇引曹操迴軍盧龍塞之處亦可得其大概矣其自潘家口以內至入海處酈注所記州邑山水雖名稱今昔不同而以志乘訂之皆約略可數而未至大舛蓋道元於諸水源委詢考綦詳故所言時有相合者惟未嘗親履其地且以漢言誌蒙古山水名目往往傳訛傳會更不免謬以千里則泥古而不知覈實之過也

歐陽修云灤水出炭山東北胡三省通鑑注因之其後陳組綬職方圖考顧祖禹方輿紀要皆從其說今考獨石口外無所謂炭山者惟巴延屯圖古爾山據努三云土人名其山爲黑老山按昔人有謂濡水出黑龍山者龍老音轉承訛黑龍山之言似不爲妄今巴延屯圖古爾山其陽石色黝黑所謂炭山或卽指此而明統志乃以萬全縣南之炭山當之其地距獨石三百餘里則更風馬牛不相及矣

元史河渠志灤水出金蓮川中今獨石口外濡源相近處無所謂金蓮川者按金史地理志云桓州曷里滸東川更名曰金蓮川又元史地理志云世祖命劉秉忠相宅於桓州東灤水北之龍岡中統

元年爲開平府五年加號上都卽今之上都河屯正在灤水之北北桓州尙在其西考元周伯琦扈從北行記云至失八爾圖地多泥淖驛路至此相合地多異花有名金蓮花者似荷而黃至察罕腦兒猶漢言白海也歷數驛始至桓州又王惲中堂事記云灤野蓋金人駐夏金蓮云云考其地皆與上都河屯相近失八爾圖當爲什巴爾台蒙古語泥濘處也在上都西少北察罕腦兒當爲察汗諾爾蒙古語白湖也在上都南少西金蓮川當在什巴爾台察汗諾爾之閒元陳孚金蓮川詩云茫茫金蓮川日映山色赭昔人建離宮今存但古瓦蓋金時於此建景明宮爲避暑之所許安仁疏有金蓮千里之外語以距京師道里計之亦相合又今什

巴爾台少西北有和洛和山蓋即金史所謂曷里滸者川在其東去獨石口幾五百里其非濡源明甚周伯琦賦得灤河送蘇伯修詩云清灤悠悠北斗北千折縈環護邦國直疑銀漢天上來金蓮滿川淨如拭蓋灤河先逕金蓮後至上都伯琦詠灤河而兼及金蓮殆指河流所經言之修元史者直以爲灤出金蓮川中誤矣

御製開新河記

熱河之水有二其自東北來者爲固都爾呼河三源匯而爲一即水經注所謂武列水也繞山莊東北鍾峯下（中關東溫泉爲一源又山莊行宮內亦有溫泉流出匯之遂有熱河之名）東南流入於灤其水雖大然向有隄以障之時復培聳故得循軌而有所歸宿即盛漲不爲患其自西來者爲廣仁嶺及

獅子嶺諸山之水水本無源常時無涓涔迹雨後則循山東赴至西紅橋轉而北又由東紅橋轉而南始緣南山溝流入熱河而溝道紆狹久復淤墊故宣導不能速向以其無大患亦遂易而忽之己卯夏大雨驟霔西南諸山水一時並集平地漲丈餘經西紅橋趨突北山下石激波轉勢益洶悍自北而南衝擊東紅橋奔湍盪越市廛廬舍當之者多隨波而圮事聞發內帑賑恤且量漂屋楹數給貲繕復之及庚寅災仍如之其賑恤繕復亦如之夫十年之間兩遭其害警於已事曷可不籌度以善其後顧無源之水不能以有形治惟順其勢而疏之使下流暢達則其上自不復壅潰爲害防弭之道無過於此葢是水之致患徒以兩紅橋溝狹

而不能容耳若舍此狹溝使緣南山下新濬河寬

而能容東赴熱河宜免搏擊之勢廼命內大臣三

和御前大臣努三等偕直隸提督王進泰熱河道

明山保由南山下寬開河道西自同知衙前東至

旗營長六百九十餘丈闊皆七丈深隨地形高下

自三尺八寸至一丈二尺有差其河身經流有直

民居者令移構岸旁高地仍計屋授之值俾各得

安處工始於辛卯三月初至六月中告蕆通費內

府金一萬三千兩有奇新河旣成是秋雨復大漲

復盛而水皆循河安行無遏無溢其效固已立覩

矣熱河自

皇祖締構山莊以來迄今六十餘年四方之民環

集輻輳駢坒殷闐盛若都會朕敬繩

祖武歲奉
聖母駐此承
志頤和因以順時行蒐習武從官衞士之扈行以逮新舊諸藩之執役者內外咸集以故熱河煙火之盛月益歲增則計所以保聚而安全之者誠爲切要而此新河之利尤大且遠也繼此之修濬惟勤毋使陻塞實莅斯土者之責可不愼諸惟茲廣仁嶺下爲每年躬迓
安輿所必至爰卽疏河起處規隙地樸築數椽以備憩候其前實臨經涂因植碑爲亭記其原始以
詔示無斁

御製命館臣編輯河源紀略諭

今年春閒因豫省青龍岡漫口合龍未就遣大學

士阿桂之子乾清門侍衛阿彌達前往青海務窮
河源告祭
河神事竣復命並據按定南針繪圖具說呈覽據
奏星宿海西南有一河名阿勒坦郭勒蒙古語阿
勒坦即黃金郭勒即河也此河實係黃河上源其
水色黃迴旋三百餘里穿入星宿海自此合流至
貴德堡水色全黃始名黃河又阿勒坦郭勒之西
有巨石高數丈名阿勒坦噶達素齊老蒙古語噶
達素北極星也齊老石也其崖壁黃赤色壁上為
天池池中流泉噴涌釃為百道皆作金色入阿勒
坦郭勒則真黃河之上源也其所奏河源頗為明
晰從前康熙四十三年
皇祖命侍衛拉錫等往窮河源其時伊等但窮至

星宿海卽指爲河源自彼回程覆奏而未窮至阿勒坦郭勒之黄水尤未窮至阿勒坦噶達素齊老之真源是以

皇祖所降諭旨並

幾暇格物編星宿海一條亦但就拉錫等所奏以鄂敦他臘爲河源也今既考詢明確較前更加詳晰因賦河源詩一篇敘述原委又因漢書河出昆侖之語考之於今昆侖當在回部中回部諸水皆東注蒲昌海卽鹽澤也鹽澤之水入地伏流至青海始出而大河之水獨黄非昆侖之水伏地至此出而挾星宿海諸水爲河瀆而何濟水三伏三見此亦一證因於河源詩後復加案語爲之決疑傳正嗣檢閲宋史河渠志有云河繞昆侖之南折而

東復繞昆侖之北諸語夫昆侖大山也河安能繞
其南又繞其北此不待辨而知其誣且昆侖在回
部離此萬里誰能移此爲青海之河源旣又細閱
康熙年間拉錫所具圖於貴德之西有三支河名
昆都倫乃悟昆都倫者蒙古語謂橫也橫卽支河
之謂此元時舊名謂有三橫河入於河蓋蒙古以
橫爲昆都倫卽回部所謂昆侖山者亦係橫嶺而
修書者不解其故遂牽青海之昆都倫河爲回部
之昆侖山耳旣解其疑不可不詳誌因復著讀宋
史河渠志一篇玆更檢元史地理志有河源附錄
一卷內稱漢使張騫道西域見二水交流發葱嶺
匯鹽澤伏流千里至積石而再出其所言與朕蒲
昌海卽鹽澤之水入地伏流意頗合可見古人考

證已有先得我心者案史記大宛傳云于闐之西水皆西流注西海其東水東流注鹽澤潛行地下其南則河源出焉河注中國漢書西域傳于闐國條下所引亦同而說未詳盡張騫既至蒲昌海則或越過星宿海直至回部地方或回至星宿海而未尋至阿勒坦郭勒等處當日還奏必有奏牘或繪圖陳獻而司馬遷班固紀載弗爲備詳始末僅以數語了事致後人無從考證此作史者之略也然則武帝紀所云昆侖爲河源本不誤特未詳伏流而出青海之阿勒坦噶達素而經星宿海爲河源耳至元世祖時遣使窮河源亦但言至青海之星宿海見有泉百餘泓便指謂河源而不言其上有阿勒坦噶達素之黃水又上有蒲昌海之伏流

則仍屬得半而止朕從前爲熱河考即言河源自
葱嶺以東之和闐葉爾羌諸水瀦爲蒲昌海即鹽
澤蒙古語謂之羅布淖爾伏流地中復出爲星宿
海云云今覆閱史記漢書所紀河源爲之究極原
委則張騫所窮正與今所考訂相合又豈可沒其
探本討源之實乎所有兩漢迄今自正史以及各
家河源辨證諸書允宜通行校閱訂是正訛編輯
河源紀略一書著四庫館總裁督同總纂等悉心
纂辦將御製河源詩文冠於卷端凡蒙古地名人
名譯對漢音者均照改定正史詳晰校正無訛頒
布刊刻並錄入四庫全書以昭傳信特諭

御製河源按語（河源詩別載詩集）

按班固漢書張騫傳天子使窮河源其山多玉石

采來天子按古圖書名河所出山曰昆侖云而固
贊又謂騫使大夏之後窮河源惡覩所謂昆侖者
乎故言九州山川尙書近之於是鄧展遂謂河源
出於積石是皆拘墟未見顏色之言蓋千古以上
中國以外紀載已舛言語不通而欲定其確實何
異北轅適越考元史始有星宿海之名而以爲河
源元蒙古也鄂敦卽星宿彼時訛譯爲火敦則漢
人不通蒙古語耳此爲近之今則更溯以上遂得
眞源然昆侖之語亦不爲無因蓋昆侖在今回部
中回部諸水皆東注蒲昌海卽鹽澤也鹽澤之水
皆入地伏流至青海始出則星宿海諸水皆是也
而大河之源獨黃色爲靈異更在星宿海之上非
昆侖之水伏地至此以出而挾星宿海諸水爲河

瀆而何濟水三伏三見此亦一證矣獨漢書所云
采玉則因昆侖出玉未免牽就詢之阿彌達則稱
河源皆土山無石無石安能有玉夫非精通蒙古
語及漢書更問之親履其地之人率欲定此事體
大而地遠理博之事不亦甚難乎於甚難而得決
疑傳正亦一大快也

御製河源簡明語

予既爲河源詩並按語既讀宋史河渠志有文命
輯河源紀略有諭茲以體大物博考今證古不無
費辭雖彼此細勘事則明明恐毫釐稍差義乃紊茲
爲簡明之語庶因提要而便覽蓋河源究以張騫
所探蒲昌海鹽澤及漢武所定昆侖爲是雖山海
經水經注皆略具其說山海經劉歆稱伯益所著

本無所據水經註則桑欽酈道元皆張騫後人實祖其說而廣之以致於熕文且昆侖在回部原出玉也獨未明揭伏流至青海於阿勒坦噶達素之天池而出耳歷唐宋以至元乃有鄂敦淖爾為河源之語鄂敦為蒙古語漢語即星宿海也彼時雖未考至天池而中國之河源實由此頗見梗概矣溯伏流以至蒲昌海鹽澤非河源而何星宿海亦鹽澤之伏流至青海而出為清水黃河挾之以流始為微淡後為純黃是二水本一源至中國出地為二色而終歸於一若夫曲折纖細則見近所為詩文及紀略之書獨敘其簡明崖略如此

御製天竺五印度考訛

佛經此欲界內以須彌山為中須彌山四面有四

大部洲居南面者爲閻浮提卽華言南贍部洲者是此閻浮提內有三大國各所屬及弗相屬之小國弗與焉而閻浮提又以崑崙爲中居崑崙之東及東南東北者卽我中國爲一大國居崑崙之南及西南者爲天竺一大國（卽今西藏所稱厄訥特珂克地）居崑崙之西北及北者爲洪豁爾一大國而天竺一國分爲東西南北中五印度卽梵經所稱印達爾印達爾者華言自在境界之謂也五印度皆厄訥特珂克之地唐史宋史訛印度爲身毒或稱身篤而所載事蹟及入朝中國大率不實亦不得要領何言之自古中華聲教所訖莫過於本朝而本朝百餘年中從未有天竺遣使進貢之事雖於乾隆庚辰年間烏特噶里畢拉奇碩拉汗曾遣婆羅門進表奉貢亦

其東印度近我西藏之一小國耳非中天竺也若夫北印度實近我回部之葉爾羌故葉爾羌之西過蔥嶺即拔達克山由拔達克山轉而南爲克什米爾又轉而西爲温都斯坦又轉而南方爲厄訥特珂克其方向如此其道里亦莫得而詳焉温都斯坦雖回地也而回人相傳彼地有佛遺蹟益知卽北印度交界或者昔爲天竺屬而後爲回部屬皆不可知温都斯坦今唐古忒及回語皆稱爲痕都斯坦蓋亦譯者訛痕爲温而二語皆與印度音聲相近所謂天竺北印度近回部此亦一驗也要知痕與温與印與身及度與毒與篤與都皆非天竺本語而又何必較是非於一字一句之間哉宋史載天竺僧施護行程有至誐惹曩國之語誐惹

曩音聲亦與厄訥特珂克相近而通考所謂度雪山過伽濕彌勒國者雪山卽今蔥嶺而伽濕彌勒亦卽克什米爾之誤耳若夫元史稱元太祖見角端於印度疑亦卽今痕都斯坦之北印度與回部交界者耳非中印度也東印度旣近西藏故天竺之事西藏時聞之據西藏僧謂天竺雖佛見身說法之地然今天竺實不與佛法而與異教此亦與梵帙佛受記五五百年後佛法漸微而漸流行東至震旦迺復興之語相符合夫以今中國之力若唐宋之假道蔥嶺克什米爾以達天竺中印度亦何難但旣非德致更以計求雖徠遠域何關實政故不爲也近得蒙古源流謂元太祖進兵至厄訥特珂克遇一角獸狀若跪叩者三元太祖曰是殆上

天示予自此往斡齊爾圖瑣林道遠難極遂振旅云云斡齊爾圖瑣林者蒙古語謂金剛牀也即佛見身說法之中印度益可為未至中印度之證而獸為人言更可信元史之謬為附會因考天竺五印度故並闢其譌謬如右

御製陽關考

陽關之名自漢唐以來咸所稱引而遺蹤湮廢道里莫徵比因西域並隸版章爰有纂輯圖志之役猷詢所及或据肅州新志載烏魯木齊西境有地名陽巴爾噶遜以為陽關之舊者殊不知陽乃回語蓋謂新而巴爾噶遜則厄魯特語蓋謂城亦非謂關也況烏魯木齊地在天山之北揆其方位懸隔奚啻謬以千里計耶按漢書地理志敦煌郡龍勒縣有陽關玉門關後晉高居晦使于闐記西渡

都鄉河至陽關考都鄉河卽今黨河龍勒縣卽沙州衛今爲敦煌縣地黨河在縣西境而陽關玉門關均在黨河之西陽關西而偏南故以陽名詳覈形勢正應在今黨河西南與紅山口相近又漢書西域傳西域三十六國東則接漢扼以玉門陽關考漢時三十六國卽今回部回部東坑且安西府敦煌縣亦與漢書三十六國東扼陽關之文脗合至王維詩西出陽關云云送元二使安西作也考唐之安西號安西大都護府初治西州在伊州之西卽今闢展也再徙高昌故地卽今土魯番之交河也三徙龜茲卽今庫車也前後三遷總在哈密之西是安西實在陽關以外而陽關之屬在敦煌縣境尤爲昭晳無疑矣夫古今邊陲故蹟其考信

之艱非貫串諸書卽源流未備然徒眩惑於誌乘家之聚訟膠轕而不能確證之我疆我理如目營手畫者然又何以斥傳譌鑿空之誣而炳焉揭以正鵠哉書此宣付館臣俾綴於編且以示一隅之舉云

御製濟水考

濟爲四瀆之一禹貢導沇爲濟以至會汶入海不過八語而窮源至委昭垂千古爲不易之恆流向嘗賦四瀆詩雖加考證祇以漢志及水經注酈道元李濂輩各持己見究之其身並未歷其地尊耳食而相齟齬蓋因濟流伏見原無定是以展轉紛歧無足怪者卽如禹貢所云入于河者非濟之清流入黃也蓋卽伏于黃之底所謂入也溢爲滎則

又見而出爲滎地志所謂卽滎波之滎見豫州者三伏三見此其一證然其伏見原亦無定處而無定數也地志濟水出河東垣曲縣王屋山東南曰沇水旣見而伏東出於今濟源縣東西二源合流至溫縣是爲濟水歷虢公臺西南入河復出河之南溢爲滎卽滎波之滎見豫州云云東出陶邱則今之曹州又至于菏則今之菏澤縣蔡沈所謂濟陰縣自有菏派也又東北會于汶汶自有源宋樂史所云淸河卽今之大淸河唐李賢所謂濟水東貫滑曹鄆靑以入于海者也樂史謂東平濟南淄川北海界中有水流入海謂之淸河卽今之大淸河又唐李賢謂濟自鄭以東貫滑曹鄆濟齊靑以入于海是卽今濟水會汶爲大淸河入海之證人但知大淸河而不知濟豈誠無濟哉是則濟之源委實不出禹貢數語以解之者愈多而考之者愈紊乃致人但知大淸河而反不知濟遂若靈瀆有不可復求者然蓋嘗論之禹貢所言乃本然之形勢今則時代變遷伏見靡定亦理之所必有而以禹貢八語證之總不出敷土奠川之本

來其紛然口舌之論偶藉以資多聞亦可即付之
不求甚解亦可
臣彭元瑞臣紀昀謹
奏乾隆四十九年二月　日由
行在內閣本報
發下
御製濟水考一篇奉
諭旨此文係在途中就所見率成者其令彭元瑞
紀昀閱看覈對各說經家以及輿地家所言
是否不甚徑庭詳考覆奏欽此臣等伏讀驚
歎心悅誠服竊以自古說經家輿地家言濟
水者其殊趣有三以濟爲截河南溢者妄僂
數三伏三見者泥不知大清河爲濟水者昧

紛糾轇轕歧中有歧我
皇上原本禹貢證以
鑾輅所親見發爲
大文於諸家之說無不苞孕即無不
折衷以至神至奇之識析至平至易之理氣盛辭
達地負海涵與天地經流相稱乃於
行殿從容之際不俟安排不假傅會而成之萬斛
泉原隨地可出皆由
典學高深
精神強固偶一發抒遂爲自有文字來所未有臣
等熟讀百徧服膺懽忭其儒先衆說有可與
聖製相發明者謹摘鈔加按容謹書卷呈
覽伏候

訓示謹

奏

御製卽如禹貢所云入于河者非濟之清流入黃也

蓋卽伏于黃之底所謂入也

孔安國書傳濟水入河並流十數里而南截

河又並流數里溢爲滎澤　謹按此言河濟

並流之始後儒多斥其說

宋林之奇尚書解濟之流既與河合行十餘

里混而爲一矣而乃能自別以溢爲滎至于

陶邱北諸儒疑焉唐孔氏則以爲河濁濟清

南出還清故可知也蘇氏則以爲以味別也

此二說者未爲確論夫濟清而河濁濟少而

河多以清之少者會濁之多者不數步閒皆

已化而爲濁矣既合流十數里安能自別其清者以溢爲滎乎古之人蓋有知水味者矣如曰淄澠之合易牙知之惟知其合之味而已淄水之味如此澠水之味如此淄澠合則其味也又如此苟使淄澠既合而爲一器使之就此器之中別其半以爲淄別其半以爲澠則雖易牙亦有所不能以是知此二說其失一也故鄭漁仲曰山過山則分水過水則合天地之間豈有山過山水過水之理此說是也　謹按孔穎達正義蘇軾書傳皆主孔安國並流之說而謂辨其清濁別其味林之奇駁之最爲得理

宋傅寅禜澤辨濟既入河與河相亂而其溢

爲滎也禹安知其爲濟哉孔穎達謂以其色辨東坡謂以其味別而許敬宗則以爲入河伏流而出鄭漁仲則以爲餔編脫誤林少穎則以爲禹分殺水勢而程泰之則又以爲水會於河既多而盈而濟繼之故溢而注滎也紛紛紛之論將孰從而折衷乎余嘗思之程氏之見爲勝河自積石以來所受水爲不一而至於歷華陰而東行又有伊洛等水會之其盈可知矣然河自孟津以東其地稍平其勢稍緩而加以水之滿盈則其流寬徐與底柱而上不同矣沇水自北而來勢銳而流捷衝河衡渡固當時所有之事也然其入河而出不能無河水之混而大概則濟耳　謹按傳

寅蓋主程大昌之說未知水勢胡渭云傳言濟與河並流始在北北繼截河而南則似兩人同行街北一人忽截街而南別與人同行數里乃獨抵所欲詣處人之行路固有然者水則安能且河大而濟小濟既入河河挾以俱東濟性雖勁疾恐亦不能於大河之中曲折自如若此也（見禹貢錐指）渭之言雖非專闢寅而水勢之自然寅說不攻而自破且如寅說會河之水既多則河勢益強河益強則濟益弱而謂濟勢銳流捷能衝河衝渡有是理乎

元王天與尚書纂傳按孔氏截河之說程氏河溢之說皆非是惟蔡氏說當就以經證之溢與出字皆特見之例惟其自中而滿故不

如菏澤被孟豬之被而有溢之名惟其由伏而見故不如他水下流之至而有出之名一也又王屋之下既見而伏濟源之西平地復見在河北既爾何獨溢出于滎而不然二也又濟河兖州至爾雅猶有濟南曰兖州之稱至呂氏春秋猶有濟河間曰兖州之稱使其下流至兖者非沇濟自來之濟則累代相傳豈其以無源之水名兖疆域三也 謹按天與書出於蔡沈集傳後故兼闢程大昌而獨主蔡說

元吳澄書纂言濟既入河其伏者潛行地下絶河而南溢爲滎澤再出于陶邱北溢者言如井泉自中而滿非有來處 謹按澄說解

溢字最確正與漢書地理志所云濟水自垣縣東南至武德入河軼出滎陽北地中相合蓋溢卽軼自中而滿卽軼出地中也胡渭亦云泰澤之水有上源與鹽澤相似但至此渟而不流人識其爲潛行地下耳滎澤則異于是其水似井泉自中而滿不可指一路爲源故吳幼清云無來處也

胡渭禹貢錐指詩大雅觱沸檻泉維其深矣傳云檻泉正出涌出也李巡注爾雅曰水泉從下上出曰涌泉春秋公羊傳昭公五年叔弓帥師敗莒師于濆泉濆泉者直泉也直泉者涌泉也此皆水之溢出地中而無上流來處者阿井趵突其類也又有一切證爾雅瀵

大出尾下注云今河東汾陰縣有水口如車輪許濆沸涌出其深無限名之曰瀵馮翊郃陽縣復有瀵亦如之相去數里而夾河河中渚上又有一瀵之原皆潛相通在汾陰者人壅其流以爲陂種稻呼其本出處爲瀵魁此是也尾猶底也愚按三瀵地下潛通隨竇涌出正與濟水相似　謹按胡渭確主軼出地中之說其引證汾陰馮翊三瀵潛通涌出理更昭晳脗合

元陳櫟書集傳纂疏虛谷方氏嘗親過枯黃河見濟水出河北温縣者今經枯黃河以入汶而後趨海以此驗之則濟水性下固能伏地而出爲滎程泰之謂溢爲滎非濟溢辨之

者以河濁滎清證其非當矣今大河徙而南
流古大河遂爲枯瀆濟之貫河其迹昭然泰
之之非不辨而明亦千古一大快哉　謹按
自孔傳以後截流伏地其說糾紛者蓋以河
水屢遷侵奪壅遏累代不定益滋岐說方回
陳櫟在元時河徙而南之後遂得確指其迹
今河之與濟相距愈遠截然不混濟不必與
河並流而軼更彰明較著矣
御製溢爲滎則又見而出爲滎地志所謂卽滎波之
滎見豫州者三伏三見此其一證然其伏見原
亦無定處而無定數也
明鄭曉曰濟水發源於冀經流於豫分流於
徐入海於青凡三伏而四見一見於王屋而

遂伏再見而爲濟再伏而入河三見而爲滎三伏而穴地四見而出陶邱之北自此不復伏矣　謹按此確指濟水伏見之數與其地者

顧祖禹方輿紀要三伏三見之說出於近代自孔鄭諸家以迄於宋世諸儒未有主此說者蓋發源之處或有伏見之分入河而後未嘗伏而復出也　謹按祖禹不主三伏三見之說然又以爲發源或有則仍未能以爲非也特不泥其定處與定數耳

蔡沈書傳先儒皆以濟水性下勁疾故能入河穴地流注顯伏南豐曾氏齊州二堂記云泰山之北與齊之東南諸谷之水西北匯於

黑水之灣又西北匯於柏崖之灣而至於渴馬之崖蓋水之來也衆其北折而西也悍疾尤甚及至於崖下則泊然而止而自崖以北至於歷城之西蓋五十里而有泉涌出高或至數尺其旁之人名之曰趵突之泉今齊人皆謂嘗有棄糠於黑水之灣者而見之於此蓋泉自渴馬之崖潛流地中而至此復出也其注而北則謂之濼水達於清河以入於海舟之通於濟者皆於是乎達也齊多甘泉其顯名者十數而色味皆同以余驗之蓋皆濼水之旁出者也然則水之伏流地中固多有之奚獨於滎澤疑哉吳興沈氏亦言古說濟水伏流地中今歷下凡發地皆是流水世謂

濟水經過其下東阿亦濟所經取其井水煑膠謂之阿膠用攪濁水則清人服之下膈疏痰蓋其水性趨下清而重故也濟水伏流絶河乃其物性之常事理之著者程氏非之顧弗深考耳 謹按沈主伏見之說而不實指三伏三見其所指趵突泉阿井至今不易蓋故時濟水所經之道隨地皆泉即隨地皆濟益足爲無定數無定處之證

胡渭禹貢錐指濟水有三伏三見之說或謂出於近世之俗學殊不可信渭按伏見之說二孔無之然有所自來泰澤一伏東邱一見本水經注武德入河再伏滎陽軼出再見本地理志滎東又伏爲三伏出曹濮閒爲三見

本唐書許敬宗傳此豈創自近世但以入河爲伏羲有未安耳沈括云歷下凡發地皆是流水世傳濟水經過其下東阿之井乃濟水所爲曾鞏云泰山諸谷之水自渴馬崖潛流地中至歷城西復出爲趵突旁溢十數泉蔡沈引以證濟之伏見重源顯發所在多有元和志云鄭州管城縣京水出縣南平地新鄭縣溱水出縣西北三十里平地二處並在河南密邇滎澤尤爲明驗蓋濟瀆所經之地其下皆有伏流遇空竇卽便涌出故一見於滎澤再見於陶邱不必以入河之濟爲上源亦不必並泰澤東邱數之爲三伏三見也　謹按胡渭所指三伏三見復與鄭曉之說不同

差有據然終歸於無定處定數劇爲通論

御製宋樂史所云清河即今之大清河唐李賢所謂濟水東貫滑曹鄆青以入于海者也杜佑通典濟水之在河北者王莽時此水枯涸水但入河而已不復截河而南而水經敘濟乃一依禹貢舊道此不詳之甚又濟南濟北濟陽濟陰凡郡國附濟爲名者皆命名不審　謹按自佑有此說後世遂謂濟之一瀆不可復考程大昌所以有杜佑說後世不當有濟辨之作也

宋黄度尚書說杜佑通典力詆桑欽以爲濟瀆已斷濟水與禹貢不同爲謬何如曰非也濟水雖絕其瀆猶在雖中閒皆經穿鑿變易

或斷或續然水之附入於其瀆者猶可尋求
緝之以存禹迹非無理佑言爲過 謹按黃
度直闢杜佑之說以上追禹貢之舊洵爲有
識
宋程大昌禹貢論按李賢注釋范史曰濟自
鄭以東貫滑曹鄆濟齊青以入於海則唐語
也樂史寰宇記曰入東平濟南淄川北海界
中水流入海謂之清河則本朝語也嘗考之
古史兵師糧餉所經及詢之今日曾行其地
者二子之言皆信然則滎澤雖流塞其源固
未嘗竭佑何以槪言無有也以理推之自滎
至海地亙千里水行其間自成川脈豈以一
濟溢而有豈以滎塞而無第其受河而流委

闊長可以該他水而達於海故得爲四瀆之
一滎雖塞矣數州之水循溢滎下流故道而
行者自若也禹嘗名之以濟而後世肯不以
濟目之乎
樂史曰菏汾合流故因濟舊名非本濟水其
說蓋出於佑而佑不能以其所及槩其所不
及也樂史雖能本佑語以爲言而亦不能究
詳使後人有考也兗豫之境凡水自南濟北
濟以行者皆循濟故不獨菏汶顧菏汶特其
大而可數者爾今世所稱南北清河者皆古
濟流派而菏汶則其要會也陶邱以東適與
菏會而遂分派會泗水以注于淮者濟之注
河而分者也東北兼汶與之同入于海者濟

之正派也此二者比濁河皆清故後世以南
北清河目之今南北清河皆在而菏汶故流
水嘗竭減又濟率並河行凡對濟而決或枝
流入之則河水皆爲濟水雖受河之口不專
在滎要之派流古今常通則酈桑所書悉皆
實錄佑因後漢一時滎口塞絶併與下流沒
之以爲無有雖其所考菏汶最爲精要亦並
沒而不言豈其得實哉夫桑氏之失既引他
水以亂其源杜氏之失又矯桑氏而絶其流
二書者地理家所仗以爲指南也今而若此
且並與禹貢無考矣　謹按大昌主河濟並
流之說未爲得理然此所指濟之分派正派
以實南北清河爲濟之證則確不可易足以

鍼杜佑之膏肓發樂史之墨守矣
顧祖禹川瀆異同杜佑曰今自東平以東有
水流經濟南淄川北海界中入海者謂之清
河蓋汶水菏澤之合流非古時之濟水也夫
濟爲四瀆之一自昔推爲九州大川而湮沒
無徵莫甚何歟　謹按祖禹確以大清河爲
濟故闢杜佑清河非古濟之謬(說見下)且如佑言
汶水菏澤之合流則禹貢明云又東至于菏
又東北會于汶矣非濟而何
顧祖禹方輿紀要今大清河自汶上縣北出
至東平州西安山牐又西北與運河分流逕
東阿縣西伏折而東北逕東阿縣北又東逕
平陰縣北又東逕長淸縣北齊河縣東又北

逕歷城縣北而東北會于濼水又北逕臨邑縣東又東北逕濟陽縣南又北逕齊東縣北又東北逕武定州南又東逕清成縣北及濱州之南又東北逕蒲臺縣北至高苑縣北又北逕利津縣東而東北入于海綠安山牐而下皆謂之大清河近志元人始于寧陽縣北築堽城壩遏汶水入洸以通運河永樂中又于東平州東築戴村壩盡道汶水入會通河今之大清河乃自平陰縣南之柳溝諸泉由東平州北門外過西折而東北夏秋運河泛漲則張秋以南東岸有減水閘分流來合而東北出即濟水之故道說者謂大清河南古濟而今汶者也夫濟流雖與古異然今東平

歷下諸泉皆入大清河則仍爲濟水溢流不得全謂之汶水矣　謹按祖禹所臚乃今大清河全勢脈絡井然愈足證大清河之爲濟而杜佑之説誠無足信矣

于欽齊乘入濟之汶卽今大清河于愼行筆麈大清河第得汶之首尾實以東平諸泉由濟故瀆入海　謹按二于皆山東人皆實指大清河爲濟

胡渭禹貢錐指以今輿地言之自東平會汶以下東阿平陰長清齊河歷城章邱長山新城高苑博興樂安諸縣界中皆禹貢濟水入海之所經也　謹按此以今輿地印證禹貢濟水故道所謂本然之形勢也

御製淮源記

今歲豫旱於春夏荆歙旱於夏秋因循淮水弱而清口淤既而豫得雨于夏末則更黃水盛而清口有倒灌之患其間晝夜卜度往來疇咨蓋不可屈指數矣今歲春夏以來東南雨澤愆期淮水微弱以致清口淤淺無錫一帶河水乾涸糧船挽運維艱河漕諸臣辦理竭蹶再四馳諭旋命大學士阿桂前往會勘並諭引黃水以送今歲重運及回空之船蓄清水以俟明春開放濟運北上晝夜懸廑申諭不避辭多矣因思淮之弱必其源之微或有沙石壅塞以致遏其流乎其時撫臣畢沅以辦理賑恤事宜不能分身往則命布政使江蘭往致禱淮瀆祠且相其源之形勢既而江蘭奏淮瀆故有祠更有禹廟並得三大井于禹廟東引歸正河遂成巨川因具圖貼說呈覽江蘭奏查勘淮源至桐柏山下據鄉耆稱禹廟前有井乃淮源所出因履勘至廟東里許沙土壅起微露砂石基址試挖至三尺許有三大泉湧出當即淘濬引歸河身下流旋即加長復沿流下勘至信陽正陽等各州縣抵江南境長五百八十餘里寬二三十丈深三四尺不等與一統志稱淮水伏流數里湧起三泉濬為井之語相合云云朕批摺云案其圖上疑更有源汝何未至其處並於圖中點出更馳諭畢沅前往詳悉履勘朕觀其

圖溪磵縈繆山林深秀所謂三泉者未必卽眞源也其時賑恤章和已定迺命撫臣畢沅親往以窮其實茲畢沅親至胎簪山山頂遂得眞淮源具圖以來據畢沅奏胎簪山乃桐柏之中峯循山麓南上約十六七里見水一泓土人指爲淮水之源稱曰淮池恐初源尚不在此因延緣細徑而上道路益險十餘里始至山頂有大石盤陀廣十餘畝石旁凹處成潭徑丈許泉從石間出深尺餘遂飭從人汲乾積水旋涸旋盈其爲淮瀆眞源似無疑義等語于是導淮自桐柏之言始信蓋胎簪卽桐柏之中峯桑欽水經非誣也酈道元注以爲淮澧同源西流爲澧東流爲淮則今之分水嶺實在胎簪峯下按圖可求淮澧分流此又一證也夫天下之理豈易窮哉若據江蘭之奏定三井爲淮源則胎簪之眞源湮矣然弗湮也桑欽酈道元之語固在也今偶湮之而後世必有執水經注以笑我君臣之不讀書者茲不惟喜瀆源之得眞更以佳古人之用心勤而千載之下

必有相知之人也江蘭向在部中爲能馳馬耐辛苦之能員是以屢陞用之今職而於登峯造極跂涉以求得眞源乃讓身軀孱弱佔畢之儒臣斯則在立心之堅定與不堅定及讀書與不讀書之分耳旣記其顚末並以嘉畢沅也沅其勉之

御製廣陵濤疆域辨

枚乘七發觀濤廣陵之曲江註云廣陵國屬吳自是詠潮數典者概舉廣陵而於其封域則姑舍而未詳酈道元水經注於漸江引海水逆流江水上潮似神而非爲江流兩山間濤來高大之据亦不定云廣陵所屬自元時錢惟善試羅刹江賦始云惟羅刹之巨江實發源於太末人皆知此語始自惟善而不知惟善實祖元稹爲閒西州羅刹岸濤

頭衝突近何如之句於是以浙江爲曲江而浙江
潮廣陵潮遂溷而爲一矣夫乘漢人也其舉方域
不能違漢制攷漢書地理志廣陵國高帝六年屬
荆州十一年更屬吳所治廣陵江都高郵安平四
縣而錢塘在當時爲餘杭隸會稽郡雖顏師古注
有景帝四年屬江都之文劉敞駁其非是敞長於
考訂其說必有可信則會稽之不屬廣陵明甚然
以今日濤形論之揚子之潮雖亦應朝夕期候若
七發所侔揣刻劃目爲似神者固究於浙江之潮
爲近然其理又實有不可强爲比附者卽以乘所
云弭節伍子之山通厲胥母之場而言不特越絕
書所云旦食於組山晝遊於胥母其文與姑胥之
臺相屬卽胥山之見於史記及吳越春秋者注一

以爲在吴縣西四十里一以爲在太湖邊皆不出
今蘇州境於揚於杭又皆風馬牛不相及矣揚子
固不能遠踰吴松以通潮汐具區雖連亙數郡而
去海遠甚浙江之濤又安能指數百里外之湖濱
而弭且厲哉是乘之言已不免自相矛盾矣蓋七
發之作不過文人託事抒藻之爲如子虛亡是騁
其贍博非必若山經地志專供考資者之脈絡分
明也又唐李紳詩云揚州郭裏見潮生而蔡寬夫
詩話亦以爲潤州大江與揚子橋對岸瓜洲乃江
中一洲疑曩時大江之潮揚州固嘗見之又何必
以文人怪異詭觀之辭本無確據而拘墟享帚定
以廣陵古國屬之餘杭抑亦刻舟膠柱之甚矣

臣等伏見

御製廣陵濤疆域辨考据精博思力高健實足以
破羣書之疑而乃
聖懷沖挹爰
命臣等看詳臣等學識淺陋何能仰贊
高深憶臣等少時讀書至枚乘七發所稱觀濤廣陵之曲江一語心竊疑之夫廣陵之名始於周顯王三十五年楚并越置廣陵縣秦屬九江漢屬荆楚既而屬吳景帝四年爲江都國元狩六年爲廣陵國是廣陵歷楚至漢不易也而秦之會稽郡兼有吳越之地漢時雖亦同屬荆楚然景帝四年以後江都易王非廣陵厲王胥皆都廣陵並得鄣郡而不得吳則漢之廣陵國疆域不能至吳明甚既不能至

吳豈能越二郡而兼有會稽之錢唐乘乃漢人以漢地證漢文其非錢唐之潮而爲廣陵自有其濤審矣乘何以云廣陵之曲江耶按水經注浙江逕錢唐定巳諸山水流兩山之間江川急濬兼濤水晝夜再來二八月最高峨峨二丈有餘吳越春秋以爲子胥文種之神也此與枚乘所言濤之情狀相似葢本七發爲注故於岷江條下語不及濤或酈道元泥於乘語耳至弭節伍子之山通厲胥母之場地皆在吳然吳錄所云胥山在太湖邊去江不百里是猶未至錢唐而闔閭之旦食組山晝遊胥母與鷗陂石城長洲並稱則實近蘇之地而錢唐之濤亦不能至也再如篇內

南山朱汜藉藉之口諸地名今亦未能確指
其處文人之筆縱其所之無乎不可誠如
聖論況楚太子吳客問答原與子虛亡是相匹不
足深泥而廣陵之曲江五字終難强合竊謂
江皆有潮非獨浙江潮之壯卽不如浙何妨
鋪張揚厲以作文瀾乘七發內似此者甚多
豈能一一求其指實臣等惟有咏歎
鴻文莫能妄置一喙臣莊有恭臣于敏中臣錢汝
誠臣李因培恭跋
臣謹案是書卷首有臣紀昀等校語云
御製熱河考灤源考證諸篇抉摘舛謬足永訂千
秋耳食沿訛謹錄弁簡端永昭定論是當
時傳本實以

純廟御製文冠首今江蘇福建流傳倣刻
武英殿聚珍板本及它省續行繙本不知卷首
何以皆闕臣謹從
御製文二集中錄熱河考灤源考證二篇敬刊簡
端以符元本
高宗皇帝聖學淵深於輿地辨析尤精爲前古所
未有
御製集中開新河記編輯河源紀略諭河源按語
河源簡明語天竺五印度考訛陽關考濟
水考淮源記廣陵濤疆域辨諸篇傳正決
疑於考訂班酈二書裨益宏遠一併敬謹
錄刊昭示千古凖的云爾光緒十八年七
月前國子監祭酒江蘇學政臣王先謙恭

跋

御製題酈道元水經注六韻 有序

酈道元水經注自明至今惟朱謀㙔校本行世其文與杜佑通典樂史太平寰宇記所引經注往往不合又多意爲改竄殊失本來面目近因裒集永樂大典散見之書其中水經注雖多割裂而按目稽覈全文具存尚可彙輯與今本相校既有異同且載道元自序一篇亦世所未見蓋猶據宋人善本錄入茲經館臣排綴成編凡篇目混淆經注相錯者悉加釐訂其脫簡有自數字至四百餘字者亦並爲補正以數百年叢殘缺佚之書一旦復還舊觀若隱有呵護者然亦藝林佳話也因題六韻紀之

檢書斷簡萃全珍自序猶存善長真卻以殘山將

賸水竟如合浦與延津笑他割裂審無術永樂大典所載之書類多散入各韻分析破碎殊無體例是書亦其一也際此完成若有神南北少訛因未到酈道元仕於北魏雖曾出使關中而足跡未嘗一至塞外故水經注中所載邊地諸水形勢未能盡合卽如濡水之源流分合及所經郡縣多有訛舛至江淮以南地屬齊梁道元亦未親履其地詳爲考訂祇據傳聞所及襲謬沿疑無怪其說之多盭也古今略異究堪循悉心編纂誠宜獎觸目研磨信可親設以春秋素臣例足稱中尉繼功人

臣等謹按韻排大典披沙尚有遺金

敕選殘編入圍無非積玉彙萬種而先雕棃棗允

羅散帙之精建一議而特異泥鉛爰

錫聚珍之號天下文章在此古今祕奧如斯沾膏

馥於藝林幸獲書探四庫廣風聲於寰宇還

期家擁百城惟

皇帝化倬雲章

恩頒瓊籍牙籤錯落東南五省之縈緗軸流傳文

獻三吳之幸用敬鐫於匠氏乍發新硎旋恭

誦於儒流儼陳古鼎昔分今合還廬山面目

之真後得先迷想赤水離朱之幻

聖學恢如滄海獨滙源流文光暎遍南天羣羅星

斗從此靈威舊洞無須求蝌蚪奇書竝教文

選名樓不得擅琳瑯古藻臣等校讎竊預涯
涘未窺篇末署名曷勝榮幸兩江總督臣薩
載江蘇巡撫臣閔鶚元安徽巡撫臣書麟江
蘇學政臣謝墉安徽學政臣葉觀國江寧布
政使臣劉墫蘇州布政使臣李慶棻安徽布
政使臣陳步瀛江蘇按察使臣覺羅琅玕安
徽按察使臣福寧同拜手稽首恭紀

督刊蘇州府知府臣胡世銓

試用知縣臣郭艮羲

校字吳縣教諭臣陸鴻繡

承刊蘇州府學生員臣張鶴翥

吳縣學生員臣陳鳳喈

上海縣學生員臣黃炳章

寶山縣學生員臣陸惟軾

酈道元水經注原序

序曰盧文弨羣書拾補用武進臧氏所得絳雲樓宋本校無序曰二字易稱天以一生水故氣微于北方而爲物之先也玄中記曰天下之多者水也浮天載地高下無所不至萬物無所不潤盧本無所字及其氣流屆石精薄膚寸不崇朝而澤合靈宇者神莫與竝矣是以達者不能測其淵沖而盡其鴻深也昔大禹記盧本作經拾補云大典作記今從臧本著山海周而不備地理誌其所錄簡而不周尚書本紀與職方俱略都賦所述裁不宣意水經雖粗綴津緒又闕旁通所謂各言其志而罕能備其宣導者矣今尋圖訪賾盧本作蹟拾補云大典作賾余疑是蹟字今見臧本果然者極聆州域之說而涉土遊方者寡能達其津照縱髣髴前聞不能不猶深屏營也余少無尋山之趣長違問津之性識絕深經道淪要

博進無訪一知二之機退無觀隅三反盧本作反三拾補云大典作三反當由習讀論語者改之今從臧本對上訪一知二較整之慧獨學無聞古人傷其孤陋捐喪辭書達士嗟其面牆默室求深閉舟問遠故亦難矣然毫管闚天歷筩時昭飲河酌海從性斯畢竊以多暇空傾歲月輒述盧本作注拾補云大典作述今從臧本水經布廣前文大傳曰大川相閒小川相屬東歸于海脈其枝流之吐納診其沿路之所躔訪瀆搜渠緝而綴之經有謬誤者考以附正文所不載非經水常源者不在記注之限但緜古芒昧華戎代襲郭邑空傾川流戕改殊名異目世乃不同川渠隱顯書圖自負拾補云疑是覈字或亂流而攝詭號或直絕而生通稱枉渚交奇拾補云書中亦每以奇爲岐洄湍決澓拾補云新本多加水旁作澓舊本止作復字故不從新本躔絡枝煩條貫系夥十二經通尚或難言輕流細漾固難辨究

正可自獻逕見之心備陳輿徒之說其所不知蓋闕如也所以撰證本經附其枝要者庶備忘誤之私求其尋省之易盧本有耳字拾補云大典無耳字臧本有

水經注目錄

武英殿聚珍版原本

臣等謹按水經注四十卷後魏酈道元撰道元字善長范陽人官至御史中尉自晉以來注水經者凡二家郭璞注三卷杜佑作通典時猶見之今惟道元所注存崇文總目稱其中已佚五卷故元和郡縣志太平寰宇記所

引滹沱水涇水洛水皆不見于今書然今書
仍作四十卷疑後人分析以足原數也是書
自明以來絕無善本惟朱謀㙔所校盛行於
世而舛謬亦復相仍今以永樂大典所引各
按水名逐條參校非惟字句之譌層出疊見
其中脫簡有自數十字至四百餘字者其道
元自序一篇諸本皆佚亦惟永樂大典僅存
蓋當時所據猶屬宋槧善本也謹排比原文
與近本鉤稽校勘凡補其闕漏者二千一百
二十八字删其妄增者一千四百四十八字
正其臆改者三千七百一十五字神明煥然
頓還舊觀三四百年之疑竇一旦曠若發蒙
是皆我

皇上稽古右文經籍道盛瑯嬛宛委之祕嚮然並
臻遂使前代遺編幸逢
昌運發其光于蠹簡之中若有神物撝呵以待
聖朝而出者是亦曠世之一遇矣至于經文注語
諸本率多混淆今考驗舊文得其端緒凡水
道所經之地經則云過注則云逕經則統舉
都會注則兼及繁碎地名凡一水之名經則
首句標明後不重舉注則文多旁涉必重舉
其名以更端凡書內郡縣經則但舉當時之
名注則兼考故城之迹皆尋其義例一一釐
定各以案語附于下方至塞外羣流江南諸
派道元足蹟皆所未經故于灤河之正源三
藏水之次序白檀要陽之建置俱不免附會

乖錯甚至以浙江妄合姚江尤爲傳聞失實

自我

皇上命使履視盡得其脈絡曲折之詳

御製熱河考灤源考證諸篇爲之抉摘舛謬條分

縷擘足永訂千秋耳食沿訛謹錄弁簡端永

昭定論又水經作者唐書題曰桑欽然班固

嘗引欽說與此經文異道元注亦引欽所作

地理志不曰水經觀其涪水條中稱廣漢已

爲廣魏則決非漢時鍾水條中稱晉寧仍曰

魏寧則未及晉代推尋文句大抵三國時人

今既得道元原序知並無桑欽之文則據以

削去舊題亦庶幾闕疑之義爾乾隆三十九

年十月恭校上

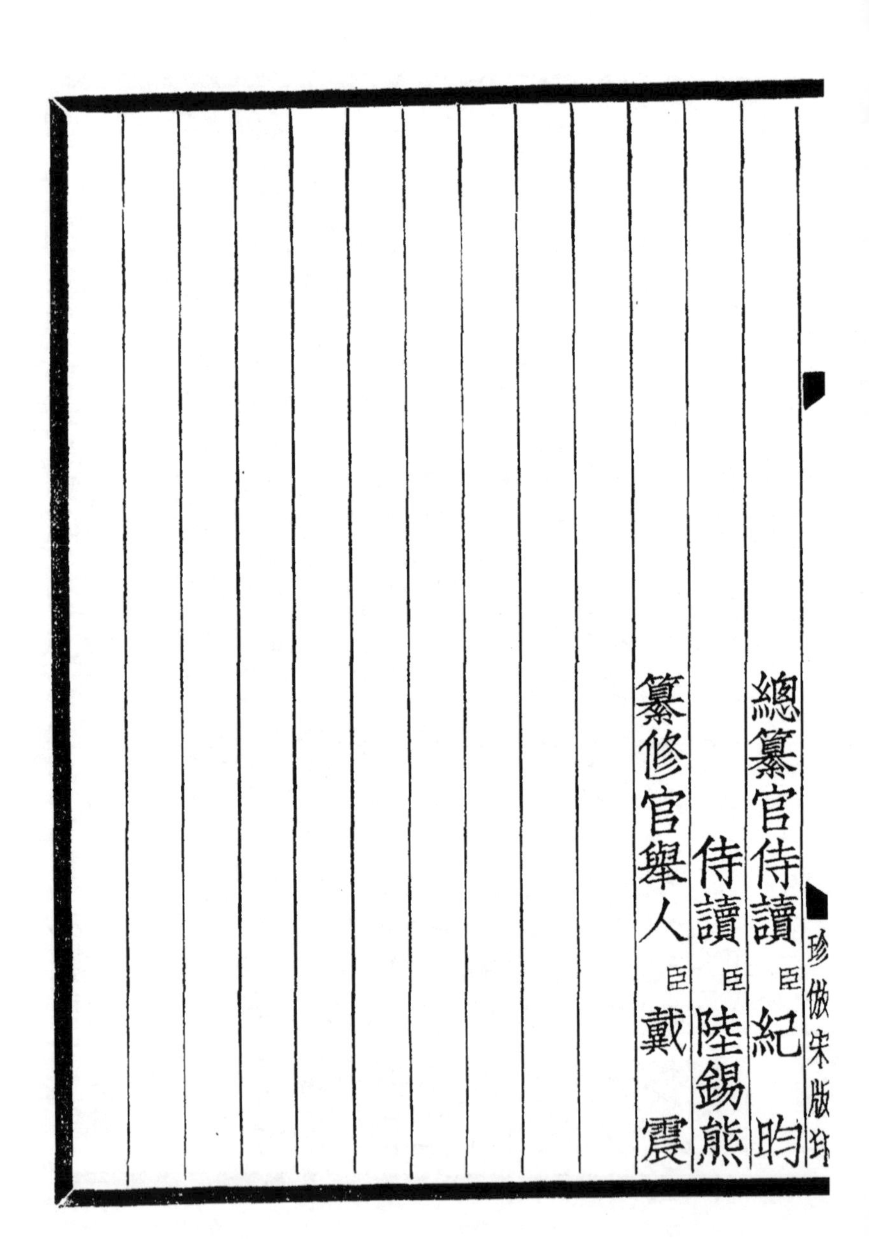

總纂官侍讀臣紀昀

侍讀臣陸錫熊

纂修官舉人臣戴震

予久聞仁和趙誠夫先生有釋水經注一書惜未之見昨春移節大梁適先生子載元官是方以屬吏進謁言次及之載元知隄防宣泄之宜能世其家學予旣以其治績奏于朝擢守歸德今年夏謀鋟先生是書請序于予予始得受而讀之見其抉擇之詳明徵引之該覈有升莽之博而無其不可信有中尉之勤而去其不必疑洵謂有是書以來不可少之撰述矣予服官數十年頗留意地理之學以爲有禆于民生實事自癸卯歲校刻山海經畢卽欲疏是書是時幕下之士如邵錢洪孫諸子皆足以襄予編校之役數年以來已十得其三四今觀先生是書條剖縷析遠引博證有先得我心者亦或粗有知解可佐先生之不逮者略列數條

于後備讀是書者之采擇焉大遼水下云遼東屬國首曰昌遼故天遼而前志又無天遼之目予以十三州志校之知舊本今本皆誤刊三字志云遼東屬國都尉治昌黎道故交黎交黎前漢志屬遼西為東海都尉治矣則知水經注昌遼之遼亦沿續志而誤也洛水下引劉昭注云周無司隸當為司寇予按秋官司寇下有司隸鄭康成注云漢始置司隸亦使將徒治道溝渠之屬後稍尊之使主官府及郡縣則司隸之設實本于周劉昭之說未可據矣潁水下云固始即固陵漢王追項羽至固陵即此予考固始之置在後漢建武二年高祖時尚無固始之名知晉灼注誤也惟括地志云固陵在陳州宛邱西北四十二里以今道里計之陳州

府城西北三十里有固陵諸地志皆云卽漢高追項羽處知與固始非一地矣洧水下云鄭伯克段之鄢在潁川不在陳留今考杜預是說趙匡集傳首疑之而改鄢字爲鄔予以爲趙說亦非也惟陳留傿縣爲得矣廩延至傿既爲順道又渡河奔共亦便若南至潁川之鄢陵既無由北渡河若改從河南之鄔聚又嫌無別據仲援之言斯不易矣贛水下云豫章郡有豫章縣蓋復漢之舊今考道元云循水東北逕豫寧縣故西安也晉太康元年更從今名則晉志仍作豫章縣爲誤又沈志豫寧侯相漢獻帝建安中立吳曰要安要字係西字之訛杜佑通典吳置新安縣晉更名豫寧新安亦西安之誤至云漢郡不當有淮陽晉志不聞有長樂今

考漢紀高后八年淮陽王武以非子誅至宣帝元康三年始以封子憲中閉闊絶百十有餘年其地爲淮陽郡可知晉書太康五年改安平爲長樂國封安平王孚曾孫祐爲王十年割武遂武邑觀津三縣爲武邑國以封南宮王承惠帝時承薨無後省還長樂國是長樂國之置志雖不詳而著于紀傳又肸肹可識矣又有可引伸先生之說者潠水下云潠瀷音同而字近今考道元之說云潠水時人謂之敕水而高誘淮南王書注云瀷讀如燕人强秦言敕同也是瀷潠二字皆讀如敕元和郡縣志云大騩山瀷水源出于此太平寰宇記大騩山潠水源出于此是瀷潠二字古通疑叔重二水爲複載否或徐鉉等增入如剢之誤斀菥之誤菰字

皆重出非許氏之舊矣沭水下云改傅陽作偪陽今考漢書地理志楚國傅陽故偪陽國莽曰輔陽師古曰偪音福古今人表有福陽子注云妘姓即偪陽子是偪福傅輔皆以音同而轉也沔水下引左傳云及鄢亂次以濟淇水經典釋文淇誤作其予按淇水即浉水道元云浉水與夷水亂流東出謂之淇水浉淇音同傳寫誤耳凡此數條以迄邵子證南江入海之道錢子爲漢水兩源之釋洪子辨荆州浸之溠水孫子疏京兆尹之漕渠均足爲是書之證佐發前人所未發矣予又嘗疑唐宋諸人所引水經注不盡出于道元蓋郭璞三卷之著杜佑以爲疏略則必嘗親見之即如李唐一朝陸稏既曾續水經李吉甫又嘗刪水經矣以是推之

注水經者不止道元一人則諸書所引之水經注亦不必均據酈書以校其同異曾歷詢爲地理之學者頗以爲然惜不及先生在時竝堇浦謝山諸前輩一決之爲憾也總之道元之注足以證經史之闕遺而先生是書又足以補道元之訛漏經不可無注注又不可無釋斷斷然也序是書畢適奉命兼督兩湖于先生所疑之東條大别又將以目驗之庶幾其有一得附先生是書以傳也

乾隆丙午八月既望鎭洋畢沅書于大梁使院

安定君之注水經雖其于禹貢之故道不能一一追溯而漢晉以後原委畢悉尤詳于陂塘隄堰之屬固有用之書也乃以過于嗜奇稱繁引博反失之龐讀者眩焉要其纏絡未嘗不釐然可按也所苦唐以後無完書據崇文總目則館閣所儲本亦祇三十五卷據元祐無名氏跋則蜀本且祇三十卷是以歐陽兗公尚未見四十卷之著錄及何聖從本幸復其舊然已云篇帙不無小失而以太平寰宇記諸書校之則逸文之不見于今本者不下數百條說者以爲原本當有弱黑涇洛虖沱諸篇而今不可得見矣是豈止小失乎哉然即其所幸存者脫文訛字展轉沿襲蔡正甫所謂蜀板遷就之失令人撫卷茫然難以津造雖有好學如柳大

中謝耳伯趙清常朱鬱儀孫潛夫之徒再四讎定不過正其十之三如盤洲石柱之疑而于其大者未之能及也百年以來乃有專門之學顧亭林顧宛溪黃子鴻胡東樵閻百詩五君子慨然于正甫補亡之不可得見合羣籍以通之購舊槧以校之竭精思以審之是書始漸見天日同時劉繼莊自燕中來亦地學之雄也欲因麗澤之益薈萃爲是書之疏而惜其不果然而諸家所論證或以洮水爲澆水（東樵）或以滎水爲灉水（宛溪）或以漯水水有二（百詩）或以礫谿有南北二渠（東樵）或指九江在洞庭而託之許叔重之說（東樵宛溪）斯其過皆不小甚矣稽古之難也杭有趙君東潛者谷林徵士之子也藏書數十萬卷甲于東南稟其家庭之密授讀書從事于根

秖之學一時詞章之士莫能抗手爰有箋釋之作拾遺糾繆旁推交通裒然成編五君子及繼莊之薪火喜有代興而諸家之毛舉屑屑者俛首下風安定至是始有功臣而正甫之書雖謂其不亡可也予家自先司空公先宗伯公先贈公三世皆于是書有校本故予年二十以後雅有志于是書始也衣食奔走近者衰病侵尋雙韭山房手校之本更是迭非卒未得畢業睠懷世學不禁慚赧而東潛奪纛而登囊括一切猶以予爲卑耳之馬不棄其鞅絆豈知羽毛齒革君之餘世聊舉先世之遺聞以益君則庶幾焉謝山全祖望序

盈天地之間數物有萬而物莫不始於一說文部敘始一終亥徐楚金曰一天地之始也一气之化也天一生水而地六成之五行之次惟水最先此易數與箕疇乎相發也故水浮天而載地元氣之布濩筋脈之流通昔賢譔述尊之曰經酈氏條分詮之曰注審其遠近之端詳其小大之勢于是源流之徑趣歸宿之殊區所謂經水枝水川水者百世悠悠如指諸掌唐六典云天下水泉三億三萬五十九蓋若是之夥也觀夫善長之爲人志氣剛毅故起例謹嚴博覽羣書故馳詞絢發以視江左諸公習尚浮華競誇雕組殆羞與絳灌爲伍矣後之職志方輿者如李宏憲樂子正王正仲之流莫不掇其菁英奉爲著蔡其閑缺失五卷始記于崇

文總目曁宋南渡中原文獻或失其傳學士大夫罕言其義雖嘗補于元刊于明日月寖久訛舛實多南州朱鬱儀中尉起而箋之疑人之所難疑發人之所未發論者以爲三百年來有數之作余愛之重之忘其固陋而爲之釋釋之云者所以存朱氏之是兼弼酈亭之違也錄取片長便成佳證助之張目足爲快心若夫箋有繆盭則削而投之所遺漏則補之別爲刊誤不欲羼入卷中惑人視聽閱歲月始勒成編余因思水之爲道也由人之治與不治耳治之則爲利甚溥不治則爲患甚鉅而是書又在人之能讀與否耳善讀者追惟古帝洚水警予之心用致地平天成之業而況農田水利之興慶流于宗社澤被于生民關中鄭國之渠

秦所以卒兼諸侯也塞下宜禾之府漢所以遂威絶域也陳協代龍之堰安平沁口之堨智通在我雲雨由人干戈擾攘之際曷嘗廢浚遏之勤乎且夫李冰之平溷崖楊渙之開石牛周君光瀧水之勳張景明漳河之績載籍書之于今爲烈彼杜君卿之不揆顛末橫肆譏評鹵莽滅裂斯已過矣嗚呼八枝代絶九畫茫茫河身南徙淮不敵黃二渠不釃四瀆或亡豈天數之使然抑人謀之不臧也若乃絺章繪句躡影希聲規索枕中之祕竊侈談柄之助風斯愈下吾無取焉

乾隆十九年仲冬上旬東潛趙一清述

水經注原序

易稱天以一生水故氣微于北方而爲物之先也元中記曰天下之多者水也浮天載地高下無不至萬物無不潤及其氣留屆石精薄膚寸不崇朝而澤合靈寓者神莫與並矣是以達者不能測其淵沖而盡其鴻深也昔大禹記著山海周而不備地理誌其所錄簡而不周尚書本紀與職方俱略都賦所述裁不宣意水經雖粗綴津緒又闕旁通所謂各言其志而罕能備其宣導者矣今尋圖訪賾者極聆州域之說而涉土遊方者寡能達其津照縱髣髴前聞不能不猶中闕洄湍決澓音伏纏絡枝煩條貫系覶十二經通尚或難言輕流細漾固難辯究正可自獻逕見之心備陳輿徒之說其所不

知蓋闕如也所以撰證三經附其枝要者庶備志
誤之矜求其尋省之易（下俱闕）
此是酈亭原本孫潛夫從柳大中鈔本錄得惜
其失亡已大半矣然吉光片羽要爲天下至寶
而自篇首至其鴻深也詹氏小辨能舉之則在
明中葉此序未亡可知而楊用修黃勉之二家
刻書反遺之何也昔義門何氏最稱博覽深以
不見此序爲憾僅從玉海摘取大禹記著數語
而云必得宋本乃爲全篇則予今日之獲較之
先正不既多乎東潛邨民識

水經注釋參校諸本

楊氏慎刊本升庵自序別刊水經三卷又其孫宗吾刻節錄水經注碑目一帙

黃氏省曾刊本五嶽山人自序嘉靖甲午年刊

歸氏有光本太僕家藏舊鈔何義門曾見之

柳氏僉本字大中吳人正德年舊鈔藏洞庭葉石君家

趙氏琦美三校本清常道人常熟人脈望館藏書最富一校於萬歷丙午年一萬歷己酉年正月二十七日起訖四月七日一萬歷庚辰年二月十三日盡是年十二月五日畢工孫潛夫稱爲趙氏三校本最佳本也

吳氏琯刊本字中行歙人萬歷乙酉年刊

朱氏之臣本字無易蜀人引辛氏三秦記補渭水篇神女唾瘡事義門稱之

周氏嬰本字方叔莆田人著析酈見巵林

陳氏仁錫刊本萬歷中明卿更校刊之

鍾氏惺譚氏元春刊本竟陵鍾伯敬譚友夏合共評點

全氏雙韭山房舊校本鄞全侍郎元立字九山孫天敘字伯典亦官侍郎天敘之從孫吾騏字北翁三世校

之今翰林祖望其孫也

錢氏曾本　遵王有述古堂藏書蓋宋槧本也

黃氏宗羲刪本　梨洲嘗患刪酈注之無豫于水經者蓋欲復唐李氏刪水經十卷之舊而未成有今水經行于世

孫氏潛再校本　字潛夫一字節菴又字知節君又字葭園吳人用柳趙影宋鈔本校過

顧氏炎武本　亭林著肇域志天下郡國利病書日知錄昌平山水記辨正水經注極多義門云丙子九月二十四日得見先生改正者又改定二十餘字

顧氏祖禹本　宛溪著讀史方輿紀要引水經注多所補正

閻氏若璩本　太原閻百詩著古文尚書疏證潛邱劄記援引水經注精義多前人所未發

黃氏儀本　崑山黃子鴻曾依酈注每水各寫一圖兩岸翼帶諸小水精細絕倫參伍錯綜各得其理劉正渭水篇胡朏明禹貢錐指從之辨誤今是書歸于新城王氏池北書庫

劉氏獻廷本　廣陽劉繼莊一字伯莊與黃子鴻友善同客崑山徐大司寇家與修一統志稿作楚水圖記又欲作水經注疏而未就存其說於雜記蓋北方之學者全謝山爲之傳

胡氏渭本　德清胡朏明一字東樵著禹貢錐指悉本水經注援古證今渭水沔水二篇是其釐定

姜氏宸英本 西溟手自校定全謝山家有之

何氏焯再校本 義門中吳名士生當文盛之日耆儒宿學風流未泯入官翰林多覩古圖籍世以博洽推之故其勘定諸書頗可依據自記于康熙甲戌八月初十日始校是書夜以繼日至九月十三日卒業戊戌八月再跋其用力亦勤矣

沈氏本 不詳何人見義門校本亦中吳之士

沈氏炳巽本 字繹旃吳興人謝山引用最多

董氏熜本 字訥夫吳興人

項氏絪本 歙人卽用朱箋略加刪節

杭氏世駿本 里人杭堇浦編修手校朱箋

齊氏召南本 天台人字次風與堇浦謝山友善

全氏祖望七校本 四明全謝山翰林取諸本手校于篁菴謂道元注中有注本雙行夾寫今混作大字幾不可辨蓋述其先世舊聞斯言也予深然之河洛濟渭沔江諸篇經注混淆臥病中忽悟其義馳書三千里至京師告予予初聞之通夜不寐覓通其說悉加改正今秋下榻春草園之西樓各出印證宛然符契舉酒大笑因製序焉

以上諸本予悉取之與明南州朱謀㙔中尉箋

相參證錄其長而舍其短第見聞有限頗懷生晚之歎觀者幸勿哂其陋也古老傳言馮祭酒夢禎以經注混淆閒用朱墨分句乙其本惜未之見

水經注釋參校諸本

北史本傳

酈範字世則魏書本傳小名記祖范陽涿鹿人也魏書地形志范陽郡領涿縣有涿城巨馬水注巨馬水又東酈亭溝水注之水上承督亢溝水于遒縣東東南流歷紫淵東余六世祖樂浪府君自涿之先賢鄉爰宅其陰西帶巨川翼茲水枝流津通纏絡墟圃匪直田漁之可懷信爲遊神之勝處也春明夢餘錄酈亭在涿州南二十里爲酈道元故居一統志酈亭在新安縣西北舊志今有酈村酈亭莊皆在縣西北四十里畿輔通志紫泉在新城縣東北源出縣西北十五里龍堂村至縣西十里合琉璃又南入白溝河祖紹慕容寶濮陽太守晉書載記慕容寶垂之第四子紀元彙考晉孝武帝太元二十年丙申垂卒子寶立改永康元年魏拓跋皇始元年地形志濮陽郡晉置天興中屬兗州以郡迎降魏書帝紀道武帝皇始元年八月己亥大舉伐慕容寶自常山以東守宰或捐城奔竄或稽顙軍門道武授兗州監軍地形志兗州劉義隆治瑕邱魏因之魏書官氏志監軍從第三品中父嵩天水太守地形志秦州天水郡治上封按即前漢隴西郡之上邽縣也後漢屬天水郡師古曰邽音圭魏道武諱珪故改之官氏志上郡太守第四品範太武帝給事東宮魏書帝紀世祖太武皇帝諱燾延元元年立皇子晃爲皇太子正平元年薨謚曰景穆高宗即位尊曰景穆皇帝廟號恭宗太武踐阼按此文誤也魏書本傳是高宗踐阼考帝紀高宗文成皇帝諱濬恭宗景穆皇帝之長子乃太武之嫡皇孫太武崩以皇孫即帝位改元興安追錄先朝舊勳賜爵永寧男地形志瀛州高陽郡領永寧縣官氏志開國縣男第五品魏書本傳加寧遠將軍官氏志寧遠將軍階第五品以奉禮郎魏書本傳作治禮郎官氏志治禮郎從第六品下蓋範先給事東宮至是始仕於朝奉遷太武景穆神主於太廟進爵爲子官氏志開國縣子第四品爲征南大將軍慕容白

曜司馬官氏志諸開府司馬從第四品中魏書列傳慕容白曜慕容元真之元孫劉彧徐州刺史薛安都兗州刺史畢衆敬並以城內附詔鎮南大將軍尉元鎮東將軍孔伯恭赴之皇興初加白曜使持節都督諸軍事征南大將軍上黨王屯於碻磝為諸軍後繼及定三齊範多進策白曜皆用其謀魏書本傳慕容白曜南征範為左司馬師次無鹽劉彧戍主申纂憑城拒守議者僉以攻具未周不宜便進範曰今輕軍遠襲深入敵境無宜淹留久稽機候且纂必以我軍來速不去攻守謂方城可憑弱卒可恃此天亡之時也今若外潛威形內整戎旅密厲將士出其非意可一攻而剋之白曜曰一日縱敵數世之患今若舒遲民心固矣司馬之策是也遂潛軍僞退示以不攻纂果不設備於是卽夜部分旦便騰城崇朝而剋白曜將盡以其人為軍實範曰齊四履之地世號東秦不遠為經略恐未可定也今皇威始被民未霑澤連城有懷貳之將比邑有拒守之夫宜先信義示之軌物然後民心可懷二州可定白曜曰此良策也乃免之進次肥城白曜將攻之範曰肥城雖小攻則淹日得之無益軍聲失之有損威勢且見無鹽之卒死者塗炭成敗之機足為鑒矣若飛書告諭可不攻自伏縱其不降亦當逃散白曜乃以書曉之肥城果潰白曜目範於衆曰此行也得卿三齊不足定矣軍達升城劉彧太原太守房崇吉棄母妻東走或青州刺史沈文秀遣其寧朔將軍張元孫奉牋歸款請軍接援白曜將遣偏師赴之範曰桑梓之戀育懷同德文秀家在江南青土無墳栢之累擁衆數萬勁甲堅城彊則拒戰勢屈則走師未逼之朝夕無患竟何所畏已求援軍且觀其使詞煩而顏愧視下而志怯幣厚言甘誘我也若不遠圖懼虧軍勢既進無所取退逼彊敵羝羊觸藩羸角之謂未若先守歷城平盤陽下梁鄒剋樂陵然後方軌連鑣揚旌直進何患不壺漿路左以迎明公者哉白曜曰卿前後納策皆不失衷今日之算吾所不取何者道固孤城自守盤陽諸戍勢不野戰文秀必剋殄意在先誠天與不取後悔何及範曰短見猶謂不虛歷城足食足兵非一朝可拔文秀既據東陽為諸城根本多遣軍則歷城之固不立少遣衆則無以懼敵心脫文秀還叛閉門拒守偏師在前為其所挫梁鄒諸城追擊其後文秀身率大軍必相乘迫腹背受敵進退無途雖有韓白恐無全理願更思審勿入賊計中白曜乃止慕容白曜傳劉彧東平太守申纂屯無鹽并州刺史房崇吉屯升城遏絕王使白曜攻纂于無鹽拔其東郭其夜纂遁遣兵追執之獲其男女數千口先是劉彧青州刺史沈文秀冀州刺史崔道固並遣使內附而彧遣招慰復歸彧白曜既拔無鹽回攻升城肥城戍主聞軍至棄城遁走獲粟三十萬斛既至升城垣苗麋

溝二戍拒守不下白曜以千餘騎襲麋溝麋溝潰自投濟水死者千餘擊垣苗又破之得粟十餘萬斛由是軍糧充足先是淮陽公皮豹子等再征垣苗不剋白曜以一旬之內頻拔四城威震齊土升城不降白曜忿之縱兵陵城殺數百人崇吉夜遁白曜撫慰其民無殺戮百姓懷之獲崇吉母妻待之以禮劉彧遣其將吳憘公率衆數萬欲寇彭城鎮南大將軍尉元表請濟師顯祖詔白曜赴之白曜自瑕邱遣將軍長孫觀率騎入自馬耳關至盤陽諸縣悉降平東將軍長孫陵寧東將軍尉眷東討青州白曜自瑕邱進攻歷城乃爲書以喻之道固固守不降白曜築長圍以攻之長孫陵等既至青州沈文秀遣使請降軍人入其西郭頗有採掠文秀悔之遂嬰城固守二年崔道固及兗州刺史梁鄒守將劉休賓竝面縛而降白曜皆釋而禮之送道固休賓及其僚屬于京師乃徙二城民望于下館朝廷置平齊郡懷寧歸安二縣以居之自餘悉爲奴婢分賜百官白曜進討東陽冬入其西郭三年春剋東陽擒沈文秀凡獲倉粟八十五萬斛米三千斛弓九千張箭十八萬八千刀二萬二千四百甲冑各三千三百銅五千斤錢十五萬城內戶八千六百口四萬一千吳蠻戶三百餘始末三年築圍攻擊日日交兵雖士卒死傷無多怨叛督上土人租絹以爲軍資不至侵苦三齊欣然安堵樂業剋城之日以沈文秀抗倨不爲之拜忿而箠撻唯以此見譏以功拜使持節都督青齊東徐州諸軍事開府儀同三司青州刺史濟南王又列傳申纂者本魏郡人申鍾曾孫劉彧用爲兗州刺史沈文秀字仲遠吳興武康人伯父慶之劉駿司空稍遷建威將軍青州刺史和平六年劉子業爲其叔彧所殺文秀遂與諸州推立劉子勛及子勛敗皇興初文秀與崔道固俱以州降請師接應會劉彧遣文秀弟文炳來喻之文秀復歸于彧後慕容白曜既剋升城引軍下歷城乃率大衆并力攻討長圍數帀自夏至春始剋文秀取所持節衣冠儼然坐於齋內亂兵入曰文秀何在文秀厲聲曰身是執而裸送于白曜左右令拜文秀曰各二國大臣無相拜之禮白曜忿之乃至撾撻後還其衣爲之設饌遂與長史房天樂司馬沈嵩等鎖送京師面縛數罪宥死待爲下客給以麤衣蔬食顯祖重其節義稍亦加禮之又房天樂清河人滑稽多智先爲青州別駕文秀拔爲長史督齊郡州府之事一以委之文秀族子嵩聰敏有筆札文秀以爲司馬甚器任之宋書州郡志兗州刺史東平太守無鹽令漢舊縣青州刺史治臨淄安帝義熙五年平廣固北青州刺史治東陽城而僑立南青州如故後省南青州而北青州直曰青州孝建二年移治歷城大明八年還治東陽太原太守秦立屬并州文帝元嘉十年割濟南太山立領縣三山茌太原祝阿又晉成帝立南青州及并州武帝永初元年省并州并南兗今白曜傳云并州刺史房崇吉則并州之號尚存也魏書地形志兗州東平郡領無

鹽兗州後漢治山陽昌邑魏晉治廩丘劉義隆治瑕丘魏因之青州漢治臨淄司馬德宗治東陽魏因之齊州治歷城劉義隆置冀州皇興三年更名領東魏郡劉駿置治歷城東平原郡劉裕置梁鄒
東清河郡劉裕置治盤陽城太原郡劉義隆置魏因之領太原縣治升城有廩溝垣城濟州東濟北郡領肥城前漢屬太山後漢屬濟北晉罷復屬治肥城按沈約志濟北郡領縣三蛇邱盧穀邱無肥
城蓋縣廢而城存也水經注濟水右迤爲湄湖又東北逕垣苗城西故洛當城也又東與湄溝合湄溝即麋溝亦即魏收志之麋溝垣苗城即垣城矣又水經注濼水逕陰館縣故城西魏天安三年齊
平徙其民於此立平齊郡方輿紀要平齊城在山西大同府西二十里魏獻帝天安元年之明年改元皇興此天安字酈道元誤記也魏收志無此郡縣蓋已廢省矣遂表爲
青州刺史魏書本傳以撫新民地形志青州領郡七縣三十二齊郡領臨淄昌國益都盤陽平昌廣饒西安安平廣川北海郡領下密劇都昌平壽膠東樂安郡領千乘
博昌安德般渤海郡領重合修長樂高陽郡領高陽新城鄚安次安平河間郡領阜城成平武垣樂成章武南皮樂陵郡領陽信樂陵厭次新樂濕沃官氏志上州刺史第三品中州刺史從第三品下
州刺史第四品青州當屬上中進爵爲侯官氏志開國縣侯第三品加冠軍將軍官氏志冠軍將軍從第三品還
爲尚書右丞魏書本傳遷尚書右丞官氏志尚書右丞從第四品蓋京朝官尊于外職也後除平東將軍
青州刺史假范陽公官氏志四平將軍第三品散公從第一品舊制諸鎮將刺史假五等爵者皆不得世襲範前
解州還京也夜夢陰毛拂踝他日說之時齊人有
占夢者史武進云公豪盛于齊下矣使君臨撫東
秦道光海岱必當重牧全齊再祿營邱矣範笑答
曰吾將謂卿必驗此夢後果如言淄水注先公以太和中作鎮海岱余總角之年侍節東州又濁

水又東北流逕東陽城北東北流合長沙水水出逄山北阜世謂之陽水也水流亦有時窮通信爲靈昔在宋世是水絕而復流劉昺賦通津焉魏太和中此水復竭輟流積年先公除州郎任未期是水復通澄映盈川所謂幽谷枯而更溢窮泉輟而復流矣海岱之士又頌通津焉平昌尨民孫道相頌曰唯彼繩泉竭踰三齡祈盡珪璧謁窮斯牲道從隆替降由聖明孝民河間趙凝頌曰數化未期元澤潛施枯源揚瀾涸川滌陂北海郭欽曰先政輟津我后通洋但頌廣文繁難以具載

時鎮將官氏志舊制緣邊皆置鎮都大將統兵備禦與刺史同城隍倉庫皆鎮將主之但不治事故爲重於刺史元伊利表範與外賊交通孝文詔範曰鎮將伊利表卿造船市玉與外賊交通規陷卿罪窺覦州任有司推驗虛實自顯有罪者今伏其辜矣卿其明爲算略勿復懷疑魏書本傳高祖詔範曰卿身非功舊位無重班所以超遷顯爵任居方夏者正以勤能致遠雖外無殊效亦未有負時之愆而鎮將伊利妄生姦撓表卿造船市玉與外賊交通規陷卿罪窺覦州任有司推驗虛實自顯有罪者今伏其辜矣卿其明爲算略勿復懷疑待卿別犯處刑及鞭今恕刑罷鞭止罰五十卿宜克循輯綏邊服稱朕意也還朝卒京師魏書本傳年六十二謚曰穆子道元魏書本傳

範五子道元在酷吏傳道元第四弟道慎字善季涉歷史傳有幹略自奉朝請遷尚書二千石郎中加威遠將軍爲漢川行臺迎接降款以功除員外常侍領郎中轉輔國將軍驍騎將軍出爲正平太守治有能名遷長樂相正光五年卒年三十八贈後將軍平州刺史子中字伯偉武定初司徒刑獄參軍道慎弟道約字善禮起家奉朝請再遷冠軍將軍司徒諮議參軍朴質遲鈍頗愛琴書性多造請好以榮利干謁乞丐不已多爲人所笑弄坎壈于世不免飢寒晚歷東萊魯郡二郡太守爲政清靜吏民安之年六十三武定七年卒北史本傳範弟道峻子惲字幼和好學有文才尤長吏幹舉秀才射策高第歷位尚書外兵郎行臺長孫承業引爲行臺郎惲頗兼武用恆以功名自許每進計于承業多見納用以功賞魏昌縣子惲在軍啓求減身官爵爲父請贈詔授征虜將軍安州刺史惲後

與唐州刺史崔元珍固守平陽尒朱榮稱兵赴闕惲與元珍不從爲榮行臺郎中樊子鵠陷城被害所作文章頗行于世撰慕容氏書不成子懷則司空長流參軍按道峻爲範子非其弟也道元兄弟五人其名皆以道字爲次道元死于陰槃驛有弟道某從疑郎道峻也故惲得爲之請贈道慎道約而外一則無聞範有弟曰神虎官尚書左民郎中神虎弟夔子惲則惲又非道峻之子未知何以舛錯乃爾

道元字善長初襲爵永寧侯例降爲伯官氏志散侯從第二品散伯從第三品魏書本傳太和中爲尚書主客郎中水經涅水注余爲尚書祠部是也官氏志尚書郎中第六品御史中尉李彪以道元執法清刻魏書本傳執法清勤自太尉掾引爲書侍御史官氏志開府掾屬從第五品治書侍御史第六品此落治字魏書本傳有治字又列傳李煥字仲少與酈道元爲李彪所知彪爲僕射李沖所奏道元以屬官坐免魏書列傳李彪字道固頓邱衛國人家世寒微高閭稱之於朝貴李沖禮之甚厚彪深宗附高祖南征假彪冠軍將軍東道副將軍駕還京遷御史中尉彪既爲高祖所寵性又剛直遂多所舉劾遠近畏之車駕南伐彪兼度支尚書與僕射李沖任城王等參理留臺事彪素性剛豪與李沖等意議乖異遂形于聲色殊無降下之心自謂身爲法官莫能糾劾己者遂多專恣沖積其前後罪過乃于尚書省禁止彪上表曰按臣彪昔于凡品特以才拔等望清華司文東觀綢繆恩眷繩直憲臺左加金璫右珥蟬冕(闕)東省宜感恩勵節忠以報德而竊名忝職身爲違傲矜勢高亢公行潛逸坐輿禁省冒取官材輒駕乘黃無所憚懾肆志傲然愚聾視聽此而可忍誰不可容臣輒集尚書以下令史以上并治書侍御史臣酈道元等于尚書都座以彪所犯罪狀告彪訊其虛實若或不知須訊部下彪答臣言事見在目實如所劾皆彪所知何須復召部下臣今請以見事免彪所居職付廷尉治獄沖又表曰臣與彪相識以來垂二十載始南使之時見其色厲辭辯才優學博臣之愚識謂是拔萃之一人及彪位宦升達參與言燕聞彪評章古今商略人物與言于侍筵之次啓論于衆英之中賞忠識正發言懇惻惟直是語辭無隱避雖復諸王之尊近侍之要至有是非多面抗折酷疾矯詐毒憎非違厲色正辭如鷹鸇之逐鳥雀懍懍然實似公清之操臣雖不才輒亦尚其梗槩欽其正直微識其褊急之性而不以爲瑕及其初登憲臺始

居司直首復驕唱之儀肇正直繩之體當時識者僉以爲難而彪秉志信行不避豪勢其所彈劾應弦而倒赫赫之威振于下國肅肅之稱著于京師天下改目貪夫斂手臣時見其所行信謂言行相符忠清內發然時有私于臣云其威暴者臣以直繩之官人所忌疾風謗之際易生音謠心不承信往年以河陽事曾與彪在領軍府共太尉司空及領軍諸卿等集閱廷尉所問囚徒時有人訴枉者二公及臣少欲聽採語理未盡彪便振怒東坐攘袂揮赫口稱賊奴叱吒左右高聲大呼云南臺中取我木手去搭奴肋折雖有此言終竟不取即言南臺所問唯恐枉活終無枉死但可依此時諸人以所枉至重有首實者多又心難彪遂各嘿爾因緣此事臣遂心疑有濫審加情察知其威虐猶未體其採訪之由訊檢之狀商略而言酷急小罪肅禁爲大會而言之猶謂益多損少故懷寢所疑不以申徹實失爲臣知無不聞之義及去年大駕南行以來彪兼尚書日夕共事始知其言與行舛是己非人專恣無忌尊身忽物安以身作之過深劾他人己方事人好人佞己聽其言同振古忠恕之賢校其行是天下佞暴之賊臣與任城卑躬曲己若順弟之奉暴兄其所欲者事雖非理無不曲從依事求實悉有成驗如臣列得實宜殛彪于有北以除姦矯之亂政如臣無證宜投臣于四裔以息青蠅之白黑高祖在懸瓠覽表歎愕曰何意留京如此也有司處彪大辟高祖恕之除名而已又李沖字思順隴西人李彪之入京也孤微寡援而自立不羣以沖好士傾心宗附沖亦重其器學禮而納焉每言之于高祖公私共相援益及彪爲中尉兼尚書爲高祖知待便謂非復藉沖而更相輕背惟公坐斂袂而已無復宗敬之意也沖頗銜之後高祖南征沖與吏部尚書任城王澄竝以彪倨傲無禮遂禁止之奏其罪狀沖手自作家人不知辭甚激切因以自劾高祖覽其表歎悵者久之既曰道固可謂溢也僕射亦爲滿矣沖時震怒數數責彪前後愆悖瞋目大呼投折几案盡收御史皆泥首面縛詈辱肆口沖素性温柔而一日暴恚遂發病荒悸言語亂錯猶扼腕叫詈稱李彪小人醫藥不能療或謂肝腸傷裂旬有餘日而卒

景明中爲冀州鎮東府長史官氏志四鎮將軍加大者位次衛將軍從第二品又第二品將軍長史從第四品刺史于勁順皇后父也西討關中亦不至州按魏書外戚傳北史列傳皆不云于勁爲冀州蓋失之道元行事三年爲政嚴酷吏民畏之淯水注長社縣潁川郡治余以景明中出宰茲郡蓋以長史行

州事也後試守魯陽郡汝水注余以永平中蒙除魯陽太守地形志魯陽郡太和十一年置鎮十八年改爲荊州二十二年罷置領縣二山北太和十一年置有應山應城河山太和二十一年置官氏志中郡太守第五品下郡太守第六品魯陽郡當屬中下也道元表立黌序崇勸學校詔曰魯陽本以蠻人不立大學今可聽之以成良守文翁之化道元在郡山蠻伏其威名不敢爲寇魏書蠻傳永平初東荊州表(闕二字)太守桓叔興前後招慰大陽蠻歸附者一萬七百戶請置郡十六縣五十詔鎮東府長史酈道元檢行置之延昌中爲東荊州刺史泚水注延昌中除東荊州刺史治泚陽故城按地形志東荊州嘗爲荊州後郡屬廣州永安中置治魯陽武定中陷徙治襄城以其別于荊州與北荊州故此加東也官氏志中州刺史從第三品下州刺史第四品東荊州亦屬中下威猛爲政如在冀州蠻人詣闕訟其刻峻請前刺史寇祖禮及以遣戍兵七十人送道元還京二人並坐免官魏書列傳寇字祖禮上谷人祖讚南雍州刺史父臻宏農太守後爲河南尹魏書本傳行河南尹地形志河南郡太和中遷都爲尹天平初改官氏志河南尹第三品周書趙肅傳魏正光五年元爲河南尹辟肅爲主簿明帝以沃野懷朔薄骨律武川撫冥柔元懷荒禦夷諸鎮並改爲州其郡縣戍名令準古城邑詔道元持節兼黃門侍郎馳驛與大都督李崇籌宜等

立裁減法留會諸鎮叛不果而還

按此文有誤魏書本傳肅宗以諸鎮並爲州其郡縣戍名令準古城邑詔道元與都督李崇籌宜置立裁減去留儲兵積粟以爲兵備等立郎置立之誤法留亦去留之誤也魏書列傳後北鎮破落汗拔陵反叛所在響應賊衆日甚吏部尚書元修義曰彊寇充斥事須得討臣謂須得貴重鎮壓總彼師旅備衛金陵詔曰去歲阿那瓌叛逆遣李崇令北鎮崇乃上表求改鎮爲州罷削舊貫朕于時以舊典難革不許其請尋李崇此表開諸鎮非異之心致有今日之事但既往難追爲復略論此耳崇啓曰臣以六鎮幽垂與賊接對鳴柝聲弦弗離旬朔州名差重於鎮請實可悅彼心使聲教日揚微塵去塞豈敢導此凶源開生賊意臣之愆負死有餘責屬陛下慈寬賜全腰領今更遣臣北行正是報恩改過所不敢辭但臣年七十自惟老疾不堪敵場更願英賢收功盛世于是詔崇以本官加使持節開府北討大都督撫軍將軍崔暹鎮軍將軍廣陵王淵皆受崇節度太武五王列傳廣陽王建閭子深字智遠沃野鎮人破六韓拔陵反叛詔深爲北道大都督受尚書令李崇節度時東道都督崔暹敗於白道深上書邊豎搆逆以成紛梗其所由來非一朝也昔皇始以移防爲重盛簡親賢擁麾作鎮配以高門子弟以死防遏不但不廢仕宦乃至偏得復除當時人物忻慕爲之及太和在歷僕射李沖當官任事涼州士人悉免厮役豐沛舊門仍防邊戍自非得罪當世莫肯與之爲伍征鎮驅使但爲虞候白直一生推遷不過軍主然其往世房分留居京者得上品通官在鎮者便爲清途所隔或投彼有北以禦魑魅多復逃胡鄉乃峻邊兵之格鎮人浮游在外皆聽流兵捉之于是少年不得從師長者不得遊宦獨爲匪人言者流涕自定鼎伊洛邊任益輕唯底滯凡才出爲鎮將轉相模習專事聚斂或有諸方姦吏犯罪配邊爲之指蹤過弄官府政以賄立莫肯自改咸言姦吏爲此無不切齒憎怒及阿那瓌背恩縱掠竊奔命師追之十五萬衆度沙漠不日而還邊人見此援師便自意輕中國尚書令臣崇時即申聞求改鎮爲州將允其願抑亦先覺朝廷未許而高闕戍主率下失和拔陵殺之爲逆命攻城掠地所見必誅王師屢北賊黨日盛此段之舉指望銷平其崔暹隻輪不反臣崇與臣逡巡復路今者相與還次雲中馬首是瞻未便西邁將士之情莫不解體今日所慮非止西北將恐諸鎮尋亦如此天下之事何易可量時不納其策東西部勅勒之叛朝廷更思深言遣兼黃門侍郎酈道元爲大使欲復鎮爲州以順人望會六鎮盡叛不得施行地形志朔州本漢五原郡延和二年置爲鎮後改爲懷朔孝昌中改爲州後陷領郡五縣十三大安郡領狄那捍殊廣寧郡領石門中川神武郡領尖山殊頹太平郡領太平太清永寧

附化郡領附化息澤五原廣收蔚州永安中改懷荒禦夷二鎮領郡三縣七始昌郡領干門蘭泉忠
義郡領葦池楊柳附恩郡領西涼利石化政靈州太延二年置薄骨律鎮孝昌中改郡縣闕按殊頽
又曰樹頽以水得名息澤當作恩澤廣收當作廣牧字之訛也志又云蔚州寄治并州鄔縣則實改
懷荒禦夷爲蔚州而二鎮又不在鄔縣在鄔縣者特寄治之州孝昌以後恆代而北盡爲邱墟故永
安時諸州邑皆僑治非復太武所置之舊矣方輿紀要懷朔城魏收曰本漢五原郡今榆林鎮故豐
州也杜佑曰在朔州北三百餘里後魏六鎮之一孝文帝太和十八年如懷朔鎮又如武川鎮如撫
冥鎮復如柔元鎮胡氏以爲此六鎮自西徂東之次第也正始初柔然侵魏之沃野及懷朔鎮詔源
懷出行北邊懷還至恆代按視諸鎮左右要害可以築城置戍之處欲東西爲九城儲積糧仗爲犬
牙相救之勢使游騎之寇終不敢攻城亦不敢越南寇從之正光四年沃野鎮民破六韓拔陵畔其
黨衛可孤圍武川鎮遂攻懷朔鎮既而武川陷懷朔亦潰孝昌中改置朔州并置大安郡其後荒廢
以朔州寄治并州界武川城在大同府北塞外魏六鎮之一也北史魏主燾破蠕蠕列置降人于漠
南東至濡源西曁五原陰山竟三千里分爲六鎮曰武川曰撫冥曰懷朔曰懷荒曰柔元曰禦夷孝
文太和八年高閭請依秦漢故事于六鎮之北築長城又云計六鎮東西不過千里一夫一月之功
可城三步之地强弱相兼不過用十萬人一月可就是六鎮皆在代都以北胡氏謂以千里計之六
鎮相距各一百七十許里是也又十八年魏主如武川鎮景明四年使源懷巡行北邊六鎮恆燕朔
三州正光三年沃野鎮民破六韓拔陵叛其黨衛可孤圍武川鎮又攻懷朔鎮六年阿那瓌爲魏討
破六韓拔陵自武川西向沃野屢破陵兵杜佑曰後魏六鎮竝在馬邑雲中單于府界其武川在白
道中漢水上撫冥城胡氏曰當在武川柔元鎮間魏六鎮之一也宋元徽元年柔然侵魏柔元鎮二
部勅勒應之魏太和十八年如撫冥鎮遂東至柔元鎮是也柔元城在大同府東北塞外于延水東
水經注柔元鎮在長川縣城東城南小山于延水所出也孝昌初柔元鎮人杜洛周反于上谷圍燕
州鎮蓋與上谷接境胡氏曰柔元鎮城在漢且如縣西北塞外懷荒城在大同府東北塞外魏六鎮
之一魏收志魏降高車時所置杜佑曰蔚州即後魏時懷荒禦夷鎮魏正光三年遣元孚諭柔然阿
那瓌于柔元懷荒二鎮胡氏曰懷荒城在柔元之東禦夷之西禦夷鎮城在保安右衛西北所謂濡
源之地也魏初拓跋祿官分其國爲三一居上谷之北濡源之西自統之魏主燾始置禦夷鎮于濡
源西北爲六鎮之一即此按六鎮莫詳于水經注以道元身歷其境嘗所經營者具見本書魏世祖
始置六鎮東西延亙三千里西起薄骨律東盡禦夷孝文時改易舊章故高閭以爲計六鎮東西不

過千里也是時六鎮西起武川東抵禦夷其長不過千里耳顧宛溪以太武置新人遂有六鎮之名考之魏書北史本紀竝無其事蓋誤證也六鎮之名當起孝文之世然孝文紀太和十八年詔六鎮及禦夷城人是禦夷又在六鎮之外不可曉也今爲銓次薄骨律沃野二鎮如左水經注河水又北逕薄骨律鎮城城在河渚上赫連果城也桑果餘林仍列州上但語出戎方不究城名訪諸耆舊咸言故老宿彥言赫連之世有駿馬死此取馬色以爲邑號故目城爲白口騮韻轉之謬遂仍今稱所未詳也河水又東逕沃野縣故城南漢武帝元狩三年立漢書地理志北地郡靈州縣有河奇苑號非苑師古曰苑牧馬之所也水中可居曰州此地在河之州隨水高下未嘗淪沒故號靈州又曰河奇也二苑皆在北焉禹貢錐指元和志靈州理迴樂縣本漢富平縣地縣枕黃河後魏刁雝爲薄骨律鎮將上表請開富平西三十里艾山舊渠通河水溉公私田四萬餘頃人大獲其利又薄骨渠在縣南六十里溉田千餘頃沃野故城在天德軍城北六十里卽後魏六鎮西頭第一鎮刁雝上表云臣鎮去沃野八百里道多深沙輕車往來猶以爲難以今輿地言之河水又東北逕靈州所北折而北逕寧夏衛東南又北逕平羅所北又北逕榆林衛西出塞逕廢豐州西折而東逕三受降城南觀李吉甫所云沃野爲六鎮西頭之第一則知自武川以至禦夷六鎮其中必有興廢之由而今不可考矣據杜君卿胡梅磵所指皆不數薄骨律沃野二鎮官氏志餘官雜號多同于晉朝晉書職官志使持節爲上持節次之使持節得殺二千石以下持節殺官位人若軍事得與使持節同又給事黃門持節第四品一代制度國勢強弱繫焉故詳列之

孝昌初梁遣將揚州刺史元法僧叉于彭城反叛魏書孝明帝紀孝昌元年春正月庚申徐州刺史元法僧據城反害行臺高謨（一作諒）自稱宋王年號天啓遣其將胡龍牙成景儁元略等率衆赴彭城詔祕書監安樂王鑒回師以討之道武七王列傳陽平王熙子臨淮王他他孫法僧爲安東將軍徐州刺史孝昌元年法僧殺行臺尚書高謨反于彭城自稱尊號號天啓地形志徐州魏晉治彭城詔道元持節兼侍中攝行臺尚書官氏志侍中列曹尚書俱第三品節度諸軍依僕射李平故事魏書列傳蕭衍遣其將左遊擊將軍趙祖悅偷據西硤石以逼壽詔平以本官使持節鎮軍大將軍兼尚書右僕射爲行臺節度諸軍東西州將一以稟之如有乖異以

軍法從事軍至渦陽地形志譙州南譙郡領渦陽武定六年置敗退道元追討多所斬獲魏書孝明帝紀鑒于彭城南擊元略大破之盡俘其衆既而不設備爲法僧所敗衍遣其豫章王綜入守彭城法僧擁寮屬守令兵戍及城郭士女萬餘口南入道武七王列傳大軍致討法僧擁諸子擁掠城內及文武南奔蕭衍又明帝紀孝昌二年五原降戶鮮于修禮反于定州詔左光祿大夫長孫稚爲使持節假驃騎將軍大都督北討諸軍事與都督河間王琛率將討之失利奔還詔免琛稚官爵列傳會鮮于修禮反于中山以稚爲大都督北討尋以本使達鄴城詔稚解行臺罷大使遣河間王琛爲大都督酈道元爲行臺稚遣子子裕奉表稱與琛同在淮南俱當國難琛敗臣全遂生私隙且臨機奪帥非算所長書奏不納琛與稚前到呼沱稚未欲戰而琛不從行達五鹿爲修禮邀擊琛不赴之賊總至遂大敗與琛竝除名又崔孝芬孝昌初蕭衍遣將裴邃等寇淮南詔行臺酈道元都督河間王琛討之停師城父累月不進敕孝芬齎庫刀催令赴擊賊退而還按道元自渦陽還兵又與元琛同在裴邃之師後琛別與長孫稚北討鮮于修禮雖有解罷稚之詔又命道元爲行臺而琛與稚已爲修禮所敗道元不與其事故本傳略之後除御史中尉魏書本傳除安南將軍御史中尉官氏志四安將軍第三品御史中尉從第三品道元素有嚴猛之稱權豪始頗憚之而不能有所糾正聲望更損魏書神元平文諸帝子孫列傳高涼王孤六世孫萇子子思字衆念爲御史中尉先是兼尚書僕射元順奏以尚書百揆之本至于公事不應送御史子思奏曰案御史令云中尉督司百寮治書侍御史糾察禁內又云中尉出行車輻前驅除道一里王公百辟避路時經四帝前後中尉二十餘人奉以周旋未曾暫廢府寺臺省竝從此令唯肅宗之世爲臨洮舉哀故兼尚書左僕射臣順不肯與名又不送簿故中尉臣酈道元舉而奏之而順復啓云尚書百揆之本令僕納言之責不宜下隸中尉送名御史尋亦蒙敕聽如其奏從此迄今便無準一按此卽傳所謂不能有所糾正聲望更損者也然道元固有鑒于李彪之禁止矣爲臨洮舉哀孝文子京兆王愉以反誅追封臨洮王卽其人也司州牧汝南王悅魏書孝文五王傳羅夫人生汝南王悅地形志司州太祖天興四年置相州天平元年遷都改嬖近左右邱念

常與臥起魏書孝文五王列傳悅又絶房中而更好男色及選州官多由于念念嘗匿悅第時還其家道元密訪知收念付獄悅啟靈太后請全念身有敕赦之道元遂盡其命因以劾悅北齊書宋遊道傳中尉酈道元嘉其氣節引爲殿中侍御史臺中語曰疾惡能討宋遊道時雍州刺史蕭寶夤魏書列傳蕭寶夤字智亮蕭鸞第六子寶卷母弟也孝昌三年四月除使持節都督雍涇岐南豳四州諸軍事征西將軍雍州刺史假車騎大將軍開府西討大都督自關以西皆受節度反狀稍露魏書列傳是時山東關西寇賊充斥王師屢北人情沮喪寶夤自以出軍累年糜費尤廣一旦覆敗慮見清責內不自安朝廷頗亦疑阻侍中城陽王徽魏書景穆十二王列傳城陽王長壽子鸞鸞子徽字顯順世宗時襲封素忌道元因諷朝廷遣爲關右大使魏書本傳悅等諷朝廷遣爲關右大使蓋與徽同陷害之又關右蕭寶夤傳作關中寶夤慮道元圖己魏書列傳寶夤謂密欲圖己彌以憂懼而長安輕薄之徒因相說動又蘇湛字景儁魏侍中則之後也晉亂避地河右世祖平涼州還鄉里蕭寶夤之討關西以湛爲行臺郎中深見委任孝昌中寶夤大敗東還朝廷以爲雍州刺史後自猜懼害中尉酈道元乃稱兵反時湛臥疾于家寶夤令姜儉報湛云元略受蕭衍意旨乃欲見除酈道元來事不可測吾不能坐受死亡今便爲身計不復作魏臣也湛聞之舉聲大哭徐謂儉曰爲我白齊王蘇湛不能以百口居家爲王族滅寶夤復報曰此自救命之計不得不爾湛曰凡爲大事當得天下奇士今但共長安博徒小兒輩計較辦有成理否湛恐荆棘必生庭闈願乞骸骨還鄉里寶夤素重之知不爲己用聽還武功又楊椿出除都督雍南豳二州諸軍事雍州刺史詔以蕭寶夤代椿爲刺史行臺椿還鄉里謂子昱將還京師因謂曰當今雍州刺史亦不賢于蕭寶夤但其上佐朝廷應遣心膂重人何得任其牒用此乃聖朝百慮之一失且寶夤不藉刺史爲榮吾觀其得州喜悅不少至于賞罰云爲不依常憲恐有異心關中可惜汝今赴京

稱吾此意以啓二聖幷白宰輔更遣長史司馬防城都督欲安關中正須三人耳如其不遣必成深憂昱還面啓肅宗及靈太后竝不信納及寶夤害御史中尉酈道元猶上表自理稱爲椿父子所謗

遣其行臺郎中郭子帙按蕭寶夤傳作郭子恢圍道元于陰盤驛亭地形志雍州京兆郡領陰盤真君七年併新豐太和十一年復寰宇記關西道雍州昭應縣即漢新豐之地陰盤故城漢舊縣屬安定後遇亂徙于此屬京兆是後魏太和九年移此額于泠水西戲水東以城之是也方輿紀要陰盤城在陝西臨潼縣東宋白曰京兆昭應縣東十三里有故城後漢靈帝末移安定郡陰盤縣寄理于此今亦謂之陰盤城後魏太和九年復移而東今昭應縣東三十二里零水西戲水東司馬村有陰盤故城是也又有陰盤驛亭在岡上常食岡下之井既被圍穿井十餘丈不得水水盡力屈賊遂踰牆而入道元與弟道按史文闕一字以魏書及本史參驗當是道峻二子俱被害道元瞋目叱賊厲聲而死寶夤猶遣斂其父子殯於長安城東按蕭寶夤傳詐收道元尸表言白賊所害事平喪還贈吏部尚書冀州刺史官氏志吏部尚書上州刺史竝第三品安定縣男地形志涇州安定郡領安定縣晉罷後復按道元先襲父封永寧侯例降爲伯至此別封安定蓋始封之君也官氏志開國縣男第五品道元好學歷覽奇書撰注水經四十卷本志十三篇又爲七聘及諸文皆行于世魏書列傳高謙之專意經史與袁飜常景酈道元之徒咸稱款舊按道元立身行己自有本末不幸生于亂世而大節無虧卽其持法嚴峻亦由拓跋朝淫汙闒宂救敝扶衰使然何至列之酷吏傳耶恐素與魏收嫌怨才名相軋故耶知人論世必有取于余言也

然兄弟不能篤睦又多嫌忌時論薄之按此亦仍魏書之舊而未經裁削者觀其有從死之弟則非不能篤睦可知子孝友襲

水經注釋目錄

卷一

卷二

卷三

卷四

卷五

河水五

漯水漢志東郡東武陽縣禹治漯水東北至千乘入海過郡三行千二十里又平原郡高唐縣桑欽言漯水所出

卷六

汾水漢志太原郡汾陽縣北山汾水所出西南至汾陰入河過郡二行千二百里冀州寖

澮水說文澮水出靃山西南入汾

涑水續漢書郡國志聞喜邑有涑水一清按漢志莽改河東郡曰兆隊左邑曰兆亭兆卽洮洮水卽涑水也

文水一清按元和郡縣志太平寰宇記作文谷水以此水出文谷也隋置文水縣因水受氏焉

原公水一清按原公水卽原過水出原過祠下者也

洞過水魏書地形志太原郡晉陽縣同過水出木瓜嶺一出沾嶺一出大廉山一出原過祠下五水合故曰同過西南入汾

晉水漢志太原郡晉陽縣龍山晉水所出東入汾

湛水說文湛水豫章浸一清按章字誤也當作州

卷七

濟水一 漢志河東郡垣縣禹貢王屋山在東北沇水所出東南至武德入河軼出滎陽北地中又東至琅槐入海過郡九行千八百四十里

卷八

濟水二

卷九

清水 漢志魏郡內黃縣清河水出南

沁水 漢志上黨郡穀遠縣羊頭山世靡谷沁水所出東南至滎陽入河過郡三行九百七十里師古曰今沁水至懷州武德入河此云滎陽疑轉寫錯誤一清按水經用山經之文故主涅縣

淇水 漢志河內郡共縣北山淇水所出東至黎陽入河一清按道元以是文載于濁漳水注中淇水入白溝以入清河而歸于海蓋曹公遏之北注故清河口有淇河口之稱也

蕩水 漢志河內郡蕩陰縣蕩水東至內黃澤

洹水 說文洹水在齊魯閒一清按齊字誤當作晉見本篇注引說文竝字林可證

卷十

濁漳水 漢志上黨郡長子縣鹿谷山濁漳水所出東至鄴入清漳闞駰曰濁漳即潞水爲冀州浸

清漳水 漢志上黨郡沾縣大黽谷清漳水所出東北至邑成入大河過郡五行千六百八十里冀州川一清按漢志所云則濁漳自鄴縣以下皆清漳之流也黽當作𪓰即要字邑成是阜成之訛

補 滏水 一清按魏都賦曰北臨漳滏是也

補 洛水 一清按說文洛水名初學記引水經注曰洛水一名漳水

卷十一

易水 漢志涿郡故安縣閻鄉易水所出東至范陽入濡并州浸亦至范陽入淶師古曰言易水又至范陽入淶也

滱水 漢志代郡靈丘縣滱河東至文安入大河過郡五行九百四十里并州川

補 滹沱水 一清按漢志代郡鹵城縣虖池河東至參合入虖池別過郡九行千三百四十里并州川從河東至文安入海過郡六行千三百七十里參合是參戶之誤別下落河字河間國弓高縣虖池別河首受虖池河東至平舒入海是也從河見濁漳水注

補 泒水 一清按說文泒水出雁門葰人戍夫山東北入海初學記引本注泒水南流所播為澤俗名天井淀明實錄太僕少卿何棟言唐滋沙鴨四水由保定真定會于河間天津入海唐即滱水滋亦為大川沙即泒河鴨河水名鴉兒河即滹沱之漫流四水相敵泒河雖不見漢志當據許氏之書補之

補 滋水 一清按漢志常山郡南行唐縣牛飲山白陸谷滋水所出東至新市入虖池水說文作白陘谷俗本漢書誤也

卷十二

聖水一清按聖水不見漢志其源惟記于古碑而桃水涿水垣水之見于漢志者皆載入篇中

巨馬水漢志代郡廣昌縣淶水東南至容城入河過郡三行五百里幷州浸

卷十三

㶟水漢志雁門郡陰館縣累頭山治水所出東至泉州入海過郡六行千一百里師古曰治音弋之反燕剌王傳作台字一清按今誤本作濕字依說文校正詳本卷㶟餘水同

卷十四

㶟餘水漢志上谷郡軍都縣溫餘水東至路南入沽一清按此即溫字訛誤之始

沽水漢志漁陽郡漁陽縣沽水出塞外東南至泉州入海行七百五十里

鮑邱水一清按鮑邱水出自戎方不見漢志而浭水灅水之見于漢志者皆載入篇中

濡水漢志漁陽郡白檀縣洫水出北蠻夷師古曰洫音呼鶪反遼西郡肥如縣元水東入濡水濡水南入海陽一清按洫水道元注引地理志作濡水洫字誤也南入海陽當作南至海陽入海

遼水漢志遼東郡望平縣大遼水出塞外南至安市入海行千二百五十里

小遼水漢志元菟郡高句驪縣遼山遼水所出西南至遼隊入大遼水

浿水

漢志樂浪郡浿水縣浿水西至增地入海說文浿水出樂浪鏤方東入海一曰出浿水縣

卷十五

洛水

漢志宏農郡上雒縣禹貢雒水出冢領山東北至鞏入河過郡二行千七十里豫州川

伊水

漢志宏農郡盧氏縣熊耳山在東伊水出東北入雒過郡二行四百五十里

瀍水

漢志河南郡穀成縣禹貢瀍水出替亭北東南入雒

澗水

漢志宏農郡新安縣禹貢澗水在東南入雒一清按禹貢伊洛瀍澗既入于河明四水之相敵也孔穎達正義以爲伊瀍澗三水入洛合流入河然所出之源既異水經漾沔自分淮泗各殊是其例也況澗水下流兼被穀水之稱水經尚不幷穀于澗而乃附三水于洛乎禹貢導水明云導洛自熊耳東會于澗瀍又東會于伊又東北入于河戰國時以河洛伊爲三川張儀曰三川周室天下之市朝也秦以之置郡而周靈王二十二年穀洛鬬說者謂澗水于是始有穀水之稱穀卽澗也觀此則安見三水之弱小于洛而僅僅附見也哉宋林少穎曰據伊瀍澗入于洛而洛入于河禹貢則以四水列言者曾氏曰漢水入江以入海而荆州言江漢朝宗于海與此同意蓋其水之大小相敵也可謂先得我心矣三水宜並列于目故詳著焉善乎胡朏明之言曰古時澗水經河南故城西入洛瀍水經河南故城東入洛故澗水東瀍水西爲王城而瀍水東爲下都洛誥之文甚明也自周靈王壅穀水使東出于王城之北則其勢必入于瀍水而合流歷王城之東以南注于洛時二水猶未經洛陽城也迨東漢建都于此自河南縣東十五里之千金堨引水繞都城南北以通漕而瀍水始與穀水俱東注矣古時瀍不合澗亦不過洛陽縣南而未至偃師也

卷十六

穀水 漢志宏農郡黽池縣穀水出穀陽谷東北至穀城入雒

甘水 續志河南尹河南縣有甘城劉昭補注杜預曰縣西南有甘泉京相璠土地名曰甘水北入洛

漆水 漢志右扶風漆縣漆水在縣西說文漆水出右扶風杜陵岐山東入渭一曰入洛

滻水 說文滻水出京兆藍田入灞地形志京兆郡山北縣苦谷滻水出焉一清按漢志謂之沂水

瀘水 漢志北地郡直路縣沮水出東西入洛一清按沮水當依說文作瀘水側加切又說文是出西東入洛與漢志異

補洛水 漢志北地郡歸德縣洛水出北蠻夷中入河左馮翊褱德縣洛水東南入渭一清按周禮雍州浸曰渭洛孔安國尚書傳雍州曰漆沮之水已從入渭導渭曰漆沮二水名亦曰洛水出馮翊北說文洛水出左馮翊歸德北夷界中東南入渭歸德屬北地郡許氏誤也然則班志所云入河者蓋由渭以達于河也此與出自熊耳會伊入河之洛截然不同

卷十七

渭水上 漢志隴西郡首陽縣禹貢鳥鼠同穴山在西南渭水所出東至船司空入河過郡四行千八百七十里雍州寖

卷十八

渭水中

卷十九

渭水下

補 豐水 漢志右扶風鄠縣酆水出東南北過上林入渭一清按禹貢漆沮既從豐水攸同詩大雅豐水東注維禹之績豐亦入渭之大川也

補 涇水 漢志安定郡涇陽縣开頭山在西禹貢涇水所出東南至陽陵入渭過郡三行千六十里雍州川一清按說文涇水出安定涇陽开頭山東南入渭雝州之川也

補 汭水 漢志右扶風汧縣芮水出西北東入涇雍州川一清按說文汭水相入也師古曰汭在豳

卷二十

漾水 漢志隴西郡氐道縣禹貢養水所出至武都入漢師古曰字本作漾或作瀁又西縣禹貢嶓冢山西漢水所出南入廣漢白水東南至江州入江過郡四行二千七百六十里

丹水 漢志宏農郡丹水縣丹水出上雒冢領山東至析入鈞

卷二十一

汝水 漢志汝南郡定陵縣高陵山汝水出東南至新蔡入淮過郡四行千三百四十里應劭曰汝水出宏農入淮一清按潁川郡亦有定陵縣有東不羹城莽曰定城者也續志潁川有定陵而汝南無之其潁川之定陵云有東不羹劉昭補注引地道記云高陵山汝水所出蓋合前書二縣而一之

卷二十二

潁水 漢志潁川郡陽城縣陽乾山潁水所出東南至下蔡入淮過郡三行千五百里荊州𣸣

洧水 漢志潁川郡陽城縣陽城山洧水所出東南至長平入潁過郡三行五百里

潩水 漢志河南郡密縣大騩山潩水所出南至臨潁入潁一清按說文潩與職切又有瀷水亦出河南密縣東入潁音與職切二水字形相近音聲又同似是一水而重出者

澮水 說文澮水出鄭國詩曰澮與洧方渙渙兮

渠水 漢志河南郡滎陽縣狼湯渠首受泲東南至陳入潁過郡四行七百八十里一清按水經澮水下有渠水即蒗蕩渠實大川也宜著于篇目善乎禹貢錐指之言曰自滎陽引河後遞加疏導枝津交絡名稱互見使後人目眩心搖今綜其大略以蒗蕩渠爲主水經注云渠水自河與濟亂流東逕滎澤北東南分濟歷中牟縣之圃田澤與陽武分水又東南爲官渡水又東至浚儀縣左則故渠出焉秦始皇二十二年王賁斷故渠引水東南出以灌大梁謂之梁溝世遂目故渠曰陰溝而以梁溝爲蒗蕩渠陰溝東南至大梁城合蒗蕩渠其東導者爲汳水至蒙縣爲獲水又東至彭城縣入泗蒗蕩渠自大梁城南南流爲鴻溝鴻溝又兼沙水之目沙水東南流至新陽縣爲百尺溝注于潁水此即班固所謂蒗湯渠首受泲東南至陳入潁者也其一水自百尺溝分出東南流至義城縣西而南注淮謂之沙汭沙水所出又有睢水渦水睢水自陳留縣首受蒗湯渠東南流至下相縣入泗渦水自扶溝縣首受蒗蕩渠東南流至義城縣南而東注淮以上諸渠同源于出河之濟故言鴻溝者指此爲鴻溝言蒗蕩渠者指此爲蒗蕩渠言汴水者指此爲汴水言浚儀渠者指此爲浚儀渠皆以下流之目追被上源也此外有濟隧上承河水于卷縣北河南流與出河之濟會自于岑造八激隄而其流遂斷其言至爲明晰今陰溝汳睢瓠子諸水皆自爲一篇而渠水無稱焉豈酈氏原書如是乎要爲後來之脫誤無疑也

卷二十三

陰溝水 漢志淮陽國扶溝縣渦水首受狼湯渠東至向入淮過郡三行千里

汳水 漢志河南郡滎陽縣卞水在西南說文汳水受陳留浚儀陰溝至蒙爲雝水入于泗徐鉉曰今作汴非是

獲水 漢志梁國蒙縣獲水首受甾獲渠東北至彭城入泗過郡五行五百五十里一清按汳水雖亦至梁郡蒙縣爲雝水自與出蒙縣北之獲水源流有别今本篇目不具更列之

卷二十四

睢水 漢志陳留郡浚儀縣睢水首受狼湯渠水東至取慮入泗過郡四行千三百六十里又沛郡芒縣應劭曰睢水出嶲

瓠子水 漢志陳留郡封邱縣濮渠水首受泲東北至都關入羊里水過郡三行六百三十里一清按濮渠卽瓠子河

汶水 漢志泰山郡汶水出萊毋西入泲又萊蕪縣原山禹貢汶水出西南入泲汶水桑欽所言一清按司馬彪郡國志云萊蕪有原山潘水出劉昭補注杜預曰汶水出然則潘水其異名乎

卷二十五

泗水 漢志濟陰郡乘氏縣泗水東南至睢陵入淮過郡六行千一百一十里又魯國卞縣泗水西南至方與入沛過郡三行五百里青州川一清按班固所云若二水者及讀道元注濟水篇云乘氏無泗水乃菏水方知泗字是菏字之誤然則出卞者是也入沛當作入泲

卷二十八

沔水下

卷二十九

潛水 漢志巴郡宕渠縣符特山在西南潛水西南入江不曹水出東北南入灊徐谷說文漢出爲潛

湍水 漢志宏農郡析縣黄水出黄谷鞠水出析谷俱東至酈入湍水

均水 漢志宏農郡盧氏縣熊耳山在東育水南至順陽入沔過郡二行六百里一清按育卽均也宏農郡丹水縣下作鈞師古曰鈞亦水名也音均

粉水 太平寰宇記粉水出房陵縣北永林山一清按粉水不見漢志卽上粉縣亦莫能定爲何時所置姑以樂史所云補之

白水 一清按此卽漢志所謂蔡陽白水鄉也春陵之封徙于此

泚水 漢志南陽郡泚陽縣應劭曰泚水東入蔡一清按泚水今誤本漢書俱作泚當以水經注正之

卷三十

淮水 漢志南陽郡平氏縣禹貢桐柏大復山淮水所出東南至淮陵入海過郡四行三千二百四十里青州川

卷三十一

瀙水 漢志南陽郡魯陽縣魯山瀙水所出東北至定陵入汝

清水 漢志南陽郡酈縣育水出西北南入漢說文清水出宏農盧氏山東南入沔或曰出酈山西

濦水 漢志汝南郡濦強縣應劭曰濦水出潁川陽城說文濦水出潁川陽城少室山東入潁

灈水 漢志汝南郡灈陽縣應劭曰灈水出吳房東入瀙

瀙水 漢志南陽郡舞陰縣中陰山瀙水所出東至蔡入汝一清按水經是上蔡入汝今本漢書落上字說文瀙水出南陽中陽山入潁

潕水 漢志潁川郡舞陽縣應劭曰舞水出南一清按說文潕水出南陽舞陰東入潁今本漢書出南下落陽字潕陰南陽之屬縣也

溳水 說文溳水出南陽蔡陽東入夏水

卷三十二

漻水 一清按漢志無漻水說文漻清深也亦不云是水名

蘄水 說文江夏有蘄春亭徐鉉曰按說文無蘄字他書亦無此篇下有𦻂字注云江夏平春亭名疑相承誤重出一字渠支切又說文𦻂从艸斦聲江夏平春有𦻂亭語斤切一清按江夏有蘄春縣晉改曰蘄陽是因蘄水得名不知鼎臣何以云爾

決水 漢志盧江郡雩婁縣決水北至蓼入淮又有灌水亦北至蓼入決過郡二行五百一十里一清按入淮之淮即灌水非出桐柏之淮水也

沘水 漢志盧江郡灊縣沘山沘水所出北至壽春入芍陂

泄水 說文泄水受九江博安洵波入氏一清按全氏祖望曰洵波當是芍陂之誤又九江不聞有氏水蓋泄水合沘水以入淮而或誤以為入沘水經沘水篇云泄

水從南來注之善長糾之曰沘陽無泄水蓋誤引壽春之沘泄耳又因沘訛而為氏

肥水 漢志九江郡合肥縣應劭曰夏水出父城至此與淮合故曰合肥一清按所謂夏水卽漢志沛郡城父縣之夏肥水也然夏肥與肥陽淮南北仲瑗合而一之誤矣

施水 一清按施水合肥故縣有合肥之稱水經不溯其所出而曰亦從廣陽鄉東南入湖與全書義例多所未合

補

滁水 一清按說文滁水名唐六典七曰淮南道其大川有滁肥之水巢湖在焉是也

沮水 漢志漢中郡房陵縣東山沮水所出東至郢入江行七百里

漳水 漢志南郡臨沮縣禹貢南條荆山在東北漳水所出東至江陵入陽水陽水入沔行六百里

夏水 漢志南郡華容縣夏水首受江東入沔行五百里又武都郡武都縣東漢水受氐道水一名沔過江夏謂之夏水入江又江夏郡注引應劭曰沔水自江別至南郡華容縣為夏水過郡入江故曰江夏一清按本篇注引仲瑗語與孟堅南郡下分注合是文則又主康成之說自相矛盾道元故起而糾正之

羌水 漢志隴西郡羌道縣羌水出塞外南至陰平入白水過郡三行六百里又廣漢郡甸氐道縣白水出徼外東至葭萌入漢過郡一行九百五十里

涪水 漢志廣漢郡剛氐道縣涪水出徼外南至墊江入漢過郡二行千六十九里

梓潼水 漢志廣漢郡梓潼縣五婦山馳水所出南入涪行五百五十里應劭曰潼水所出南入墊江一清按據經文當作梓潼水

涔水 一清按漢志漢中郡南鄭縣旱山池水所出東北入漢無涔水其安陽縣鬻谷水出西南北入漢卽涔水也道元載于沔水注中

若水 漢志蜀郡旄牛縣若水出徼外南至大莋入繩過郡二行千六百里

沫水 一清按即漢志蜀郡青衣縣之大渡水也又續志蜀郡屬國漢嘉故青衣劉昭補注引華陽國志曰有沫水從卭來出岷江又從岷山西來合郡下青衣水入大江

延江水 一清按延江水不見漢志而牂柯郡鄨縣之鄨水犍為郡符縣之温水對水皆載入卷中又此下俗本有沅西水篇目卷中只有經文一句而西水源流附見沅水注且南方之水無沅西之名蓋是延江水注尾結語而誤以為經者今注既改正竝削其目

存水 一清按漢志犍為郡郁鄢縣不云有水而鬱林郡定周縣水首受無斂據道元注似在郁鄢為存水在定周為周水也

温水 漢志牂柯郡鐔封縣温水東至廣鬱入鬱過郡二行五百六十里

卷三十七

淹水 說文淹水出越巂徼外東入若水

葉榆水 漢志益州郡葉榆縣葉榆澤在東

夷水 漢志南郡巫縣夷水東至夷道入江過郡二行五百四十里

油水 漢志南郡高成縣洈山洈水所出東入繇繇水南至華容入江過郡二行五百里說文油水出武陵孱陵西東南入江

澧水 漢志武陵郡充縣歷山澧水所出東至下雋入沅過郡二行一千二百里一清按據道元注特其支流入沅耳

沅水 漢志牂柯郡故且蘭縣沅水東南至益陽入江過郡二行二千五百三十里

泿水 漢志武陵郡鐔成縣康谷水南入海 一清按康谷水豈卽泿水乎

卷三十八

資水 漢志零陵郡都梁縣路山資水所出東北至益陽入沅過郡二行千八百里

漣水 一清按漣水不見漢志道元所謂資水之別是也

湘水 漢志零陵郡零陵縣陽海山湘水所出北至酃入江過郡二行二千五百三十里

灕水 漢志零陵郡零陵縣又有離水東南至廣信入鬱林 一清按班固但記灕水于零陵縣下耳初不云出陽海山也道元不知以爲湘灕同源此大謬也灕水乃牂柯江下流至秦史祿始通之于湘所謂靈渠者也見范成大桂海虞衡志

溱水 漢志桂陽郡臨武縣秦水東南至湞陽入匯行七百里

卷三十九

洭水 漢志桂陽郡桂陽縣匯水南至四會入鬱林過郡二行九百里 一清按匯當依說文作洭云水出桂陽盧聚山洭浦爲桂水溱水經云過湞陽縣出洭浦關與桂水合南入于海注云溱水又南注于鬱而入海其言與班固合應劭曰含洭洭水所出東北入沅道元起而糾正之說文洭浦下落關字

深水 說文深水出桂陽南平西入營道从水罙聲 一清按據水經當云西至營道入湘

鍾水一清按鍾水水經有灌水之稱乃俗傳之誤亦即桂水也道元故特起而糾正之

耒水漢志桂陽郡郴縣耒山耒水所出西至湘南入湘

洣水漢志長沙國茶陵縣泥水西入湘行七百里

漉水一清按羅含湘中記曰淥水注湘

瀏水一清按羅含湘中記曰瀏水注湘

溳水說文溳水出豫章艾縣西入湘

贛水漢志豫章郡贛縣豫章水出西南入大江又雩都縣湖漢水東至彭澤入江行千九百里一清按此卽道元注所云豫章水右會湖漢水者也

廬江水漢志廬江郡廬江出陵陽東南北入江

卷四十

漸江水漢志丹陽郡黝縣漸江水出南蠻夷中東入海一清按說文云漸水出丹陽黟南蠻中東入海又云江水東至會稽山陰爲浙江續志會稽郡山陰有浙江劉昭補注引郭璞注山海經曰江出歙縣玉山

斤江水漢志鬱林郡領方縣有斤員水

日南水漢志日南郡有小水十六并行三千一百八十里屬交州一清按今卷末有容容諸水注云右三十水從江已南至日南郡數與班志不合實卽是

水也當補列于目

補 弱水 說文溺水自張掖刪丹西至酒泉合黎餘波入于流沙桑欽所說

補 黑水 漢志益州郡滇池縣有黑水祠一清按禹貢山水澤地所在篇有合黎山則弱水所經也三危山則黑水所經也二水爲雍梁之大川水經不應遺之史記索隱尚書正義俱引其書則是二篇亦在失亡之列致使言禹貢者莫能詳二水之源流惜哉

禹貢山水澤地所在 一清按卷尾嵩高爲中嶽已下至三澨沱是釋禹貢山水澤地所在凡六十今本不具于目似亦缺漏

一清按李林甫唐六典註云桑欽水經所引天下之水百三十七江河在焉王應麟玉海云自河水至斤江水河漯汾澮涑文原洞晉湛濟清沁淇蕩洹漳易滱聖巨馬濕沽鮑邱濡遼貝洛穀甘漆滻沮渭漾丹汝潁洧潩澮陰汳睢瓠子汶泗沂沭洋淄汶濰膠沔潛湍均粉白沘淮滍淯瀀灈瀙潕溳漻蘄決沘泄肥施沮漳夏羌涪

潼涔江青衣桓若沬延江沅西存溫淹葉榆夷油澧沅浪資漣湘灕溱匯深鍾耒洣漉瀏潰贛廬漸江斤江非經水常流不在記注之限末卷載禹貢山水澤地所在凡六十深寧叟所記水經之目與今本不殊以原公為原洞渦為洞陰溝為陰則其所省也以梓潼為潼廬江為廬舊本之脫耳以灅水為濕水濾水為沮水施水為袘水渥水為匯水濮水為深水皆誤文也經水凡百十六較唐六典少二十一篇證以本注及雜採他籍得滏洛滹沱泒滋伊瀍澗洛豐涇汭渠獲洙滁日南弱黑十八水而灅下當有灅餘清濁漳大小遼原分為二刪去無注無名之沅酉水合一百三十七水與唐六典數合也

水經注箋刊誤卷一（元式如此卷二三以下同每葉二十行行二十二格後不復出）

水經注自唐李吉甫刪後蜀板遷就頗失其真宋崇文總目遂缺五卷前明校刊者屢矣惟朱中尉箋較諸家稱最善然於禹貢史漢尚未究心何況他籍余夙躭嗜此書隨讀隨正頻年竭精力以探求之薈萃羣言參之本注遺漏者補其缺紕繆者訂其譌古人慎於傳疑於所不疑又何欿焉然以之編入正文閱古之士不免閑續之憾若不著厥從來又恐蹈誕妄之誚暇日因取朱箋爲之言詮句詁鱗次櫛比各具本元作爲刊誤掩卷而思固不如披檢之足快矣是錄成非欲顯前修之失聊以釋庸俗之紛爾凡某卷某葉一如朱本原數趙一清識（此趙箋刊誤小引舊在刊誤各條前低一）

格今刊誤散入正
文下故錄附首卷

水經注卷一　長沙王氏校本

後魏酈道元撰

河水官本曰按二字原本誤連經文今改正近刻河水下有一二等字乃明人臆加今刪去　案朱本趙本河水下有一字

崑崙墟在西北趙墟作虛下同

三成爲崑崙邱趙三上增山字刊誤曰趙琦美據爾雅三成上校補山字崑崙說曰崑崙之山三級下曰樊桐一名板桐官本曰案桐近刻訛作松　案朱趙作松朱箋曰廣雅云崑崙墟有三山閬風板桐玄圃淮南子云縣圃涼風樊桐在崑崙閶闔之中山上有層城九重楚詞曰崑崙縣圃其尻安在增城九重其高幾里嵇康遊仙詩云結友家板桐但未聞板松耳疑或字譌孫校曰樊亦扳字故嵇康詩作扳桐二曰玄圃一名閬風上曰層城官本曰案層近刻作增　案朱同趙改一名天庭是爲太帝之居朱趙爲作謂

去嵩高五萬里地之中也孫校曰五萬里之說極謬

禹本紀與此同　高誘稱河出崑山伏流地中萬三千里禹導而通之出積石山　案山海經自崑崙至積石千七百四十里官本曰案近刻千上有一字　案朱趙有自積石出隴西郡至洛準地

志可五千餘里又案穆天子傳天子自崑山官本曰案近刻作崑崙山　案朱趙有崙字入于宗周乃里西土之數自宗周瀍水以西官本曰案近刻作以西北衍北字　案朱衍趙刪刊誤曰全祖望校衍北字至于河宗之邦陽紆之山三千有四百里自陽紆西至河首四千里合七千四百里趙釋曰一清案三國志蜀書郤正傳其釋譏曰陽盱請而洪災息裴松之注引淮南子曰禹爲水以身請于陽盱之阿即陽紆也漢志冀州藪曰陽紆爾雅作陽陓又一陽紆也外國圖又云從大晉國正西七萬里得崑崙之墟諸仙居之數說不同道阻朱趙作岨下並同且長經記綿褫官本曰案近刻訛作逕記緜褫　案朱訛趙改刊誤曰箋曰疑當作經記緜邈案褫字不誤易訟卦疏云三見褫脫蓋褫有脫義言經記歲遠褫脫耳巨洋水注云遺文沿褫其詞例然也水陸路殊徑復不同淺見末聞非所詳究不能不聊述聞見以誌差違也

其高萬一千里

山海經稱方八百里高萬仞郭景純以爲自上二千五百餘里淮南子稱高萬一千里百一十四步三尺六寸官本曰案三尺近刻訛作二尺　案朱訛趙改刊誤曰二當作三淮南子校正

河水

春秋說題辭曰河之爲言荷也荷精分布懷陰引度也釋名曰河下也隨地下處而通流也考異郵曰河者水之氣四瀆之精也所以流化元命苞曰五行始焉萬物之所由生元氣之腠液也管子曰水者地之血氣如筋脈之通流者官本曰案近刻脫如字　案朱趙無故曰水具財也官本曰案具上近刻有其字衍　案朱趙有五害之屬官本曰案近刻脫此四字　案朱趙無水最爲大官本曰案近刻水上有而字衍　案朱趙有水有大小有遠近水出山而流入海者命曰經水引佗水入于大水及海者命曰枝水出于地溝流于大水及于海者又命曰川水也莊子曰秋水時至百川灌河經流之大孝經援神契曰河者水之伯上應天漢新論曰四瀆之源河最高而長從高注下水流激峻故其流急徐幹齊都賦曰川瀆則洪河洋洋發源崑崙九流分逝官本曰案逝近刻訛作遊　案朱作遊箋曰玉海引此作逝趙改逝北朝滄淵驚波沛厲浮沫揚奔官本曰案浮近刻訛作望　案朱訛趙改刊誤曰望全氏校改作浮風俗通曰江河

淮濟爲四瀆官本曰案近刻河字在淮字下　案朱趙同瀆通也所以通中國垢濁白虎通曰其德著大故稱將瀆釋名曰瀆獨也各獨出其所而入海

出其東北陬孫校曰說文陬隅也文選注向曰陬陵角也善曰山足也董祐誠曰此河水自蒲昌海伏流重源所出當崑崙東北陬也今中國諸山之脈皆起自西藏阿里部落東北岡底斯山卽梵書之阿耨達山緜亙東北數千里至青海之玉樹土司境爲巴顏哈喇山河源出焉河源左右之山統名枯爾坤卽崑崙之轉音蓋自岡底斯東皆崑崙之脊古所稱崑崙墟卽在乎此山海經西山經稱崑崙之邱河水赤水洋水黑水出焉郭注洋或作清海內西經稱海內崑崙之墟赤水出東南隅河水出東北隅黑水出西北隅大荒西經稱西海之南流沙之濱赤水之後黑水之前有大山名曰崑崙之邱穆天子傳稱天子宿於崑崙之阿赤水之陽今金沙江上源三曰那木齊圖烏蘭木倫河托克托乃烏蘭木倫河喀齊烏蘭木倫河蒙古謂赤色爲烏蘭蓋卽赤水怒江上源有池曰喀喇池東流曰喀喇烏蘇河蒙古謂黑色爲喀喇蓋卽黑水其西流卽今青海亦曰西海蒙古曰庫可諾爾庫可者譯言青蓋卽青水流沙卽今戈壁當安西州南青海之西是青海西南北濱戈壁黃河金沙江怒江三源之閒山名崑崙而迤東山脊爲崑崙之證惟經敘四水所出之方隅前後互異則傳寫之誤也海內東經稱西胡白玉山在流沙西崑崙墟東今岡底斯山北支爲葱嶺戈壁當其東穆天子傳亦先升崑崙之邱復西征至西王母之邦是迤西山脊皆爲崑崙之證崑崙本在域中爾雅以西王母與觚竹北戶日下爲四荒則亦國名周衰德不及遠怪迂之說復興遂謂去中國有五萬里之遠又移崑崙於海外指西王母爲仙人後儒震於怪物並禹貢之崑崙而疑之山海經乃秦漢人據古圖所爲更經錯亂加以附會故太史公已不敢言然遺文軼句猶資考證酈氏有云自不登兩龍於雲轍騁八駿於龜塗等軒轅之訪百靈方大禹之集會計儒墨之說孰使辨哉　聖朝中外一家西陲萬里並入圖籍文軌之盛遠軼軒姒先聖平成之迹絕而復彰酈氏所稱適應今日惜古籍散亡僅存大略耳

山海經曰崑崙虛在西北河水出其東北隅爾

雅曰河出崑崙虛官本曰案近刻脫此五字　案朱趙無趙刊誤曰箋曰爾雅曰下當補河出崑崙墟五字案注上文引山海經曰崑崙墟在西北河水出其東北隅故節去爾雅之文以免重複朱氏欲補之未識古人裁取之妙爾色白所渠并千七百一川色黃物理論曰河色黃者衆川之流蓋濁之也官本曰案此十六字當是注內之小注故雜在所引爾雅之閒書內如此類者甚多百里一小曲千里一曲一直矣漢大司馬張仲議曰官本曰案漢書大司馬史長安張戎師古曰新論云字仲功此脫史字功字　案朱同箋曰案張仲事出桓譚新論而漢書溝洫志議河濁不宜溉田者乃大司馬史長安張戎字仲功今稱張仲疑誤趙於仲下補功字釋曰一清案漢書溝洫志大司馬史張戎師古曰新論云字仲功習灌溉事也河水濁清澄一石水六斗泥而民競引河溉田令河不通利官本曰案令近刻訛作今　案朱訛趙改至三月桃花水至則河決以其噎不洩也禁民勿復引河是黃河兼濁河之名矣述征記曰盟津河津恆濁方江爲狹比淮濟爲闊寒則冰厚數丈冰始合車馬不敢過要須狐行云云此物善聽冰下無水乃過人見狐行方渡余案風俗通云里語稱狐欲渡河無如尾何且狐性多疑故俗有狐疑之說亦未必一如緣

生之言也朱箋曰述征記郭緣生所撰

屈從其東南流入渤海官本曰案入下近刻有于字　案朱趙有

山海經曰南即從極之淵也孫校曰酈君說從極之淵不知卻在何處反駁陽紆秦藪之說謬矣

一曰中極之淵深三百仞惟馮夷都焉趙釋曰一清案山海經本作冰夷郭璞注冰夷

馮夷也即河伯也　括地圖曰馮夷恆乘雲車駕二龍　官本曰案此十三字當亦是注內之小注故雜在所引山海經

之間河水又出于陽紆陵門之山朱趙陵作凌　而注于馮逸

之山　穆天子傳曰天子西征至陽紆之山河伯馮夷之所都

居趙釋曰一清案穆天子傳本作無夷注無夷馮夷也　是惟河宗氏天子乃沈珪璧禮焉河伯乃

與天子披圖視典以觀天子之寶器玉果璇珠燭銀金膏等物

朱趙璇作璿　皆河圖所載河伯以禮穆王視圖方乃導以西邁矣粵在

伏羲受龍馬圖于河八卦是也故命歷序曰河圖帝王之階圖

載江河山川州界之分野後堯壇于河受龍圖作握河記逮虞

舜夏商咸亦受焉李尤盟津銘洋洋河水朝宗于海徑自中州

龍圖所在淮南子曰昔禹治洪水具禱陽紆蓋于此也高誘以爲陽紆秦藪非也釋氏西域記曰朱趙記作志下同阿耨達太朱同趙作大山其上有大淵水宮殿樓觀甚大焉山卽崑崙山也穆天子傳曰天子升于崑崙觀黃帝之宮而封豐隆之葬官本曰案近刻作升崑崙封豐隆之葬朱趙同趙釋曰何氏焯曰吳中沈本作葬　案豐隆雷公也黃帝宮官本曰案此三字近刻訛作雷電龍　案朱趙同趙釋曰箋曰三字誤一清案三字句截龍卽龔字古字通用洧水注龍下地名也有邱郭墳墟卽是此義卽阿耨達宮也其山出六大水山西有大水名新頭河郭義恭廣志曰甘水也在西域之東名曰新陶水山在天竺國西水甘故曰甘水有石鹽白如水精大段則破而用之官本曰案大段朱謀瑋云當作火煅非　案朱趙作火煅康泰曰安息月氏朱趙作支天竺至伽那調御皆仰此鹽釋法顯曰度葱嶺已入北天竺境于此順嶺西南行十五日其道艱阻朱趙作岨朱箋曰一作阻崖岸險絕其山惟石壁立千仞臨之目眩欲進則投足無所下有水名新頭河昔人有鑿

石通路施倚梯者凡度七百梯度已 官本曰案近刻訛作凡度七百渡梯已案朱訛又倚作傍趙改刊誤曰黃省曾本傍作倚度梯二字倒互作凡度七百梯句度已句于文義爲順 躡懸絙過河河兩岸相去咸八十步九譯 朱作驛趙改刊誤曰箋曰法顯傳作九驛所記謝兆申云驛當作譯按謝說是溫水注引林邑記曰重九譯而來舊唐書張仲武傳李德裕銘云萬里昆夷九譯而通李商隱詩還期九譯通九譯所絕道路險遠無人行跡也絕字義長 所絕漢之張騫甘英皆不至也 朱箋曰班超遣掾甘英窮臨西海備其土風傳其珍怪 余診諸史傳卽所謂罽賓之境有盤石之隥道狹尺餘行者騎步相持絙橋相引二十許里方到懸度 官本曰案漢書今本作二千餘里千字誤當以此爲正 案朱作十作渡趙改千改度刊誤曰漢書西域傳作二千餘里懸度之度不從水 阻險危害不可勝言郭義恭曰烏秅之西有懸度之國山溪不通引繩而度故國得其名也 趙釋曰案後漢書章懷注引西域傳曰懸度者石山也谿谷不通以繩索相引而度去陽關五千八百五十里又曰其處在皮山國以西罽賓國之東也 其人山居佃于石壁間累石爲室民接手而飲所謂猨飲也有白草 官本曰案近刻訛作白羊原本及漢書作白草 案朱譌趙改 小步馬 趙小上有出字刊誤曰漢書西域傳作有白草出小步馬今補正 有驢無牛是其懸度乎釋法顯又言度河便到烏長國 官本曰案長近刻作萇 案朱趙作萇 烏長國卽是北天竺佛所到國也佛遺足迹于此其迹長短在人心念至

今猶爾及曬衣石尚在 新頭河又西南流屈而東南流逕中天竺國兩岸平地有國名毗茶佛法興盛 又逕蒲那般河官本曰案近刻脱般字　案朱脱趙增又蒲改捕刊誤曰箋曰蒲法顯傳作捕案那下落般字黄省曾本校增 河邊左右有二十僧伽藍此水逕摩頭羅國官本曰案逕字下近刻衍流逕二字　案朱衍趙存流刪下逕刊誤曰下逕字衍文 而下合新頭河 自河以西天竺諸國自是以南皆爲中國人民殷富中國者服食與中國同故名之爲中國也泥洹已來聖衆所行威儀法則相承不絶 自新頭河至南天竺國迄于南海四萬里也官本曰案近刻四下有五字　案朱趙有 釋氏西域記曰新頭河經罽賓犍越摩訶剌諸國而入南海是也官本曰案訶近刻訛作河　案朱訛趙改刊誤曰摩河剌當作摩訶剌董祐誠曰新頭河注引郭義恭廣志曰甘水在西域之東名曰新陶水釋典亦作辛頭河大唐西域記作信度河梁史諸夷傳謂新陶河總曰恆水非也法顯稱度葱嶺已入北天竺境順嶺西南行十五日下有水名新頭河山卽罽賓盤石之隥釋氏西域記又稱新頭河經罽賓犍越摩訶剌諸國而入南海是今巴達克山部落以南至痕都斯坦部落北境爲罽賓地漢書西域傳罽賓東至烏秅東北至難兜難兜在葱嶺上休循南無雷西近今巴達克山部落烏秅在蒲犂南難兜東當今葉爾羌西南境外則罽賓爲痕都斯坦無疑大唐西域記迦溼彌羅國舊曰罽賓北印度境是巴達克山南卽爲北天竺境矣今痕都斯坦有河東西二源俱出北境西南流折而東南流至痕都斯坦所居阿噶拉城北而合南

流逕城東又西南流右合二水又東南流逕得懇部落東又逕斯布部落南入南海通爲札馬訥必拉必拉譯言河疑卽新頭河也阿耨達山西南有水名遙奴山西南小東有水名薩罕小東有水名恆伽此三水同出一山俱入恆水康泰扶南傳曰恆水之源乃極西北出崑崙山中有五大源諸水分流皆由此五大源枝扈黎大江出山西北流東南注大海枝扈黎卽恆水也故釋氏西域記有恆曲之目恆北有四國最西頭恆曲中者是也有拘夷那褐國官本曰案褐近刻作竭下同案朱作竭趙改喝刊誤曰竭全祖望校改喝下同法顯傳曰恆水東南流逕拘夷那褐國南城北雙樹閒有希連禪河朱箋曰觀佛三昧經作熙連河佛國記作希連禪河佛本行經作尼連禪河法顯傳無禪字或云河下疑又有一河字河邊世尊于此北首般泥洹朱箋曰佛國記作北首般泥恆遠法師不敬王者論云冥神絕境謂之泥洹舊作泥湼誤分舍利處支僧載外國事曰佛泥洹後天人以新白緤裹佛以香花供養滿七日盛以金棺送出王宮度一小水水

名醯蘭那去王宮可三里許在宮北以栴檀木爲薪天人各以火燒薪薪了不然大迦葉從流沙還不勝悲號感動天地從是之後他薪不燒而自然也王斂舍利用金作斗量得八斛四斗諸國王天龍神王各得少許齎還本國以造佛寺阿育王起浮屠于佛泥洹處雙樹及塔今無復有也此樹名娑羅樹（官本曰案娑羅近刻訛作婆羅　案朱訛趙改）其樹花名娑羅佉也（官本曰案佉近刻訛作法　案朱訛趙改朱趙花作華下同刊誤曰婆羅樹當作娑羅樹法當作佉佉是梵音）此花色白如霜雪香無比也竺枝扶南記曰（官本曰案枝原本訛作芝　案朱作枝箋曰一作芝趙改芝下同）林楊國去金陳國步道二千里車馬行無水道舉國事佛有一道人命過燒葬燒之數千束樵故坐火中乃更著石室中從來六十餘年尸如故不朽竺枝目見之（官本曰目近刻訛作自　案朱訛趙改刊誤曰自孫潛本作目）夫金剛常住是明永存舍利刹見（官本曰案刹近刻訛作利　案朱作利箋曰一作刹趙改刹）畢天不朽所謂智空罔窮大覺難測者矣其水亂流注于恆（官本曰案近刻脫注字　案朱脫趙增刊誤曰亂流下落注字）恆水又東逕毗舍利城北（官本曰案

利近刻訛作離案朱訛趙改釋氏西域記曰毗舍利維邪離國也支僧載外國事曰維邪離國去王舍城五十由旬官本曰案十近刻訛作千案朱訛趙改刊誤曰五千當作五十六里爲一由旬五千由旬得八萬里矣相距不應如是之遠也城周圓三由旬維詰家在大城裏宮之南去宮七里許屋宇壞盡惟見處所爾釋法顯云城北有大林重閣佛住于此本奄婆羅女家施佛起塔也官本曰案奄近刻作菴案朱趙作菴城之西北三里塔名放弓仗恒水上流有一國國王小夫人官本曰案近刻作有一國王王小夫人案朱同趙改刊誤曰王字上黃省曾本有國字今校增生肉胎大夫人妒之言汝之生不祥之徵卽盛以木函擲恆水中下流有國王遊觀見水上木函開看見千小兒端正殊好官本曰案好近刻作特案朱同趙改刊誤曰特黃省曾本作好王取養之遂長大甚勇健所往征伐無不摧服官本曰案服近刻作伏案朱趙作伏次欲伐父王本國王大愁憂小夫人問何故愁憂王曰彼國王有千子勇健無比欲來伐吾國是以愁爾小夫人言勿愁但于城西作高樓官本曰案西近刻作東案朱同趙改刊誤曰東黃省曾本作西上云城之西北三里塔名放弓仗西字是也賊來時上我置樓上官本曰案此五字近刻作置我樓上

四字朱趙同案則我能卻之王如是言賊到小夫人于樓上語賊云汝是我子何故反作逆事賊曰汝是何人云是我母小夫人曰汝等若不信者盡張口仰向小夫人卽以兩手捋乳官本曰案捋近刻作將 案朱同趙改刊誤曰箋曰佛國記作兩手構乳案大集月藏經云牛㲉乳時出醇淨乳亦讀若構互相爲用孫濳云將卽捋字之譌詩詁云以指歷取也本作寽音律說文五指捋也从爪从又从一一者物也佛國記之構乳義本難通朱氏又引大集月藏經㲉乳讀若構解之失之愈遠將捋字形相似捋字是也乳作五百道俱墜千子口中賊知是母卽放弓仗父母作是思惟官本曰案父母近刻作二父王 案朱趙同皆得辟支佛今其塔猶在官本曰案其近刻作二 案朱趙作二後世尊成道告諸弟子是吾昔時放弓仗處後人得知于此處立塔故以名焉千小兒者卽賢劫千佛也釋氏西域記曰恆曲中次東有僧迦扇柰揭城官本曰案近刻僧訛作申又城下衍也字 案朱同箋曰也疑當作卽趙申改僧也改卽刊誤曰注下文引法顯傳曰恆水東南流逕僧迦施國南申迦當作僧迦佛下三道寶階國也官本曰案近刻脫道字 案朱脫趙增刊誤曰三下落道字下文校增法顯傳曰恆水東南流逕僧迦施國南佛自忉利天東下三道寶階爲母說法處寶階既沒阿育王于寶階處作塔後

作石柱柱上作師子像外道少信師子爲吼怖效心誠官本曰案近刻作怖懼心伏　案朱作怖懼心伏趙改怖效心誠刊誤曰箋曰舊作怖效心誠案朱氏所引舊本卽黃本也何焯曰外道怖懼乃效誠伏之心何苦改之且朱氏又引佛國記師子乃大鳴吼見證於是外道怖懼心伏而退之文爲證與注相符復載舊文致有異同何也恆水又東逕罽賓饒夷城城南接恆水官本曰案近刻作饒夷城南南接恆水　案朱同趙饒夷城南下增城字刊誤曰南上脫城字城之西北六七里恆水北岸佛爲諸弟子說法處恆水又東南逕沙祇朱箋曰法顯傳祇下有大字國北出沙祇城南門道東佛嚼楊枝刺土中生長七尺不增不減今猶尚在恆水又東南逕迦維羅衞城北故淨王宮也官本曰案故下近刻衍曰字　案朱趙有城東五十里有王園園有池水夫人入池洗浴出北岸二十步官本曰案出下近刻有池字　案朱趙有東向舉手扳樹生太子官本曰案扳近刻作攀下同　案朱趙作攀下同太子墮地行七步二龍吐水浴太子遂成井池衆僧所汲養也太子與難陀等撲象角力射箭入地今有泉水行旅所資飲也釋氏西域記曰城北朱無城字箋曰宋本作城北趙增三里恆水上父王迎佛處作浮圖作父抱佛像官本曰案父近刻訛作佛　案朱作佛箋曰疑當作父趙改父

外國事曰迦維羅越國（官本曰案羅衛羅越互相通稱）今無復王也城池荒穢惟有空處有優婆塞姓釋可二十餘家是昔淨王之苗裔故爲四姓（朱箋曰詳見摩登伽經）住在故城中爲優婆塞故尚精進猶有古風彼日浮圖壞盡條王彌更脩治一浮圖私訶條王送物助成（官本曰案送近刻訛作迸　案朱訛趙改刊誤曰孫潛云迸柳僉本作送）今有十二道人住其中太子始生時妙后所扳樹樹名須訶（官本曰案近刻脫訶字　案趙作迦釋曰朱氏謀㙔箋曰須字之下原缺一字因果經云樹名無憂卽此樹乎一清案翻譯名義集阿輸迦大論疏無憂樹史記正義曰浮圖經曰阿輸迦樹是夫人所攀生太子樹也全氏祖望曰須迦卽阿輸迦也音同）阿育王以青石作后扳生太子像昔樹無復有後諸沙門取昔樹栽種之展轉相承到今樹枝如昔尚蔭石像又太子見行七步足迹今日文理見存阿育王以青石挾足迹兩邊復以一長青石覆上國人今日恆以香花供養尚見足七形文理分明今雖有石覆無異或人復以數重吉貝重覆貼著石上逾更明也（官本曰案吉貝近刻訛作古具　案朱作古具箋曰具鈔本作貝趙改吉貝）太子生時以龍王夾太子左右吐水浴太子見一龍吐水煖一

龍吐水冷遂成二池今尚一冷一煖矣太子未出家前十日出往王田閻浮樹下坐樹神以七寶奉太子太子不受于是思惟欲出家也王田去宮一據據者官本曰案一據下近刻訛作據左一據據右六字案朱趙同趙改右作者晉言十里也太子以二月十五日夜出家四天王來迎各捧馬足爾時諸神天人側塞空中散天香花此時以至河南摩強水卽于此水邊作沙門河南摩強水在迦維羅越北相去十由旬此水在羅閱祇瓶沙國相去三十由旬菩薩于是暫過瓶沙王出見菩薩菩薩于瓶沙隨樓那果園中住一日日暮便去半達鉢愁宿半達晉言白也鉢愁晉言山也白山北去瓶沙國十里明旦便去暮宿曇蘭山去白山六由旬于是徑詣貝多樹官本曰案徑近刻訛作逕貝多樹在閱祇北官本曰案在下近刻有貝多二字案朱趙有去曇蘭山二十里太子年二十九出家三十五得道此言與經異故記所不同朱箋曰普曜經云菩薩於樹下坐明星出時豁然大悟年十九出家三十成道竺法維曰迦維衞國官本曰案近刻作迦維國脫衞字案朱脫趙增刊誤曰維下落衞字佛

所生天竺國也三千日月萬二千天地之中央也趙刊誤曰箋曰萬一本作宮案萬字不誤因果經云太子身黃金色三十二相放大光明普照三千大千世界迦維衛國三千日月萬二千天地之中央也釋道世法苑珠林云便有一百萬億日月四百萬億三千者略舉其要故知華戎之判非易而詳海內經云身毒之國是軒轅氏居之郭氏云天竺國也以此而言天地中央未爲甚濫據此則朱氏誤矣康泰扶南傳曰昔范旃時有嘾楊國人家翔梨嘗從其本國到天竺展轉流賈至扶南爲旃說天竺土俗道法流通金寶委積官本曰案委近刻訛作安山川饒沃恣所欲官本曰案恣下近刻衍其字　案朱趙有左右大國世尊重之旃問云官本曰案云近刻訛作之案朱趙作之今去何時可到幾年可回梨言天竺去此可三萬餘里往還可三年踰及行四年方返以爲天地之中也官本曰案地近刻訛作竺　案朱作竺趙改地刊誤曰天竺之中梁書天竺國傳作天地之中恆水又東逕藍莫塔塔邊有池池中龍守護之阿育王欲破塔作八萬四千塔悟龍王所供知非世有遂止此中空荒無人官本曰案近刻脫此中二字空荒作荒蕪案朱趙無二字朱作荒蕪趙改空荒羣象以鼻取水洒地若蒼梧會稽象耕鳥耘矣恆水又東至五河口官本曰案近刻河下有合字　案朱趙有蓋五水所會非所詳矣阿難從摩竭國

向毗舍利官本曰案舍利原本訛作舍離　案朱訛趙改欲般泥洹諸天告阿闍世王王追至河上官本曰案此句下近刻有毗舍離諸四字乃衍文　案朱趙有趙離作利黎車聞阿難來亦復來迎俱到河上阿難思惟前則阿闍世王致恨卻則黎車復怨即于中河入火光三昧燒具兩般泥洹官本曰案具兩近刻訛作身而　案朱趙同身二分分各在一岸二王各持半舍利還起二塔渡河南下一由巡官本曰案由巡即由旬書內通用近刻訛作由延　案朱趙作延趙釋曰朱箋曰毘曇論云四肘爲一弓五百弓爲一拘盧舍今之二里也八拘盧舍爲一由旬今十六里也又云梵衆天身長半由延梵福樓身長一由延而不言由延之數疑與由旬同義而字殊耳一清案由旬亦作由巡又因巡轉爲延也到摩竭提國巴連弗邑官本曰案弗近刻作佛　案朱同趙改邑即是阿育王所治之城城中宮殿皆起牆闕雕文刻鏤累大石作山山下作石室長三丈廣二丈高丈餘有大乘婆羅門子名羅汰私婆亦名文殊師利住此城裏爽悟多智事無不達以清淨自居國王宗敬師事之賴此一人宏宣佛法外不能陵凡諸國中官本曰案原本及近刻竝訛作中國今改正　案朱趙作中國惟此城爲大民人富盛競行仁義阿育王壞七塔作八萬四千塔最初作大塔在城南三里

餘官本曰案二近刻作三　案朱趙作三朱箋曰一作二趙釋曰一清案黃氏愼中本作二　此塔前有佛迹起精舍北戶向塔官本曰案北戶近刻作戶北　案朱趙同　塔南有石柱大四五圍官本曰案此四字近刻訛作圍丈四五　案朱趙同　高三丈餘上有銘題云阿育王以閻浮提布施四方僧還以錢贖塔塔北三百步官本曰案近刻脫一塔字作北三四百步　案朱趙有四字塔字朱脫趙增刊誤曰於文當重一塔字　阿育王于此作泥犂城朱箋曰翻苑云梵稱泥犂秦言無有言更無赦處是地獄名也　城中有石柱官本曰案近刻脫一城字　案朱趙無　亦高三丈餘上有師子柱有銘記作泥犂城因緣及年數日月

恆水又東南逕小孤石山　山頭有石室石室南向佛昔坐其中天帝釋以四十二事問佛佛一一以指畫石官本曰案此句原本脫畫石二字據近刻補　案朱趙不重佛字有畫石二字趙釋曰一清案孫氏潛用趙清常三校本旁注佛以三指畫石愚意古書凡重文皆作二此句之首應有佛字與上佛字重後人傳鈔遂析爲一一趙本三字疑亦妄增爾　畫迹故在

恆水又西逕王舍新城是阿闍世王所造出城南四里入谷至五山裏五山周圍狀若城郭卽是蓱沙王舊城也官本曰案瓶沙蓱沙互相通用　朱箋曰前云瓶沙此云蓱沙不知是一是二　東西五六里南北七八里阿闍世王始欲害佛處其城空荒又無人徑入谷傅

山官本曰案傳近刻訛作摶 案朱作摶趙改傳刊誤曰摶當作傳東南上十五里到耆闍崛山未至頂三里有石窟南向佛坐禪處西北四十步官本曰案四近刻作三 案朱趙作三朱箋曰一作四趙釋曰一清案黃本作四復有一石窟阿難坐禪處夭魔波旬化作雕鷲恐阿難佛以神力隔石舒手摩阿難肩怖即得止鳥迹官本曰案夭妖通近刻訛作天 案朱趙作天手孔悉存故曰雕鷲窟也其山峯秀端嚴是五山之最高也釋氏西域記云耆闍崛山在阿耨達王舍城東北西望其山朱箋曰舊本此處錯簡今據謝耳伯所藏宋本改正有兩峯雙立相去二三里中道鷲鳥常居其嶺土人號曰耆闍崛山胡語耆闍鷲也官本曰案胡語二字近刻訛在又竺法維云下此處作山名耆闍鷲也 案朱趙與近刻同又竺法維云羅閱祇國有靈鷲山胡語云耆闍崛山山是青石石頭似鷲鳥官本曰案近刻脫一石字 案朱趙無阿育王使人鑿石假安兩翼兩腳鑿治其身今見存遠望似鷲鳥形故曰靈鷲山也數說不同遠邇亦異今以法顯親宿其山誦首楞嚴香華供養聞見之宗也又西逕迦那城南三十里官本曰案近刻迦作伽三作二 案朱同那作耶箋曰一作那趙改迦改

那仍二譯曰一清案黃本作三到佛苦行六年坐朱作其箋曰一作坐趙改樹處有林木朱箋曰佛國記作本苦行六年處處有林木西行三里到佛入水洗浴天王按樹枝得扳出池處又北行二里得彌家女奉佛乳糜處從此北行二里佛于一大樹下石上東向坐食糜處樹石悉在廣長六尺高減二尺國中寒暑均調樹木或數千歲乃至萬歲從此東北行二十里到一石窟菩薩入中西向結跏趺坐心念若我成道當有神驗石壁上卽有佛影見長三尺許今猶明亮時天地大動諸天在空言此非過去當來諸佛成道處去此西南行減半由旬官本曰案旬近刻作延案朱趙作延朱箋曰古本作減半由旬佛國記作減半由延案毘曇論云四肘爲一弓五百弓爲一拘盧舍今之二里也八拘盧舍爲一由旬今十六里也今云梵衆天身長半由延梵福樓天身長一由延貝多樹下是過去當來諸佛成道處諸天導引菩薩起行離樹三十步天授吉祥草菩薩受之復行十五步五百青雀飛來繞菩薩三帀西去官本曰案西近刻作而案朱作而趙改刊誤曰而黃省曾本作西菩薩前到貝多樹下敷吉祥草東向而坐朱作而趙改西刊誤曰而黃省曾朱作西時魔王遣三玉女從北來試

菩薩官本曰案近刻無此二字 案朱趙無魔王自從南來官本曰案近刻下有試字 案朱趙有菩薩以足指按地魔兵卻散三女變爲老姥不自服官本曰案朱謀㙔云不字上疑脫一莫字 案朱箋曰佛國記作魔兵退散三女變老自上又不字上疑脫一莫字趙增莫字佛于尼拘律樹下方石上東向坐官本曰案有兩峯雙立兩字起至此句向字止黄省曾刻訛在後卽是佛外祖國也祖字下國字上原本不誤梵天來詣佛處官本曰案詣近刻訛作諸 案朱作諸箋曰疑作詣趙改詣四天王捧鉢處皆立塔外國事曰毗婆梨佛在此一樹下六年長者女以金鉢盛乳糜上佛佛得乳糜住足尼連禪河浴官本曰案近刻脫禪字 案朱脫禪字趙增又住改作往無足字浴竟于河邊啖糜竟擲鉢水中逆流百步鉢沒河中官本曰案沒近刻訛作投 案朱作投趙改沒刊誤曰投當作沒迦梨郊龍王接取在宮供養先三佛鉢亦見佛于河傍坐摩訶菩提樹摩訶菩提樹去貝多樹二里于此樹下七日思惟道成魔兵試佛釋氏西域記曰尼連水南注恆水朱作南流趙增注字刊誤曰南流下落注字水西有佛樹佛于此苦行日食糜六年西去城五里許樹東河上卽佛入水浴處東上岸尼拘律樹下坐脩官本曰案拘律近刻作衢立 案朱作衢立趙作拘律刊誤曰尼衢立全氏校改尼拘律舍女上糜于此于

是西度水于六年樹南貝多樹下坐 趙刊誤曰箋曰於字疑衍案於字不當衍若去於字文義不可通矣 降魔得佛也佛圖調曰佛樹中枯其來時更生枝葉竺法維曰六年樹去佛樹五里書其異也法顯從此東南行還巴連弗邑順恆水西下得一精舍名曠野佛所住處復順恆水西下到迦尸國波羅柰城竺法維曰波羅柰國在迦維羅衛國南千二百里中間有恆水東南流佛轉法輪處在國北二十里樹名春浮維摩所處也法顯曰城之東北十里許即鹿野苑本辟支佛住此常有野鹿棲宿故以名焉法顯從此還居巴連弗邑又順恆水東行其南岸有瞻婆大國釋氏西域記曰恆曲次東有瞻婆國城南有卜佉蘭池 官本曰案近刻訛作有佉下蘭池案朱作有佉下蘭池趙改有卜佉蘭池刊誤曰箋曰舊本作有卜佉下蘭池案孫潛本校衍下字 恆水在北 官本曰案近刻訛作池水恆在北案朱趙同 佛下說戒處也 官本曰案下近刻訛作不案朱訛趙改刊誤曰不孫潛本校改下 恆水又逕波麗國即是佛外祖 朱箋曰元本此下接兩峯雙立今移於前 國也法顯曰恆水又東到多摩梨靬國 官本曰案靬近刻訛作帝下同案朱訛趙改下同刊誤曰案梨帝漢書西域傳作梨靬史記

作梨軒卽是海口也釋氏西域記曰大秦一名梨靬康泰扶南傳曰從迦那調洲西南入大灣可七八百里乃到枝扈黎大江口度江逕西行極大秦也又云發拘利口入大灣中正西北入可一年餘得天竺江口名恆水江口有國號擔袟官本曰案袟近刻作袂案朱趙作袂下同屬天竺遣黃門字興爲擔袟王釋氏西域記曰恆水東

流入東海蓋二水所注兩海所納自爲東西也

趙釋曰周氏嬰卮林曰崑崙墟河出東北陬恆水出西北隅恆繞西域達于大秦河入中國注于東海泗流小渚絕不通波會長敘恆于河之下蓋因崑崙而及之乎若其括地脈川紬奇甄異六合之外宛在目中三竺之流如瀠足下神州地志斯爲最玹矣然皆躡法顯之行蹤想恆流之洄洑其閒水陸未辨道里難明計所差池厥類亦衆予爲兩兩較之法顯傳云渡新頭河至毘荼國東南行八十由延到摩頭羅從此東南行十八由延到僧迦施國又東南行七由延到罽賓饒夷城城接恆水渡恆水南行三由延到呵梨林又東南行十由延到沙祇又南行八由延到舍衞城又東南行十二由延到那毘迦又東南行減二由延到迦維羅衞又東行五由延到藍莫又東行十九由延到拘夷那竭又東行五由延到毘舍利又東行四由延到五河合口渡河南下一由延到巴連弗邑從此東南行九由延到小孤石山又西行二由延到王舍新城從此西行四由延到迦耶城復南行二十里到六年樹從此還向巴連弗邑此皆顯躡原越隰瞻曦晷以遐徂尋途投屛觸風塵而備歷者也水經注因之乃云新頭河逕中天竺毘荼國又逕摩頭羅運流恆水恆水東南流逕拘夷那竭國又東逕毘舍利城又東南流逕僧迦施又東逕罽賓饒夷又東南逕沙祇恆水又東南逕迦維羅衞北又東逕藍莫恆水又東至五河合口渡河南下一由延到巴連弗邑恆水又東南逕小孤石山又西逕王舍新城又西逕迦耶城

南二十里到六年樹法顯從此東南行還向巴連弗邑皆以原野之遄征爲波流之所居焉目拘夷毘舍在藍莫左水經注乃居伽施之西舍衞毘伽去伽維北劣一由延恆水若南必逕茲土而峕長遺之度雪山過沙河經烏萇佛足迹曬衣石卽得陀衞尸羅國水經注乃置葱嶺之東黃河之所逕凡此俱與法顯傳大致相違若夫顯東西跋涉所約各幾由延者其中定多瑰異直爲不能具述峕長亦失網羅都無補綴但改云恆水東南流耳恆水又東逕耳佳麗僧城敘多支複空荒毒野事極寂寥千里而遙一言便畢不令好古之士恨作者之疏乎又法顯從六年樹還巴連弗順恆水西下至曠野波羅柰蓋循西岸行也又還巴連弗順恆水東行得瞻婆梨帝蓋沿東游去也此邑恆水下流左右諸國盡此矣水經注乃先于巴連弗處云恆水又東南逕小孤石山又西逕王舍伽耶廣袤計之安得有兩恆河乎是知縱翰略記者忘準之地道快意成書者罔研乎舊史予今證其諸長拾其一短俾積璧崑圃一片是衞武之圭濯錦江流數尺乃楚邸之服若曰鴻致自有所指歸紙趣不足以槃難立言之旨吾亦烏乎測之哉董祐誠曰恆水之名釋典最著大唐西域記謂之競伽河記稱競伽河東岸秣底補羅國中印度境北至磐羅吸摩補羅國北印度境北大雪山中有蘇伐剌拏瞿呾邏國東接土番北接于闐是今後藏西境已爲北天竺中天竺諸國阿耨達山卽今後藏西境阿里部落北之岡底斯山爲諸山之大脊東西綿亙康泰扶南傳所稱山出五大水諸水皆由此分流當卽指檳榔怒江瀾滄金沙諸水之源今岡底斯山南瑪帕木達賴池西通朗噶池又西曰狼楚河逕阿里城極西拉楚河出僧格巴喀布山西流折南流來會又南折東流逕阿里城南瑪楚河出阿里北山南流逕城東來會通爲岡噶江東南流逕外夷達噶部落西又東南入南海疑卽此注之恆水案輿圖南海于岡噶札馬納二水入處海水皆北溢東西相望與西域記所稱兩海所納自爲東西亦適相合也

釋氏論佛圖調列山海經曰官本曰案近刻脫調字　案朱脫趙增刊誤曰吳琯本佛圖下有調字西海之南流沙之濱赤水之後黑水之前有大山名崑崙又曰鍾山西六百里有崑崙山所出五水祖以佛圖調

傳也[朱祖作粗趙改祖刊誤曰粗孫潛本校改祖]又近推得康泰扶南傳傳崑崙山正與調合如傳自交州至天竺最近泰傳亦知阿耨達山是崑崙山釋云賴得調傳豁然爲解乃宣爲西域圖以語法汰法汰以常見怪謂漢來諸名人不應河在敦煌南數千里而不知崑崙所在也[官本曰案河近刻訛作何案朱作何趙改河刊誤曰箋曰何疑作向案非也何乃河字之譌]釋云復書曰[官本曰案近刻訛作日案朱作日箋曰當作曰趙改曰]案穆天子傳穆王于崑崙側瑤池上觴西王母云去宗周瀍澗萬有一千一百里何得不如調言子今見泰傳非爲前人不知也而今以後乃知崑崙山爲無熱丘何云乃胡國外乎余考釋氏之言未爲佳證穆天子竹書及山海經皆埋縕歲久編韋稀絕書策落次難以緝綴後人假合多差遠意[趙刊誤曰箋曰謝兆申云遠當作違瑋謂當作意多]

差違案依本文自通紛紛臆說終屬辭費至欲訪地脈川官本曰案欲近刻作若　案朱趙作若箋曰古本作欲刊誤曰若古本作欲古本即黃省曾本亦非不如仍舊不與經符驗程準途故自無會釋氏不復根其衆歸之鴻致官本曰案衆近刻作艱　案朱趙作艱陳其細趣以辨其非非所安也今案山海經曰崑崙墟在西北帝之下都崑崙之墟方八百里高萬仞上有木禾面有九井以玉爲檻面有九門門有開明獸守之百神之所在郭璞曰此自別有小崑崙也又案淮南之書崑崙之上有木禾珠樹玉樹璇樹不死樹在其西官本曰案近刻脫在其西三字　案朱脫趙增刊誤曰不死樹下淮南子有在其西三字今補入沙棠琅玕在其東絳樹在其南碧樹瑤樹在其北旁有四百四十門門閒四里里閒九純純丈五尺旁有九井玉橫維其西北隅北門開以納不周之風傾宮旋室趙刊誤曰箋曰舊本作傾宮掖室案淮南子正作旋室不得據誤本以改古書縣圃涼

朱箋曰古本作閬風樊桐在崑崙閶闔之中是其疏圃疏圃之池浸之黃水黃水三周復其源朱作原趙改源刊誤曰原黃省曾本作源是謂丹水飲之不死河水出其東北陬赤水出其東南陬洋水出其西北陬趙增弱水出自窮石至于合黎十字刊誤曰據淮南子西北陬下脫弱水出自窮石至于合黎十字今補正凡此四水帝之神泉以和百藥以潤萬物崑崙之邱或上倍之是謂涼風之山登之而不死或上倍之是謂玄圃之山登之乃靈能使風雨或上倍之乃維上天登之乃神是謂太帝之居禹乃以息土填鴻水以爲名山掘崑崙虛以爲下地高誘曰地或作池官本曰案此下近刻有山海經曰不周之山不周之北門以納不周之風十九字考山海經中言不周之山者亦無此語當是衍文 案趙釋曰全氏祖望曰七字注中注本雙行夾寫後人傳鈔連作大字下文多有之又案朱趙有十九字孫校曰今本山海經脫之則以髣髴近佛圖調之說官本曰案佛圖調近刻訛作浮圖謂 案朱作浮圖謂趙作浮圖調刊誤曰謂當作調浮圖調即佛圖調阿耨達六水蔥嶺于闐二水之限與經史諸

書全相乖異又案十洲記官本曰案近刻訛作十二州說　案朱訛趙改崑崙山

在西海之戌地北海之亥地官本曰案山下近刻衍也字　案朱衍趙刪官本曰案北近刻訛作東　案朱訛趙改刊誤曰東海黃省曾本作北海以西與北連戌與亥近也去岸十三萬里有弱水周

帀繞山官本曰案近刻作周迴繞帀山字屬下句　案朱趙同東南接積石圃西北接

北戶之室東北臨大闊之井官本曰案闊近刻作活　案朱趙同西南近

承淵之谷官本曰案近近刻作至　案朱訛趙改刊誤曰至黃省曾本作近此四角大山實崑

崙之支輔也積石圃南頭昔西王母告周穆王

云去咸陽四十六萬里朱趙無云字四作三朱箋曰十洲記作王母告周穆王云咸陽去此四十六萬里山

高平地三萬六千里上有三角面方廣萬里形

如偃盆下狹上廣官本曰案近刻脫下狹二字　案朱脫趙增刊誤曰沈炳巽云據本書上廣上落下狹二字今補正故

曰崑崙山有三角其一角正北干辰星之輝官本曰案干近刻訛作于　案朱訛趙改名曰閬風巔其一角正西名曰玄圃臺

其一角正東名曰崑崙宮其處有積金爲天墉

城面方千里城上安金臺五所玉樓十二其北
戶山官本曰案山近刻訛作出　案朱趙作出承淵山又有墉城金臺玉樓相
似如一淵精之闕趙刊誤曰箋曰十洲記作流精之闕案道元所引猶是曼倩原文朱氏所見則唐人避諱改易之書也光
碧之堂瓊華之室紫翠丹房景燭日暉官本曰案近刻作錦雲燭日
案朱同箋曰舊本作景燭日暉趙改景雲燭日朱霞九光西王母之所治真官仙
靈朱作虛箋曰十洲記作靈趙改靈之所宗上通旋機官本曰案近刻作璿璣　案朱趙同元氣流
布玉衡常理順九天而調陰陽官本曰案玉衡常理順九天近刻作五常玉衡理九天　案朱
趙同品物羣生希奇特出皆在于此天人濟濟不
可具記官本曰案下狹上廣至此原本及近刻並訛在皆往來也下張華敘東方朔神異經曰上今據十洲記訂正　案朱趙同其北海
外又有鍾山官本曰案近刻脫此八字　案朱趙無上有金臺玉闕亦元氣
之所舍官本曰案近刻作所合　案朱作合趙改舍刊誤曰合當作舍天帝居治處也官本曰案居近刻訛作君下有
所字衍　案朱趙同考東方朔之言及經五萬里之文難言佛
圖調康泰之傳是矣官本曰案佛近刻訛作浮又脫傳字　案朱趙同六合之內水

澤之藏大非爲巨小非爲細存非爲有隱非爲無其所苞者廣矣于中同名異域稱謂相亂亦不爲寡至如東海方丈亦有崑崙之稱西洲銅柱又有九府之治東方朔十洲記曰方丈在東海中央東西南北岸相去正等方丈面（趙刊誤曰箋曰十洲記作方丈方面按十洲記無下方字與注所引正同不如朱氏所云）各五千里上專是羣龍所聚有金玉琉璃之宮三天司命所治處羣仙不欲升天者皆往來也（朱趙故曰崑崙山至不可具記一百六十二字在此下今移上）張華敘東方朔神異經曰崑崙有銅柱焉其高入天所謂天柱也圍三千里圓周如削下有回屋仙人九府治上有大鳥名曰希有南向張左翼覆東王公右翼覆西王母背上小處無羽（案朱趙有一字）萬九千里西王母歲登翼上之東王公也故其柱銘曰崑崙

銅柱其高入天圓周如削膚體美焉其鳥銘曰有鳥希有綠赤煌煌不鳴不食東覆東王公西覆西王母王母欲東登之自通陰陽相須惟會益工遁甲開山圖曰五龍見教天皇被迹望在無外柱州崑崙山上榮氏注云五龍治在五方爲五行神（官本曰案近刻脫五字案朱脫趙增刊誤曰行神上全祖望校增五字）五龍降天皇兄弟十二人分五方爲十二部法五龍之迹行無爲之化天下仙聖治在柱州崑崙山上無外之山在崑崙東南（案朱趙有一字）萬二千里五龍天皇皆出此中爲十二時神也山海經曰崑崙之邱實惟帝之下都其神陸吾是司天之九部及帝之囿時（趙圃作四）然六合之內其苞遠矣幽致沖妙難本以情萬像遐淵（官本曰案此下近刻衍一渾字案朱衍箋曰渾字疑羨趙刪）思絕根尋（朱箋曰謝云根鈔本作垠）自

不登兩龍于雲轍（趙刊誤曰箋曰不疑作非案不字義亦通）騁八駿于龜途等軒轅之訪百靈方大禹之集會計儒墨之說孰使辨哉

又出海外南至積石山下有石門（官本曰此下原本及近刻有河水冒以西南流七字考山海經云積石之山下有石門河水冒以西流卽今河行積石山南遶其東折而西流逕山北然後轉東北流形勢適合石門當在折西之處不得云西南流也作水經者誤以爲河自石門潛行地中而入蔥嶺然後復出故不取冒以西流之語下言入蔥嶺則上不得言其流當是後人見山海經河水冒以西流句與下有石門相連遂掇其語于此又因下文言南入蔥嶺更臆改西流爲西南流耳杜佑通典兩引水經南至積石山下有石門卽接以又南入蔥嶺山又從蔥嶺出而東北流絕不及河水冒以西南流七字其爲唐時本所無甚明今據通典訂正刪去七字　案朱趙有河水冒以西南流七字趙釋曰全氏曰杜君卿之譏水經誠有過者胡東樵欲爲水經護法而以爲錯簡以愚考之則亦非也水經開卷數語純引山經蓋以爲河水緣起蔥嶺而下則申明乃開卷數語之釋文此其行文之拙非後人所竄易也但其所引山經亦有甚不同者則可怪也萬斯同曰山海經河水出崑崙之東北以行其北西南入于渤海水經則謂東南入于渤海山海經積石之下有石門河水冒以西流水經則謂冒以西南流道元不能辨正孰謂此書爲不刊之定論者況河自鹽澤以下皆東流也）

山海經曰河水入渤海又出海外（官本曰案近刻訛作出海又海水　案朱趙同）西北入禹所導積石山（趙釋曰全氏曰案山海經本文曰河水西南入渤海又出海外卽西而北入禹所導積石山今是注所引非完文）山在隴西郡河關縣（朱關作閼箋曰孫云閼當作關漢地理志云金城郡有河關縣趙改）西南羌中

余考羣書咸言河出崑崙重源潛發淪于蒲昌出于海水故洛書曰河自崑崙出于重野謂此矣逕積石而爲中國河故成公子安大河賦曰覽百川之宏壯莫尚美于黃河潛崑崙之峻極出積石之嵯峨釋氏西域記朱趙作傳刊誤曰箋曰李云傳當作記案玉海引此注作傳字蓋傳記志之文古通稱耳曰河自蒲昌潛行地下南出積石而經文在此似如不比積石宜在蒲昌海下矣官本曰案山海經云海內崑崙之墟在西北河水出東北隅以行其北西南入渤海又出海外卽西而北入禹所導積石山水經蓋本其說後記蔥嶺于闐河則又本之西域傳其書雜襲而成故漫無倫次道元則以蔥嶺于闐之河入蒲昌海潛行地中復出爲積石河蔥嶺在今回部葉爾羌西于闐卽和闐在葉爾羌東南蒲昌海卽羅布淖爾在闢展西南積石山在青海境積石之西五六百里卽星宿海今呼鄂敦塔拉朱[illegible]本所謂水從地湧出如井其井百餘者也道元言河之所潛出于積石宜卽指星宿海　趙釋曰杜佑通典曰案水經云崑崙虛在西北去嵩高五萬里地之中也其高一千里河水出其東北陬屈從其東南流入于渤海又出海外南至積石山下有石門又南入蔥嶺山又從蔥嶺出而東北流其一源出于闐國南山北流與蔥嶺所出河合又東注蒲昌海又東入塞過敦煌酒泉張掖郡南又東過隴西河關縣北云案水經晉郭璞注三卷後魏酈道元注四十卷皆不著所撰者名氏亦不知何代之書佑謂二子博贍解釋固應精當詳水經所作殊爲詭誕全無憑據水經所云河出崑崙山者宜出于禹本紀山海經所云南入蔥嶺及出于闐南山者出于漢書西域傳而酈道元都不詳正所注河之發源亦引禹紀山經釋法明遊天

竺記釋氏西域記所注南入蔥嶺一源出于闐南山合流入蒲昌海雖然漢書亦不尋究又水經云出海外南至積石山下有石門然後南流入蔥嶺據此則積石山當在蔥嶺之北又云入塞過敦煌酒泉張掖郡南並今郡地也夫山水地形固有定體自蔥嶺于闐之東敦煌張掖之閒華人往來非少從後漢至大唐圖籍相承注記不絕大磧互數千里未聞有桑田碧海之變陵遷谷移之談此處豈有河流纂集者不詳斯甚又案禹導河積石者堯時洪水下民昏墊禹所開決本救人患積石之西砂鹵之地河流小地勢復高不爲人患不惡疏鑿以此施功發迹自積石山而東則今西平郡龍支縣界山是也固無禹理水之功自蔥嶺之北其本紀灼然荒唐撰經者取爲準的班固云言九州山川者尚書近之矣誠爲愜當其後漢書西域傳云河水一源出蔥嶺一源出于闐合流東注蒲昌海皆以潛流地下南出積石爲中國河云比禹紀山經猶較附近終是紕繆案此宜惟憑張騫使大夏見兩道水從蔥嶺于闐合流入蒲昌海其于闐出美玉所以騫傳遂云窮河源也案古圖書名河所出曰崑崙山疑所謂古圖書即禹本紀以于闐山出玉乃謂之崑崙即所出便云是河也窮究諸說悉皆繆誤竝堅又云禹貢云導河自積石遂疑潛流從此方出且漢時羣羌種類雖多不相統一未爲強國漢家或未嘗遣使詣西南羌中或未知自有河也寧有吐蕃中河從西南數千里向東北流見與積石山下河相連聘使涉歷無不言之吐蕃自云崑崙山在國中西南則河之所出也又案尚書云織皮崑崙析支渠叟西戎即敘又范氏後漢書云西羌在漢金城郡之西南濱于賜支續漢書曰河關西千餘里河曲羌謂之賜支蓋析支也然則析支在積石之西是河之上流明矣崑崙在吐蕃中當亦非繆而不謂河之本源乃引蔥嶺于闐之河謂從蒲昌海伏流數千里至積石方出斯又班生之所未詳也佑以水經僻書代人多不知覩或有好事者于諸書中見有引據謂其審正此殊未之精也不揆淺昧考諸家之說辨千古訛舛是故曲折言之胡氏渭禹貢錐指解之曰案水經敘西域兩源較漢書尤爲明備惟是積石一山錯簡在渤海之下蔥嶺之上遂來後人之彈射并其全經而疑之而不知此非本文乃庸妄人之所竄易也彼見山海經云河水出渤海西北入積石山遂以此經海外之海爲渤海殊不知泑澤之亦名蒲昌海也彼見此經云河水東入塞過敦煌酒泉張掖郡南遂謂積石距敦煌遼遠而泑澤最近故移積石于渤海之下使泑澤與敦煌相接殊不思三郡界中實無河也蓋漢世河關以西皆爲羌中地河水所經人莫能覩故聊假三郡之南以表之非眞謂河自鹽澤入玉門陽關也杜佑不察此意而以爲纂集

之不詳固宜矣若夫道元之注惟渤海以上博引釋氏怪誕之說甚覺無謂至蔥嶺山以下發明頗多其所言崑崙虛也曰淺見末聞非所詳究其言積石也曰宜在蒲昌海下其言蔥嶺河也曰河源潛發分爲二水其言蒲昌海也曰洄流雷轉爲隱淪之脈正其繆而補其闕亦可謂精審之至矣杜佑詆水經並詆道元豈通論哉又曰此渤海當在蔥嶺西塞外凡大澤謂之海渤海卽蒲昌雷翥牢蘭之類非真海也又出海外二十字酈意以此爲錯簡蓋以下文南入蔥嶺觀之則積石反在蔥嶺之北必無是理也今移在後又東注于泑澤之下則自崑崙而蔥嶺而蒲昌而積石㡳委秩然方位悉當矣一清案通典爲學人所尊信其譏水經以爲纂集之不詳其摘酈注云都不詳正又云亦不尋究是於本書尚未通覽僅撮割數言以逞其私說而其所指積石乃是隋置河源郡唐置積石軍之地誤以龍支之積石當禹貢之積石曾不悉在塞外西南羌中者大積石也在枹罕西北者小積石也地理志括地志之文可覆案也東樵之言可稱諍友董祐誠曰酈氏此注辨正積石之河爲蔥嶺之河重源所發至爲詳盡知通典所譏皆非其實經自此以上爲河之東源下從蔥嶺出者爲河之西源西源至蒲昌海伏流而重見爲東源經乃敘積石於蔥嶺之前故酈以爲不比也所云渤海當卽指扎凌鄂凌諸海猶青海之稱西海注所稱淪於蒲昌出於海水也積石山爲大積石今爲雪山蒙古爲木素鄂拉在青海土爾扈特南前旗黃河之南阿里克土司之東今黃河自羅布淖爾伏流至噶達素齊老山復出爲阿勒坦河東流穿鄂敦他拉海而東豬爲扎凌海又東爲鄂凌海折而南逕蒙古爾津土司又東逕積石山南卽經所謂東南流入渤海又出海外南至積石山也

水經注卷一

水經注卷二　　長沙王氏校本

後魏酈道元撰

河水 官本曰按二字原本誤連經文今改正近刻篇題作河水二經文上復衍河水二字今刪去　案朱趙作河水二經文上有河水二字趙釋曰一清案凡經文次篇之首有某水二字皆後人所加蓋漢人作經自爲一篇豈能逆料酈氏爲之注而先于每卷交割之處增二字以別之哉或酈注既成用二字爲提掇則可耳然非經之舊也此卷首列河水二字謂重源之再見也其義例如此

又南入蔥嶺山又從蔥嶺出而東北流 官本曰案原本及近刻脫此九字杜佑通典引水經有此文蓋唐已後始脫去今據通典補正　案朱趙無九字孫校曰此句不合增又曰星衍案山海經北山經邊春之山多蔥杠水出焉而西流注于泑澤疑即蔥嶺也其杠水即後以爲河水者也董祐誠曰經以河水至積石又南入蔥嶺山故通典譏之酈注則兩源分敘本不相淆也南入趙氏本作南出於義較順然通典所引已作南入矣今案趙作南入疑董誤記

河水重源有二非惟二也 朱惟作爲趙改刊誤曰爲全祖望校改惟 一源西出捐毒之國 官本曰案捐毒近刻訛作身毒　案朱趙作身趙釋曰禹貢錐指曰身毒當作捐毒漢書捐毒國王治衍敦谷東至都護治所八百六十一里至疏勒南與蔥嶺屬無人民西上蔥嶺則休循也西北至大宛千三百里北與烏孫接先儒以爲即身毒非也張騫曰身毒國在大夏東南可數千里有蜀物去蜀不遠大夏即大月氏所居之地也今捐毒在大月氏之東北西去休循二百餘里豈身毒乎酈蓋承其誤 蔥嶺之上西去休循二百餘里皆

故塞種也南屬蔥嶺高千里西河舊事曰蔥嶺在敦煌西八千

里其山高大上生葱故曰葱嶺也　河源潛發其嶺分爲二水董祐誠曰葱嶺卽天山西南之正幹漢書西域傳所稱南山北山皆葱嶺所分今自西布魯特部落西南至喀什噶爾之西葉爾羌之西南博洛爾拔達克山鄂克善諸部落皆在葱嶺間西域傳捐毒國東至疏勒南與葱嶺屬西上葱嶺則休循是捐毒當今西布魯特地注言河水潛發其嶺分爲二水者蓋謂東西源皆出葱嶺非必謂一水而東西分流也注引涼土異物志曰葱嶺之水分流東西西入大海東爲河源斯言膚而該矣今葱嶺西界之水盤曲嶺中匯爲圖斯庫爾及伊西洱庫爾其西北則入達里岡阿鄂謨然道里較近又與下逕安息入西海之文不合則注所稱葱嶺西流之一水自當指拔達克山以南之水西北流至布哈爾部落入騰吉斯鄂謨者亦出葱嶺特南北暌隔蓋西流之水自入安息之西海本非河源酈氏特因葱嶺而類及之與上注述新頭河恆河正同今西布魯特西南直接葱嶺東山曰伊斯克里克水曰赫色爾西山曰吉布察克水曰哈喇庫爾二水南流瀦爲哈拉庫爾庫爾者回語謂池東出爲喀什噶爾達里雅回語謂大河爲達里雅卽葱嶺之河源也　一水西逕休循國南在葱嶺西郭義恭廣志曰休循國居葱嶺其山多大葱　又逕難兜國北北接休循西南去罽賓國三百四十里　河水又西逕罽賓國北官本曰案此九字原本及近刻並訛作經考注敘葱嶺之水分東西先載葱嶺分源西流逕休循難兜罽賓月氏安息入雷翥海之水不得與經文淆紊今改正　案朱訛趙改刊誤曰九字是注混作經　月氏之破塞王南君罽賓治循鮮城土地平和無所不有金銀珍寶異畜奇物踰于中夏大國也山險有大頭痛小頭痛之山赤土身熱之阪人畜同然　河水又西

逕月氏國南官本曰案此九字原本及近刻並訛作經案朱訛趙改刊誤曰九字是注混作經治監氏城其俗與安息同匈奴冒頓單于破月氏殺其王以頭爲飲器國遂分遠過大宛西居大夏爲大月氏其餘小衆不能去者共保南山羌中號小月氏故有大月氏小月氏之名也又西逕安息國南官本曰案此七字原本及近刻並訛作經案朱訛又奪國字趙改增刊誤曰六字是注混作經安息下落國字城臨嬀水地方數千里最大國也有商賈車船行旁國畫革旁行趙刊誤曰箋曰前漢書云書革旁行案此誤本漢書史記是畫字爲書記也朱箋曰元本此下接空須菩提至子合同乃錯簡今改正於又西逕陁衞國注或云懸鉢虛下河水與蜺羅跂禘水同注雷翥海官本曰案此十三字原本及近刻並訛作經今考注內敘蔥嶺西流之水終於此案朱訛趙改刊誤曰十三字是注混作經董祐誠曰蔥嶺以西水皆西流不爲中國河源注因蔥嶺之源而類及之故亦稱河水也今蔥嶺之水西流者盤曲山中其西北入達里岡阿鄂謨者川流較近與安息入海之文不合今巴達克山部落南有水出雅布塔爾西流東南合尼爾古一源又西流東南合達里木一源皆出西南蔥嶺中三水合而西流逕科克倫回部南又西逕瞻伊斯巴爾回城南又西逕哈扎爾巴什紅帽回部南南合一水西北流又南合一大水又西北逕布哈爾部落西南又北流入騰吉斯鄂謨與北注西流之河較合騰吉斯鄂謨周圍數千里疑卽所謂雷翥海唐書突厥傳西突厥西至雷翥海蓋其時突厥西境至此漢書西域傳捐毒西上蔥嶺卽休循難兜西至無雷北與休循西與大月氏接罽賓東北至難兜西北與大月氏接大月氏西至安息南與罽賓接安息北與康居接更以此注證之則今巴達克山休循爲其北境難兜爲其南境痕都斯坦北境爲罽賓科克倫諸部落爲大月氏布哈爾諸部落爲

安息也西域傳大月氏都嬀水北安息亦臨嬀水嬀水其卽蔥嶺西流之水與釋氏西域記曰蜺羅跂禘出阿耨達山之北西逕于闐國官本曰案西字近刻訛在之北上　案朱趙同趙西字下旁注一句字釋曰全氏曰之北猶言如北漢書西域傳曰于闐之西水皆西流注西海官本曰案之近刻作以注下有于字　案朱趙同又西逕四大塔北官本曰案此七字原本及近刻並訛作經考注內言蔥嶺西流之水因連及蜺羅跂禘水逕于闐四大塔陀衞安息同入雷翥海亦不得與經文淆紊今改正　案朱訛趙改刊誤曰七字是注混作經釋法顯所謂糺尸羅國官本曰案糺近刻作竺刹二字　案朱同趙改刊誤曰竺刹尸羅黄省曾本作糺尸羅今校正漢言截頭也佛爲菩薩時以頭施人故因名國國東有投身飼餓虎處皆起塔官本曰案飼近刻作餧　案朱趙作餧又西逕揵陀衞國北官本曰案此八字原本及近刻並訛作經　案朱訛脫揵趙改增揵下同刊誤曰七字是注混作經陀衞上落揵字以法顯傳校增是阿育王子法益所治邑佛爲菩薩時亦于此國以眼施人其處亦起大塔又有弗樓沙國官本曰案弗近刻訛作佛　案朱訛趙改刊誤曰法顯傳作弗樓沙國今改正天帝釋變爲牧牛小兒聚土爲佛塔法王因而成大塔所謂四大塔也法顯傳曰國有佛鉢月氏王大興兵衆來伐此國欲持鉢去置鉢象上象不能進更作四輪車載

鉢八象共牽復不進王知鉢緣未至（趙刊誤曰箋曰一本無鉢字案於文應有鉢字）于是起塔留鉢供養鉢容二斗雜色而黑多四際分明厚可二分甚光澤貧人以少花投中便滿富人以多花供養正復百千萬斛終亦不滿（朱趙花並作華）佛圖調曰（官本曰案近刻脫調字　案朱脫趙增刊誤曰佛圖下落調字）佛鉢青玉也受三斗許彼國寶之供養時願終日香花不滿則如言願一把滿則亦便如言又案道人竺法維所說佛鉢在大月支國起浮圖高三十丈七層鉢處第二層金絡絡鎖懸鉢（朱趙鎖作鏁）鉢是青石或云懸鉢虛空（官本曰案勞行爲書記也爲字起至此句虛字止近刻訛在後俗與子合同下洄水又東逕皮山國北之前原本不誤）須菩提置鉢在金机上（朱作机趙改机刊誤曰瑞應本起經云梵釋下侍四天王接菩薩身置金机上机當作机）佛一足迹與鉢共在一處國王臣民悉持梵香七寶璧玉供養塔迹佛牙袈裟頂相舍利（朱裟作娑趙改刊誤曰袈娑之娑並當从衣不从女廣韻袈裟胡衣也下佛袈娑王城亦同此誤）悉在弗樓沙國釋氏西域記曰揵陀越王城西北（官本曰案揵近刻作捷下同　案朱同趙改刊誤曰捷何焯本校改揵）有鉢吐羅越城佛袈裟王城也東有寺　重復尋川水西北十里

有河步羅龍淵佛到淵上浣衣處官本曰案近刻脫淵字　案朱脫趙增刊誤曰佛到下落淵字全祖望校補浣石尚存其水至安息注雷翥海官本曰案注內敘蜺羅跂禘水終於此　董祐誠曰蔥嶺西流之水南合二水其源出和斯替恆占諸部落皆不逕于闐于闐西南二面蔥嶺環帶亦無西流之水蜺羅跂禘無可指證自新頭河以下地處荒遠傳記缺略惟有釋典未可爲據今並闕疑不復爲圖又曰揵陀越西西海中有安息國竺枝扶南記曰安息國去私訶條國二萬里國土臨海上卽漢書天竺安息國也戶近百萬最大國也漢書西域傳又云黎軒條支臨西海官本曰案黎近刻作犂　案朱趙作犂長老傳聞條支有弱水西王母亦未嘗見自條支乘水西行可百餘日近日所入也趙刊誤曰箋曰古本作西行可月餘日近可十日日所入也案所謂古本卽黃省曾本也是注原文校漢書西域傳悉無舛譌無緣更引後人誤本改易古書凡遇此等皆所不取或河水所通西海矣故涼土異物志曰蔥嶺之水分流東西西入大海東爲河源禹記所云崑崙者焉張騫使大宛而窮河源謂極于此而不達于崑崙朱趙有者字也河水自蔥嶺分源東逕迦

舍羅國 官本曰案迦近刻作伽 案朱趙作伽董祐誠曰當在今喀什噶爾極西蔥嶺中大唐西域記稱朅盤陀國大厓東北至奔攘舍羅蔥嶺東岡四山之中商旅往來從此東下蔥嶺唐書地理志疏勒西南蔥嶺守捉故朅盤陀國爲今葉爾羌所屬喀爾楚迤西地河源之哈拉庫爾正當其北注引釋氏西域記稱爲萬國要道蓋由此東下蔥嶺奔攘舍羅當即迦舍羅矣 釋氏西域記曰有國名伽舍羅逝此國狹小而總萬國之要道無不由城南有水東北流出羅逝西山山即蔥嶺也逕岐沙谷出谷分爲二水 董祐誠曰案今哈拉庫爾水東流逕喀什噶爾南爲喀什噶爾河即注所言北河其自葉爾羌西南遶城者爲葉爾羌河即注所言南河二水異源而注稱一水所分與今水道不合今喀什噶爾自西迤南至英吉沙爾西迤東南至葉爾羌西南之山回語呼爲塔爾塔什達巴罕即古蔥嶺岐沙谷當即在今喀什噶爾之西蔥嶺中自此以東出山即爲平地英吉沙爾民多引渠以灌田或舊有水傍山東下與葉爾羌河相通後更湮塞與 一水東流逕無雷國北 董祐誠曰此南河也漢書西域傳無雷南至蒲犂爲秅北與捐毒接蓋在蔥嶺上其難兜國下言西至無雷者誤字也無雷當今西布魯特部落之南博羅爾部落之北喀什噶爾西邊地分流之水當即傍山東南流逕其北也 治盧城其俗與西夜子合同 官本曰案其字原本訛在俗與下今據文義改正 案朱訛箋曰當作其俗與西夜趙改 又東流逕依耐國北 董祐誠曰漢書西域傳依耐國北至疏勒此注在無雷之東蒲犂之西當在今英吉沙爾南界中 去無雷五百四十里俗同子合河水又東 官本曰案此四字近刻作又東流三字 案朱趙同 逕蒲犂國北 董祐誠曰漢書西域傳蒲犂東至莎車北至疏勒證以此注在今英吉沙爾葉爾羌之間分流之水當自此東流至葉爾羌合葉爾羌河今葉爾羌河自葉爾羌西南徼外曲流東北逕拉虎

爾克什米爾諸部落左合米勒台玉山一水東北岐爲二支環葉爾羌城而東復合回語爲葉爾羌謌斯騰謌斯騰者譯言瀦成之河自此以下即注所言南河矣 治蒲犂谷北去疏勒五百五十里俗與子合同

河水又東逕皮山國北

官本曰案此九字原本及近刻並譌作經考注文葱嶺河自岐沙谷分爲二此先敘南河逕無雷依耐蒲犂皮山而東合于闐河不得與經淆紊今改正 案朱訛趙改刊誤曰九字是注混作經董祐誠曰漢書西域傳皮山西南至烏秅南與天篤接北至姑墨千四百五十里唐書地理志于闐西南三百八十里有皮山城當在今葉爾羌之東南和闐之西

治皮山城西北去莎車三百八十里

朱箋曰案宋本下文其一源接此八十里下趙釋曰禹貢錐指曰案自罽賓至陀衞皆西流注西海之水水經乃拙手所作提挈不清賴有酈注爲之發明人始知有葱嶺之河東西分流不然則似河水自葱嶺西行至陀衞而復東行以入葱嶺大惑不解矣一清案水經世傳脫誤兼之經注混淆此篇尤甚一爲改正眼界豁然覺東樵之言猶爲唐突前人也

其一源出于闐國南山北流與葱嶺所出河合

官本曰案原本及近刻並脫所出二字今據通典補正 案朱趙無

又東注蒲昌海

官本曰案原本及近刻並脫又字今據通典補正 案朱趙無孫校曰山海經注泑澤之水有口泚水出長沙山北流邱時水出槐江山北流逢水出單狐山西流杠水出邊春山受櫟水櫟水又受邊水西流匠韓水出灌題山西流敦薨水出敦薨山西流凡六水皆注泑澤澤即蒲昌海也山海經言敦薨水出於崑崙之東北實惟河源星衍案東北隅即積石也是山海經以敦薨爲河源其餘諸水本各有名後人妄生異說也

河水又東與于闐河合

官本曰案此九字近刻訛作經原本仍屬注文 案朱訛趙改刊誤曰箋曰謝兆申云疑其一源以下至與于闐河合三十字是注墇案玉海引水經其一源以下至蒲昌海皆經文河水又東與于闐河合是注文案玉海所引是也謝說非也朱氏既述深寧之書又存耳伯之說請歸

晝一無事兩岐自此以下至又東入塞以上惟此條其一源至東注蒲昌海二十一字是經餘皆是注觀下河水又東注于泑澤卽經所謂蒲昌海也經云蒲昌海注以泑澤釋之若如今本不幾複與董祐誠曰此南河也南源導于闐南山俗謂之仇摩置孫校曰卽漢武所名崑崙也董祐誠曰今和闐南大雪山綿亙數千里東逵庫爾坤南接岡底斯西迤北爲蔥嶺史記大宛傳天子案古圖書名河所出爲崑崙卽此山也蓋山脈綿亙河水所出通爲崑崙梵書則同爲阿耨達山矣今和闐河回語爲和闐達里雅源出和闐所屬皮什雅南五十里南山中北流上源東爲玉隴哈什河西爲哈拉哈什河自置北流逕于闐國西董祐誠曰于闐卽今和闐魏書西域傳于闐國城東二十里有大水北流號樹枝水卽黃河也一名計式水城西五十五里亦有大水名達利水與樹枝水會俱北流今和闐城東爲玉隴哈什河城西爲哈拉哈什河並北流至喀提里什合與魏書正同此云逕于闐國西是以哈拉哈什河爲正流也治西城朱趙作城趙刊誤曰箋曰西城舊本作西域杭世駿云西城見漢書西域傳作西域者誤土多玉石官本曰案土近刻訛作上案朱訛趙改刊誤曰上當作土西域傳云于闐國多玉石師古曰玉石玉之璞也一曰石之似玉也西去皮山三百八十里東去陽關五千餘里釋法顯自烏帝西南行朱亦作烏帝箋曰佛國記作偽夷趙改偽夷路中無人民沙行艱難趙刊誤曰箋曰沙行一本作涉行案沙行言行沙磧中也涉字義非所逕之苦人理莫比在道一月五日得達于闐國其殷庶民篤信多大乘學威儀齊整器鉢無聲城南十五里官本曰城南近刻訛作南城案朱訛趙改又十上並有一字趙刊誤曰何焯校改南城爲城南有利剎寺中有石鞾石上有足迹彼俗言是辟支佛迹法顯所不傳疑非佛迹也

又西北流注于河官本曰案此七字原本及近刻並訛作經今考上下文乃注內敘于闐河入蔥嶺南河 案朱訛趙改刊誤曰七字是注混作經董祐誠曰今自喀提里什合爲和闐達里雅又北流五百里會葉爾羌河即南河也惟今葉爾羌河右合和闐河即左與北河會通爲塔里木河而注敘南河合北河在合且末水之下與今水道不合蓋塔里木河所經皆戈壁沮洳之地水道或有改易矣即經所謂北注蔥嶺河也

南河又東逕于闐國北官本曰案此九字原本及近刻並訛作經考上下文並注內敘蔥嶺南河逕于闐扜彌精絕且末鄯善入牢蘭海不得與經文淆紊今改正 案朱訛趙改又朱脫國字趙增刊誤曰八字是注混作經于闐下落國字董祐誠曰自此至通爲注濱河南北河當相去不遠至今遂合爲一釋氏西域記曰河水東流三千里至于闐屈東北流者也漢書西域傳曰于闐已東水皆東流

南河又東北逕扜彌國北官本曰案此十字原本及近刻並訛作經 案朱訛趙改刊誤曰十字是注混作經董祐誠曰當在今和闐所屬克爾雅城以東治扜彌城西去于闐三百九十里南河又東逕精絕國北董祐誠曰當在今和闐極東大戈壁中西去扜彌四百六十里朱箋曰前漢西域傳扜彌作杅彌注云杅音烏

南河又東逕且末國北官本曰案此九字原本及近刻並訛作經 案朱訛趙改刊誤曰九字是注混作經董祐誠曰今亦爲大戈壁唐書地理志播仙鎭西五百里至于闐東蘭城守捉又西三百里至于闐與注所稱西去于闐里數不合注本漢書西域傳蓋荒遠之地史志里數多未得其實也又東右會阿耨達大水董祐誠曰水無攷詳見下釋氏西域

記曰阿耨達山西北有大水北流注牢蘭海者也其水北流逕且末南山又北逕且末城西國治且末城西通精絕二千里東去鄯善七百二十里種五穀其俗官本曰案近刻訛作兵俗案朱訛趙改刊誤曰孫潛云兵當作其略與漢同又曰且末河東北流逕且末北又流而左會南河董祐誠曰隋書地理志且末郡在古且末城有且末水唐書地理志渡且末河至且末城蓋皆指阿耨達大水以此注推之當在蒲昌海西南大戈壁中今自和闐以東塔里木河之南西藏北山之北東至青海西北境數千里中皆大戈壁水皆流入沙中別無大川左會塔里木河者所云阿耨達大水無可指證以理推之流沙之地古今互異漢書西域傳稱從鄯善南水北波河西行至莎車爲南道唐書地理志一路自沙州壽昌縣至陽關故城又西至蒲昌海南岸又西自石城鎮播仙鎮至于闐又唐西域記元奘之歸由瞿薩昌那國即于闐國東過納縛波故國即樓蘭地五代史高居誨使于闐記從陽關涉鹹磧渡陷河至于闐皆出大戈壁中今驛道則自嘉峪關外西經哈密土魯番喀喇沙爾庫車阿克蘇至葉爾羌乃折而東南至和闐無由漢之南道者西域傳南道自陽關以西樓蘭且末精絕打彌小宛皆在今戈壁中城郭相望元奘所記稱于闐東行入大流沙人畜昏迷屢有喪亡行四百餘里至覩貨邏故國國久空曠城皆荒蕪又六百餘里至折摩馱那故國即涅末地城郭巋然人煙斷絕復東北千餘里至樓蘭是唐時已爲無人之境與漢志所稱迥異今則盡爲荒服唐代諸鎮城並淪沙磧蓋風沙相摶故道或湮戈壁之中水泉之匯爲淖爾者以十數皆潛行入沙在古時或有北行入河之迹與會流東逝通爲注濱河董祐誠曰北河下有注濱城蓋南北自此合流矣以下與南河皆一水所逕

注濱河又東逕鄯善國北濱趙並作賓下同董祐誠曰當在蒲昌海南少西治伊

循城故樓蘭之地也樓蘭王不恭于漢元鳳四年霍光遣平樂監傅介子刺殺之更立後王漢又立其前王質子尉屠耆爲王更名其國爲鄯善百官祖道橫門王自請天子曰趙刊誤曰箋曰據漢書西域傳脫一其字案西域傳云丞相將軍率百官送至橫門外祖而遣之王自請天子曰不作其王也朱氏乃據黃省曾本託言漢書誤矣身在漢久恐爲前王子所害國有伊循城土地肥美願遣將屯田積粟令得依威重遂置田以鎮撫之敦煌索勱字彥義有才略刺史毛奕表行貳師將軍趙釋曰全氏曰貳師之官後漢所無且其時刺史秩卑不得表行將軍也何煌曰其事無可考將酒泉敦煌兵千人至樓蘭屯田起白屋召鄯善焉耆龜茲三國兵各千橫斷注濱河河斷之日水奮勢激波陵冒隄勱厲聲曰王尊建節官本曰案尊近刻訛作遵　案朱訛趙改刊誤曰漢書作王尊不從辵王遵從漢人見隗囂傳河隄不溢王霸精誠呼沱不流水德神明古今一也勱躬禱祀水猶未減乃列陣被杖鼓譟讙叫且刺且射大戰三日水乃回減灌浸沃衍胡人稱神大田三年積粟百萬威服外國其水東注澤官本曰案注內敘蔥嶺南河合于闐河終於此澤在樓

國北扞泥城董祐誠曰城當在蒲昌海南澤即蒲昌海也注引西域記云南河自于闐東迤北三千里至鄯善入牢蘭海史記正義引括地志云蒲昌海亦名牢蘭海詳見北河下其俗謂之東故城去陽關千六百里西北去烏壘千七百八十五里至墨山國千八百六十五里官本曰案八百近刻訛作三百　案朱訛趙改刊誤曰三漢書西域傳作八西北去車師千八百九十里土地沙鹵少田仰穀旁國國出玉多葭葦檉柳胡桐白草國在東垂當白龍堆乏水草常主發導負水擔糧迎送漢使趙釋曰一清案此處有脫文故彼俗謂是澤爲牢蘭海也官本曰案澤原本訛作海據上文其水東注澤改正　案朱趙作海釋氏西域記曰南河孫校曰即漢武帝所名也自于闐東於北三千里趙東於作於東刊誤曰東於二字當倒互至鄯善入牢蘭海者也北河自岐沙東分南河即釋氏西域記所謂二支北流逕屈茨烏趙作僞夷禪善入牢蘭海者也趙刊誤曰箋曰李克家云禪當作鄯案何焯云禪鄯音同通秦胡語異而譌不必改也北河又東北流分爲二水枝流出焉北河自疏勒逕流南河之北官本曰案此二十五字原本及近刻並訛作經考注文蔥嶺河自岐沙谷分爲二此敘北河逕疏勒溫宿姑墨龜兹墨山注賓

樓蘭入蒲昌海不得與經淆紊今改正　案朱訛趙改刊誤曰二十五字是注混作經董祐誠曰漢書西域傳疏勒國南至莎車捐毒國東至疏勒莎車國西至疏勒則疏勒在莎車西北捐毒之東蔥嶺河東流所經唐書地理志稱疏勒鎮三面皆山自于闐鎮西北至疏勒鎮千二百三十里又稱疏勒西南入蔥嶺則卽今之喀什噶爾也至耿恭所守疏勒城非疏勒國治通鑑注所辨甚確此注引之蓋偶失檢耳今哈喇庫勒東出至喀什噶爾城南爲喀什噶爾河漢書西域傳曰蔥嶺以東南北有山相距千餘里東西六千里河出其中官本曰案以上約舉漢書西域傳之文近刻西域上衍釋氏二字朱謀㙔箋謂當作釋氏西域記非也　案朱衍二字箋曰漢書西域傳無此文當作釋氏西域記趙依改曁于溫宿之南左合枝水枝水朱趙不重枝水二字董祐誠曰漢書西域傳尉頭國南與疏勒接山道不通溫宿國西至尉頭三百里疏勒去長安九千三百五十里溫宿去長安八千三百五十里是溫宿疏勒東西相距約千里與今烏什至喀什噶爾略同其中大山緜亙尉頭在溫宿之西故與疏勒山道不通今圖勒扎巴什諸山是也喀什噶爾河東流逕葉爾羌北又東流逕烏什南上承北河于疏勒之東西北流逕疏勒國南又東北與疏勒北山水合水出北溪東南流逕疏勒城下董祐誠曰今喀什噶爾城北山麓有水同源異流北曰赫色勒南曰特爾墨楚克東南流復合入喀什噶爾河又有木什河特們河皆入赫色勒河當卽注所稱疏勒北山水也南去莎車五百六十里趙南上有漢書西域傳曰六字刊誤曰全祖望云此下三句是引漢書南去上脫漢書西域傳曰六字今補正有市列西當大月氏大宛康居道趙刊誤曰箋曰宋本無西字案漢書西域傳有西字朱氏妄引宋本釋氏西域記曰國有佛浴牀

赤真檀木作之方四尺王于宮中供養漢永平十八年耿恭以戊己校尉爲匈奴左鹿蠡王所逼恭以此城側澗傍水自金蒲遷居此城（趙刊誤曰箋曰後漢書作澗傍有水可固案道元未徵引范史不得據彼以規此也）匈奴又來攻之壅絕澗水恭于城中穿井深一十五丈不得水吏士渴乏笮馬糞汁飲之恭乃仰天歎曰昔貳師拔佩刀刺山飛泉湧出今漢德神明豈有窮哉整衣服向井再拜爲吏士禱之有頃水泉奔出衆稱萬歲乃揚水以示之虜以爲神遂卽引去後車師叛與匈奴攻恭食盡窮困乃煮鎧弩食其筋革恭與士卒同生死咸無二心圍恭不能下關寵上書求救建初元年章帝納司徒鮑昱之言（官本曰案章帝近刻訛作明帝　案朱趙作明帝趙釋曰案建初是章帝年號酈氏誤記後漢書耿恭傳初關寵上書求救時肅宗新卽位則明帝字誤無疑）遣兵救之至柳中以校尉關寵分兵入高昌壁攻交河城車師降遣恭軍吏范羌將兵二千人迎恭遇大雪丈餘僅能至城中夜聞兵馬大恐羌遙呼曰（官本曰案遙近刻訛作逕　案朱作逕箋曰後漢書作遙呼趙改遙）我范羌也城中皆稱萬

歲開門相持涕泣尚有二十六人衣屨穿決形容枯槁相依而還

枝河又東逕莎車國南

官本曰案此九字原本及近刻並訛作經今考注文北河至温宿合枝河因敘枝河逕疏勒莎車至温宿而入北河此枝河所逕不得爲北河蓋注訛作經於是枝河北河相亂後人妄改耳 案朱訛趙改枝並作北下同刊誤曰九字是注混作經董祐誠曰西域傳疏勒南至莎車莎車西至疏勒南至蒲犂此言枝河東逕莎車國南則漢莎車城在葉爾羌北境並在北河之北當今葉爾羌所屬巴爾楚克諸地其境則南有葉爾羌地故疏勒南至莎車也

治莎車城西南去蒲犂七百四十里漢武帝開西域屯田于此有鐵山出青玉

枝河又東逕温宿國南

官本曰案此九字近刻訛作北河之東南逕温宿國又原本及近刻並訛作經考上下文皆敘枝河所逕此北字亦屬後人妄改今訂正 案朱訛趙改刊誤曰九字是注混作經之當作又南字當移温宿國下

治温宿城土地物類與鄯善同北至烏孫赤谷六百一十里東通姑墨二百七十里于此

枝河右入北河

官本曰案注內敘枝河終於此董祐誠曰喀什噶爾河自喀什噶爾城南東流逕巴爾楚克城南入烏什南界別無支流河北近大山以此注言之當自喀什噶爾城南分枝水北流又東隨山麓東行逕巴爾楚克城諸地至烏什南界合爲一古今或有變徙也

北河又東逕姑墨國南

官本曰案此九字原本及近刻並訛作經今考以下皆注內敘蔥嶺北河所逕 案朱訛趙改刊誤曰九字是注混作經接下入姑墨川水注之於文爲北河又東逕姑墨國句南入句姑墨川水注之董祐誠曰漢書西域傳温宿東通姑墨二百七十里姑墨南至于闐馬行十五日今阿克蘇城距烏什城里數略同自阿克蘇城南渡河循和闐河有道通和闐城即馬行十五日之道唐書地理志撥換城一曰姑墨州西二百里至温肅州自撥換南至于闐鎮城

並與漢書及今地合今喀什噶爾河東流自烏什南逕阿克蘇南又東南即與葉爾羌來之南河會通爲塔里木河姑墨川水注之官本曰案姑字上近刻衍入字 案朱趙有水導姑墨西北官本曰案近刻脫水字 案朱脫趙增刊誤曰導上落水字歷赤沙山官本曰案近刻脫歷字 案朱趙無東南流逕姑墨國西治南城官本曰案近刻脫南城二字 案朱脫趙增刊誤曰治下脫南城二字漢書西域傳校補南至于闐馬行十五日土出銅鐵及雌黃其水又東南流右注北河官本曰案河字近刻訛作波 案朱趙作北波河趙釋曰一清案北波河謂北循河也章懷後漢書注曰波傍也音詖又西域傳作陂章懷注曰循河曰陂音波義反史記曰波山通道董祐誠曰唐書地理志撥換城西有撥換水當即姑墨川水今阿克蘇河出阿克蘇西北山東南流經阿克蘇城西南爲什河出烏什西山逕爲什城北東流來會又東歧爲二支入塔里木河天山正幹今爲漢騰格里山亙阿克蘇城庫車城北而東庫車北山出硇砂赤砂山當以此得名下龜兹水亦逕赤砂山則赤砂緜亙甚遠也北河又東逕龜茲國南官本曰案近刻脫北字 案朱趙無北河二字董祐誠曰漢書西域傳姑墨國東通龜茲六百七十里太平寰宇記唐顯慶三年移安西都護府于龜茲故國正南與于闐城守捉南北相當正西至撥換五百六十里又從撥換西北經拔達嶺至碎葉城大唐西域記屈支國舊曰龜茲西行六百餘里至拔祿迦國舊謂姑墨唐書地理志于闐東蘭城守捉三百里至于闐今庫車城西至阿克蘇南直和闐之東西北由阿克蘇度冰山通伊犂方位道里皆合魏書西域傳龜茲在白山南一百七十里其南三百里有大河東流號計式水即黃河白山即城北天山計式水即北河今塔里木河自阿克蘇城南東流逕庫車所屬沙雅爾南亦爲額爾句河也又東左合龜茲川水有二源西源出北大山南釋氏西域記曰屈茨北二百里有山夜則

火光晝日但煙人取此山石炭冶此山鐵恆充三十六國用故郭義恭廣志云官本曰案近刻脫云字 案朱脫趙增曰字刊誤曰廣志下落曰字龜茲能鑄冶其水南流逕赤沙山釋氏西域記曰國北四十里山上有寺名雀離大清淨又出山東南流枝水左派焉又東南水流三分右二水俱東南流注北河官本曰案北近刻訛作此 案朱訛趙改刊誤曰此當作北東川水官本曰案東字上近刻衍又字 案朱趙有又字出龜茲東北官本曰案近刻脫出字 案朱趙無趙增逕刊誤曰東川水下落逕字何焯校增歷赤沙積梨官本曰案近刻脫歷字 案朱脫趙增刊誤曰東北下落歷字何焯校增南流枝水右出西南入龜茲城音屈茨也趙釋曰全氏曰四字注中注故延城矣西去姑墨六百七十里川水又東南流逕于輪臺之東也董祐誠曰漢書西域傳言輪臺以東接渠犂皆故國地廣饒水草謂今喀喇沙爾所屬布古爾城諸地以此注推之輪臺在庫車河之西近今庫車城也昔漢武帝初通西域置校尉屯田于此搜粟都尉桑弘羊奏言故輪臺以東地廣饒水草可溉田五千頃以上官本曰案可近刻訛作有 案朱訛趙改刊誤曰有全祖望校改可其處溫和田美可益通溝渠種五穀收穫與中國同

時匈奴弱不敢近西域于是徙莎車相去千餘里即是臺也其水又東南流右會西川枝水水有二源俱受西川董祐誠曰一源即西川水枝水左派者一源即西川水三分中之一水東流逕龜茲城南合爲一水水間有故城蓋屯校所守也其水東南注東川董祐誠曰今拜河二源東曰哈布薩朗河西曰穆薩爾河俱出阿克蘇屬拜城西北山合于城西南東流逕城南合北來察罕水又逕賽里木南而東赫色爾河出其北山三水合南流來會又東逕庫車城南而東庫車河出城東北山二水合南流逕城東來會又東南注塔里木河拜河當即注之西川庫車河當即注之東川其西川逕入北河及枝流分四二流通東川故道多不可考至龜茲城當今近庫車城固無可疑也注于北大山引西域記屈茨北二百里有山夜則火光晝日但煙案回疆通志火焰山自喀喇和卓歷土魯番喀喇沙爾庫車北一帶山皆赤色如火焰形其中產硇砂常有煙霧湧起至夕光焰若炬蓋即注所稱北大山矣東川水又東南逕烏壘國南董祐誠曰漢書西域傳龜茲東至都護治所烏壘城三百五十里當在今庫車城東西南接庫車河傳又言烏壘南至渠犂南字當東字之誤治烏壘城西去龜茲三百五十里東去玉門陽關二千七百三十八里與渠犂田官相近土地肥饒于西域爲中故都護治焉漢使持節鄭吉並護北道故號都護都護之起自吉置也其水又東南注大河大河又東右會敦薨之水董祐誠曰右當作左注自此以下或言大

河或言河水不復言北河蓋二河之合在此今塔里木河自沙雅爾南東流至喀喇沙爾所屬庫勒爾城南合開都河其水出焉耆之北敦薨之山董祐誠曰今裕勒都斯河爲西源出喀喇沙爾西北楚爾達山哈布齊哈河爲東源出喀喇沙爾北和屯博克塔山皆天山正幹卽敦薨山也注稱山在匈奴之西烏孫之東今是山迤東爲鎮西府所屬當漢匈奴蒲類王地迤西爲伊犂所屬當漢烏孫地在匈奴之西烏孫之東山海經曰敦薨之山敦薨之水出焉官本曰案近刻脫敦薨之山四字案朱趙無而西流注于泑澤出于崑崙之東北隅實惟河源者也二源俱道西源東流分爲二水左水西南流出于焉耆之西官本曰案近刻脫左水二字案朱趙無逕流焉耆之野官本曰案逕近刻訛作經案朱趙作經屈而東南流官本曰案而字近刻訛作南案朱作南箋曰疑作而趙改而注于敦薨之渚董祐誠曰左水今無攷以今水道證之則西源應有二一爲裕勒都斯河西南流卽此注之左水一爲達賴克河東流卽此注之右水注云注于敦薨之渚謂合爲敦薨之水也東流分爲四字疑有誤右水東南流董祐誠曰今裕勒都斯河自楚爾達山西南流至喀爾噶圖北折東達克賴河東流來會之折而東流又分爲二左右焉耆之國董祐誠曰今裕勒都斯河東流分爲二行百餘里復合後漢書西域傳焉耆四面有大山有海水曲入四山之內周帀其城此注言城居四水之中今喀喇沙爾城東海都河環繞之中天山四面環繞焉耆員渠城蓋在此矣城居

四水之中在河水之洲治員渠城西去烏壘四百里南會兩

水同注敦薨之浦 董祐誠曰今海都河二水合東南流爲海都河左與哈布齊哈河合而同注于博斯騰淖爾 東源東南流分爲二水澗瀾雙引 官本曰案澗字上近刻衍但字　案朱趙有 洪湍濬發俱東南流 董祐誠曰今哈布齊哈河東南流當喀喇沙爾東北分爲二水合海都河 逕出焉耆之東導于危須國西 官本曰案國近刻訛作城　案朱訛趙改刊誤曰城當作國下云國治危須城是也董祐誠曰漢書西域傳危須國西至焉耆南至尉犂當即今喀喇沙爾 國治危須城西去焉耆百里 又東南流注于敦薨之藪川流所積潭水斯漲 官本曰潭近刻訛作渾　案朱訛趙改刊誤曰渾孫潛校改潭 溢而爲海 官本曰案而原本訛作流據宋本改正　案朱趙作流趙刊誤曰箋曰古本作溢海爲海吳琯本改作溢流謝兆申據宋鈔本作溢而爲海是也案流字與海字俱從水得其偏旁以意推之流字爲近董祐誠曰今海都河匯于喀喇沙爾之南爲博斯騰淖爾東西廣三百餘里南北半之所謂敦薨之藪也 史記曰焉耆近海多魚鳥東北隔大山與車師接 敦薨之水自西海逕尉犂國 董祐誠曰漢書西域傳龜茲東通尉犂焉耆南至尉犂更證以此注尉犂蓋在博斯騰淖爾之西庫車之東後漢班超討焉耆自西而東先至尉犂焉耆絕葦橋以拒漢軍今喀喇沙爾所屬布古爾城有葦湖惟一土橋可渡則尉犂正當今布古爾地也 國治尉犂城西去都護治所三百里北去焉耆百里 其水又西出沙山鐵關谷 董祐誠曰今博斯騰淖爾南出西流仍爲海都河又西逕庫勒爾山北山東接額格爾齊山今猶以漢名相傳曰沙山在博斯騰淖爾南一百二十里晉書西戎傳沙州刺史楊宣

驪理西域以張植爲前鋒焉耆王熙拒戰于賁崙城爲植所敗植進屯鐵門卽所謂鐵關谷矣又西南流逕連城別注

官本曰案近刻脫逕字　案朱脫趙增別改弓刊誤曰西南流下落逕字別注是引注之譌董祐誠曰城當在今喀喇沙爾西南庫勒爾城之西自連城西至輪臺皆故屯田地裂

以爲田桑弘羊曰臣愚以爲連城以西可遣屯田以威西國

卽此處也其水又屈而南逕渠犂國西董祐誠曰漢書西域傳渠犂城東北與尉犂接西有河今海都河西南流屈南逕喀喇沙爾所屬庫勒爾城當漢渠犂國也故史記曰西有大河卽斯水也又東南流逕渠犂國董祐誠曰今海都河折東南逕庫勒爾城南治渠犂城

西北去烏壘三百三十里漢武帝通西域屯渠犂卽此處也南與精絕接東北與尉犂接又南流注于河董祐誠曰今海都河南入塔里木河注中所稱凡天山南境諸大水入蒲昌海者備舉無遺當元魏時玉門以外久淪異域酈氏博考傳記以成此注今則蔥嶺以東盡登戶版雖川流變遷古今或異而證以輿圖大勢較然若合符節如敦薨之水敘次詳盡與今道曲折不爽酈氏之書可謂俟百世而不惑者矣山海經曰敦薨之水西流

注于泑澤蓋亂河流自西南注也河水又東逕

墨山國南治墨山城西至尉犂二百四十里趙釋曰一清案漢書西域傳作山國云鄯善國西北去都護治所千七百八十五里至山國千三百六十五里師古曰此國山居故名山國也又云山國去長安七千一百七十里東南與鄯善且末接師古曰常在山下居不爲城治

也漢書脫去墨字師古遽以臆解之更不識所居何山所治何城觀酈注甚是分明可補史傳之闕文正小顏之曲說董祐誠曰趙氏據此注謂漢書山國脫去墨字以正小顏之誤案注稱墨山國治墨山城西至尉犂二百四十里蓋皆西域傳文是今本漢書更脫去治墨山城四字也西域傳言西北至焉耆東南至鄯善西至尉犂危須當在今庫勒爾之東南濟塔里木河

河水又東逕注賓城南董祐誠曰蓋以注濱河得名城當在墨山東又東逕樓蘭城南而東注官本曰案此十九字原本及近刻並訛作經　案朱訛趙改刊誤曰十九字是注混作經董祐誠曰注稱墢田士所屯故城禪國名蓋樓蘭田士屯此非樓蘭治也蓋墢田士所屯官本曰案墢田士近刻訛作發田士　案朱訛趙改刊誤曰全氏云發田士當作墢田士卽屯田卒也故城禪國名耳河水又東注于泑澤官本曰案此八字原本及近刻並訛作經今考北河自岐沙東分南河至此乃注內敘蔥嶺北河所終案朱訛趙改刊誤曰八字是注混作經卽經所謂蒲昌海也水積鄯善之東北龍城之西南龍城故姜賴之虛官本曰案近刻訛作靈　案朱訛趙改胡之大國也蒲昌海溢官本曰案近刻脫昌字趙增刊誤曰蒲下落昌字　案朱脫盪覆其國城基尚存而至大官本曰案近刻訛作元　案朱訛趙改刊誤曰元孫濳改作大晨發西門暮達東門澮其崖岸官本曰案近刻訛作澮其岸岸　案朱訛趙改刊誤曰全祖望云岸岸當作崖岸餘溜風吹稍成龍形西面向海官本曰案西字上近刻衍皆字案朱衍趙刪刊誤曰皆字衍文因名龍城地廣千里皆爲鹽而剛堅也朱箋曰此注譌錯難以意通據御覽所引涼州異物志云姜賴之虛今稱龍城恆溪無道以感天庭上帝赫怒海溢盪傾剛鹵千里蒺藜之形其下有鹽累棊而生

即此事也行人所逕畜產皆布氈臥之掘發其下有大鹽方如巨枕官本曰案近刻訛作桃　案朱作桃箋曰宋本作枕趙改枕以次相累類霧起雲浮官本曰案起近刻訛作氣　案朱訛趙改刊誤曰氣姜宸英本作起寡見星日少禽多鬼怪　西接鄯善東連三沙爲海之北隘矣故蒲昌亦有鹽澤之稱也山海經曰不周之山北望諸毗之山臨彼岳崇之山東望泑澤河水之所潛也其源渾渾泡泡者也　東去玉門陽關千三百里官本曰案漢書西域傳蒲昌海去玉門陽關三百餘里後漢書同惟水經注作千三百里足證二書皆脫千字　案朱趙千上有一字又朱作至趙改去趙刊誤曰至黃省曾本作去趙釋曰全氏曰案郭璞注去玉門陽關三百餘里與漢書西域傳合也廣輪四百里官本曰案近刻作廣袤三百里　案朱趙同其水澄渟冬夏不減其中洄湍電轉朱箋曰電御覽作雷趙改雷爲隱淪之脈當其澴流之上官本曰案近刻脫其字　案朱脫趙增刊誤曰當下落其字太平御覽引此文校增飛禽奮翮于霄中者無不墜于淵波矣即河水之所潛而出于積石也董祐誠曰蒲昌海今曰羅布淖爾蒙古語謂淖爾爲池當土魯番廳之西南周圍數百里停而不流天山以南蔥嶺以東之水皆會于塔里木河而瀦于此自此伏流至鄂敦他拉衆泉並發爲大河重源據注則今羅布淖爾鄯善在其西南龍

城在其東北也三沙當卽今敦煌西境外之沙磧古稱白龍堆三國志注引魏略玉門關西出發都護井回三隴沙北頭蓋三隴沙卽注所稱三沙矣

又東入塞過敦煌酒泉張掖郡南

河自蒲昌有隱淪之證並閒關入塞之始自此經當求實致也河水重源又發于西塞之外出于積石之山董祐誠曰積石山見上河水自蒲昌伏流至噶達素齊老山而復出注言出于積石之山蓋積石以西古爲荒略故據積石爲限也山海經曰積石之山其下有石門河水冒以西流官本曰案西下近刻衍南字 案朱趙有是山也萬物無不有官本曰案近刻下有焉字 案朱趙有禹貢所謂導河自積石也山在西羌之中燒當所居也延熹二年西羌燒當犯塞護羌校尉段熲討之追出塞至積石山斬首而還司馬彪曰西羌者自析支以西濱于河首左右居也官本曰左近刻訛作在 案朱訛趙改刊誤曰在孫潛校改左河水屈而東北流逕析支之地官本曰案逕下近刻有於字 案朱趙有是爲河曲矣董祐誠曰今河水繞阿木柰瑪勒占木遜山東而西逕蒙古和碩特前頭旗土爾扈特南前旗南又西北流逕和碩特南左翼中旗南阿里克土司北又東北流逕土爾扈特南中旗東又北流逕和碩特南左翼次旗東南又東流逕和碩特南右翼末旗輝特南旗南又東流入貴德廳

界河曲之中爲和碩特前頭旗南右翼中旗南右翼中旗土爾扈特南前旗及察漢諾們罕喇嘛游牧處卽析支地也

應劭曰禹貢析支屬雍州在河關之西東去河關千餘里羌人所居謂之河曲羌也

東北歷敦煌酒泉張掖南朱趙北下有逕字趙釋曰一清案漢書地理志敦煌郡下云有蒲昌海冥安縣南籍端水出南羌中西北入其澤溉民田應劭曰冥水出北入其澤龍勒縣氐置水出南羌中東北入澤溉民田效穀縣師古曰本魚澤障也桑欽說孝武元封六年濟南崔不意爲魚澤尉教力田以勤效穀因立爲縣名淵泉縣師古曰闞駰曰地多泉水故以爲名廣至縣宜禾都尉治昆侖障酒泉郡應劭曰其水若酒故曰酒泉師古曰舊俗傳云城下有金泉泉味如酒祿福縣呼蠶水出南羌中東至會水入羌谷會水縣北部都尉治偃泉障東部都尉治東部障闞駰曰衆水所會故曰會水樂涫縣說文曰涫瀵也酒泉有樂涫又曰涾涫溢也今西河朔方言謂沸溢爲涾涫張掖郡觻得縣千金渠西至樂涫入澤中羌谷水出羌中東北至居延入海過郡二行二千一百里刪丹縣桑欽以爲導弱水自此西至酒泉合黎居延縣居延澤在東北古文以爲流沙都尉治此卽三郡之水也

應劭地理風俗記曰敦煌官本曰案下酒泉張掖皆釋其義此當有脫文漢書注引應劭曰敦大也煌盛也　趙釋曰一清案漢志敦煌郡注引應劭曰敦大也煌盛也與酒泉張掖俱是仲瑗之說則此不應獨遺之劉昭郡國志補注敦煌郡下引耆舊記曰國當乾位地列艮虛水有懸泉之神山有鳴沙之異川無蛇虺澤無兕虎華戎所交一都會也酒泉其水甘若酒味故也張掖言張國臂掖以威羌狄說文曰郡制天子地方千里分爲百縣縣有四郡故春秋傳曰上大夫縣下大夫郡至秦始置三十六郡以監縣矣從邑君聲釋名曰郡羣也人所羣聚也黃義仲十三州記曰

郡之言君也改公侯之封而言君者至尊也郡守專權君臣之禮彌崇今郡字君在其左邑在其右君爲元首邑以載民故取名于君謂之郡孫校曰郡非會意酈說失之漢官曰秦用李斯議分天下爲三十六郡凡郡或以列國陳魯齊吳是也或以舊邑長沙丹陽是也或以山陵太山山陽是也或以川原西河河東是也或以所出金城城下得金酒泉泉味如酒豫章樟樹生庭鴈門鴈之所育是也孫校曰鴈門之山出山海經則此亦以山陵名耳其說非也或以號令禹合諸侯大計東冶之山因名會稽是也官本曰案因字近刻訛作國上衍會計二字　案朱趙同趙釋曰全氏曰元文大計東冶之山因名會稽是注所引有舛譌又東冶之名更在會稽之後蓋自區治死始有之仲璦反以爲古地名亦誤也

河逕其南而纏絡遠矣董祐誠曰河自蒲昌伏流重源再發並行塞外故舉三郡以表其地敦煌郡今安西州地酒泉郡今肅州地張掖郡今甘州地經合言過郡南注言纏絡遠明河去三郡尙遠通典必求河于三郡中誤矣

河水自河曲又東逕西海郡南官本曰案此十二字原本及近刻並訛作經又訛作河水自東河曲考注義乃承上河曲之文今改正　案朱訛趙改刊誤曰十二字是注混作經自東二字胡渭校改東自董祐誠曰下注引十三州志龍夷城在臨羌新縣西三百一十里王莽西海郡治此當在今青海南漢平帝時王莽秉政欲耀威德以服遠方諷羌獻西海之

地置西海郡而築五縣焉周海亭燧相望莽篡政紛亂郡亦棄
廢趙釋曰全氏曰案五縣謂修遠監羌與武至居順礫也據莽傳居攝二年西羌怨莽奪其地攻走西海太守程永河水又東逕允
川而歷大榆小榆谷北官本曰案此十五字原本及近刻並訛作經案朱訛趙改刊誤曰十五字是注混作經董祐
誠曰通鑑注大小榆谷卽唐之九曲在積石軍西二百里宋史地理志積石軍北至西寧州八十里則榆谷當在今貴德廳西羌迷唐鍾存所居也
永元五年貫友代聶尚爲護羌校尉攻迷唐斬獲八百餘級收
其熟麥數萬斛于逢留河上築城以盛麥且作大船官本曰案且近刻訛作其案
朱訛趙改刊誤曰其全氏校改且于河峽作橋渡兵迷唐遂遠依河曲永元九年官本曰案
近刻訛作八年案朱訛趙改刊誤曰沈炳巽云本傳是九年今改正迷唐復與鍾存東寇而還十年謁者
王信耿譚西擊迷唐降之詔聽還大小榆谷迷唐官本曰案此下近刻衍種人二字
案朱趙有趙釋曰一清案此處似多種人二字後漢書西羌傳云和帝令迷唐將其種人還大小榆谷迷唐以爲漢作河橋兵來無常故地不可復居辭以飢餓不能遠出遂復背叛云云則
背叛者止迷唐耳故下有與羌爲讎種人與官兵擊之之文擊之者擊迷唐也豈有種人背叛種人復擊之之事乎其云與羌爲讎據後漢書云迷唐復還賜支河曲初累姐種附漢迷唐怨
之遂擊殺其酋豪由是與諸種爲讎酈注删落不存故難曉耳謂漢造河橋官本曰案謂近刻作以案朱趙作以兵來無時故
地不可居復叛居河曲與羌爲讎種人與官兵擊之允川去迷

唐數十里營止遣輕兵挑戰因引還迷唐追之至營因戰迷唐敗走于是西海及大小楡谷（官本曰案近刻脫谷字案朱脫趙增）無復聚落隃麋相曹鳳上言建武以來西戎數犯法常從燒當種起所以然者以其居大小楡谷土地肥美又近塞內與諸種相傍南得鍾存以廣其衆北阻大河因以爲固又有西海魚鹽之利緣山濵河以廣田畜（官本曰案河近刻作水趙改刊誤曰水黃省曾本作河案朱同）故能彊大常雄諸種今黨援沮壞（官本曰案近刻訛作壞沮改刊誤曰壞沮黃省曾本作沮壞案朱訛趙）親屬離叛其餘勝兵不過數百宜及此時建復西海郡縣規固二楡廣設屯田隔塞羌胡交關之路殖穀富邊省輸轉之役上拜鳳爲金城西部都尉遂開屯田二十七部（官本曰案近刻脫屯字案朱趙無）列屯夾河（官本曰案近刻脫列屯二字案朱脫趙增）與建威相首尾後羌反遂罷案段國沙州記吐谷渾于河上作橋謂之河厲長（朱趙有一字）百五十步兩岸纍（趙作壘）石作基陛節節相次大木從橫更鎮壓兩邊俱平（官本曰案近刻訛作來案朱作俱來趙改往來）相去三丈並大材以板橫

文之施鉤欄甚嚴飾橋在清水川東也

又東過隴西河關縣北趙釋曰全氏曰施廷樞曰水經全用後漢地名不然河關故屬金城郡也上曲陽之稱中山亦其證因河關之屬隴西而知水經爲東京之作義最精審予嘗謂山經亦成于後漢故其稱河關亦曰隴西也洮水從東南來流注之趙釋曰全氏曰道元歷敘河關一帶大河所會之水而以洮水終之舊本錯誤以注爲經于是胡渭疑洮水不應再見反改河關下之經文洮水爲澆水以避之不知河關一帶之水通名洮河非別有所謂澆水也胡氏畢生治水經乃有此繆

河水右逕沙州北官本曰案右近刻訛作又　案朱趙作又董祐誠曰晉書地理志前涼以敦煌西域郡護等三郡三營爲沙州則在今安西州界中之沙州也西秦錄乞伏熾磐以沙州刺史麴景鎮西平通鑑呼盧古等攻沙州刺史出連虔于湟河是當時西平湟河諸郡皆屬沙州卽此注所稱沙州蓋乞伏氏所移置也熾磐當宋元嘉時隋書經籍志稱宋新亭侯段國沙州記有吐谷渾河橋有嵹臺山有墊江源則今貴德循化以南諸番界直接松潘廳北境皆當時沙州地記又有臨洮城臨洮與枹罕西秦同屬隴西郡以記言之則是時北河州雖鎮枹罕而臨洮則屬沙州矣河水所逕之沙州諸地志皆不載賴存此注猶可考證其治當在今貴德廳西所治之城已不可攷詳繹注文似卽漢之河關縣也段國曰澆河朱箋曰段國沙州記云洮水與墊江水俱出嵹臺山而此注說澆水知洮字乃傳寫之誤耳西南朱趙有一字百七十里有黃沙沙南北朱趙有一字百二十里東西七十里西極大楊川官本曰案楊近刻作陽　案朱同趙改董祐誠曰澆河見下大楊川當在今貴德廳西南望黃沙猶若人委乾糒于地官本曰案乾糒近刻作干糒　案朱作干糒趙改干糒刊誤曰箋曰

御覽引段國沙州記作若人委乾糒於地案何焯云晉人帖中或以乾爲干蓋乾干古通用初月帖淡悶干嘔是也都不生草木蕩然黃沙周回數百里沙州于是取號焉地理志曰漢宣帝神爵二年置河關縣趙釋曰齊氏召南曰今本漢志是文在破羌縣下豈誤移于河關與抑俱有而一存一脫與全氏曰案道元注于破羌縣亦有此語而所引是應劭說則知此是班固河關之本注而應劭又再注之于破羌今本漢書于河關下失去元注于破羌下復脫應劭曰三字猶幸是文有可考爾董祐誠曰今本漢志無此文蓋脫簡漢志金城郡河關積石山在西南續漢書屬隴西經言隴西河關縣知作者在東京後矣縣當在今貴德廳界中蓋取河之關塞也風俗通曰百里曰同總名爲縣縣玄也首也從系倒首舉首易偏矣官本曰案此句有脫誤未詳案朱趙作與縣易偏矣言當玄靜平徭役也朱無平字箋曰御覽引作玄靜平徭役今本風俗通缺趙增平字釋名又曰縣縣也朱趙縣作縣下同朱脫縣趙增刊誤曰又曰下脫縣字縣也之縣其音爲縣與懸通用懸于郡矣黃義仲十三州記曰縣弦也弦以貞直言下體之居鄰民之位不輕其誓施繩用法不曲如弦弦聲近縣故以取名今系字在半也官本曰案此句有脫誤未詳案朱趙系作縣趙釋曰一清案此句疑有誤漢高帝六年官本曰案原本及近刻六並訛作元據漢書改正朱作漢帝元年箋曰漢書作漢高帝六年趙改正案令天下縣邑城張晏曰令各自築其城也河水又東北流入西平郡界左

合二川南流入河又東北濟川水注之官本曰案此二十七字原本及近刻並訛作經今考上文河關縣至後敘洮水皆依經爲注又平近刻訛作卑　案朱訛經平作卑箋曰謝云據後注西卑當作西平趙並改刊誤曰二十七字是注混作經董祐誠曰晉書地理志西平郡領西都臨羌長寧安夷四縣元和郡縣志後漢獻帝分金城置西平郡後魏以爲鄯善鎮蓋在河水北界今自貴德以北皆西平郡地又曰今貴德廳西北有公庫勒諸水疑卽二川也水西南出濫瀆東北流入大谷董祐誠曰谷當在今貴德廳南謂之大谷水北逕澆河城西南董祐誠曰元和郡縣志南涼禿髮烏孤以西平河南地爲澆河郡下注云有二城東北流西角倚東北去西平二百二十里太平寰宇記廓州至鄯州一百八十里達化縣西三十里澆河城在縣西一百二十里則城在今西寧縣西南近今貴德廳治注于河董祐誠曰今貴德廳東有野橋下必拉西有和卓蘭台必拉皆出廳南北流入河未審何者爲濟川水也河水又東逕澆河故城北官本曰案此十字原本及近刻並訛作經又東訛作東又　案朱訛趙改董祐誠曰卽濟川水所逕城也有二城東西角倚東北去西平二百二十里宋少帝景平中拜吐谷渾阿豺趙釋曰一清案通鑑宋紀作阿柴爲安西將軍澆河公卽此城也河水又東北逕黃川城董祐誠曰城無攷唐書地理志達化縣東有黃沙戍疑卽此當在今貴德廳東河水又東逕石城南董祐誠曰元和郡縣志廓州化城縣郭下本後魏石城縣黃河在縣南八十步卽此石城也當今西寧縣直南南臨河水魏書地形志無石城縣蓋屬鄯州今本闕也左合北谷水官本曰案此二十二字原本及近刻並訛作經　案朱訛趙改刊誤曰二十二字是注混作經董祐誠曰水當在今西寧縣南

昔段熲擊羌于石城投河墜坑而死者八百餘人卽于此也官本曰案此十字原本及近刻並訛作經案朱訛趙改刊誤曰十字是注混作經

河水又東北逕黃河城南董祐誠曰通典廓州前涼以其地爲湟河郡張猛龍頌有涼黃河太守諸書無黃河郡則黃河郡卽湟河郡也太平寰宇記引周地圖記云湟河郡後魏太平真君十六年置洮河郡屬鄯州今本地形志鄯州下郡縣俱闕此注稱黃河西北去西平二百一十七里當在今西寧縣東南巴燕戎格廳西境西北去西平二百一十七里

河水又東北逕廣違城北趙釋曰全祖望曰先司空公曰廣違卽廣威音同字異宇文蓋取此城以名縣董祐誠曰通典廓州廣威縣本後魏石城縣是廣威與石城相近唐之廣威蓋卽以此廣違得名當在今循化貴德二廳閒右合烏頭川水官本曰案此十六字原本及近刻並訛作經右訛作又案朱訛趙改刊誤曰十六字是注混作經又朱趙右作又水發遠川引納支津北逕城東而北流注于河董祐誠曰今有清水河出貴德廳南東流合南來一水北流東爲循化廳界西爲貴德廳界又北入于河疑卽爲頭川水其南來一水疑卽所謂支津也

河水又東逕邯川城南官本曰案此九字原本及近刻並訛作經案朱訛趙改刊誤曰九字是注混作經董祐誠曰後漢書馬武追擊羌到東西邯注云蓋以此水分流謂之東西邯也在今化隆縣東案化隆卽化城唐爲廓州郭下縣廓州故石城也邯川城當在今巴燕戎格廳所屬土司境元和郡縣志合川郡守捉在鄯州南百八十里邯合聲相近疑爲一地城之左

右歷谷有二水官本曰案二近刻訛作三案朱訛趙改刊誤曰全祖望云三當作二杜佑曰東西邯水各分左右是也趙釋曰一清案後漢書馬武傳章懷注曰此水分流謂之東西邯也董祐誠曰今巴燕戎格廳西境東有克欠河西有克羣河疑卽東西邯水也導自北山南逕

邪亭注于河河水又東臨津溪水注之官本曰案此十字原本及近刻並訛作經　案朱訛趙改刊誤曰十字是注混作經水自南山北逕臨津城西董祐誠曰晉書地理志永寧中張軌分西平界置晉興郡所統有臨津縣魏書地形志縣闕當在今循化廳西北土司境而北流注于河董祐誠曰水當在今循化廳西河水又東逕臨津城北白土城南官本曰案此十三字原本及近刻並訛作經　案朱訛趙改刊誤曰十三字是注混作經董祐誠曰二漢志白土皆屬上郡非此城也晉書地理志金城郡有白土三國志正始九年叛羌屯河關白土故城則漢末已有城矣魏書地形志縣闕此注引十三州志左南津西六十里有白土城當近今巴燕戎格廳治十三州志曰左南津西六十里有白土城官本曰案近刻脫有字　案朱脫趙增刊誤曰白土城上落有字孫潛校增城在大河之北而爲緣河濟渡之處官本曰案之處原本訛作之北近刻處下復衍北字　案朱衍趙刪刊誤曰黃省曾本無處字全氏曰北字是地字之誤今以通鑑注所引校正之案卽作處字義亦通北字衍文趙釋曰全氏曰案胡三省曰漢左南津之白土城晉置白土縣屬金城郡其漢上郡之白土縣乃後魏新平郡之白土縣不可溷也魏涼州刺史郭淮官本曰案淮爲雍州刺史此云涼州誤　趙釋曰何氏曰據三國志淮領雍州非涼州刺史蓋史傳之略破羌遮塞于白土卽此處矣官本曰案塞近刻訛作塞　案朱作寒箋曰魏志作塞趙改塞河水又東左會白土川水官本曰案此十字原本及近刻並訛作經　案朱訛趙改刊誤曰十字是注混作經水出白土城西北下東南流逕白土城北又東南注于河董祐誠曰水當近今巴燕戎格廳治河水

又東北會兩川右合二水官本曰案此十二字原本及近刻並訛作經　案朱訛趙改刊誤曰十二字是注混作經董祐誠曰當在今巴燕戎格廳西參差夾岸連壤朱作壤箋曰舊本作襄趙改襄負險相望河北有層山山甚靈秀山峰之上立石數百丈亭亭桀竪競勢爭高遠望嵾嵾若攢圖之託霄上其下層巖峭舉壁岸無階懸巖之中多石室焉室中若有積卷矣而世士罕有津達者官本曰案達近刻作逮　案朱趙作逮趙釋曰何氏曰歸太僕家鈔本作津造因謂之積書巖巖堂之內每時見神人往還矣蓋鴻衣羽裳之士練精餌食之夫耳俗人不悟其仙者乃謂之神鬼彼羌目鬼曰唐述復因名之爲唐述山官本曰案之爲近刻訛作爲之　案朱訛趙改刊誤曰爲之二字當互易董祐誠曰元和郡縣志枹罕縣積石山一名唐述山今名小積石山在縣西北七十里又龍支縣積石山在縣西九十八里南與河州枹罕縣分界今爲河州西北黃河之北巴燕戎格廳之西指其堂密之居謂之唐述窟其懷道宗玄之士皮冠淨髮之徒亦往棲託焉故秦川趙改州刊誤曰秦川黃省曾本作秦州秦州記郭仲產撰劉昭續志補注引之記曰河峽崖傍有二窟一窟一曰唐述窟高四十丈西二里有時亮窟高百丈廣二十丈深三十丈藏古書五笥官本曰案近刻訛作字　案朱作字箋曰當作笥趙

改管亮南安人也趙釋曰地理今釋積石山在今河州北一百二十里水經注謂之唐述山其西五十里有積石關唐置積石軍于此山海經云積石山在金城河關縣西南境中杜佑通典云禹施功自積石而東今西平郡龍支縣界山是也案諸家言積石者多以此為小積石別有大積石去此尚千餘里其說蓋本于漢書西域傳謂河源出于闐北流與蔥嶺河合東注蒲昌海潛行地下南出于積石為中國河之文其實禹施功之始即此積石更無所謂大積石也歐陽忞輿地廣記云班固所載張騫窮河源事乃意度之非實見蒲昌海與積石通流其言甚正蓋河源在吐蕃境漢時吐蕃未通中國武帝以于闐山出玉案古圖書乃名河所出為崑崙後人遂並積石亦失其實耳至水經並云積石在蔥嶺之北則又失之遠矣或譏杜佑主龍支之積石謂因唐置積石軍于澆河故城而誤考後漢書郡國志隴西郡河關縣積石山在西南又桓帝紀燒當羌叛段熲追擊于積石注即禹貢導河積石在鄯州龍支縣南是河州積石之名非始于唐矣一清案此言積石主通典與禹貢錐指異錐指主水經注不以杜佑之言為然下封有水官本曰案下封未詳疑是地名趙刊誤曰箋曰下封當作崖下全祖望云非也下封即下邽也字不誤案元和郡縣志云後魏避道武諱改為夏封而魏收地形志不載此縣惟馮翊蓮勺縣下云有下邽城則其後廢省矣然秦州天水郡之上封云避道武諱改則夏封易名李宏憲不為無據也董祐誠曰戴氏曰下封未詳疑是地名趙氏引全氏說謂下封即下邽避道武帝諱然下邽與此相距絕遠當從戴氏闕疑為正導自是山溪水南注河謂之唐述水董祐誠曰水當在巴燕戎格廳西河水又東得野亭南官本曰案此八字原本及近刻並訛作經今考南字即屬訛舛此下敘野亭水所出之文亦脫案朱訛趙改又改得為逕刊誤曰八字是注混作經全氏曰先贈公云得當作逕野亭是地名於例不得曰得董祐誠曰戴氏曰南字有訛舛此下敘野亭水所出之文亦脫

又東北流歷研川謂之研川水又東北注于河

董祐誠曰水當在今河州西謂之野亭口官本曰案亭近刻訛作城案朱趙作城河水又東歷鳳

林北官本曰案此八字原本及近刻並訛作經案朱訛趙改刊誤曰八字是注混作經董祐誠曰元和郡縣志枹罕縣鳳林山在北三十五里今爲河州之北鳳林山名也五巒俱峙耆彥云官本曰案彥近刻訛作諺案朱訛趙改刊誤曰諺當作彥耆彥猶云耆舊耳昔有鳳鳥飛遊五峯故山有斯目矣秦州記曰枹罕原北名鳳林川川中則黃河東流也河水又東與灕水合

官本曰案此八字原本及近刻並訛作經案朱訛趙改刊誤曰八字是注混作經孫校曰灕漢志作離水導源塞外羌中董祐誠曰水今曰大夏河源出循化廳西南邊外山曰答蘇爾海阿林水曰和爾藏必拉故地理志曰其水出西塞外東北流歷野虜中逕消銅城西董祐誠曰城當在今循化廳南又東北逕列城東官本曰案近刻脫北字逕下又衍河字案朱趙同董祐誠曰城當在今循化廳南通鑑秦王熾磐築列渾城于汁羅方輿紀要列渾城在河州西南百八十里疑即列城也考地說無目甚出自戎方矣左合列水官本曰案合近刻訛作右案朱訛趙改水出西北溪東北流逕列城北右入灕水官本曰案右近刻訛作又案朱趙同趙下增東字刊誤曰又下落東字董祐誠曰今循化廳西南山曰達那阿林南有水東流合和爾藏必拉疑即列水也城居二水之會也灕水又北逕可石孤城西董祐誠曰城當在今河州西南西戎之名也又東北右合黑城溪水官本曰案右近刻訛作石案朱作石箋曰疑作右趙改右董祐誠曰右當作

左水出西北山下（官本曰案山近刻訛作溪　案朱趙作谿）東南流逕黑城南（董祐誠曰城當在今循化廳南）又東南枝水左出焉又東南入灕水（董祐誠曰水當在今循化廳南）灕水又東北逕榆城東（董祐誠曰城當在今循化廳東南）榆城溪水注之水出素和細越西北山下東南流逕細越川（官本曰案逕下近刻有于字　案朱趙有）夷俗鄉名也又東南出狄周峽（董祐誠曰當並在今循化廳西南）東南右合黑城溪之枝津津水上承溪水東北逕黑城東東北注之榆溪（董祐誠曰水當在今循化廳南）又東南逕榆城南東北注灕水灕水又東北逕石門口山高險峻絕（官本曰案近刻脫峻字　案朱趙無險作險全書同）對岸若門故峽得厥名矣疑卽皋蘭山門也（董祐誠曰元和郡縣志石門山在鳳林縣東北二十八里卽皋蘭山門也鳳林縣元和志謂東南至河州八十里太平寰宇記謂在州西南八十里寰宇記爲是山在今河州西南）漢武帝元狩二年驃騎霍去病出隴西至皋蘭謂是山之關塞也（官本曰案謂字上近刻衍應字　案朱衍趙刪）應劭漢書音義曰（官本曰案近刻脫應劭二字　案朱脫趙增）皋蘭在隴西白石縣塞外（官本曰案在字上近刻衍應字　案朱衍趙刪）

河名也孟康曰山闕名也今是山去河不遠故論者疑目河山

之闕矣 趙刊誤曰兩皋蘭應之應字俱衍文漢書音義上脫應劭二字隋書經籍志應劭漢書集解音義二十四卷孟康漢書音義九卷今注引二家之言各加姓名以別之後來傳寫脫誤行閒散佚隋筆補綴今漢書武帝紀注文具在可考而知也謂是山之闕塞也一語是道元自己解說如此蓋皋蘭本山名而應劭以爲河名孟康以爲山闕名故又以論者疑目河山之闕釋之

灘水又東北皋蘭山水自山左右翼注

灘水 董祐誠曰當在今河州西南 灘水又東白石川水注之水出縣

西北山下 官本曰案近刻脫山字 案朱脫趙增刊誤曰西北下落山字卽白石山也董祐誠曰縣卽白石縣也 東南流枝

津東注焉白石川水又南逕白石城西 董祐誠曰卽下所云白石故城 而注

也漢志白石縣屬金城郡續志屬隴西郡晉廢故下云故城元和郡縣志言鳳林縣本漢白石縣地下注引闞駰謂在狄道西北二百八十五里則當在今河州西南

灘水 董祐誠曰水當在今河州西南 灘水又東逕白石縣故城南 朱脫灘字趙增刊誤曰水上落灘字 王莽更曰順礫闞駰曰白石縣在狄道西北二

百八十五里灘水逕其北今灘水逕其南 官本曰案近刻其字訛作東 案朱作逕東南注之趙刪逕字刊誤曰逕字衍文 而不出其北也灘水又東逕白

石山北 董祐誠曰山當在今河州西南 應劭曰白石山在東羅溪水注之 官本曰案

近刻脫水字 案朱脫趙增刊誤曰羅谿下落水字 水出西南山下東入灕水 董祐誠曰今牛脊河出河州西南牛脊山東北入大夏水疑卽羅谿水也 灕水又東左合罕幵南溪水 朱無灕字趙增刊誤曰水上落灕字 水出罕幵西 官本曰案近刻脫一水字 案朱趙無 東南流逕罕幵南 董祐誠曰蓋罕幵羌所居當在今河州西 注之 官本曰案此二字近刻訛在前灕水逕東南下 案朱趙同董祐誠曰水當在今河州西 十三州志曰廣大阪在枹罕西北罕幵在焉 趙釋曰一清案此句有脫字顧氏祖禹方輿紀要云罕幵谷在河州西水經注白石縣東有罕幵渡又東則枹罕故城也蓋誤以溪爲渡 昔慕容吐谷渾自燕歷陰山西馳而創居于此灕水又東逕枹罕縣故城南 董祐誠曰漢志縣屬金城郡續漢志屬隴西郡魏書地形志河州治枹罕而無枹罕縣元和郡縣志魏置枹罕鎮太和十六年改爲河州此注云枹罕故城下又別出枹罕城則後魏之枹罕非二漢故城矣諸家地志皆以漢魏迄唐之枹罕皆卽今河州治此注引十三州志灕水在城南門前東過今大夏河北至州城尙四五里而洪水河經州南門外東入大夏河似與白石枝津相合疑今河州城爲北魏以後之枹罕而二漢故城尙在今州治之南濱于灕水也 應劭曰故枹罕侯邑也 官本曰案枹罕近刻作罕羌 案朱同趙改枹罕羌刊誤曰故罕當作枹罕今本漢志注亦誤顧景范校正案太平寰宇記河州枹罕縣下引周地圖云枹罕卽故枹罕侯邑也疑故下脫枹字 十三州志曰枹罕縣在郡西二百一十里 趙釋曰一清案漢志枹罕縣屬金城郡續志屬隴西郡 灕水在城南門前東過也灕水又東北故城川水注之水有二源南源出

西南山下東北流逕金紐大嶺北官本曰案紐大二字近刻訛作細北 案朱作細北趙改紐北刊誤曰全氏云隋五代史志云枹罕郡大夏縣有金紐山細字誤也案太平寰宇記金紐山在大夏縣西二十里亦有金紐城一號金柳城即前涼曾爲金紐縣於其中又東北逕一故城南又東北與北水會北源自西南逕故城北右入南水亂流東北注灕水董祐誠曰今河州東南有廣通河有二源當和政驛東西北流合爲一入大夏河疑即故城川水而方位稍異灕水又東北左合白石川之枝津水上承白石川東逕白石城北董祐誠曰當即前白石故城又東絕罕幵溪又東逕枹罕城南董祐誠曰此後魏之枹罕城也疑即今河州州治又東入灕水董祐誠曰今河州西南洪水河源出大溝河流逕州治南門外又東入大夏河疑即白石枝津灕水又東北出峽董祐誠曰峽在今河州東北北流注于河董祐誠曰今灕水發源循化廳西南邊地東流逕廳南又東北流逕河州南折北流逕州東及東北入河在漢爲逕白石枹罕二縣境故漢書地理志曰白石縣灕水出西塞外東至枹罕入河地理志曰灕水出白石縣西塞外東至枹罕入河河水又逕左南城南官本曰案此八字原本及近刻並訛作經 案朱訛趙改刊誤曰八字是注混作經董祐誠曰晉書地理志永寧中張軌置左南縣屬晉興郡魏書地形志闕此注引十三州志石城西一百四十里有左南城當在今巴燕戎格廳之東大夏河口之北十三州志曰石城西一百

四十里有左南城者也津亦取名焉董祐誠曰晉書載記張琚從左南渡河襲麻秋軍後蓋其地爲河水津渡

大河又東逕赤岸北官本曰案此八字原本及近刻並訛作經案朱訛趙改刊誤曰八字是注混作經卽河

夾岸也董祐誠曰晉書載記張琚屯于河夾岸麻秋襲敗之當在今河州東北大夏洮河二口之閒秦州記曰枹罕有河

夾岸岸廣四十丈義熙中乞佛于此河上作飛橋橋高五十丈

三年乃就河水又東洮水注之官本曰案此八字原本及近刻並訛作經朱謀㙔箋於前經文欲改洮水爲濟水由不察此屬注文耳案朱訛趙改刊誤曰八字是注混作經地理志曰水出塞外羌中趙釋曰一淸案漢志隴西郡臨洮縣洮水出西羌中沙州記曰洮水與墊江水俱出嵹臺

山孫校曰初學記引此正作強臺山南卽墊江源山東則洮水源山海

經曰白水出蜀郭景純注云從臨洮之西傾山

東南流入漢而至墊江故段國以爲墊江水也

洮水同出一山故知嵹臺西傾之異名也孫校曰元和郡縣志洮州臨潭縣洮水出縣南三百里嵹臺山卽禹貢西傾山也太平寰宇記西傾山在金城西南大河所經其下一名西強山一名嵹臺山在積石山東董祐誠曰西傾山在今洮州廳西南接靑海所屬蒙古境當和碩特前頭旗之東山脊南北橫亙洮水出其東曰巴爾巴必拉東南流折而東流爲洮河其西卽黃河當積石東東流折而北流又折而西北流之處迤南山脊東出

有水出其陽爲祥楚必拉卽塾江水源下會西漢水入江山爲江河之大戒故禹貢導山以西傾爲次陰列之首 洮水東北流逕吐谷渾中官本曰案近刻脫逕字　案朱脫趙增刊誤曰東北流下落逕字董祐誠曰今洮州廳西南皆吐谷渾故地 吐谷渾者始是趙作自東燕慕容之枝庶因氏其字以爲首類之種號也故謂之野虜自洮𧉧南北三百里中地草偏是龍鬚而無樵柴 洮水又東北流逕洮陽曾城北官本曰案近刻脫洮字　案朱脫趙增刊誤曰逕下落洮字董祐誠曰晉書地理志洮陽屬狄道郡惠帝立後廢元和郡縣志後周置洮州唐爲洮州治臨潭縣其城東西北三面並枕洮水𧉧臺山在縣西南三百里與此注所引沙州記𧉧城東北三百里有曾城正合今洮州廳西南七十里故城卽洮陽城也 沙州記曰𧉧城東北三百里有曾城城臨洮水者也建初二年羌攻南部都尉于臨洮上遣行車騎將軍馬防與長水校尉耿恭救之諸羌退聚洮陽卽此城也 洮水又東逕洪和山南官本曰案洪近刻訛作共　案朱趙作共 城在四山中董祐誠曰魏書地形志洪和郡屬河州元和郡縣志貞觀四年洮州自洮陽城移治故洪和城八年復舊美相縣西至州七十五里貞觀移州縣亦隨徙是洪和在洮陽東七十餘里也今爲洮州廳治方輿紀要魏鄧艾敗姜維于侯和涼張駿置侯和屯護軍苻秦王猛討叛羌使别將守侯和後魏太和十五年吐谷渾脩泥和城置戍魏攻拔之侯和洪和泥和迷和卽一城也音轉耳案下注言又東逕迷和城北則迷和在洮水南與洪和之在水北者不同洪侯音相轉侯和當卽洪和泥迷音相近泥和當卽迷和也 洮水又東逕迷和城北

董祐誠曰城當在今岷州西羌名也趙釋曰一清案魏志鄧艾傳景元三年破姜維于侯和通鑑齊武帝紀魏主召吐谷渾王伏連籌入朝伏連籌辭疾不至輒修臨洮泥和二城置戍兵守焉胡三省曰泥和卽水經注所謂迷和城洮水逕其南又逕洮陽城東宋白曰洮州臨洮郡城本名泥陽在洮水之北乃吐谷渾所築南臨洮水極險峻今謂之洪和城共和卽洪和也侯和卽泥和亦卽迷和耳又東逕甘枳亭歷望曲孫校曰望曲在今岷州西南董祐誠曰注言在臨洮西南是洮水逕其北也通鑑後漢建初二年馬防擊解臨洮圍布橋等屯望曲谷不下注引此注爲證當在今岷州西南在臨洮西南官本曰案近刻脫臨洮二字　案朱脫趙增刊誤曰箋曰在疑作右案非也後漢書馬防傳章懷注引酈道元水經注云望曲在臨洮西南去龍桑城二百里今補正望曲谷名也去龍桑城二百里官本曰案近刻脫城字　案朱脫趙增洮水又東逕臨洮縣故城北董祐誠曰二漢志縣並屬隴西郡晉志屬狄道郡魏書地形志有臨洮郡無臨洮縣蓋郡治在龍城故此言故城也元和郡縣志岷州城卽秦臨洮城案唐州治卽今州治禹治洪水西至洮水之上見長人受黑玉書于斯水上孫校曰尚書禹錫玄圭是也洮水又東北流屈而逕索西城西建初二年馬防耿恭從五溪祥榼趙釋曰朱氏謀㙔箋曰一作榏榼公谷出索西與羌戰破之築索西城徙隴西南部都尉居之俗名赤水城官本曰案近刻脫俗名二字　案朱脫趙增亦曰二字刊誤曰赤水城上全氏校增亦曰二字孫校曰臨洮城亦名赤水城則洮水卽赤水出昆侖者也亦曰臨洮東城也董祐誠曰魏書地形志赤水縣屬河州臨洮郡在今岷州東北沙州記曰從東洮至西洮朱趙有一字百二十里者也洮水又

屈而北逕龍桑城西而西北流馬防以建初二年從安故五溪出龍桑開通舊路者也俗名龍城趙釋曰一清案龍桑城六朝史亦作桑城通鑑因之蓋省文也不然酈以爲俗名龍城豈又有桑城一名乎董祐誠曰魏書地形志臨洮郡龍城縣太和十年置城當在今岷州東北麻竜里諸土司境洮水又西北逕步和亭東董祐誠曰亭當在今洮州廳東北步和川水注之孫校曰步和水在岷州北水出西山下東北流出山逕步和亭北東北注洮水董祐誠曰水當在今洮州廳北土司境洮水又北出門峽董祐誠曰峽當在今狄道州南界歷求厥川趙改歷東歷川刊誤曰箋曰求一作東案厥當作歷卽下歷水也蕈川水注之趙川上增壋字下同刊誤曰蕈下落壋字下文注可證後並同孫校曰蕈川水在狄道州南水出桑嵐西溪東流歷桑嵐川又東逕蕈川北東入洮水董祐誠曰魏書地形志河州洪和郡蕈川縣延興四年置卽此注所稱蕈川也隋書地理志水池縣後魏曰蕈川水池故城在今洮州廳東北一百六十里蕈川水當在其北洮水又北歷峽董祐誠曰今狄道州南六十里有鎖林峽洮水所經兩崖縣絕疑卽此峽也逕偏橋出夷始梁右合蕈壋川水孫校曰蕈壋川水疑卽抹邦河董祐誠曰今狄道州南有南川水源出州東南渭源縣界露骨山西北流逕抹邦山曰抹邦河至州南六十里入洮疑卽蕈壋川水水東南出石底橫下朱趙無水字出字趙刊誤曰箋曰宋本作右底橫下案全氏云石字不誤北歷蕈壋川西

北注洮水洮水又東北逕桑城東趙桑上有龍字董祐誠曰晉書載記劉曜陷安定南陽王保遷于桑城通鑑注保欲自桑城奔河西也城當在今狄道州西南土司境又北會藍川水孫校曰藍川水在狄道州南水源出求厥川西北溪官本曰案近刻作出來歷川西北溪南流歷川案求厥朱作來歷趙改東歷並有南流歷川四字趙刊誤曰來當作東趙釋曰一清案此處有脫字東北流逕藍川歷桑城北官本曰案近刻訛作歷水城城北案朱趙桑作水朱重城趙刪刊誤曰城字重文宜衍趙釋曰一清案魏書地形志洪和郡藍川縣眞君八年置董祐誠曰魏書地形志河州洪和郡藍川縣眞君八年置郡後改卽此注所稱藍川也當在今狄道州西南土司境東入洮水洮水又北逕外羌城西董祐誠曰城當在今狄道州南又北逕和博城東董祐誠曰城當在今狄道州西南土司境城在山內左合和博川水官本曰案水字近刻亦作川案朱趙同孫校曰和博川水在狄道州南今名邦金川董祐誠曰水當在今狄道州西南土司境州西南有水出番界山曰札噶爾阿林東北流逕八角城北入于洮水未知其爲藍川與和博川也水出城西南山下東北逕和博城南東北注于洮水洮水北逕安故縣故城西董祐誠曰二漢志縣並屬隴西郡晉省十六國春秋前涼復置兼置郡西秦亦曰安固郡魏書地形志無之是縣廢也注引十三州志縣在郡南四十七里郡謂隴西郡二漢並治狄道也故城當在今狄道州南地理志官本曰案志下近刻衍曰字案朱趙有隴西之屬縣也十三州志曰縣在郡南四十七里蓋延轉擊狄道安故五溪反羌官本曰案反近刻訛

作及　案朱訛趙改刊誤曰及當作反 大破之即此也洮水又北逕狄道故城

西 官本曰案狄道原本並作降狄道據漢書刪下同　案朱趙有降字下同董祐誠曰二漢志狄道並屬隴西郡晉書地理志惠帝置狄道郡前涼置武始郡太平寰宇記晉惠帝時以狄道爲降狄道十三州志云降狄道今曰武始魏書地形志河州武始郡領狄道縣此云故城疑有改治戴氏據漢書刪去降字今案寰宇記所引十三州志即此注所稱闞駰說是原本作降惟下引漢書則本無降字後人因前後文而誤增耳今狄道州南里許有舊土城俗名番城當即狄道故城其城北之武始故城則後魏之武始郡治勇田者也 闞駰

曰今曰武始也洮水在城西北流 官本曰案北流近刻訛作東北下　案朱同趙刪東字刊誤曰東字衍文 又

北隴水注之 官本曰案隴近刻訛作壠　案朱訛趙改 即山海經所謂濫水也

孫校曰隴水原出渭源縣界西北流逕狄道州東入洮山海經濫水入漢此誤引也董祐誠曰今本山海經稱濫水西流注于漢水漢字當誤 水出鳥鼠

山西北高城嶺 董祐誠曰今渭源縣北分水嶺即鳥鼠山之幹東則渭水源西則濫水源也俗曰東峪河 西逕隴

坻 官本曰案近刻脫隴字坻訛作底　案朱作西逕底箋曰宋本作西逕隴坻趙改西逕隴底董祐誠曰當在今狄道州東此與天水之隴坻地異而字亦異注引揚雄解嘲響若坻頹文選注引應劭曰天水有大阪名曰隴坻坻丁禮切韋昭曰坻音若是理之是字書曰巴蜀名山堆落曰坻依應說則當作坻依韋說則當作坻顏師古注從韋說是也若西京賦右有隴坻之隘則當作坻字耳 其山岸 趙作崖 崩落者聲聞數百里故揚雄稱響若坻頹

是也又西北歷白石山下 董祐誠曰當在今狄道州東 地理志曰狄道東

有白石山 趙釋曰一清案狄道稱降渭水篇隴縣亦稱降樂史太平寰宇記云蘭州狄道縣漢書地理志屬隴西郡惠帝時改爲武始郡以狄道爲降狄道則是晉時改

稱道元引班志稱降斯其謬耳濫水又西北逕武街城南官本曰案街近刻訛作階案朱趙同董祐誠曰晉書惠帝分狄道置武街縣又云咸和五年張駿置武街護軍當在今狄道州東又西北逕狄道故城東百官表曰縣有蠻夷謂之道公主所食曰邑官本曰案近刻訛作有公主曰邑案朱趙作有公主謂之邑趙釋曰全氏曰案本表曰列侯所食縣曰國皇太后皇后公主所食曰邑有蠻夷曰道今鈔變割截不可曉應劭曰反舌左衽不與華同須有譯言乃通也漢隴西郡治秦昭王二十八年置應劭曰有隴坻在其東故曰隴西也神仙傳曰封君達隴西人服鍊水銀年百歲視之如年三十許騎青牛故號青牛道士王莽更郡縣之名郡曰厭戎縣曰操虜也昔馬援爲隴西太守六年爲狄道開渠引水種秔稻而郡中樂業即此水也濫水又西北流注于洮水官本曰案流下近刻衍逕字案朱衍趙刪刊誤曰逕字衍文董祐誠曰今東峪河自渭源縣北西北流入狄道州境逕州城東又逕城北入洮水洮水右合二水董祐誠曰今洮水自會東峪河後右合之水有打壁水又北有好水又北有東結河又北有沙泥河又北有石井泉皆在狄道州迤北境未知二水何指也左會大夏川水官本曰案左近刻訛作右案朱訛趙改刊誤曰右會黃省曾本作左會水出西山二源合舍而亂流逕

金紐城南官本曰案紐近刻訛作柳下同 案朱趙作柳下同趙釋曰全氏曰金柳亦金紐之轉音魏書地形志大夏縣有金柳城董祐誠曰魏書地形志大夏有金柳城隋書地理志大夏有金紐山太平寰宇記大夏縣西二十里金劍山亦有金劍故城一號金柳城今案金紐金柳金劍皆一也當在今河州東南十三州志曰大夏縣西有故金紐城去縣四十里本都尉治又東北逕大夏縣故城南董祐誠曰二漢志縣並屬隴西魏書地形志金城郡領大夏此曰故城則縣當徙治元和郡縣志太平寰宇記並云大夏縣西北至河州七十里金劍山在縣西二十里而此注引十三州志縣西金紐城去縣四十里本都尉治是唐宋之大夏卽元魏大夏城而二漢故城尙在其東二十里也城當在今河州東南境接狄道州界地理志官本曰案志下近刻衍曰字 案朱趙有王莽之順夏晉書地道記曰縣有禹廟禹所出也又東北出山注于洮水董祐誠曰今三岔河自河州東南合麻山關大馬家灘火石界內三派合東北流逕狄道州西北又東北入洮水當卽大夏川水也洮水又北翼帶二水亂流北入河董祐誠曰洮水今自鞏昌府洮州廳西東南流折東北流逕廳南又逕岷州北折北流又西北流逕洮州廳東又北流逕蘭州府狄道州西又北逕皋蘭縣西河州東入于河在漢則逕隴西郡之臨洮安故狄道至金城郡之枹罕東境故漢志云臨洮洮水出西羌中北至枹罕東入河地理志曰洮水北至枹罕東入河是也

又東過金城允吾縣北

金城郡治也漢昭帝始元六年置王莽之西海也莽又更允吾

爲修遠縣河水逕其南不在其北董祐誠曰二漢志允吾皆金城郡治晉廢元和郡縣志廣武縣前涼置廣武郡開皇罷郡置縣允吾故城在縣西南一百六十里又龍支縣本漢允吾縣後魏于此置金城縣是允吾在後魏爲廣武金城而地形志並闕疑皆屬鄯州也唐廣武縣卽今莊浪廳治允吾故城當在廳西南河水之北西接巴燕戎格廳界南接臯蘭縣界南西趙作有湟水董祐誠曰湟水下云逕允吾縣北與此不合元和郡縣志鄯州湟水縣郭下本漢破羌縣地龍支縣本漢允吾縣北至州一百二十五里是允吾在破羌南以下文湟水逕破羌城南及澗水不言逕允吾縣推之此南字當作北出塞外東逕西王母石室石釜西海鹽池北孫校曰西海卽青海亦曰仙海西仙青音相近董祐誠曰漢書地理志臨羌西北至塞外有西王母石室僊海鹽池北則湟水所出卽此注所本僊海卽西海今曰青海蒙古曰庫克諾爾鹽池在其西南蒙古曰達布遜諾爾庫克謂青達布遜謂鹽諾爾則積水之名也今湟水出青海東北實不逕青海鹽池之北漢志北則湟水所出蓋指縣北言之與上西北一例非蒙上僊海鹽池也酈氏偶失檢耳故闞駰曰其西卽湟水之源也地理志曰湟水所出官本曰案出下近刻有也字　案朱趙有趙釋曰一清案漢志金城郡臨羌縣西北至塞外有西王母石室僊海鹽池北則湟水所出東至允吾入河西有須抵池善長所引似有割截之誤且先引注文而後言臨羌亦未合又僊海疑當作僊海僊字形相近致訛孫校曰太平寰宇記湟水縣四望山有水出其陽一名湟河亦謂樂都水西自吐谷渾界入湟水又東南流逕龍夷城董祐誠曰卽河水所逕之西海郡也後漢書永元中曹鳳請收復西海郡將徙士屯龍耆耆夷蓋聲之轉湟水雖不逕城北然以上鹽池下卑禾羌海及河水自河曲東流逕郡南推之城當在今青海南河水北折轉東蒙古游牧之地故西零之地也十三州志曰城在臨羌新縣西三百一十里孫校曰湟水自塞外來經碾伯縣南

門外王莽納西零之獻以爲西海郡治此城湟水又東南逕

卑禾羌海北董祐誠曰卑禾羌海卽西海也今湟水出青海東北有二源當和碩東上旗之南南右翼後旗南左翼末旗之閒西曰博羅沖克克必拉西曰昆都侖必拉合而東南流下流曰西川河皆青海東境也有鹽池闞駰曰縣西有卑禾羌海者也趙釋曰一清案漢志臨羌縣下注引闞駰曰西有卑和羌卽獻王莽地爲西海郡者也孫校曰此鹽池及卑禾羌海地志所謂僊海鹽池矣世謂之青海東

去西平二百五十里趙釋曰一清案太平寰宇記甘州張掖縣下云甘峻山一名紺峻山水經注云張水歷紺峻山南與張掖河合卽鮮水也今本無之方輿紀要云西海亦曰僊海酈道元曰古西僊之地也亦曰青海亦曰卑禾羌海亦曰鮮水海亦曰允吾谷鹽池西海則其總名也有張掖境謂之張掖水湟水

東流逕湟中城北董祐誠曰亦曰小湟中通鑑注湟水兩岸之地通謂之湟中城本小月支之地因謂之小湟中後漢建安十九年夏侯淵遣別將張郃渡河入小湟中是也城當在今青海東湟水南故小月氏之地也十三州志曰西平張掖之閒大月氏之別小月氏之國范曄後漢書曰湟中月氏胡者其王爲匈奴所殺餘種分散西踰葱嶺其弱者南入山從羌居止故受小月氏之名也後漢西羌傳曰羌無弋爰劍者秦厲公時以奴隸亡入三河羌怪爲神官本曰案近刻脫怪字案朱脫趙增推以爲豪河湟之閒多禽獸以射獵爲事遂見敬信依者甚衆趙釋曰沈氏炳巽曰道元引此文不

甚了然爰劒以被焚不死故羌神之又以教民田畜故羌敬信之不應節去其曾孫忍因留湟中爲湟中羌也

湟水又東右控四水導源四溪東北流注于湟

董祐誠曰四水當在今青海東南綽羅斯南右翼頭旗之東 湟水又東逕赤城北 董祐誠曰隋書大業中宇文述出西平至臨羌城進拔吐谷渾曼頭赤水二城疑赤水城卽赤城正當臨羌之西也城當在今綽羅斯南右翼頭旗東 而東入經 朱同趙作逕 戎峽口右合羌水水出西南山下 官本曰案近刻脫一水字 案逕朱脫趙增刊誤曰出上落水字

護羌城東 董祐誠曰通鑑注漢宣帝置護羌校尉治金城令居東漢初治安夷建初二年徙治臨羌當卽此城也城當在今綽羅斯南右翼頭旗東輝特南旗北 故護羌校尉治 又東北逕臨羌城西 董祐誠曰此卽下臨羌縣故城也二漢志縣屬金城郡晉志屬西平郡後魏廢注別見臨羌新縣故城則此爲二漢故縣矣注引十三州志臨羌新縣在郡西百八十里龍夷城在臨羌新縣西三百一十里故縣新縣中隔湟水相去不遠西平郡卽今西寧府城以道里約之臨羌城東至今西寧縣幾二百里出邊外百里西去西海郡幾三百里也當在西寧縣西鎭海堡邊外輝特南旗之東北圖爾根察罕必拉入湟水處

東北流注于湟 官本曰案近刻脫注字 案朱脫趙增刊誤曰東北流下孫潛校增注字董祐誠曰今邊外有水曰圖爾根察罕必拉出西南山東北流入博羅冲克克河當卽羌水也 湟水又東逕臨羌縣故城北 孫校曰臨羌故城在青海之東

漢武帝元封元年 官本曰案元封近刻訛作元狩 案朱訛趙改釋曰沈氏曰據史漢表乃封臨蔡非臨羌是元封非元狩全氏曰臨蔡漢表云屬河內當是鄉亭之名也 以封孫都爲侯國王莽之監羌也謂之綏戎城非也湟

水又東盧溪水注之水出西南盧川東北流注于湟水董祐誠曰水當在今西寧縣西邊外接青海境湟水又東逕臨羌新縣故城南董祐誠曰臨羌徙治年代無攷注言故城當魏晉閒所徙也注引十三州志在郡西百八十里郡即西平郡城當在今西寧縣西邊外接青海境闞駰曰臨羌新縣在郡西百八十里湟水逕城南北城有東西門西北隅有子城湟水又東右合溜溪伏溜石杜蠡四川東北流注之董祐誠曰四川當在今西寧縣西左會臨羌溪水水發新縣西北東南流歷縣北東南入湟水董祐誠曰今和碩特南左翼末旗東南有水合四水東南流至西寧縣西鎮海堡入湟水疑即臨羌谿水也湟水又東龍駒川水注之水右出西南山下官本曰案右近刻訛作又案朱訛趙改刊誤曰又當作右東北流逕龍駒城董祐誠曰城當在今西寧縣西注不言逕城之東西明西寧衛志謂城在鎮海堡東則水當逕其東也北流注于湟水董祐誠曰水當在今西寧縣西湟水又東長寧川水注之水出松山董祐誠曰長寧水今曰北川河有二源東源即此水西源則養女川水也東源有二水其西一水東南流當即長寧水北山曰阿爾坦阿林當大通縣南土司境即松山也東南流逕晉昌城官本曰案近刻訛作川案朱訛趙改刊誤曰川當作城董祐誠曰城當在今西寧縣北土司境注不言逕城之東西以東南流合晉昌

川推之則逕城之西矣晉昌川水注之董祐誠曰此東源二水之東一水也西南流與西一水相合長寧水

又東南養女川水注之水發養女北山有二源

皆長湍遠發南總一川逕養女山謂之養女川

趙釋曰一清案太平御覽云彼羌多禱而祈女董祐誠曰今青海和碩特東上旗東北有水曰布庫克必拉出北山曰沙拉克圖阿林其水東南流右合一水曰沙庫克必拉出和碩特南左翼末旗東北山曰察罕鄂博圖阿林所謂水有二源皆長湍遠發也自沙拉克圖阿林至阿爾坦阿林皆重山縣亙當大通縣西南諸土司境北至大通河南抵西寧縣北注引闞駰所謂浩亹山即西平北山也

闞駰曰長甯亭北有養女嶺即浩亹山西平之北山也

朱趙山作之趙增一西字刊誤曰於文當重一西字孫潛校增亂流出峽董祐誠曰今北川河東西二水至西寧縣西北相合南逕長

寧亭東城有東西門東北隅有金城董祐誠曰晉書地理志長寧屬西平郡後魏廢或屬鄯州今本地形志闕也注言在西平西北四十里當在今西寧縣西北北川土司境在西平西北四十里朱無在字趙增去字刊誤曰西平上落去字十

三州志曰六十里遠矣長寧水又東南與一水合水

出西山東南流水南山上官本曰案南上近刻衍出字案朱衍趙刪刊誤曰出字衍文有風伯祠

春秋祭之其水東南逕長寧亭南東入長寧水董祐誠曰

水當在今西寧縣西北長寧水又東南流注于湟水董祐誠曰今北川河至西寧縣西北入湟水

湟水又東牛心川水注之水出西南遠山官本曰案西近刻訛作其　案朱訛趙改刊誤曰其孫潛校改西董祐誠曰牛心川水今曰南川河出西寧縣西南土司境東北流逕牛心堆東朱箋曰古本作牛心堆御覽引湟水注云牛心堆乃湟水源山名也吳本改作牛心川非矣董祐誠曰亦曰牛心山通鑑貞觀九年敗吐谷渾于曼頭山進敗之于牛心山當在今西寧縣西南又北逕西平亭西董祐誠曰西平郡之亭也東北入湟水董祐誠曰今南川水東北逕西寧縣西又北入湟水湟水又東逕西平城北朱趙無東字董祐誠曰元和郡縣志後漢獻帝立西平郡與注言魏黃初中立者小異後魏于此置鄯州郡當爲州屬今本地形志鄯州下闕隋唐鄯州治湟水縣在西平故郡東唐儀鳳中分湟水置鄯城則與故郡相接元和郡縣志湟水縣本破羌縣地土樓山在縣西百三十里鄯城縣東至州一百二十里北枕湟水西即土樓山以此注土樓在西平亭東北五里推之則土樓正當故郡之北鄯城在東其地相接太平寰宇記鄯城縣下西平故城在今縣西一百三十二里者蓋由湟水縣言之猶元和志土樓在鄯城之西而湟水縣下猶云在縣西一百三十里皆誤錄舊圖經之文未及改正也輿地廣記鄯城縣唐沒于吐蕃皇朝收復改爲西寧州是宋之西寧州城爲唐鄯善縣非隋唐鄯州治州城之西即與西平故城相屬今西寧府治卽宋之州城明之衞城攷陝西行都司志謂自衞城西至南迤東約八里餘乃古城信矣東城卽故亭也漢景帝六年封隴西太守北地公孫渾邪爲侯國趙釋曰沈氏曰據史漢表俱作平曲其子賀傳亦作平曲乃東海之屬縣全氏曰索隱曰漢表在高城則是勃海非東海也今本無之蓋脫失也寰宇記曰在霸州永清縣漢志東海有二平曲縣齊召南曰縣邑同名者皆異郡故或加東西字以別之東海一郡而平曲二縣同名殊不可曉以莽所改一曰平端一曰端平推之或者第二平曲是曲平平道元以爲西平蓋誤以曲爲西耳一清案後漢書萬修傳永初七年鄧太后紹封修曾孫豐爲曲平亭侯則以第二平曲爲曲平非無證也魏黃初中立

西平郡憑倚故亭增築南西北三城以為郡治　湟水又東逕土樓南董祐誠曰在今西寧縣北　樓北倚山原峰高三百尺有若削成樓下有神祠雕牆故壁存焉闞駰曰西平亭北有土樓神祠者也今在亭東北五里右則五泉注之泉發西平亭北雁次相綴東北流至土樓南北入湟水董祐誠曰泉當在今西寧縣西北　湟水又東右合葱谷水水有四源各出一溪亂流注于湟董祐誠曰水當在今西寧縣東　湟水又東逕東亭北朱趙不重湟字董祐誠曰西平郡之東亭也當在今西寧縣東　東出漆峽董祐誠曰當在今西寧縣東　山峽也東流右則漆谷常溪注之左則甘夷川水入焉董祐誠曰二水當在今西寧縣東

湟水又東安夷川水注之水發遠山西北流控引衆川官本曰案近刻流訛作逕脫引字　案朱趙同　北屈逕安夷城西北董祐誠曰此安夷城在湟水南即下安夷縣故城也二漢志縣屬金城郡晉志屬西平郡禿髮利鹿孤鎮安夷蓋即此城後廢下注云在西平亭東七十里闞駰曰四十里以下宜春水西南流至安夷城南入湟推之知別是一城在湟水北此水以安夷名則由來已久所逕城自即故城矣當在今西寧縣東接碾伯縣界明西寧衛志以衛東七十里平戎驛當之　東入湟水

董祐誠曰水當在今西寧縣東界湟水又東逕安夷縣故城董祐誠曰注不言逕城之南北以安夷川水推之當逕城北也城有東西門在西平亭東七十里官本曰案在近刻訛作去 案朱趙同闞駰曰四十里湟水又東左合宜春水水出東北宜春溪西南流至安夷城南官本曰案近刻脫城字 案朱趙作至于安夷南董祐誠曰此安夷城在湟水北非二漢故縣安夷之廢地志不詳或後魏時尚置縣以屬鄯州故地形志闕之歟城當在今西寧縣東北碾伯縣西入湟水董祐誠曰水當在今碾伯縣西湟水又東勒且溪水注之水出縣東南勒且溪北流逕安夷城東而北入湟水董祐誠曰水當在今碾伯縣西南所逕安夷城當即故城在湟水南者湟水有勒且之名疑即此號也朱箋曰勒且後漢書耿恭傳作勒姐注云姐音紫闞駰曰金城河初與浩亹河合又與勒且河合者也湟水又東左則承流谷水南入官本曰案左則近刻作左合 案朱趙作左合右會達扶東西二溪水參差北注亂流東出期頓雞谷二水北流注之官本曰案期字上近刻衍東流二字 案期字上朱有六山名也東流六字趙改六山名爲六谷山刊誤曰六山名當作六谷山下云六谷水自南破羌川自北水出此山故名案官本止言衍東流二字移六山名也四字於下又東官本曰案近刻脫此二字 案朱脫趙增刊誤曰吐鄁上落又東二字吐

那朱作冊箋曰疑作那趙改那孤長門兩川南流入湟水董祐誠曰諸水當並在今碾伯縣西境湟水左右六山名也官本曰案此四字原本訛在上亂流東出句下今考上六水出六山之溪谷皆舉山以名其水故總釋之亦注內之小注湟水又東逕樂都城南趙釋曰一清案後漢書馬武傳又戰于洛都谷章懷注云湟水一名洛都水西自吐谷渾界入在今鄯州湟水縣洛都即樂都也孫校曰穆天子傳渴谷樂都即此董祐誠曰漢書趙充國傳夜引兵至落都即樂都也後涼有樂都太守田瑤則郡即呂氏所置南涼禿髮烏孤大城樂都而居之後魏置鄯州領縣並闕隋唐爲湟水縣地志皆以樂都即今碾伯縣治而後漢書注輿地廣記皆言破羌縣故城在湟水縣西與此注先逕樂都後逕破羌者不合當以此注爲正蓋二城俱相近也東流右合來谷乞斤二水官本曰案近刻右訛作又斤下衍流字案朱訛趙改刊誤曰又當作右又朱趙有流字左會陽非流溪細谷三水董祐誠曰諸水並當近今碾伯縣治東逕破羌縣故城南董祐誠曰二漢縣屬金城郡晉廢當在今碾伯縣東明西寧衛志謂即碾伯東四十里老雅驛應劭曰漢宣帝神爵二年置城省南門十三州志曰湟水河在南門前東過六谷水自南破羌川自北左右翼注湟水又東南逕小晉興城北董祐誠曰晉書地理志張軌分西平界置晉興郡一統志云小晉興蓋即晉興郡治之晉興縣猶沛郡沛縣之爲小沛也後魏廢注引闞駰說城在允吾縣西四十里當在今碾伯縣南故都尉治闞駰曰允吾縣西四十里有小晉興城官本曰案城下近刻衍也字　案朱趙有湟水又東與閤門河合即浩

亹河也孫校曰後漢書注浩水名也亹者水流山峽閒兩岸深若門也出西塞外官本曰案西下近刻衍北字案朱衍趙刪增水刊誤曰出上落水字北字衍文漢書地理志校董祐誠曰浩亹河今曰大通河出青海西北山曰阿木尼厄庫阿林水曰烏蘭木倫必拉當安西州東境之直南東入塞逕敦煌酒泉張掖南董祐誠曰今當肅州甘州府南境邊外為青海北境東南逕西平之鮮谷塞尉故城南董祐誠曰城當在今青海北又東南與湛水合水有二源西水出白嶺下東源發于白岸谷合為一川東南流至霧山注閤門河董祐誠曰水當在今青海東北閤門河又東逕養女北山董祐誠曰養女山見上閤門逕其北在今大通縣西境東南左合南流川水水出北山官本曰案近刻脫一水字案朱趙無南流入于閤門河董祐誠曰水當在今大通縣西境閤門河又東逕浩亹縣故城南朱趙不重閤門二字董祐誠曰二漢晉志俱屬金城郡後廢元和郡縣志浩亹故城在廣武縣西南一百三十里允吾故城在廣武縣西南一百六十里是水流二縣閒也當在今平番縣西南土司境王莽改曰興武矣闞駰曰浩讀閤也故亦曰閤門水兩兼其稱矣朱箋曰孟康漢志注云浩亹音閤門今俗呼此水為閤門水又東流注于湟水董祐誠曰今大通河自青海西北東流逕和碩特前左翼頭旗北又東逕和碩特右翼前旗南又東逕和碩特東上旗北又東逕大通縣南又東南逕碾伯縣東平番縣西又東南逕莊浪廳西南碾伯縣東南入湟水大通以下為漢

浩亹允吾二縣境故漢志云浩亹水出浩亹西塞外東至允吾入湟水故地理志曰浩亹水東至允吾入湟水趙釋曰一清案師古曰浩音誥水名也亹者水流峽山岸深若門也今俗呼此水爲閤門河蓋疾言之耳湟水又東逕允吾縣北爲鄭伯津朱趙不重湟水二字與澗水合官本曰案澗近刻訛作瀾　案朱作澗箋曰漢志作澗趙改澗水出令居縣西北塞外官本曰案出下近刻衍縣北二字　案朱衍趙刪刊誤曰縣北二字衍又漢書地理志校董祐誠曰令居故城當在今平番縣西北土司境南流逕其縣故城西漢武帝元鼎二年置王莽之罕虜也又南逕永登亭西董祐誠曰當在今平番縣西歷黑石谷董祐誠曰當在今莊浪廳西南流注鄭伯津董祐誠曰今有可川出古浪縣西南東南流逕平番縣西又南逕莊浪廳東南入湟當卽澗水漢志云澗水出令居西北塞外至縣西南入鄭伯津湟水又東逕允街縣故城南董祐誠曰二漢晉志縣屬金城郡後廢太平寰宇記謂在昌松縣南　案允街爲湟水所經不得越廣武而入昌松也城當在今莊浪廳西南漢宣帝神爵二年置王莽之修遠亭也趙釋曰一清案漢志無亭字然莽改允吾縣爲脩遠則此宜有亭字以別于郡治今漢書有脫文當以水經注補之縣有龍泉出允街谷泉眼之中水文成交龍官本曰案交近刻訛作蛟　案朱訛趙改刊誤曰蛟全氏校改交或試撓破之尋平成龍畜生將飲者皆畏避而走謂之龍泉下入湟水

湟水又東逕枝陽縣董祐誠曰二漢志屬金城郡晉廢前涼復置後魏廢當在今莊浪廳南逆水注

之孫校曰元和志廣武縣烏亭逆水在縣西二十許里水西有馬蹄谷水出允吾縣之參街谷董祐誠曰允吾當作允街允吾在湟水南不得越允街令居諸縣而有逆水源太平寰宇記所引亦誤蓋由允吾允街相近王莽又並改曰脩遠故漢志錯入允吾下後人遂據以誤改耳漢代未有廣武縣今平番西南迤北至縣西北皆當在漢允街地莊浪廳則枝陽地也參街谷疑亦允街谷之誤東南流逕街亭城南董祐誠曰十六國春秋禿髮烏孤敗呂光將于街亭卽此太平寰宇記言允街故城在昌松縣東南城臨麗水卽逆水輿地廣記亦言在昌松東南疑卽此街亭城非允街故城也當在今平番縣西北

又東南逕陽非亭北官本曰案亭北近刻訛作北亭　案朱訛趙改刊誤曰北亭當作亭北董祐誠曰十六國春秋涼將馬健自陽非退屯清塞卽此亭也當在今平番縣西又東南逕廣武城西董祐誠曰元和郡縣志廣武本漢枝陽縣前涼置廣武郡隋書地理志後魏置廣武縣並郡魏書地形志無之城當在今平番縣南近莊浪廳治故廣武都尉治郭淮破叛羌趙無叛字治無戴官本曰案原本訛作故無戴據三國志改正　案朱作故無戴箋曰魏志作治無戴乃羌人名趙改于此處也城之西南二十許里水西有馬蹏谷漢武帝聞大宛有天馬遣李廣利伐之始得此馬有角爲奇故漢武帝天馬之歌曰官本曰案武帝二字近刻訛作賦字　案朱訛趙改刊誤曰賦當作武帝天馬來兮歷無草官本曰案近刻訛作皐　案朱訛趙改逕千里兮循東道官本曰案循近刻訛作巡　案朱趙同胡馬感北風之思遂頓羈絕絆驟首而馳晨發京城

夕至敦煌北塞外（官本曰案夕字近刻作食時二字　案朱趙作食時）長鳴而去因名其處曰候馬亭今晉昌郡南及廣武馬蹏谷盤石上馬跡若踐泥中有自然之形故其俗號曰天馬徑夷人在邊效刻是（朱箋曰疑作足　趙改足）有大小之迹體狀不同視之便別　逆水又東逕枝陽縣故城南東南入于湟水（董祐誠曰今莊浪河出平番縣北東南流繞莊浪廳西而南當卽逆水然入河不入湟或古今有變遷也）地理志曰逆水出允吾（朱無出字趙增吾下增參街谷三字）東至枝陽入湟（趙釋曰一清案漢志謂之烏亭逆水）湟水又東流（官本曰案湟水二字近刻訛作河字　案朱訛趙改刊誤曰案河字當作湟水二字漢書地理志所謂湟水東至允吾入河者也）注于金城河（董祐誠曰今湟水自青海東北和碩特東上旗南和碩特南右翼後旗北東流逕和碩特南左翼末旗南又東入邊逕西寧縣北又東逕碾伯縣北又東南逕巴燕戎格廳東南莊浪廳西南入河在漢爲臨羌安夷破羌允吾允街枝陽境故漢志云臨羌北則湟水所出東至允吾入河）卽積石之黃河也闞駰曰河至金城縣謂之金城河隨地爲名也釋氏西域記曰牢蘭海東伏流龍沙堆在屯皇（趙釋曰一清案屯皇卽敦煌師古曰敦音屯漢志曰敦煌郡有白龍沙堆）東南四百里阿步干（官本曰案阿步干近刻訛作河步干　案朱訛趙改刊誤曰全氏云阿步干鮮卑語也慕容廆思其兄吐谷渾因作阿干之歌蓋胡俗稱其兄曰阿

步干阿干者阿步干之省也今蘭州阿干峪阿干河阿干城阿干堡金人置阿干縣皆以阿干之歌得名阿干水至今利民曰溥惠渠又有沃干嶺亦阿干之轉音胡三省曰阿干嶺在晉與郡大夏縣東南洮水西北又曰大干元和志文水縣有大干城本劉元海令兄延年鎮之胡語長兄爲大干是也干字誤趙釋曰一清案通鑑晉紀魏冀州刺史阿薄干胡三省註魏書官氏內入諸姓阿伏干氏後爲阿氏薄伏皆與步音通轉而人又取山之號爲姓名也鮮卑山趙釋曰一清案三字注中注東流至金

城爲大河河出崑崙官本曰案近刻脫一河字　案朱趙不重崑崙卽阿耨達

山也河水又東逕石城南官本曰案此八字原本及近刻並訛作經　案朱訛趙改刊誤曰八字是注混作經

謂之石城津董祐誠曰晉書載記苻堅使荀萇等伐涼濟自石城津卽此津也當在今循化廳南接皐蘭縣界闞駰曰在

金城西北矣河水又東南逕金城縣故城北董祐誠曰二漢晉志縣俱屬金城郡元和郡縣志後魏於允吾置金城縣則在河北故此言故城也城在今皐蘭縣西四十里曰西古城北臨黃河應劭曰初築城得金

故曰金城也漢書集註薛瓚云金者取其堅固也故墨子有金

城湯池之言矣王莽之金屏也世本曰鯀作城風俗通曰城盛

也從土成聲管子曰內爲之城朱同趙改之爲刊誤曰爲之二字當倒互城外爲之郭官本曰案近刻脫一城字　案朱趙作外之爲郭郭外爲之土閬官本曰案近刻訛作郭外之上閞　案朱訛趙上改土地高則溝之

官本曰案地近刻訛作池　案朱趙作池下則隄之官本曰案近刻脫此四字　案朱趙無命之曰金城十二州

志曰大河在金城北門東流有梁泉注之出縣之南山趙出上增泉字刊誤曰出上落泉字名勝志引此文校增按耆舊言梁暉字始娥漢大將軍梁冀後冀誅入羌後其祖父爲羌所推爲渠帥而居此城土荒民亂暉將移居枹罕出頓此山爲羣羌圍迫無水暉以所執榆鞭豎地以青羊祈山神泉湧出榆木成林其水自縣北流注于河也董祐誠曰泉當在今皋蘭縣界明一統志以東南八十里白石山泉當之

又東過榆中縣北孫校曰地理志金城郡縣有榆中章懷曰榆中在金城縣東北案金城故城今蘭州治也董祐誠曰魏書地形志金城郡榆中二漢皆屬通鑑注榆中在蘭州東五十里今皋蘭縣東境接金縣界

昔蒙恬爲秦北逐戎人開榆中之地案地理志官本曰案志下近刻衍曰字案朱趙有金城郡之屬縣也故徐廣史記音義曰榆中在金城卽阮嗣宗勸進文所謂榆中以南者也趙釋曰一清案任氏廣書敘指南曰水經河州地名曰榆城太平寰宇記河州枹罕縣榆城溪烏頭川在郡東方輿紀要蘭州有榆中城漢縣杜佑以爲卽故大小榆谷誤也

又東過天水北界孫校曰地理志天水郡武帝元鼎二年置莽曰塡戎董祐誠曰勇士縣漢志屬天水郡蓋榆中之東卽勇士縣界

苑川水出勇士縣之子城南山官本曰案苑近刻作菀下同　案朱趙同孫校曰案今靖遠縣西有苑川城黃河自蘭州界東北流䟦亂山中二百餘里入縣界瀉落巨川有如瀑布土人沿山引水灌田甚廣董祐誠曰勇士縣漢志屬天水續漢志屬漢陽晉廢十六國春秋苻秦置勇士護軍漢故城當在今金縣東北此云子城蓋西秦後所置輿地廣記稱苑川城乞伏國仁據此後曰子城縣是也當近今金縣治東北流歷此成川官本曰案成近刻訛作城　案朱訛趙改刊誤曰城當作成世謂之子城川又北逕牧師苑故漢牧苑之地也羌豪迷吾等萬餘人官本曰案迷近刻訛作述　案朱同箋曰漢書通典並作迷吾趙改到襄武首陽平襄勇士抄此苑馬官本曰案抄上近刻衍至字馬訛作焉　案朱同趙存至乙抄此焉改馬刊誤曰箋曰焉當作馬案於文是至此抄苑馬朱氏箋之未盡顏師古曰苑古菀字焚燒亭驛即此處也又曰苑川水地爲龍馬之沃土故馬援請與田戶中分以自給也有東西二苑城相去七十里官本曰案近刻作七里　案朱趙同西城即乞佛所都也董祐誠曰十六國春秋乞伏國仁置苑川郡乞伏乾歸自金城遷都西城二城當在今金縣界中又北入于河也董祐誠曰今金縣南有水出馬寒山峽中東北逕縣南門外北流逕縣西又北流入河俗亦曰浩亹河當即苑川水也

又東北過武威媼圍縣南官本曰案近刻訛作又北過武威媼圍縣東北　案朱訛趙改又南作東刊誤曰又下落東字東北之東衍文河水東注不應遽折而出北或斜趨東北則可矣例以下天水勇士縣經文校改孫校曰今中衛縣西南有媼圍水下流入黃河縣在河西莊浪之東南中衛之西南也地理

志武威郡故匈奴休屠王地武帝太初四年開莽曰張掖縣有媪圍董祐誠曰二漢志縣皆屬武威郡晉省在今皋蘭縣西北

河水逕其界東北流縣西南有泉源東逕其縣南又東北入河也趙釋曰全氏曰案胡三省曰禿髮傉檀之拒赫連其臣焦朗勸令從温圍水北渡疑因媪圍縣得名訛媪爲温也前此晉馬隆討涼州鮮卑渡温水則省文也後此拓跋伐沮渠李順謂自温圍水至姑臧則又訛圍爲圍矣是即道元所謂泉源逕縣南入河者董祐誠曰泉當在今皋蘭縣西北

又東北過天水勇士縣北孫校曰地理志天水郡縣有勇士今靖遠縣西二百里有勇士故城

地理志曰滿福也官本曰案滿近刻訛作蒲　案朱訛趙改屬國都尉治趙釋曰一清案漢志勇士縣下云屬國都尉治滿福似別是一城道元顛倒引之有舛誤也王莽更名之曰紀德有水出縣西官本曰案近刻脫有字西訛作山　案朱趙同趙釋曰全氏曰此句有脫文當云有水出縣西後漢書西羌傳趙沖復追羌到建威鸇陰河章懷注曰續漢志建威作武威鸇陰縣名屬安定後漢屬武威宋白曰即水經河水東北過勇士縣處也世謂之二十八渡水東北流溪澗縈曲途出其中逕二十八渡行者勤于溯涉故因名焉北逕其縣而下注河董祐誠曰水當在今金縣東北又有赤曄川水南出赤蒿谷北流逕赤曄川又北逕牛官川又北逕義城西北北流歷三城川而北流注于河也董祐誠曰水當在今金縣東北接靖遠縣界

又東北過安定北界麥田山

河水東北流逕安定祖厲縣故城西北官本曰案此十五字原本及近刻並訛作經　案朱訛趙改刊誤曰十五字是注混作經董祐誠曰漢志祖厲縣屬安定郡續漢志屬武威郡晉省元和郡縣志前涼張軌收其縣人于故武威縣側近別置祖厲縣是前涼祖厲縣在今涼州魏書地形志隴東郡有祖厲縣又在今平涼皆非河水所逕也故城在今靖遠縣西南一百三十里漢武帝元鼎三年官本曰案近刻訛作五年　案朱趙同幸雍遂踰隴登空同西臨祖厲河而還即于此也王莽更名之曰鄉禮也李斐曰音賴朱箋曰漢地志安定郡有祖厲縣本紀李斐注云祖厲音嗟賴趙釋曰一清案五字注中注全氏曰漢書注李斐云祖厲音嗟賴祖字从衣不从示从示者作阻聲是也又東北祖厲川水注之水出祖厲南山董祐誠曰今會甯縣故漢祖厲縣地川水出其南也北流逕祖厲縣而西北流注于河官本曰案河下近刻衍水字　案朱衍趙刪董祐誠曰祖厲川今曰南玉河出會甯縣東南西北流逕縣南及西又西北流逕靖遠縣西南入河河水又東北逕麥田城西孫校曰麥田故城在靖遠縣北晉咸和四年乞伏述延自苑川遷於麥田即此董祐誠曰十六國春秋西秦乞伏傉大寒自苑川遷於麥田無孤山即此在今靖遠縣東北又北與麥田泉水合官本曰案此十八字原本及近刻並訛作經　案朱訛趙改刊誤曰十八字是注混作經水出城西北西南流注于河董祐誠曰水當在今靖遠縣東北河水又東北逕麥田山西谷官本曰案此十

一字原本及近刻並訛作經今考以上注文記河之西南來所逕至此卽經所謂東北過安定北界麥田山也　案朱訛經趙改注又朱山西下無谷字趙增刊誤曰箋曰謝兆申云宋鈔本西下有谷川二字案十字是注混作經謝說谷川之川是山字之誤於文爲河水又東北逕麥田山西谷句山在安定西北六百四十里經注割裂故有此誤其實皆注文也董祐誠曰在今靖遠縣　**山在安定西北六百四十里**　官本曰案近刻脫山字案　朱脫趙增　**河水又東東北**　**北逕于黑城北**　董祐誠曰當在今中衞縣南　**又東北高平川水注之**　官本曰案此十九字原本及近刻並訛作經案朱訛趙改刊誤曰十九字是注混作經　**卽苦水也**　官本曰案苦近刻訛作若下同　案朱訛趙改刊誤曰若水方輿紀要作苦水云水味苦故名下並同董祐誠曰今曰清水河　**水出高平大隴山苦水谷**　官本曰案隴近刻訛作壟　案朱訛趙改董祐誠曰今清水河出固原州西南六盤山卽大隴山也　**建武八年世祖征隗囂吳漢從高平第一城苦水谷入**　官本曰案原本及近刻並脫吳字據後漢書補　案朱脫吳字趙並刪漢字城字刊誤曰漢字衍文後漢書光武帝紀云建武八年閏月帝自征囂河西太守竇融率五郡太守與車駕會高平隗囂傳云八年帝率諸將西征之數道上隴王遵持節監大司馬吳漢留屯長安又云使吳漢與征南大將軍岑彭圍西城吳漢傳云八年從車駕上隴遂圍隗囂於西城蓋吳公始屯長安帝自將至高平後乃命與岑征南同圍西城漢字爲羨文無疑又黃省曾本無城字朱氏據續漢志增然范史俱作高平第一正不必增也若水是苦水之誤　**卽是谷也東北流逕高平縣故城東**　董祐誠曰高平二漢皆安定郡治魏書地形志原州太延二年置鎭正光五年改置幷置郡縣治高平城領郡二高平郡領高平元和郡縣志平高縣後魏太延二年於今縣理置平高縣屬平高郡是地形志高平當作平高矣原州之高平爲漢縣地形志不注而高平二漢屬安定之文乃反在新平郡移置之高平下誤矣諸志皆以今固原州城爲漢魏迄唐之城然此注旣言故城而元和志

又明言於今理置平高縣則魏城非漢城矣下注言長城在高平北十五里而元和志作十里今州志亦同是高平故城當近今固原州治而稍南也方志多以高平在鎮原誤漢

武帝元鼎三年置官本曰案近刻脫置字刊誤曰安定郡上落置字全氏校增 案朱脫趙增安定郡治也王莽

更名其縣曰鋪睦西十里有獨阜阜上有故臺臺側有風伯壇

故世俗呼此阜爲風堆 其水又北龍泉水注之水出

縣東北七里龍泉東北流注高平川董祐誠曰今州北五里有暖泉流入清水河疑卽此

川水又北出秦長城官本曰案長字近刻訛在城字下 案朱無長字箋曰宋本無又字秦城字作長城趙秦下增長字川水下依宋本刪又字董祐誠曰注稱在縣北十五里今州西北十里有遺址城在縣北一十五里趙刊誤曰在上落城字黃省曾本校增

又西北流逕東西二土樓故城門北官本曰案土樓近刻訛作太婁 案朱趙同刊誤曰箋曰太字疑誤案寰宇記云原州蕭關縣本脩他樓縣地方輿紀要平涼府鎮原縣有他樓城本漢高平縣地晉太元十六年乞伏乾歸擊鮮卑部帥沒奕干沒奕干奔他樓蓋舊有此城脩因置縣他太聲之轉樓婁形之近也不得云誤字董祐誠曰朱氏本作太婁箋曰太字疑誤戴氏據永樂大典本作土樓趙氏曰晉太元十六年乞伏乾歸擊鮮卑部帥沒奕干沒奕干奔他樓脩有他樓縣他太聲之轉樓婁形之近不得云誤字今太字從趙氏本樓字從戴氏本城當在今固原州北合一水水有五

源咸出隴山西東水發源縣西南二十六里湫

淵淵在四山中趙釋曰一清案漢志安定郡朝那縣有湫淵祠說文云安定朝那有湫泉劉昭補註續志云朝那有湫淵方四十里停不流冬

夏不增減不生草木湫水北流董祐誠曰史記封禪書湫淵祠朝那即此蓋朝那故城在今平涼縣西北與固原州西南接壤也今固原州西南六盤山之陰山腰有泉徑廣一里名曰西海下流爲海子河即此北流之水也西北出長城北與次水會水出縣西南四十里長城西山中董祐誠曰今硝河出固原州西山北流逕魏行宮故殿東董祐誠曰當在今固原州西北硝河上又北次水注之出縣西南四十里山中趙出上增水字刊誤曰出上落水字董祐誠曰今須滅都河出硝河之西北流逕行宮故殿西又北合次水水出縣西南四十八里董祐誠曰今小黑河出須滅都河之西東北流又與次水合水出縣西南六十里酸朱作䤈箋曰宋本作酸趙改酸陽山董祐誠曰今大黑河出小黑河之西東北流左會右水總爲一川董祐誠曰今五水會於固原州西北東逕西樓北官本曰案樓近刻亦訛作婁案朱作西婁趙增太字刊誤曰西下落太字董祐誠曰太樓之西城也二城當夾清水河東注苦水董祐誠曰今五水合清水河於固原州北段熲爲護羌校尉于安定高平苦水討先零斬首八千級于是水之上苦水又北與石門水合水有五源東水導源高平縣西八十里西北流次水注之水出縣西

百二十里如州泉東北流右入東水亂流左會三川參差相得東北同爲一川混濤歷峽峽卽隴山之北垂也謂之石門口水曰石門水在縣西北八十餘里石門之水又東北注高平川董祐誠曰按方志輿圖皆無石門水姑從闕疑以俟博訪川水又北自延水注之水西出自延溪官本曰案近刻脫水字　案朱趙無東流歷峽謂之自延口在縣西北百里官本曰案近刻脫在字縣下復衍之字　案朱脫衍趙增刪刊誤曰縣上落在字之字衍文又朱趙百上並有一字又東北逕延城南董祐誠曰城當在今固原州北東入高平川董祐誠曰水當在今固原州北舊州志謂卽甜水河一統志辨之川水又北逕廉城東董祐誠曰注稱案地理志北地有廉縣云云蓋下文河水所經方爲漢縣故城此廉城當在今固原州東北按地理志官本曰案志下近刻衍曰字　案朱趙有北地有廉縣官本曰案近刻廉下衍城字　案朱趙有趙釋曰一清案漢志北地郡廉縣不云廉城縣亦見下卷闞駰言在富平北自昔匈奴侵漢新秦之土率爲狄場故城舊壁盡從胡目官本曰案胡近刻訛作故　案朱訛趙改刊誤曰故孫潛校改胡地理淪移不可復識當是世人誤證也川水又北苦水注之水發縣東北百里

山（官本曰案此處應有訛脫）流注高平川川水又北（官本曰案近刻訛作流注高平高平又北　案朱訛趙改刊誤曰下高平二字重文誤也孫潛校改作流注高平川川水又北逕三水縣西）逕三水（董祐誠曰縣見下）縣西肥水注之水出高平縣西北二百里牽條山西（趙釋曰一清案方輿紀要平涼縣有牽屯山名見北史爾朱天光及賀拔岳傳亦即地理志之幵頭山師古曰幵音苦見反又音牽土俗語訛謂之汧屯山杜佑曰笄頭山訛爲牽屯山此名牽條蓋異名也董祐誠曰今固原州西北二百十里有海喇都堡西有水牽條山當在此）東北流與若勃溪合水有二源（官本曰案水字近刻訛在合字上　案朱訛趙改刊誤曰水合二字當倒互）總歸一瀆東北流入肥（董祐誠曰水當在今固原州西北）肥水又東北流違泉水注焉泉流所發導于若勃溪東北流入肥（董祐誠曰水當在今固原州西北）肥水又東北出峽注于高平川（董祐誠曰今海喇都堡西之水東北流右合于水東北流入清水河當即肥水也）水東有山山東有三水縣故城（董祐誠曰二漢志縣屬安定後魏移置三水縣于新平故此言故城也城當在今固原州東北清水河東隔山接環縣界通典謂在安定元和郡縣志謂在夏原或魏晉廢縣時更有遷徙皆非漢縣也）本屬國都尉治王莽之廣延亭也西南去安定郡三百四十里議郎張奐（官本曰案議近刻訛作侍　案朱訛趙改刊誤曰後漢書張奐傳是議郎侍字誤也）爲安定屬國都尉治此羌有獻金馬者奐召主

簿張祁入于羌前以酒酹地曰使馬如羊不以入廄使金如粟不以入懷盡還不受威化大行縣東有溫泉溫泉東有鹽池故地理志曰縣有鹽官今于城之東北有故城城北有三泉疑卽縣之鹽官也高平川水又北入于河趙刊誤曰箋曰宋本河下有一汭字案黃省曾本無汭字董祐誠曰今清水河自固原州北流至中衞縣東靈州鳴沙堡西入于河

河水又東北逕眴卷縣故城西官本曰案此十二字原本及近刻並訛作經 案朱訛趙改刊誤曰十二字是注混作經孫校曰眴卷故城在今中衞縣東唐爲靈州鳴沙縣地董祐誠曰漢志縣屬安定郡後漢省故城在今清水河口當靈州西南近鳴沙堡地理志曰河水別出爲河溝東至富平北入河董祐誠曰河溝當卽下枝津河水于此有上河之名也

水經注卷二

水經注卷三　長沙王氏校本

後魏酈道元撰

河水官本曰案二字原本訛在經文又北上近刻又增河水三三字表目　案朱趙同

又北過北地富平縣西孫校曰元和郡縣志靈武縣本漢富平縣地黃河自回祿界流入今寧夏府治故富平地

河側有兩山相對水出其間卽上河峽也官本曰案近刻脫也字　案朱脫趙增世謂之爲青山峽官本曰案近刻脫峽字　案朱脫趙增刊誤曰太平御覽引此文作卽上河峽也寰宇記引此文作世謂之爲青山峽今校補二字董祐誠曰今曰峽口山亦曰青銅峽在靈州西河出其中河水歷峽北注枝分東出趙釋曰一清案太平寰宇記慶州樂蟠縣馬嶺山俗名箭筈嶺與青山相連亙有馬嶺坂左右帶川相傳漢之牧地也有水出縣西北注水經云與青山水合今本無之樂蟠縣漢北地郡富平縣地章懷後漢書注云青山在北地參䜌界青山中水所出也續志北地郡參䜌縣故屬安定有青山馬嶺水亦見補附洛水董祐誠曰卽下枝津河水

又北逕富平縣故城西官本曰案此十一字原本及近刻並訛作經今考經舉當時郡縣至道元時或廢或徙注是以目爲故城後並同　案朱訛趙改刊誤曰十一字是注混作經秦置北部都尉官本曰案部原本訛作地據漢書改正　案朱訛趙改刊誤曰北地漢書地理志作北部地字誤也治縣城趙釋曰一清案漢志北地郡富平縣北部都尉治神泉障云治在障則非縣城矣道元誤也王莽名郡爲威戎縣曰持武官本曰案持近刻作特漢書作特　案朱作特箋曰漢地志作特武趙改持建武中曹鳳字仲理爲

北地太守政化尤異黃龍應于九里谷高岡亭角長三尺大十圍梢至十餘丈天子嘉之賜帛百匹加秩中二千石河水又北薄骨律鎮城官本曰案此九字原本及近刻並訛作經　案朱訛趙改又增逕字刊誤曰九字是注混作經又北下落逕字困學紀聞云經云河水又北薄骨律鎮城注云赫連果城也乃後魏所置其酈氏附益顯可見經注混淆相沿已久在河渚上官本曰案在字上近刻衍城字　案朱趙有董祐誠曰城卽唐宋靈州城在今靈州西南十餘里赫連果城也桑果餘林仍列洲上趙洲作州但語出戎方官本曰案語近刻訛作諸　案朱訛趙改不究城名訪諸耆舊咸言故老宿彥云官本曰案云近刻作言　案朱同趙改赫連之世有駿馬死此取馬色以爲邑號故目城爲白口騮韻之謬朱箋曰韻字下當有轉字謂白口騮轉讀作薄骨律耳趙增轉字遂仍今稱所未詳也趙釋曰一清案漢志北地郡靈洲縣有河奇苑號非苑師古曰苑謂馬牧也水中有可居者曰洲此地在河之洲隨水高下未嘗淪沒故號靈洲又曰河奇也二苑皆在北焉方輿紀要漢靈洲縣其後赫連夏據其地後魏主燾滅之太延二年置薄骨律鎮在河渚上孝昌中改置靈洲初在河北後于果園所築城爲州治駿馬之稱或因漢舊牧苑而得名也寰宇記薄骨律渠在回樂縣南六十里溉田一千餘頃回樂縣卽漢富平縣地河水又逕典農城東官本曰案此八字原本及近刻並訛作經又下應脫北字　案朱訛脫趙改增逕下增朔方郡宏靜鎮六字釋曰一清案太平寰宇記引此注作宏靜縣非也隋圖經云宏靜縣本漢城居河外三里乃舊傳薄骨律鎮倉城也後魏立宏靜鎮徙關東漢人以充屯田則縣是周隋之際所置也趙刊誤曰八字是注混作經又逕下落朔方郡宏靜鎮六字寰宇記校補釋詳本卷董祐誠曰諸本皆作逕典農城東謝氏據太平寰宇記所引作朔方

郡宏靜縣典農城東又改縣爲鎮案元和志保靜縣本漢富平縣地後漢立宏靜鎮今爲寧夏縣東南境與此注合然典農城旣兩見而寧夏亦非朔方郡地寰宇記所引當非原文今刪朔方郡及典農城六字 世謂之胡城又北逕上河城東 董祐誠曰在今寧夏縣南 世謂之漢城薛瓚曰上河在西河富平縣卽此也馮參爲上河典農都尉所治也 官本曰案漢邊郡置農都尉主屯田殖穀馮參乃農都尉典字衍典農之名始於建安中 趙釋曰卮林曰漢書馮參爲上河農都尉百官表曰農都尉武帝置後漢百官志武帝時邊郡置農都尉主屯田殖穀建武六年邊郡往往置都尉注引漢官儀曰農都尉不治民御覽引魏略曰曹公置典農中郎將秩二千石典農都尉秩六百石典農校尉秩比二千石然則漢官無典字至當塗始更耳水經及注作典農皆非梁統傳光武拜梁騰酒泉典農都尉蔚宗亦誤一清案續志注農都尉以下無漢官儀一條而御覽所引魏略之文則見於大司農之下作魏志也然愚竊有疑者裴世期注三國志引先賢行狀云陶謙表陳登爲典農校尉則在曹氏之先已有典農之稱矣此與卮林所引范書可參證也 河水又北逕典農城東 官本曰案此九字近刻訛作經 案朱訛趙改刊誤曰九字是注混作經董祐誠曰太平寰宇記保靜縣有典農城當在今寧夏縣東 俗名之爲呂城皆參所屯以事農甿 官本曰案原本脫甿字 宋本有 案朱脫趙增刊誤曰箋曰宋本農下有一毗字案毗字絕無意義當是甿字 河水又東北逕廉縣故城東 官本曰案此十一字原本及近刻竝訛作經 案朱訛趙改刊誤曰十一字是注混作經董祐誠曰二漢志縣皆屬北地郡漢末廢注於高平川水下引闞駰曰在富平北當在今寧夏縣北境 王莽之西河亭地理志曰卑移山在西北河水又北與枝津合 官本曰案此八字原本及近刻竝訛作經北訛在與字下 案朱訛趙改又增合字 刊誤曰箋曰宋本津下有一合字按七字是注混作經與北二字當倒互胡渭校改

水受大河東北逕富平城所在分裂以溉田圃北流入河今無水董祐誠曰今靈州漢伯渠自青銅峽之麓釃河東出相傳為漢時所鑿當卽枝津亦卽漢志之河溝也下流數改在酈氏時已無水則今渠亦非盡舊蹟矣爾雅曰灘反入言河決復入者也河之有灘若漢之有潛也河水又東北逕渾懷障西官本曰案此十字原本及近刻竝訛作經　案朱訛趙改又朱作鄣趙改障刊誤曰十字是注混作經鄣當作障後竝同董祐誠曰注云南去北地三百里元和郡縣志廢靈武城在懷遠縣東北隔河一百里其城本蒙恬所築古謂之渾懷障案懷遠卽今寧夏渾懷障當在河東鄂爾多斯右翼中旗界中地理志官本曰案志下近刻衍曰字　案朱趙有渾懷都尉治塞外者也趙釋曰一清案漢志北地郡富平縣渾懷都尉治塞外渾懷障太和初三齊平徙歷下民居此遂有歷城之名矣官本曰案城近刻作地　案朱訛趙改刊誤曰歷地當作歷城南去北地三百里官本曰案北地近刻訛作北城　案朱訛趙改刊誤曰箋曰漢志渾懷都尉治在北平此北城誤當作北平案漢書地理志北地郡富平縣下云渾懷都尉治塞外渾懷障北城是北地之訛朱氏以為治在北平何其繆也下同河水又東北歷石崖山西官本曰案此十字原本及近刻竝訛作經　案朱訛趙改刊誤曰十字是注混作經孫校曰石崖山在今寧夏府平羅縣東董祐誠曰當卽今阿爾布斯諸山在鄂爾多斯右翼中旗界中去北地五百里官本曰案北地近刻訛作北城　案朱訛箋曰城當作平趙見上山石之上自然有文盡若虎馬之狀官本曰案虎太平御覽引作獸近刻訛作戰　案朱訛戰趙改獸刊誤曰御覽引此文作獸馬獸馬原作虎馬唐避諱改虎為獸酈中三臺以金虎為金獸可證也

粲然成著類似圖焉趙刊誤曰箋曰當作頗似圖 書案依文自通無容更易故亦謂之畫石山也

又北過朔方臨戎縣西孫校曰臨戎故城即舊 朔方郡在今定邊縣北

河水東北逕三封縣故城東董祐誠曰二漢志三封俱屬朔方郡 漢末廢元和郡縣志漢三封在今豐州西一百里又云夏州長澤縣本漢三封縣地即今縣北二十里三封故城二說互異長澤在今榆林非漢朔方地且志言夏州西北至豐州七百五十里長澤又在夏州西南一百二十里相悖顯然志又言豐州治九原縣本廣牧縣州西一百六十里永豐縣本臨戎縣三封又在臨戎之西則所云豐州西百里亦有誤字此注引十三州志曰三封在臨戎縣西一百四十里當在今鄂爾多斯右翼中旗西北河外漢武帝元狩三年置十三州志曰在臨戎縣西朱趙有一字百四十里官本曰案四近刻作三 案朱趙同

河水又北逕臨戎縣故城西官本曰案此十一字近刻訛作經 案朱訛趙改刊誤曰十一字是注混作經董祐誠曰二漢縣屬朔方郡注云舊朔方郡治而元和志謂朔方理三封趙氏據續漢志謂酈注所稱係後漢治所然酈注多詳前漢事蹟而前志所書每郡第一縣不必皆爲郡治且志稱元朔二年開朔方郡而臨戎即城於五年當與郡同置三封之置則漢志及此注俱在元狩三年朔方之治臨戎二漢當無改易也元和志永豐縣豐州西一百六十里本漢臨戎舊地後漢末廢北人謂之賀葛真城當在今鄂爾多斯右翼後旗西界內與三封城隔河相望元朔五年立趙增漢字刊誤曰元朔上黃省曾本有漢字舊朔方郡治趙釋曰一清案續志云凡縣名先書者即所治也此是東漢郡治王莽之所謂推武也官本曰案河水又北至此共二十九字原本脫近刻有 案朱趙有

河水又北有枝渠東出謂之銅口東逕沃野縣故城南官本曰案此二十一字原本及近刻並訛

作經　案朱訛又脫縣字趙改增刊誤曰二十字是注混作經沃野下落縣字孫校曰沃野故城在天德軍北六十里今靖邊縣北董祐誠曰二漢志縣屬朔方郡漢末廢當在廣牧臨戎二縣之間今爲鄂爾多斯右翼後旗西境元和郡縣志所稱天德軍北沃野故城當是後魏鎮城非漢舊縣注敘枝渠於河水逕臨戎縣故城西之下屈爲南河之上則沃野之在臨戎東北及南河之南可知而南河下不言逕沃野縣北疑不能明也漢武帝元狩三年立王莽之綏武也枝渠東注以溉田董祐誠曰渠當在今鄂爾多斯右翼後旗界中所謂智通在我矣河水又北屈而爲南河出焉河水又北迤西溢于窳渾縣故城東官本曰案此二十五字原本及近刻並訛作經　案朱訛趙改又爲下增屠申澤三字刊誤曰二十五字是注混作經而爲下落屠申澤三字孫校曰南河自靈州北行至此始折而東流窳渾故城在廢夏州西北今靖邊北董祐誠曰漢志縣屬朔方郡後漢省故城當在今鄂爾多斯右翼後旗西北河外騰格里鄂譔之西南河見下漢武帝元朔二年開朔方郡縣即西部都尉治官本曰案縣即二字近刻訛作治又有三字　案朱訛趙改以縣爲三字刊誤曰全氏云漢之守尉不同城窳渾亦非首縣此必不學人見此處有脫誤而妄塡之今據漢志改正作開朔方郡以縣爲西部都尉治於事方合有道自縣西北出雞鹿塞王莽更郡曰溝搜縣曰極武其水積而爲屠申澤澤東西朱趙有一字百二十里故地理志曰屠申澤在縣東即是澤也闞駰謂之窳渾澤矣官本曰案近刻脫窳字　案朱脫趙增刊誤曰寰宇記引此文作窳渾澤縣即以窳渾澤得名今陝西榆林鎮有窳渾城漢朔方郡之舊縣也董祐誠曰今曰

騰格里鄂謨在鄂爾多斯右翼後旗西河水西岸

屈從縣北東流官本曰案近刻脱東字此句原本及近刻並誤入注內接謂之渾澤矣下今考文義乃承上經臨戎縣非注文體例　案朱訛趙改並無東字刊誤曰五字是經混作注

河水又屈而東流爲北河官本曰案此十字原本及近刻並訛作經今考其脈絡乃承上注屈而爲南河又北迤西之文　案朱訛趙改孫校曰杜佑云河經靈武郡西南便北流千餘里過九原郡乃東流漢人謂之西河自九原以東漢人謂之北河漢武帝元朔二年大將軍衞青絕梓嶺梁北河是也官本曰按此二十字原本及近刻並訛在後王莽之監河也下至河目縣西上　案朱趙同東逕高闕南官本曰案此五字原本及近刻並訛作經接爲北河下　案朱訛趙改刊誤曰十五字是注混作經董祐誠曰史記正義引括地志云臨戎縣北有連山俗名曰高闕當卽今鄂爾多斯右翼後旗西北河外阿爾坦山也史記趙武靈王既襲胡服自代並陰山下至高闕爲塞山下有長城長城之際連山刺天其山中斷兩岸雙闕善能雲舉望若闕焉卽狀表目官本曰案卽近刻訛作節　案朱作節箋曰大事記注引此作峩然雲舉節作卽趙改善能爲峩然節爲卽故有高闕之名也自闕北出荒中闕口有城跨山結局謂之高闕戍自古迄今官本曰案自近刻作上　案朱趙作上趙刊誤曰箋曰大事記引此作自古及今案依文自通無容改易常置重捍以防塞道漢元朔四

年衛青將十萬人敗右賢王于高闕卽此處也　河水又東

逕臨河縣故城北董祐誠曰漢志縣屬朔方郡後漢省元和郡縣志西受降城漢臨河縣故理蓋臨河兼有河北地也故城當在今鄂爾多斯右翼後旗北兩河之閒　漢武帝元朔三年封代恭王子劉賢爲侯國趙釋曰全氏曰代恭王子皆封西河此或是西河之臨水縣一清案西河近代宜是也而史漢表俱作臨河　王莽之監河也朱趙有漢武帝元朔二年大將軍衛青絕梓嶺梁北河是也二十字官本移上

至河目縣西官本曰案此五字原本及近刻並誤入注內接梁北河是也下　案朱訛趙改刊誤曰五字是經混作注

河水自臨河縣東逕陽山南官本曰案此十一字原本及近刻並訛作經今考文義乃承上注文臨河縣　案朱訛趙改刊誤曰十一字是注混作經孫校曰臨河縣在今靖邊縣北董祐誠曰當卽今鄂爾多斯右翼後旗北河外翁金碩㙈迤東達爾德爾諸山　漢書注曰陽山在河北指此山也東流逕石跡阜西董祐誠曰當在今烏喇特旗西境大河之東　是阜破石之文悉有鹿馬之跡故納斯稱焉官本曰案近刻作故斯阜納稱焉　案朱趙同

南屈逕河目縣董祐誠曰漢志縣屬五原郡後漢省當在今烏喇特旗西境大河之東　在北假中官本曰案近刻在訛作左脫中字　案朱訛脫趙改增刊誤曰左北假文有脫誤史記匈奴傳張守節正義引括地志云五原河目縣故城在北假中是也孫校曰河目故城在北假中屬勝州銀城縣在今懷遠縣西北董祐誠曰今自阿爾坦山迤東至烏喇特南至黃河皆古北假地　地名也官本曰案此三字亦注內之小注　自高闕以東

夾山帶河陽山以往官本曰案近刻作去朱謀㙔云宋本作西　案朱作去趙改西皆北假也史記曰

秦使蒙恬將十萬人北擊胡度河取高闕據陽山北假中是也

北河又南合南河南河上承西河官本曰案近刻脫南河二字　案朱趙無董祐誠曰今河水自鄂爾多斯右翼後旗西境騰格里鄂謨之南別支東出東逕臨戎縣故城北又東逕

臨河縣南董祐誠曰竝見上又東逕廣牧縣故城北孫校曰廣牧屬朔方郡即豐州也在今懷遠縣北董祐誠曰二漢志縣竝屬朔方郡魏晉移置屬新興郡非此城也元和郡縣志豐州九原縣郭下本漢之廣牧舊地當在今鄂爾多斯右翼後旗界內地東部

都尉治官本曰案東上近刻衍有字　案朱趙有王莽之鹽官也逕流二百許里東

會于河董祐誠曰今南河逕鄂爾多斯後旗之北東會北河也河水又南逕馬陰山西官本曰案此九字原本及近刻竝訛作經南近刻作東　案朱同趙改刊誤曰九字是注混作經董祐誠曰今自烏喇特旗西北噶扎爾諸山迤東歷茂明安旗四子部落旗南接歸化城諸山皆古陰山侯應所謂陰山東西千餘里是也漢書音義曰陽山在河北陰山在河南謂是山

也而即實不在河南史記音義曰五原安陽縣北有馬陰山今

山在縣北言陰山在河南又傳疑之非也余案南河北河及安

陽縣以南悉沙阜耳無佗異山故廣志曰朔方郡北移沙七所

而無山以擬之是義志之僻也官本曰案義志近刻作議誌誤曰議誌卽上音義廣志旁加言非也案朱同趙改刊陰山在河東南則可矣河水又東南逕朔方縣故城東北官本曰案此十三字原本及近刻竝訛作經案朱訛趙改刊誤曰十三字是注混作經孫校曰史記正義引括地志云夏州朔方縣北什賁故城是案蘇建築什賁之號蓋出蕃語也漢朔方縣卽什賁故城在今懷遠縣北董祐誠曰二漢志縣俱屬朔方郡漢末廢當在今鄂爾多斯右翼後旗境內注引魏土地記縣有大鹽池當卽今之哈拉莽乃鄂謨漢志謂鹽澤在縣南則故城在鄂謨北矣詩所謂城彼朔方也漢元朔二年大將軍衞青取河南地爲朔方郡使校尉蘇建築朔方城卽此城也王莽以爲武符者也趙釋曰一清案寰宇記夏州朔方縣下引水經注曰有濼水合金河而南流初學記引水經注云朔方郡有濼水紫河今本無之陝西行都司志曰高居誨使于闐記云甘州西五百里至肅州渡金河西百里出天關是也方輿紀要云紫河在大同府西北塞外杜佑曰勝州榆林縣有金河紫河自馬邑郡善無縣流入境合金河南流入大河魏道武帝擊劉衞辰自五原金津濟卽金河之津案地理志云金連鹽澤官本曰案金近刻訛作今案朱作今箋曰前漢地志作金趙改金青鹽澤竝在縣南矣趙刊誤曰箋曰前漢地志朔方縣有金連鹽澤青鹽澤皆在南案二鹽字今漢書竝作鹽朱氏誤引又案魏土地記曰縣有大鹽池其鹽大而青白名曰青鹽又名戎鹽入藥分漢置典鹽官官本曰案近刻訛作典官鹽案朱趙同池去平城宮千二百里官本曰案城近刻訛作地案朱作地箋曰疑作平城趙改城在新秦之中服虔曰新秦地名在北方千里

如淳曰長安以北朔方以南也薛瓚曰秦逐匈奴收河南地徙民以實之謂之新秦也

屈南過五原西安陽縣南官本曰案此十字原本及近刻並誤入注內接謂之新秦也下　案朱訛趙改刊誤曰十字是經混作注孫校曰安陽城在廢豐州東北今榆林府西北

河水自朔方東轉逕渠搜縣故城北官本曰案此十四字原本及近刻並訛作經　案朱訛趙改刊誤曰十四字是注混作經孫校曰渠搜縣在廢夏州北今榆林府西北董祐誠曰漢志縣屬朔方郡後漢省當在今鄂爾多斯右翼後旗之東接左翼後旗界地理志官本曰案志下近刻衍曰字　案朱趙有曰字朔方有渠搜縣中部都尉治王莽之溝搜亭也趙釋曰一清案今本漢書落亭字禮三朝記曰北發渠搜南撫交阯此舉北對南官本曰案舉近刻訛作與　案朱訛趙改刊誤曰與當作舉禹貢之所云析支渠搜矣趙釋曰禹貢錐指曰傅同叔云陸氏曰漢志朔方郡有渠搜縣武紀云北發渠搜是也以余考之漢朔方之渠搜非此所謂渠搜此亦當是金城以西之戎也後世種落遷徙故漢有居朔方者若禹時渠搜居朔方則不應浮積石陸說非也案水經河水自朔方東轉逕渠搜縣故城北注云禮三朝記曰北發渠搜南撫交阯此舉北對南禹貢之所云析支渠搜矣誤始道元而陸氏因之大戴禮漢武紀並有三朝記語渠搜與交阯對舉則不在朔方可知涼土異物志曰古渠搜國在大宛北界隋書西域傳曰鏺汗國都蔥嶺之西五百餘里古渠搜國也渠搜之在西域明矣

河水又東官本曰案近刻脫東字　案朱趙無逕西安陽縣故城南官本曰案近刻脫縣字南字　案朱脫趙增刊

誤曰西安陽下落縣字故城下落南字孫校曰安陽縣屬五原郡在廢豐州東北今榆林府西北董祐誠曰二漢志縣屬五原郡漢末廢當在今烏喇特旗南北距陰山南臨河水王莽更之曰漳安矣官本曰案漳近刻訛作障　案朱訛趙改刊誤曰鄣漢志注作漳河水又東官本曰案近刻脫又字　案朱趙無逕田辟城南孫校曰田辟地名屬五原郡董祐誠曰當亦在烏喇特旗南爲西安陽之東地理志曰故

西部都尉治也

屈東過九原縣南官本曰案此七字原本及近刻並誤入注內接西部都尉治也下　案朱訛趙改刊誤曰七字是經混作注

河水又東逕成宜縣故城南官本曰案此十一字原本及近刻並訛作經今考成宜宜梁皆在九原之西河水又東乃承上注文田辟城　案朱訛趙改刊誤曰十一字是注混作經孫校曰成宜在廢豐州界今榆林府北董祐誠曰二漢志縣屬五原郡漢末廢王莽更曰艾虜也河水又東逕原亭城南官本曰案此九字原本及近刻並訛作經　案朱訛趙改刊誤曰九字是注混作經孫校曰原亭地名屬五原郡闞駰十三州志曰中部都尉治趙釋曰一清案原亭今本漢書作原高疑彼文爲誤蓋中部治原亭西部治田辟辟與壁同城障之名二語皆孟堅自註道元不應一引班書一引闞志也似十三州志曰下别有闕語而今缺失矣河水又東逕宜梁縣之故城南官本曰案此十二字原本及近刻並訛作經　案朱訛趙改刊誤曰十二字是注混作經孫校曰宜梁縣在五原西南六十里廢豐州今榆林府北董祐誠曰二漢志縣屬五原郡漢末廢闞駰曰五原西南六十里今世謂之石崖城河水又東逕稒陽城南官本曰案此九字原本及近刻並訛作經稒作副今

考漢書地理志于五原郡下云東部都尉治稒陽即此稒陽城也亦謂之稒陽塞別有稒陽縣故城塞在縣西北　案朱訛趙改刊誤曰箋曰稒陽舊本作副陽案漢書地理志稒陽五原郡之屬縣也稒字不誤九字是注混作經孫校曰副陽及下河陰俱在今神木縣北董祐誠曰舊本皆作副陽趙氏戴氏據漢志改作稒陽謂與下稒陽縣爲兩地然或酈氏所見漢書本作副陽亦未可定今姑闕疑仍從舊本自西安陽以下諸城當並在今烏喇特旗之南大河之北東西相列東部都尉治趙釋曰一清案漢志此語在五原郡下而稒陽縣下反無之道元注于臨沃縣下重敘河水又東逕稒陽縣故城南一地而再見豈別是一城耶殆不可曉也又逕河陰縣故城北官本曰案近刻脫又字　案朱脫趙增又東二字刊誤曰逕上落又東二字董祐誠曰二漢志縣屬五原郡漢末廢當在今鄂爾多斯左翼後旗界內又東逕九原縣故城南董祐誠曰二漢志五原郡治九原縣漢末廢元和郡縣志敬本故城在中受降城北四十里賈耽古今述曰以地理求之前代九原郡城也當在今烏喇特旗東南境秦始皇置九原郡治此漢武帝元朔二年更名五原也王莽之獲降郡成平縣矣西北接對一城蓋五原縣之故城也董祐誠曰二漢志縣屬五原郡漢末廢當在今烏喇特旗之東近茂明安旗界王莽之塡河亭也竹書紀年官本曰案年下近刻有云字　案朱趙有魏襄王十七年邯鄲命吏大夫奴遷于九原又命將軍大夫適子戍吏皆貉服矣朱戍作伐貉作貂箋曰今竹書紀年作適子代吏趙改同官本刊誤曰全氏云伐吏當是戍吏貂服當是貉服之誤貉服即胡服也北方貉種曰貉其城南面長河北背連山秦始皇逐匈奴並河以東屬之陰山築亭障爲河上塞徐廣史記音義曰陰

山在五原北即此山也朱趙陰並作陶趙釋曰一清案史記始皇紀云西北斥逐匈奴自榆中並河以東屬之陰山以爲三十四縣城河上爲塞徐廣曰陰山在五原北蒙恬傳曰于是渡河據陽山徐廣曰五原西安陽縣北有陰山陰山在河南陽山在河北此陶山似是陰山之誤始皇紀云又使蒙恬渡河取高闕陶山北假中道元以陰山不在河南既于史記之文無礙陰陶字形相似故耳非別有一陶山也劉向七略古文或誤以見爲典以陶爲陰如此類多始皇二十三年官本曰案近刻訛作二十四年　案朱趙同趙釋曰全氏曰史記年表是三十三年起自臨洮東暨遼海西並陰山築長城及開南越地朱無開字趙增刊誤曰及下落開字晝警夜作民勞怨苦故楊泉物理論曰秦始皇使蒙恬築長城死者相屬民歌曰生男愼勿舉生女哺用餔不見長城下尸骸相支拄其冤痛如此矣蒙恬臨死曰夫起臨洮屬遼東城塹萬餘里不能不絕地脈此固當死也

又東過臨沃縣南孫校曰臨沃縣屬五原郡在今府谷縣北董祐誠曰二漢志縣屬五原郡漢末廢當在今烏喇特旗東南接歸化城土默特界蘇爾哲河之西

王莽之振武也河水又東枝津出焉董祐誠曰枝津見下河水又東流石門水南注之官本曰案此十九字原本及近刻並訛作經　案朱訛趙改刊誤曰十九字是注混作經孫校曰俗以爲皇甫川在今府谷縣北東入河水出石門山地理志曰北出石門障朱作郭趙

改下同刊誤曰鄣當作障漢志注校即此山也董祐誠曰當在今茂明安旗南烏喇特旗東西北趣光祿城趙釋曰一清案漢志五原郡稒陽縣北出石門障得光祿城又西北得支龍城又西北得頭曼城又西北得虖河城又西北得宿虜城甘露二年呼韓邪單于還詔遣長樂衛尉高昌侯董忠車騎都尉韓昌等將萬六千騎送單于居幕南保光祿徐自爲所築城也官本曰案保近刻訛作堡　案朱訛趙改刊誤曰堡黃省曾本作保故城得其名矣城東北即懷朔鎮城也董祐誠曰元和郡縣志光祿城東北有懷朔古城在今中受降城界向北化柵側近光祿城當在今烏喇特旗界內懷朔城當在今茂明安旗界內其水自障東南流逕臨沃城東東南注于河董祐誠曰今蘇爾哲河自茂明安旗南流入河當即石門水也河水又東逕稒陽縣故城南官本曰案此十一字原本及近刻竝訛作經　案朱訛趙改刊誤曰十一字是注混作經孫校曰稒陽縣在廢勝州西南今府谷縣東北董祐誠曰漢志縣屬五原郡後漢省當在今歸化城所屬薩拉齊廳西境蘇爾哲河之東南臨大河王莽之固陰也地理志曰自縣北出石門障河水決其西南隅又東南枝津注焉水上承大河于臨沃縣東流七十里北溉田南北二十里趙北改流刊誤曰北全氏校改流注于河董祐誠曰水當在今鄂爾多斯左翼前旗北境河水又東逕塞泉城南而東

注官本曰案此十二字原本及近刻並訛作經　案朱訛趙改刊誤曰十二字是注混作經董祐誠曰城當在今薩拉齊廳西境

又東過雲中楨陵縣南又東過沙南縣北從縣東屈南過沙陵縣西孫校曰楨陵卽廢東勝州沙陵漢屬雲中郡並在河東岸今屬山西沙南在河西今府谷縣東北元和郡縣志榆林縣本漢沙南縣地黃河西南自夏州朔方界流入河濱縣本漢沙陵縣地黃河在縣東一十五步闊一里不通舟檝卽河濱關渡河處名君子津

大河東逕咸陽縣故城南董祐誠曰二漢志縣屬雲中郡漢末廢當在今薩拉齊廳西境王莽之賁武也河水屈而流白渠水注之官本曰案此十字原本及近刻並訛作經　案朱訛趙改刊誤曰十字是注混作經

水出塞外董祐誠曰白渠水當卽今黃水河蒙古曰西拉烏蘇出托克托城東山西逕定襄武進縣故城北董祐誠曰漢志縣屬定襄郡續漢志屬雲中郡漢末廢城當近今托克托城西部都尉治王莽更曰伐蠻官本曰案曰近刻作名　案朱趙同世祖建武中封趙慮爲侯國也白渠水西北逕成樂城北官本曰案近刻脫城字　案朱脫城趙增固刊誤曰成樂下黃省曾本有固字方輿紀要咸樂城在大同府西北三百餘里漢置成樂縣爲定襄郡治後漢改屬雲中郡後廢鮮卑拓跋力微始居其地晉太康五年拓跋祿官分其國爲三一居定襄之盛樂故城建興初猗盧城盛樂以爲北都後爲石虎所敗部族東徙至拓跋翳槐於咸康初復城盛樂而居之弟什翼犍於咸康六年始都雲中之盛樂宮明年築盛樂城於故城南八里卽漢成樂縣之故地也董祐誠曰漢志成樂屬定襄續漢志作盛樂屬雲中後魏初都於此魏書有雲中之盛樂有定襄之盛樂通鑑注定襄之盛樂卽雲中之盛樂魏書什翼犍立三年移都於雲中之盛樂明年築盛樂城於

故城南八里則已非後漢之盛樂城疑定襄之盛樂乃前漢之成樂城也雲中定襄地名混亂而盛樂則一今案此注作成樂又引郡國志成樂故屬定襄之文知同在一地又案定襄郡縣在東雲中郡縣在西疑此爲定襄之盛樂下雲中宮爲雲中之盛樂也城當在今歸化城南郡國志曰成樂故屬定襄也魏土地記曰雲中城東八十里有成樂城今雲中郡治一名石盧城也白渠水又西逕魏雲中宮南董祐誠曰注引魏土地記成樂在雲中城東八十里雲中宮在雲中城東四十里則宮在成樂西亦四十里魏土地記曰雲中宮在雲中縣故城東四十里官本曰案近刻脫縣字案朱脫趙增刊誤曰故城上落縣字下同白渠水又西南逕雲中趙有縣字故城南董祐誠曰二漢志雲中郡治雲中後魏雲中治盛樂故此言故城當在今歸化城西南今黃水河自托克托城北左合南來一水西北流至歸化城西南會黑水河入湖不西南流亦不逕入湖或古今之異也故趙地虞氏記云趙武侯官本曰案近刻脫武字案朱脫趙增刊誤曰何焯云當作趙武侯自五原河曲築長城東至陰山又于河西造大城一箱崩不就乃改卜陰山河曲而禱焉晝見羣鵠遊于雲中徘徊經日見大光在其下趙刊誤曰箋曰大一作火案大光言光之非常作火非黃省曾本是大字武侯曰此爲我乎乃即于其處築城今雲中城是也秦始皇十三年立雲中郡王莽更郡曰受降官本曰案近刻脫此七字案朱趙無趙釋曰一清案漢志雲中郡秦置莽曰受降雲中縣莽曰遠服今注云云有缺失矣縣曰遠

服矣白渠水又西北逕沙陵縣故城南董祐誠曰二漢志縣屬雲中郡漢末廢當在今歸化城西南黑水河之南王莽之希恩縣也其水西注沙陵湖趙釋曰一清案漢志定襄郡武進縣白渠水出塞外西至沙陵入河董祐誠曰湖見下又有芒干水官本曰案干原本訛作于據漢書改正下同　案朱作芒于趙改荒干刊誤曰漢書地理志定襄郡武皋縣下云荒干水出塞外西至沙陵入河芒于是荒干之訛下竝同出塞外董祐誠曰今黑水河蒙古曰哈喇烏蘇出綏遠城東北境近四子部落旗界南逕鍾山山即陰山故郎中侯應言于漢曰陰山東西千餘里單于之苑囿也自孝武出師攘之于漠北匈奴失陰山過之未嘗不哭謂此山也其水西南逕武皋縣董祐誠曰漢志縣屬定襄郡後漢省當在今綏遠城東北四子部落旗之南王莽之永武也又南逕原陽縣故城西董祐誠曰二漢志縣屬雲中郡後漢末省當在今綏遠城東北黑水河西又西南與武泉水合其水東出武泉縣之故城西南董祐誠曰二漢志縣屬雲中郡後漢末廢當在今歸化城東武泉水疑即今之哲爾德必拉也縣即王莽之所謂順泉者也水南流又西屈逕北輿縣故城南董祐誠曰二漢志縣屬雲中郡漢末廢當在今歸化城東哲爾德必拉之北按地理志官本曰案志下近刻衍曰字　案朱趙有五原有南輿縣王莽之南利也故此加北舊中部都

尉治十三州志曰廣陵有朱箋曰當有南字輿官本曰案輿漢書地理志屬臨淮郡後漢屬廣陵故此加

北疑太疏遠也其水又西南入芒干水董祐誠曰今哲爾德必拉西流至歸化城東境合哈喇烏蘇通爲圖爾根必拉芒干水又西南逕白道南谷口朱趙無芒水又四字有城在右朱有下有長字趙刪刊誤曰黄省曾本無長字縈帶長城官本曰案縈近刻訛作側　案朱趙作側背山面澤謂之白道城官本曰案白道下近刻衍南谷口有四字　案朱衍趙刪刊誤曰太平御覽引此文作謂之白道城南谷口有四字與上重文宜衍董祐誠曰城當與今歸化城相近自城北出有高阪謂之白道嶺沿路惟土穴出泉挹之不窮余每讀琴操見琴慎相和雅歌錄云飲馬長城窟及其跋陟斯途官本曰案跋近刻訛作拔　案朱趙同遠懷古事始知信矣非虛言也趙釋曰一清案李善文選注引酈善長水經注曰余至長城其下往往有泉窟可飲馬古詩飲馬長城窟行信不虛也蓋檃括其辭此引書鈔變之例也顧瞻左右山椒之上官本曰案椒近刻訛作樹　案朱作樹箋曰宋本作椒趙改椒有垣若頹基焉沿溪亘嶺趙刊誤曰亘當作亙音恒說文作恆竟也經史通作亙从二从舟與从二从月之亙有別亙卽恆字若从二从日作亘音宣本字从二从回回卽回字大非東西無極疑趙武靈王之所築也芒干水又西南官本曰案近刻訛作又南西　案朱訛趙改刊誤曰芒干水當作荒干水南西二字當倒互逕雲中城北董祐誠曰卽上雲中故城也白道中溪水注之水發源

武川北塞中其水南流逕武川鎮城（官本曰案近刻脫一城字 案朱脫趙增刊誤曰武川鎮下落城字董祐誠曰元和郡縣志武川鎮今名黑城在東受降城北三百里當在今歸化城西北今克魯倫必拉出歸化城西北接茂明安界西南流逕城西境會圖爾根河疑即白道中谿水也）城以景明中築以禦北狄矣其水西南流歷谷逕魏帝行宮東（董祐誠曰當在今歸化城西）世謂之阿計頭殿宮城在白道嶺北阜上其城圓角而不方四門列觀城內惟臺殿而已其水又西南歷中溪出山西南流于雲中城北（官本曰案此下原本及近刻並衍于雲中城北五字係衍文 案朱衍趙刪刊誤曰杭世駿云下五字重文宜衍）南注芒干水芒干水又西（官本曰案近刻脫水字 案朱脫趙增又刪又字刊誤曰於文是荒干水西出塞外懷朔鎮東北荒中）塞水出懷朔鎮東北芒中（趙箋塞水出作出塞外芒作荒董祐誠曰懷朔鎮見上今克魯倫必拉之西有多羅圖必拉察蘇七必拉皆南流入圖爾根必拉未知何水爲塞水也）南流逕廣德殿西山下（董祐誠曰殿當即在行宮中二水夾之）余以太和十八年從高祖北巡屆于陰山之講武臺臺之東有高祖講武碑碑文是中書郎高聰之辭也自臺西出南上山山無樹木惟童阜耳即廣德殿所在也其殿四注兩夏（官本曰案注近刻訛作柱夏廈同 案朱趙同）堂宇綺井

官本曰案井近刻訛作栱　案朱訛趙改刊誤曰栱孫潛校改井綺井出左思魏都賦圖畫奇禽異獸之象殿之西北
便得焜煌堂雕楹鏤桷取狀古之溫室也其時帝幸龍荒遊鸞
朔北南秦王仇池楊難當捨蕃委誠重譯拜闕陛見之所也故
殿以廣德爲名魏太平眞君三年刻石樹碑勒宣時事碑頌云
肅清帝道振慴朱趙作攝四荒有蠻有戎自彼氐羌無思不服重譯
稽顙恂恂南秦斂斂推亡彧彧廣德弈弈焜煌侍中司徒東郡
公崔浩之辭也碑陰題宣城公李孝伯尚書盧遐等從臣姓名
若新鏤焉其水歷谷南出朱趙有陰字山西南入芒干水
芒干水又西南注沙陵湖趙釋曰一清案漢志定襄郡武皋縣荒干水出塞外西至沙陵入河趙刊誤曰芒干水當作荒干水南齊書魏虜傳云平城南有干水出定襄界流入海去城五十里世號爲索干都干水卽荒干水也而云流入海與漢志水經注異蓋南人不習北地故耳董祐誠曰今圖爾根必拉逕薩拉齊廳南境又西南匯爲澤西流入河澤卽沙陵湖也湖水西南入于河董祐誠曰漢志白渠水出武進塞外西至沙陵入河荒干水出武皋塞外西至沙陵入河是漢時二水各入河也此注二水俱入沙陵湖是白渠下流徙而東北與荒干水相合今黃水河合黑水河更在沙陵湖之上流是白渠徙而東也
河水南入楨陵縣西北朱訛經又楨訛作槙趙改注槙改楨刊誤曰漢書地理志雲中郡有楨陵縣槙當作楨九

字是注混作經緣胡山董祐誠曰楨陵漢志屬雲中郡後漢省志云緣胡山在西北當卽今托克托城西北臨河諸山楨陵城當在托克托城之西南太平寰宇記謂

在榆林縣西北非歷沙南縣東北董祐誠曰二漢志縣屬雲中郡漢末廢當在今鄂爾多斯左翼前旗界中兩山二

縣之間而出官本曰案此二十六字爲句原本及近刻竝截上九字訛作經下十七字仍屬注文 案朱箋曰而一作南趙改南余以

太和中爲尚書郎從高祖北巡親所逕涉趙作陟縣在山南王莽

之楨朱趙作楨陸也北去雲中城一百二十里縣南六十許里

有東西大山山西枕河河水南流脈水尋經殊

乖川去之次似非關究也官本曰案此駁正經文東過楨陵沙南之誤 董祐誠曰此駁正經文之誤

又南過赤城東趙釋曰全氏曰胡三省云後魏明元帝泰常八年築長城於長川之南起自赤城西至五原延袤二千餘里卽此城也但考登國二年幸

赤城三年又幸東赤城疑有兩赤城而今不可考矣一清案顧景范曰赤城堡在萬全指揮司東北二百里其地相傳蚩尤所居後魏主珪登國二年幸廣寧遂如赤城神瑞二年復如赤城此東赤城

也司治卽今宣化府史云幸廣寧遂如赤城其爲東赤城無疑東赤城見沽水篇注河水所逕之赤城在朔州西北董祐誠曰城當在今鄂爾多斯左翼前旗界中又南過

定襄桐過縣西孫校曰定襄桐過竝在河東岸屬山西董祐誠曰漢志縣屬定襄郡續漢志屬雲中郡漢末廢當在今托克托城西南烏蘭木倫河之北

定襄郡漢高帝六年置官本曰案近刻脫帝字 案朱脫趙增刊誤曰漢高下脫帝字王莽之得降也桐

過縣王莽更名椅桐者也 河水于二縣之間濟有君

子之名官本曰案此十三字原本及近刻並訛作經注混作經周嬰何焯皆疑及此趙釋曰一清案寰宇記雲州雲中縣下引冀州圖經曰雲中郡南有君子津卽大河之津又勝州河濱縣下云本漢沙南縣地有君子津引水經注云云今注云河水於二縣之間似指雲中之沙南定襄之桐過而言也董祐誠曰今曰湖灘河朔案朱訛趙改刊誤曰十三字是

皇魏桓帝十一年官本曰案皇魏近刻訛作昔漢一訛作三案朱趙同趙釋曰戹林曰後漢書桓帝再幸函谷一臨雲夢乘輿鹵簿不屆榆中且京雒宅中代畎不爲東地元號屢易紀年不得十三嘉君子之名必非蠡吾之主案魏收書以猗㐌爲桓帝幽幷之間水草是逐度沙漠而飲馬據參合以張氈故以榆林爲西桑乾爲左矣尋厥昆嗣屢遊斯津則桓卽猗㐌差無乖爽但猗㐌統部止十一年此言十三又非佳證且桑氏已著濟名則事在漢桓之先矣一清案十三十一字畫訛誤君子濟名經注混淆方叔之言義猶未盡敢附窺虎之末以成析酈之功西幸榆中東行代地洛陽大賈齎金貨隨帝後行夜迷失道往投津長曰子封趙刊誤曰箋曰御覽引此無曰子封三字埭疑當作田子封是津長姓名案通鑑晉紀胡三省註亦引此文作曰子封古人文義簡質書名不書姓者多矣何必改爲田字以實之乎送之渡河賈人卒死津長埋之其子尋求父喪發冢舉一本作與尸資囊一無所損官本曰案囊近刻訛作貨案朱作費趙改囊刊誤曰資費通鑑注引此文作資貨寰宇記作資囊從之其子悉以金與之津長不受事聞于帝帝曰君子也官本曰案近刻脫一帝字朱脫箋曰御覽有兩帝字趙增案卽名其津爲君子濟濟在雲中城西南二百餘里河水又東南左合一水官本曰案此九字原本及近刻並訛作經注混作經案朱訛趙改刊誤曰九字是孫校曰左疑右字水出契吳東山西逕故里南

官本曰案南下近刻衍而字案朱衍趙刪刊誤曰而字衍文北俗謂之契吳吳亭其水又西流注于河董祐誠曰水當在今湖灘河朔南爲蘭木倫河北河水又南樹頹水注之官本曰案此九字原本及近刻並訛作經　案朱訛趙改刊誤曰九字是注混作經趙釋曰一清案史記周本紀曰吾聞犬戎樹敦韋昭曰樹立也言犬戎立性敦篤也方輿紀要云志云周穆王時犬戎樹惇居此有城在寧夏衛西周涼州刺史史寧曰樹敦賀眞二城吐谷渾之巢穴也魏書地形志朔州神武郡領殊頹縣今注云樹頹蓋語出戎方音之異耳孫校曰疑今保德州南之岢嵐水水出東山西南流右合中陵川水水出中陵縣西南山下官本曰案近刻脫西字　案朱脫箋曰縣下黃本缺一字吳本補作東字謝云宋本作西字趙增西字北俗謂之大浴眞山官本曰案近刻脫眞字山下衍其字　案朱趙同水亦取名焉東北流逕中陵縣故城東北俗謂之北右突城王莽之遮害也十三州志曰善無縣南七十五里有中陵縣世祖建武二十五年置趙釋曰一清案班志已有中陵縣不應置自光武也司馬彪郡國志云定襄郡中陵故屬雁門以言改隸則可耳其水又西北右合一水水出東山官本曰案出近刻訛作自　案朱訛趙改刊誤曰自當作出北俗謂之貸敢山水又受名焉其水西北流官本曰案水下近刻衍自字　案朱趙有注于中陵水中陵水又西北流逕善無縣故城

西朱趙不重中陵水三字　王莽之陰館也十三州志曰舊定襄郡治地理志

雁門郡治官本曰案近刻志下衍曰字　案朱趙有　其水又西北流右會一水官本曰案

右近刻訛作又　案朱訛趙改刊誤曰又當作右　水出東山下北俗謂之吐文水孫校曰疑

今蔚文水在保德州南　山又取名焉北流逕鋤趙作鉏亭南又西流

逕土壁亭南官本曰案近刻脫又字逕字　案朱脫二字趙增逕字刊誤曰西流下落逕字　西出峽左入

中陵水中陵水朱趙不重中陵二字　又北分爲二水一水東北

流謂之沃水官本曰案沃原本訛作流今改正　案朱訛趙改刊誤曰流水當是沃水之誤以下文校正　又東逕沃

陽縣故城南官本曰案故近刻訛作坎　案朱作坎籛曰李云當作故城趙改故　北俗謂之可不

埿城　王莽之敬陽也　又東北逕沃陽城東又東合

可不埿水水出東南六十里山下朱不重水字趙增又出下增縣字刊誤曰通鑑注引

此文作水出縣東南出字上下皆有脫文　西北流注沃水沃水又東官本曰案近刻脫沃水二字又下衍會字

案朱趙不重沃水二字朱作又會趙改合流而刊誤曰通鑑注引此文又會二字作合流而三字　逕參合縣南魏因參合

陘以即名也　北俗謂之倉鶴陘道出其中亦謂之

參合口經在縣之西北官本曰案經在近刻訛作徑左訛趙改刊誤曰徑左當作經在 案朱卽燕書所謂太子寶自河西官本曰案近刻脫西字 案朱脫趙增刊誤曰濕水注引燕書建興十年慕容寶自河西還軍敗於參合河下落西字還師參合三軍奔潰卽是處也魏立縣以隸涼城郡官本曰案近刻郡下有也字 案朱趙有西去沃陽縣故城二十里縣北十里有都尉城地理志曰沃陽縣西部都尉治者也北俗謂之阿養城其水又東合一水水出縣東南六十里山下北俗謂之炎豆渾水西北流注于沃水沃水朱趙不重沃水二字又東北流注鹽池地理志曰鹽澤在東北者也今鹽池西南去沃陽縣故城六十五里官本曰案近刻脫縣字 案朱趙無池水瀦渟淵而不流東西三十里南北二十里池北七里官本曰案近刻作十里 案朱趙同卽涼城郡治官本曰案近刻訛作注作注箋曰疑作治趙改治 案朱池西有舊城俗謂之涼城也郡取名焉地理志曰澤有長丞官本曰案漢官制有令有長令長皆有丞此城卽長丞所治也城西三里有小阜阜下有泉東南流注

池北俗謂之大谷北堆官本曰案近刻訛作此佳案朱作此佳趙作堆此分屬下讀刊誤曰箋曰此佳二字疑誤案大谷下落堆字佳字衍文水亦受目焉中陵川水自枝津西北流右合一水于連嶺北水出沃陽縣東北山下官本曰案近刻脫水字案朱脫趙增刊誤曰出上落水字北俗謂之烏伏真山官本曰案謂近刻作名案朱趙同水曰誥升袁河趙釋曰一清案晉書匈奴右賢王去卑之子曰誥升爰魏書鐵弗劉虎南單于苗裔左賢王去卑之孫虎父誥升爰一名訓兜誥則此河以人得名爰袁音同通用趙刊誤曰箋曰袁河當作緣河案全氏云案晉時匈奴右賢王劉誥升爰劉衞辰之所出也河或以此得名爰與袁通西南流逕沃陽縣左合中陵川亂流西南與一水合北俗謂之樹頽水水出東山下西南流右合誥升袁水亂流西南注分謂朱趙作爲二水左水枝分南出北俗謂之太羅河右水西逕故城南北俗謂之昆新城官本曰案謂近刻作名案朱趙同其水自城西南流注于河河水又南太羅水注之官本曰案此九字原本及近刻並訛作經案朱訛趙改刊誤曰九字是注混作經水源上承樹頽河南流西轉逕武州縣故城南官本曰案近刻脫州字下同

案朱脫趙增釋曰一清案禹貢錐指云河水折而南逕廢東勝州東入塞其東岸則平鹵衛杜佑曰勝州東至黃河四十里北至黃河五里西北至黃河二十里平鹵衛在山西大同府西少南二百四十里本漢雁門郡之武州縣隋唐以後爲朔州地今山西朔州有武州城亦謂之河套魏收地形志恆州代郡領武周縣十三州志曰武州縣在善無城西南百五十里官本曰案近刻脫城字南字 案朱脫又無州字趙增州城無南字刊誤曰武縣當是武州縣釋見本卷善無下落城字北俗謂之太羅城水亦藉稱焉其水西南流一水注之官本曰案一近刻作右 案朱趙同水導故城西北五十里南流逕城西北俗名之曰故槃迴城官本曰案近刻脫俗字 案朱脫趙增又南流注太羅河太羅河又西南流注于河河水又左得湳水口官本曰案此八字原本及近刻並訛作經刊誤曰八字是注混作經孫校曰左疑右當在今府谷縣 案朱訛趙改說文湳水出西河董祐誠曰左當作右水出西河郡美稷縣東南流東觀記曰郭伋字細侯官本曰案近刻脫字字郭伋下當作字細侯案細侯爲伋字夫人知之何庸證明 案朱趙無字字趙刊誤曰箋曰爲并州牧前在州素有恩德老小相攜道路行部到西河美稷數百小兒各騎竹馬迎拜伋問兒曹何自遠來曰聞使君到喜故迎伋謝而發去諸兒復送郭外問使君何日還伋計日告之及還先期

一日念小兒郎止野亭須斯至乃往　其水又東南流羌

人因水以氏之　漢沖帝時羌湳狐奴歸化蓋其渠帥也

其水俗亦謂之爲遄波水東南流入長城東鹹

水出長城西鹹谷東入湳水湳水　朱趙不重湳水二字　又東南

渾波水出西北窮谷東南流注于湳水湳水又

東逕西河富昌縣故城南　孫校曰隋亦曰富昌當在今府谷縣　王莽之富成也

湳水又東流入于河　官本曰案原本訛作湳今改正　案朱作湳水水字截屬下趙入於湳水作謂之湳口　刊誤曰湳水何以入湳水全祖望云入於湳水當作謂之湳口

河水左合一水　官本曰案原本脫河字　案朱趙無　出善無縣

故城西南八十里其水西流歷于呂梁之山而

爲呂梁洪其山巖層岫衍　官本曰案近刻脫山字　案朱脫趙增　刊誤曰箋曰古本作巖層岫衍撰疑當作岫　複案衍字不誤其下落山字　澗曲崖深巨石崇竦壁立千仞河流激

盪濤湧波襄雷渀電洩　官本曰案電近刻作雲　案朱作雲箋曰一作電趙改電渀改奔　震天

動地昔呂梁未闢河出孟門之上蓋大禹所闢

以通河也司馬彪曰呂梁在離石縣西今于縣西歷山尋河竝無過峘官本曰案竝近刻作乃過峘朱謀㙔云當作過阻　案朱作乃趙改竝過峘改過岨刊誤曰箋曰過峘二字訛當作過岨　案乃黃省曾本作竝至是乃爲河之巨險官本曰案近刻脫河之二字　案朱脫趙增刊誤曰乃爲下落河之二字　黃省曾本校增即呂梁矣在離石北以東可二百有餘里也朱無也字趙增刊誤曰里下孫潛校補也字趙釋曰一清案閻氏若璩古文尚書疏證曰道元言呂梁之水勢與龍門無異而以爲在離石離石明之石州改名永寧州者是必求其地以實之永寧州東北則今靜樂嵐州之地西去黃河約二百里無所謂河流也土人欲當以河曲縣西南二十五里天橋峽亦有禹鑿之迹天將陰雨激浪如雷幾相似矣而無所謂千仞巨石又南去離石四百餘里皆與酈注不合當闕疑禹貢錐指曰呂梁即禹貢之梁山龍門之南山也尸子呂氏春秋淮南子先言龍門次言呂梁其爲夏陽之梁山無疑董祐誠曰今河曲縣西南天橋峽河經其中激浪如雷聲聞數十里即注所云呂梁也

又南過西河圁陽縣東朱箋曰圁音銀趙釋曰全氏曰漢志西河郡有圜陽圜陰二縣師古曰圜字本作圁音銀縣在圁水之陰因以爲名也王莽改爲方陰則是當時已誤作圜字矣今有銀州銀水之稱即是舊名猶存但字變耳然觀酈長所見之本卻不錯豈後人因王莽有方陰之名而妄改爲圜字以實之乎孫校曰今神木縣董祐誠曰圁陽二漢志皆作圜陽屬西河郡漢末廢顏師古漢書注圜陰圜字本作圁王莽改爲方陰則是當時已誤爲圜字今有銀州銀水即是舊名猶存但字變耳案少室開母石闕所刻圜陽圜陰字皆從睘此漢時已作圜字之證至銀州之水即此注之奢延水與此圁水迥異元和郡縣志謂銀州治榆林縣本漢圁陰縣地亦與顏氏同誤榆林在奢延水北當漢龜茲屬施諸縣地今爲米脂縣境圁陰則今葭州也惟麟州有銀城縣則當以圁水得名耳故城見圁水下

西河郡漢武帝元朔四年置王莽改曰歸新圁水孫校曰今葭州禿屈河也
出上郡白土縣圁谷東逕其縣南地理志曰圁
水出西東入河官本曰案東近刻作南蓋後人所妄改 案朱訛趙改王莽更曰黃土也東
至長城與神銜水合官本曰案銜近刻訛作御下同 案朱作御箋曰古本作銜趙作御下同水出縣
南神銜山官本曰案近刻脫神字 案朱脫趙增刊誤曰縣南下落神字出峽東至長城官本曰案近刻訛作
峽山東出至長城案朱趙同趙峽改夾入于圁圁水又東逕鴻門縣縣故鴻門
亭地理風俗記曰圁陰縣西五十里有鴻門亭天封苑官本曰案近刻訛作
宛 案朱訛趙改火井廟火從地中出圁水又東梁水注之水出
趙有縣字西北梁谷東南流注圁水圁水又東朱趙不重圁水字逕
圁陰縣北漢惠帝五年立王莽改曰方陰矣又東桑谷
水注之水出西北桑溪官本曰案此句之下近刻又有東北桑溪四字係衍文 案朱衍趙刪刊誤曰東北桑溪四字
衍文東北流入于圁圁水又東逕圁陽縣南官本曰案近刻訛作逕圁
陰南 案朱趙同趙南上增縣字東流注于河河水又東端水入焉官本曰案此八

字原本及近刻竝訛作經字是注混作經孫校曰端水俗以爲寧河在神木縣 案朱訛趙改刊誤曰八 水西出號山山海經曰其木多漆椶 官本曰案其下近刻衍山字 案朱趙有 其草多芎藭 官本曰案郎芎藭 案朱芎藭趙芎藭 是多泠石 官本曰案泠近刻訛作冷 案朱作冷箋曰經作泠石郭注音今云未詳趙改泠 端水出焉而東流注于河河水又南諸次之水入焉 官本曰案此十字原本及近刻竝訛作經 案朱訛趙改刊誤曰十字是注混作經 水出上郡諸次山 孫校曰諸次山當在榆林府北套外 山海經曰諸次之山諸次之水出焉 官本曰案近刻脫之字焉字 案朱脫趙增 是足山多木無草鳥獸莫居是多象蛇 官本曰案象近刻訛作衆 案朱訛趙改刊誤曰施廷樞云衆當作象今本山海經亦誤 其水東逕榆林塞世又謂之榆林山卽漢書所謂榆溪舊塞者也自溪西去悉榆柳之藪矣 官本曰案柳近刻作林 案朱同趙改刊誤曰林通鑑注引此文作柳黃省曾本原是柳字 緣歷沙陵屆龜茲縣西北 官本曰案近刻訛作西出 案朱趙同 故謂廣長榆也王恢云樹榆爲塞謂此矣蘇林以爲榆中在上郡非也案始皇本紀西北逐匈奴自榆中竝河以東屬之陰山然榆中在金城東五十許里陰山在朔方東以此推之不得

在上郡漢書音義蘇林爲失是也官本曰案失是近刻訛作是失　案朱趙同趙釋曰全氏曰案胡三省曰蘇林之說固未爲盡是而道元所謂楡中在金城東五十許里亦非也衞青取河南地案楡谿舊塞正在唐麟勝二州界其西則接古上郡之境況諸次水出上郡逕楡林塞入河則楡林在上郡之東明矣諸次水無西流至金城之理專攷其故道元特以金城郡有楡中縣遂牽合之不知此誤尤甚於蘇林其水東入長城小楡水合焉官本曰案楡下近刻衍林字　案朱衍趙刪刊誤曰林字衍文歷澗西北官本曰案澗近刻訛作源　案朱作源箋曰源古本作澗趙改澗窮谷其源也又東合首積水水西出首積溪官本曰案近刻脫水字又重一溪字　案朱脫趙增不刪溪字刊誤曰西出上落水字東注諸次水又東入于河山海經曰諸次之水東流注于河即此水也河水又南湯水注之官本曰案此八字原本及近刻竝訛作經　案朱訛趙改刊誤曰八字是注混作經山海經曰水出上申之山上無草木而多硌石下多榛楛湯水出焉東流注于河也孫校曰今有水出米脂縣桃花茆東流逕葭州南入河即湯水也米脂縣北諸山當即上申山今俗有白雲山馮家山之名也

又南離石縣西官本曰案又南下脫過字　案朱脫趙增刊誤曰又南下脫過字孫校曰離石今永寧州今無定河於綏德州清澗縣東入河董祐誠曰縣故城見離石水下

奢延水注之官本曰案此五字原本及近刻並訛作經今考水經必云某水從某來注之不言從某來者乃注文　案朱趙作經薰祐誠曰五字舊刻及永樂大典本俱作經戴氏以不言從某來改爲注文又注文奢延水入河本在陵水離石水上案離石今永寧州離石水今州西之北川河奢延水今綏德州之無定河奢延水入河實在離石水入河之下河東西俱在萬山中水口當無改易詳繹經文河水先過離石西而後右會奢延水則以五字仍作經文正與水道相合其不言自某來者或更有脫佚而注中奢延水一條當移在離石水口之下則經注皆符矣水西出奢延縣西南赤沙阜東北流孫校曰奢延故城在廢夏州西南今榆林縣北十里有江山即赤沙阜也山海經所謂生水出孟山者也官本曰案孟近刻訛作盂　案朱趙作盂下同郭景純曰孟或作明趙釋曰一清案八字注中注又山海經注無此文也西山經曰又北二百二十里曰孟山郭璞曰音于黄本訛孟作孟後之讀者祇聞孟津之爲盟津孟豬之爲盟豬遂謂字得通用因改郭注以就之而不知其元文之不可揜也然則此八字並非酈注之舊漢破羌將軍段熲破羌于奢延澤虜走洛川洛川在南俗因縣土謂之奢延水又謂之朔方水矣官本曰案近刻脫方字誤曰通鑑注引此文作朔方水今校補　案朱脫趙增刊東北流逕其縣故城南王莽之奢節也赫連龍昇七年于是水之北黑水之南遣將作大匠梁公叱干阿利官本曰案近刻訛作叱于阿梨　案朱訛趙改刊誤曰叱干姓也干字誤梨當作利何焯據晉書載記校正釋曰沈氏曰是年三月赫連改元鳳翔然後以阿利領將作改築大城名曰統萬城蒸土加功雉堞雖久崇

墉若新並造五兵器銳精利乃咸百鍊為龍雀大鐶號曰大夏龍雀銘其背曰古之利器吳楚湛盧大夏龍雀名冠神都可以懷遠可以柔邇如風靡草威服九區世甚珍之又鑄銅為大鼓及飛廉翁仲銅駝龍虎皆以黃金飾之列于宮殿之前則今夏州治也　奢延水又東北與溫泉合源西北出沙溪而東南流注奢延水奢延水又東黑水入焉水出奢延縣黑澗官本曰案近刻脫水字　案朱脫趙增刊誤曰箋曰墉云當作奢延水又東與黑水合黑水出奢延縣黑澗謝兆申云案宋本黑水入焉水出奢延縣黑澗案原文只出字上落水字耳何必多其詞說乎東南歷沙陵注奢延水奢延水又東合交蘭水水出龜茲縣交蘭谷官本曰案近刻脫水字縣字　案朱脫趙增刊誤曰出上落水字龜茲下落縣字漢書地理志上郡有龜茲縣東南流注奢延水奢延水又東北流與鏡波水合水源出南邪山南谷東北流注于奢延水奢延水又東逕膚施縣帝原水西北出龜茲縣東南流縣因處龜茲降胡著

穉又東南注奢延水奢延水又東 官本曰案近刻脫奢延水三字及東字 案朱趙無

逕膚施縣南 秦昭王三年置上郡治漢高祖并三秦復以

爲郡王莽以漢馬員爲增山連率歸世祖以爲上郡太守司馬

彪曰增山者上郡之別名也 官本曰案馬員字季主 趙釋曰全氏曰朱謀㙔曰漢志西河自有增山縣愚謂班固不書王莽所改上郡之名是脫文意者莽卽以增山名上郡故司馬彪云然今世本缺失嘗以水經注補之正不礙西河之別有增山縣也馬員字季主新息侯援之兄也見後漢書本傳及章懷注

東入五龍山 孫校曰五龍山在綏德州南五里 地理志曰縣有五龍山帝原水 官本曰案山下近刻衍也字 案朱衍趙刪刊誤曰也字衍文漢志分注校趙釋曰一清案漢志上郡膚施縣有五龍山帝原水黃帝祠四所 自下亦爲通

稱也歷長城東出于白翟之中 官本曰案近刻訛作出於赤翟白翟之中 案朱趙同趙釋曰一清案赤翟在中山不應在此道元注頗滑突 又有平水 官本曰案平近刻訛作年 案朱作年箋曰宋本作平水趙改平 出西北

平溪東南入奢延水奢延水又東 朱趙不重奢延水三字 走馬

水注之水出西南長城北陽周縣故城南橋山

昔二世賜蒙恬死于此王莽更名上陵畤山上有黃帝冢故也

帝崩惟弓劍存焉故世稱黃帝仙矣 其水東流昔段熲

追羌出橋門至走馬水聞羌在奢延澤即此處也 門即橋山之長城門也始皇令太子扶蘇與蒙恬築長城起自臨洮至于碣石即是城也 其水東北流入長城又東北注奢延水奢延水又東 朱趙不重奢延水二字 與白羊水合其水出于西南白羊溪循溪東北注于奢延水 官本曰案循近刻訛作巡 案朱趙同 奢延水又東入于河山海經曰生水東流注于河河水又南陵水注之 官本曰案此八字原本及近刻竝訛作經 案朱訛趙改刊誤曰八字是注混作經孫校曰臨泉縣本漢離石縣地臨泉水在縣北一百步即此水今俗名南川河 水出陵川北溪南逕其川西轉入河河水又南得離石水口 官本曰案此九字原本及近刻竝訛作經 案朱訛趙改刊誤曰九字是注混作經 水出離石北山 官本曰案近刻脫水出二字 案朱脫趙增刊誤曰離石上落水出二字孫校曰離石北山今俗名赤堅嶺 南流逕離石縣故城西 孫校曰今永寧州寧鄉臨縣二邑皆離石境案此永寧當是古離石治 史記云秦昭王伐趙取離石者也漢武帝元朔三年封代共王子劉綰爲侯國後漢西河郡治也 其水又南

出西轉逕隰城縣故城南孫校曰今當是永寧北境漢武帝元朔三年封代共王子劉忠爲侯國王莽之慈平亭也胡俗語訛尚有千城之稱朱作千趙改于刊誤曰千城當作于城其水西流注于河也孫校曰離石水入河在永寧

又南過中陽縣西孫校曰地理志西河郡有中陽縣其地當在今岢嵐州治官本曰案陽近刻訛作南案朱作南箋曰孫云中南疑作中陽趙改陽

中陽縣故城在東東翼汾水隔越重山不濱于河也董祐誠曰中陽二漢志屬西河郡漢末廢一統志云西河郡前漢治富昌後漢治離石所領諸縣皆夾黃河兩岸從無東附汾水者漢末寇亂諸郡荒蕪曹魏時始移郡東出縣亦隨之元和郡縣志云曹魏移中陽縣于茲氏縣界是已酈注反以魏所移之城爲兩漢故縣誤案經所稱河水過中陽縣西者兩漢之中陽在今寧鄉縣西者也文水注所稱文湖逕中陽縣故城東者曹魏移治之中陽在今孝義縣北者也注於文湖所逕之中陽故城下僅引晉代地志初不以爲二漢之中陽於原公水下又明言魏置西河郡分劃太原四縣以爲邦邑而此乃誤證以駁經蓋偶有不照耳

又南過土軍縣西孫校曰今石樓縣屬汾州府

吐京郡治故城卽土軍縣之故城也董祐誠曰漢志土軍屬西河郡後漢省魏書地形志吐京郡真君九年置元和郡縣志石樓縣本漢土軍縣今石樓縣治卽唐舊治胡漢譯言音爲訛變矣官本曰案近刻訛作皆訛僞變矣案朱訛趙改皆爲訛變矣刊誤曰僞當作爲與訛字倒互其城圓長而不方漢高帝十一年以封武侯宣義爲

侯國趙釋曰一清案漢表云諡式此從史表又索隱曰案位次曰信成侯也縣有龍泉孫校曰今在縣南出城東南道左山下牧馬川上多產名駒駿同滇池天馬官本曰案近刻訛作元河 案朱訛趙改又牧馬川作牧龍川下重川字刊誤曰九域志延安府古跡引此文作牧龍川又於文當重一川字箋曰元下脫一馬字案元字亦誤當作天河字是馬字之誤無脫文其水西北流至其城東南土軍水出道左高山孫校曰今名左山在石樓縣東南西南注之龍泉水又北屈逕其城東西北入于河河水又南合契水官本曰案此七字原本及近刻並訛作經 案朱訛趙改刊誤曰七字是注混作經徬溪東入窮谷其源也又南至祿谷水口水源東窮此溪也孫校曰二水當在石樓南河水又南得大蛇水官本曰案此八字原本及近刻並訛作經 案朱訛趙改刊誤曰八字是注混作經發源溪首西流入河河水又南右納辱水官本曰案此八字原本及近刻並訛作經 案朱訛經右作又趙改注改右刊誤曰箋曰舊本作河水又右納辱水案非也惟又紙之又當作右南字不宜衍也八字是注混作經孫校曰今在延安府延川縣境入河山海經曰辱水出鳥山官本曰案出下近刻衍于字 案朱趙有其上多桑其下多楮陰多鐵陽多玉其水東流注于河俗謂之秀延水東流

得浣水口傍溪西轉窮溪便即浣水之源也辱水又東官本曰案辱水近刻訛作延水下同　案朱作延趙作秀延下全同會根水官本曰案會下近刻衍于字　案朱趙有西南溪下根水所發而東北注辱水辱水又東南官本曰案近刻脫辱水又三字　案朱脫三字趙增一又字露跳水出西露溪官本曰案出西近刻訛作西出　案朱訛趙改刊誤曰延水上落秀字上延水又東會於根水同延水下落又字西出二字當倒互此水所出名西露溪也東流又東北入辱水亂流注于河河水又南左合信支水水發源東露溪官本曰案近刻脫溪字　案朱脫趙增刊誤曰東露下落谿字西流入于河河水又南左會石羊水循溪東入導源窮谷西流注于河朱作注入河趙改注于河刊誤曰入當作于趙釋曰一清案漢志西河郡穀羅縣武澤在西北武澤本曰虎澤唐人避諱改之後漢建武二十八年詔南匈奴居西河美稷之虎澤即此澤也胡三省曰虎澤應在五原曼柏之北在今榆林鎮之東北而是注無聞焉

又南過上郡高奴縣東孫校曰當今宜川縣董祐誠曰高奴二漢志屬上郡晉廢元和郡縣志延州理即漢上郡高奴縣之城案唐延州城在今膚施縣城東北延水之東

域谷水東啓荒原官本曰案近刻訛作源　案朱訛趙改刊誤曰源當作原西歷長溪西

南入于河河水又南合孔溪口官本曰案近刻脫孔字案朱脫河字孔字趙增一河字刊誤曰水上落河字水出孔山南孫校曰孔山在今山西大寧縣北歷溪西流注于河孔
山之上有穴如車輪三所東西相當相去各二丈許南北直通
故謂之孔山也山在蒲城西南二十餘里河水又右會區
水孫校曰水在宜川東北入河山海經西次四經之首官本曰案西近刻訛作曰案朱訛趙改刊誤曰曰次當作西次曰陰山西北百七十里曰申山其上多穀
柞其下多杻橿其陽多金玉官本曰案近刻脫其陽二字案朱脫趙增刊誤曰多金玉上落其陽二字據山海經校補區水出焉而東流注于河世謂之清水東
流入上郡長城官本曰案上郡二字近刻訛在東流上案朱作上郡東流入於長城趙增清水出三字刊誤曰上郡上落清水出三字據寰宇記校補逕老人山下又東北流至老人谷傍水北出
極溪便得水源清水又東得龍尾水口水出北
地神泉障北山龍尾溪東北流注清水清水朱趙不重清水二字又東會三湖水水出南山三湖谷東北流入

清水清水又東逕高奴縣合豐林水水地理志謂之洧水也故言高奴縣有洧水肥可𤋮朱箋曰古然字趙釋曰一清案俗本漢書落肥字水上有肥可接取用之博物志稱酒泉延壽縣南山出泉水大如筥注地爲溝水有肥如肉汁取著器中始黃後黑如凝膏然極明與膏無異膏車及水碓缸甚佳彼方人謂之石漆水肥亦所在有之非止高奴縣洧水也項羽以封董翳爲翟王居之三秦此其一也漢高祖破以縣之王莽之利平矣民俗語訛謂之高樓城也豐林川長津瀉注北流會清水官本曰案近刻清訛作洧下同又脫水字案朱趙作洧下同無水字清水又南官本曰案近刻訛作有案朱訛趙改奚谷水注之官本曰案奚近刻訛作溪案朱訛趙改刊誤曰有當作南谿當作奚下云水西出奚川是也水西出奚川東南流入清水清水朱趙不重清水二字又東注于河河水又南蒲川水出石樓山南逕蒲城東官本曰案此十六字原本及近刻並訛作經今本脫水出二字案朱同趙又南下增逕字無水出二字刊誤曰十四字是注混作經又南下落逕字孫校曰石樓山在今興縣東北一統志說疑非也即重耳所奔

之處也又南歷蒲子縣故城西今大魏之汾州治徐廣晉紀稱劉淵自離石南移蒲子者也闞駰曰蒲城在西北漢武帝置　其水南出得黃盧水口水東出蒲子城南官本曰案近刻脫水字出下復衍歷字　案朱趙同東北入谷趙入下增黃盧二字刊誤曰初學記引水經注云黃櫨水出隰川縣東北黃櫨谷又任廣書敘指南曰水經敘隰川曰紫川黃谷黃谷即黃盧谷也此北宋見行之本宜爲可據谷上落黃盧二字極溪便水之源也蒲水又南官本曰案近刻脫蒲水二字　案朱趙無合紫川水水東北出紫川谷官本曰案水字下近刻衍出字案朱有趙刪北下出字西南合江水江水出江谷西北入紫川水紫川水又西北入蒲水蒲水又西南入于河水朱紫下竝無川字趙增又又上補出石樓山下五字刪河下水字刊誤曰兩紫水俱當作紫川水蒲水下寰宇記引此文有出石樓山下五字今校補河水之水衍文孫校曰在大甯南入河河水又南合黑水官本曰案近刻訛作河水入南黑水案朱同趙入南改又南刪下出上水字水出定陽縣西山二源奇發同瀉一壑東南流逕其縣北又東南流右合定水水俗謂之白水也水西出其縣南山定水谷東逕定陽縣故城

水經注卷四　長沙王氏校本

後魏酈道元撰

河水 官本曰案二字原本訛在經文又南上近刻又增河水四三字表目 案朱趙同

又南過河東北屈縣西

河水南逕北屈縣故城西 董祐誠曰二漢志縣屬河東郡晉志屬平陽郡魏書地形志平陽郡禽昌二漢屬河東即漢晉之北屈也神䴥元年世祖禽赫連昌仍置禽昌郡真君二年改七年並永安屬焉又定陽郡定陽延興四年置元和郡縣志後魏孝文帝於北屈縣南二十一里置定陽郡即慈州理是也太平寰宇記魏於白馬城置禽昌縣案禽昌治白馬城即今臨汾不得在北屈考魏平陽郡北屈與狐讘等縣同屬太平寰宇記永和縣西南三十五里漢狐讘縣故城曹魏別置狐讘縣是魏晉之狐讘已非漢舊今吉州北接大寧爲漢北屈其北則永和爲漢狐讘又北則爲漢西河郡地蓋漢末地荒西河之中陽諸縣既移治太原而狐讘北屈亦移治平陽狐讘以寰宇記曹魏別置之文人猶知其移治而移治所在已不可攷則名存而實晦北屈徙治世無知者然地形志既謂禽昌即北屈寰宇記又謂禽昌在白馬城與二漢志所稱北屈有壺口山采桑津者明爲二地則實存而名晦參互考之猶可得其大略司馬子政廟碑云西河舊處山林漢末擾攘百姓失所蓋狐讘北屈近接西河其移治必在同時晉以後皆因魏舊魏世祖所置禽昌乃魏晉移治之北屈至延興中始於漢北屈縣地置定陽郡縣也唐慈州城即今吉州則北屈故城亦在今州北　西四十里有風山 官本曰案近刻脫西四二字 案朱趙無董祐誠曰元和郡縣志慈州吉昌縣郭下風山在縣北三十里即今吉州治北　上有穴如輪風氣蕭瑟習常不止當其衝飄也略無生草 官本曰案略上近刻衍而字 案朱趙有 蓋常不

定 官本曰案近刻脫常字 案朱脫趙增 衆風之門故也風山西四十里河南孟門山 趙有與龍門山相對六字刊誤曰寰宇記引此文孟門山下有與龍門山相對六字今校補董祐誠曰元和郡縣志文城縣東南至慈州六十五里孟門山俗名石槽在縣西南三十六里案山在河中故曰河南在今吉州之西北宜川之東北河流所經 山海經曰孟門之山其上多金玉其下多黃堊涅石淮南子曰龍門未闢呂梁未鑿河出孟門之上大溢逆流無有邱陵高阜滅之名曰洪水大禹疏通謂之孟門故穆天子傳曰北登孟門九河之隥 朱作蹬趙改隥又改登爲升刊誤曰登當作升蹬當作隥孫潛校改 孟門卽龍門之上口也 董祐誠曰南距龍門幾二百里 實爲河之巨阸 官本曰案近刻訛作寳謂黃河之巨阸非訛也趙改爲刪黃字刊誤曰謂當作爲黃字衍 案朱同謂爲通 兼孟門津之名矣 官本曰案近刻脫門字 案朱脫趙增刊誤曰孟下有門字御覽引此文校正此孟門山在陝西延安府宜川縣東南二十里與山西吉州鄉寧縣孟門山參差相接卽河中之石檀山也與洛陽孟津有別辛氏三秦記亦云孟門津寰宇記云孟門關在定胡縣西一百里後周大象元年於此置孟門關 此石經始禹鑿河中漱廣夾岸崇深傾崖返捍巨石臨危若墜復倚古之人有言水非石鑿而能入石信哉

其中水流交衡素氣雲浮往來遙觀者常若霧露沾人窺深悸魄官本曰案魄近刻作魂案朱同趙改其水尚崩浪萬尋懸流千丈渾洪贔怒鼓若山騰濬波頹疊迄于下口方知慎子下龍門流浮竹非駟馬之追也又有燕完水注之異源合舍西流注河河水又南得鯉魚官本曰案此七字原本及近刻並訛作經又有脫文應作鯉魚澗案朱訛脫趙改又增水字刊誤曰七字是注混作經鯉魚下落水字歷澗東入窮溪首便其源也爾雅曰鱣鮪也出鞏穴三月則上渡龍門得渡爲龍矣否則點額而還非夫往還之會何能便有茲稱乎河水又南羊求水入焉官本曰案此九字原本及近刻並訛作經案朱訛趙改刊誤曰九字是注混作經水東出羊求川官本曰案近刻脫水字案朱脫趙增刊誤曰東出上落水字西逕北屈縣故城南城即夷吾所奔邑也王莽之朕北也汲郡古文曰翟章救鄭次于南屈應劭曰有南故加北國語曰二五言于獻公曰蒲與二屈君之疆也其水西流注于河河

又南爲採桑津官本曰案此七字原本及近刻並訛作經　案朱訛趙改河下並有水字刊誤曰八字是注混作經董祐誠曰左氏傳杜注北屈縣西南有採桑津史記晉世家作齧桑集解引服虔曰翟地索隱曰衞地案齧桑有二晉與翟戰之齧桑卽採桑在北屈西南今鄉寧縣西是也秦張儀與齊楚相會之齧桑徐廣謂在梁與彭城之閒漢武帝瓠子歌齧桑浮兮淮泗滿後漢王梁擊佼彊蘇茂於楚沛閒拔大梁齧桑皆梁楚閒之齧桑也索隱又謂平陽西南七十里有采桑津亦因徙治而誤春秋僖公八年晉里克敗狄于採桑是也又南過皮氏縣西七字經文朱趙本在此下赤水出西北罷谷川東謂之赤石川東入于河河水又南合蒲水官本曰案此七字原本及近刻並訛作經　案朱訛趙改刊誤曰七字是注混作經西則兩源並發俱導一山出西河陰山縣王莽之山寧也陰山東麓南水東北與長松水合水西出丹陽山東官本曰案近刻訛作水出西三陽山東　案朱趙同東北流左入蒲水蒲水又東北與北溪會同爲一川東北注河河水又南丹水西南出丹陽山官本曰案此十二字原本及近刻並截上九字訛作經下三字仍屬注文　案朱作河水又南逕丹水西南無出字趙改河水又南得丹水删西南二字增水出二字刊誤曰九字是注混作經全氏曰水經注之例地曰逕曰歷若水則曰注曰合曰得丹水非地不得曰逕當作得西南二字衍文丹陽山上落水出二字東北逕治官東官本曰案近刻脫官字　案朱脫趙增刊誤曰治下落官字俗謂之丹陽城城之左

右猶有遺銅矣趙刊誤曰箋曰漢書食貨志注云金有三品丹陽銅爲赤金神異經云丹陽銅似金可煅以作錯塗之器案班固孟康東方朔之言丹陽產銅皆指揚州酈注丹陽山在晉河東境內風馬牛不相及朱氏據彼證此大謬其水東北會白水口水出丹山東而西北注之丹水又東北入河官本曰案近刻重一東字案朱趙重河水又南黑水西出丹山東官本曰案此十一字原本及近刻並截上六字譌作經下五字仍屬注文案朱譌又黑水下有注之二字箋曰宋本鈔本俱無注之二字趙改刪刊誤曰六字是注混作經注之二字本衍文而東北入于河河水又南至崿谷傍朱譌經趙改注刊誤曰八字是注混作經釋曰全氏曰下當有合崿谷水四字谷東北窮瀾官本曰案此十三字原本及近刻並截上九字譌作經下四字仍屬注文案官本東上有谷字故云九字朱趙並無此谷字水源所導也西南流注于河河水又南洛水自獵山枝分東派東南注于河官本曰案此十八字原本及近刻並譌作經案朱譌趙改刊誤曰箋曰一作大河案楊慎刊本作大河又南在此行之首黄省曾刊本云一本河上有大字然義無足錄十八字是注混作經孫校曰淮南子洛出獵山卽此昔魏文侯築館洛陰指謂是水也

又南過皮氏縣西官本曰案此經原本及近刻並譌在赤水出西北罷谷川東之前案朱趙見上

皮氏縣王莽之延平也故城在龍門東南不得延

逕皮氏方屆龍門也官本曰案此注原本及近刻並訛在上注之末接指謂是水也下又南出龍門口汾水從東來注之孫校曰東當作西昔者大禹導河積石疏決梁山謂斯處也孫校曰在河津之西即經所謂龍門矣魏土地記曰梁山北有龍門山趙釋曰一清案漢志左馮翊夏陽縣禹貢梁山在西北龍門山在北大禹所鑿通孟津河口廣八十步巖際鐫跡遺功尚存岸上並有廟祠朱作并趙改並刊誤曰并玉海引此文作並祠前有石碑三所二碑文字紊滅不可復識一碑是太和中立竹書紀年晉昭公元年河赤于龍門三里官本曰案近刻河下有水字　案朱趙有梁惠成王四年河水赤于龍門三日京房易妖占曰河水赤下民恨河水又南右合暢谷水官本曰案此九字原本及近刻並訛作經　案朱訛趙改刊誤曰九字是注混作經水自溪東南流逕夏陽縣西北東南注于河河水又南逕梁山原東官本曰案此九字原本及近刻並訛作經　案朱訛趙改刊誤曰九字是注混作經孫校曰河逕今韓城山原自山東南出至河官本曰案原自近刻訛作自原　案朱訛趙改刊誤曰自原二字當倒互黃省即韓城縣北大梁山

曾本校晉之望也在馮翊夏陽縣之西北官本曰案近刻脫北字　案朱趙無臨于河上山崩壅河三日不流晉侯以問伯宗官本曰案近刻以下衍此字　案朱趙有即是處也春秋穀梁傳曰成公五年梁山崩趙無公字遏河水三日不流召伯尊遇輦者不避使車右鞭之輦者曰所以鞭我者其取道遠矣伯尊因問之輦者曰君親縞素率羣臣哭之斯流矣如其言而河流朱箋曰伯尊即伯宗聲相轉也河水又南崌谷水注之官本曰案此九字原本及近刻並訛作經　案朱訛趙改刊誤曰九字是注混作經孫校曰今名獵水水出縣西北梁山東南流橫溪水注之官本曰案近刻脫水字　案朱脫趙增刊誤曰橫溪下落水字水出三累山朱出下有于字趙刪刊誤曰于字衍文其山層密三成故俗以三累名山案爾雅山三成爲崑崙邱官本曰案近刻脫崙字下同　案朱脫趙增刊誤曰山字衍爾雅作崑崙邱寰宇記引此文有崙字斯山豈亦崑崙邱乎朱作崑邱趙改山下水際有二石室蓋隱者之故居矣細水東流注于崌谷側溪山南有石室西面有兩石室官本曰案西面近刻訛作面西　案朱訛趙改刊誤曰面西二字當倒互黃省曾本校改北面有二石室皆因阿結牖連扃接闥所謂石室相距也

東廂石上猶傳杵臼之跡庭中亦有舊宇處尚髣髴前基北坎室上有微涓石溜豐周瓢飲似是栖遊隱學之所昔子夏教授西河官本曰案近刻脫授字　案朱脫趙增刊誤曰教下落授字史記孔子弟子傳校補疑即此也而無以辨之官本曰案近刻脫以字　案朱脫趙增刊誤曰無下落以字趙釋曰一清案寰宇記相州安陽縣西河隋圖經云卜子夏田子方段干木所遊之地以魏趙多儒學齊魯及鄒皆謂此爲西河非龍門之西河也孫校曰今郃陽有翊教洞溪水又東南逕夏陽縣故城北故少梁也秦惠文王十一年更從今名矣王莽之冀亭也其水東南注于河官本曰案注近刻訛作流　案朱作流箋曰疑脫注字趙增注字昔韓信之襲魏王豹也以木罌自此渡河水又南右合陶渠水官本曰案此九字原本及近刻並訛作經　案朱訛趙改刊誤曰九字是注混作經水出西北梁山趙增縣字刊誤曰水出下落縣字東南流逕漢陽太守殷濟精廬南官本曰案南朱謀㙔云舊本作尚宋本作尚在吳本改爲南今考原本已作南非吳本改也　趙刊誤曰箋曰舊本作精廬尚謝兆申云宋本作尚在此脫一在字也吳本改爲精廬南似誤案謝說非也此云逕精廬南言陶渠水之所向耳豈可因誤本尚字又妄增在字也俗謂之子夏廟陶水又南逕高門南官本曰案陶近刻訛作河　案朱作河趙改渠又增原字刊誤曰寰宇記引此作陶水準下文是渠水河字誤高門下落原字蓋層阜墮缺故流高門之稱矣朱作東門趙改高門又改墮爲隤刊誤曰墮當作隤東門

當作高門趙釋曰一清案太平寰宇記同州韓城縣下引水經注云高門原南有層阜秀出雲表俗謂馬門原今本無之曹氏學佺名勝志引注云層阜相承秀出雲表 又東南逕華池南 池方三百六十步在夏陽城西北四里許故司馬遷碑文云高門華池在茲夏陽 官本曰案近刻此下有西城北漢陽太守殷濟精舍四里所凡十四字即係上文衍複在此 案朱趙有西城趙改城西刊誤曰西城二字當倒互 今高門東去華池三里 溪水又東南逕夏陽縣故城南 朱作渠趙改渠下同刊誤曰溪水當作渠水即陶渠水也下同 服虔曰夏陽虢邑也在太陽東三十里 官本曰案此下近刻有城南二字亦衍文 案朱趙有趙釋曰朱氏謀㙔箋曰春秋僖公二年虞師晉師滅下陽杜元凱云下陽虢邑在河東大陽縣案漢志宏農陝縣注故虢國在大陽東馮翊夏陽縣注故少梁龍門在北則下陽夏陽兩地也公羊傳下陽作夏陽服氏因之誤矣 又歷高陽宮北又東南逕司馬子長墓北 墓前有廟廟前有碑永嘉四年漢陽太守殷濟瞻仰遺文大其功德遂建石室立碑樹桓 官本曰案近刻訛作柏 案朱訛趙改刊誤曰隸釋載此作樹垣何焯曰當作桓謂樹表也說文桓郵亭表也徐鍇繫傳曰表雙立爲桓漢法亭表四角建大木貫以方版名曰桓表縣所治兩邊各樹一立碑樹桓標表之制耳宋人寫本避廟諱缺筆作桓轉訛作柏也 太史公自敘曰遷生于龍門是其墳墟所在矣 溪水東南流入河 昔魏文侯與吳起浮河而下矣河山之固即于此也 河水又南徐水

注之官本曰案此八字原本及近刻並訛作經南訛作西朱訛趙改刊誤曰八字是注混作經西準上文當作南　案水出西北梁

山趙增縣字刊誤曰水出下落縣字東南流逕漢武帝登仙宮東東南

流絕彊梁原官本曰案近刻脫原字　案朱作石趙改原刊誤曰石寰宇記引此作原彊梁原在今朝邑縣漢書地理志左馮翊褱德縣下云禹貢北

條荊山在南下有彊梁原方輿紀要云俗謂之朝坂即荊山北麓矣右逕劉仲城北官本曰案右近刻訛作石　案朱趙無右字官本改石作

右故上云脫文是漢祖兄劉仲之封邑也故徐廣史記音義曰郃陽官本曰案郃近

刻訛作郃　案朱作郃箋曰郃陽當作郃陽案史記高祖紀代王劉仲棄國亡自歸雒陽廢以為合陽侯索隱曰合陽屬馮翊正義曰在郃水之陽也趙改郃國名也高

祖八年侯劉仲趙釋曰一清案史表合陽侯喜徐廣曰一名嘉則仲是其字索隱曰屬馮翊而漢諸侯王表作郃陽王子侯表作合陽寰宇記冀州信都縣合

陽城漢縣高帝時以代王喜棄國降為合陽侯後漢省并入扶柳舊地理書並失所在蓋在今

郡東界地理志平原郡有合陽縣云侯國王莽曰宜鄉者也樂氏之記是為非矣又案名勝志

引注云河水又逕劉仲城北又逕姚武壁南今本僅有劉仲城而無姚武壁蓋有脫失

矣案寰宇記同州夏陽縣有姚武壁姚萇僭號於此蓋以武功立因名姚武壁是也

趙是也上有元年二字刊誤曰是也黃省曾本作元

年元年下有脫文是也蓋其縢字耳釋見本卷其水東南逕子夏陵

北東入河河水又南逕子夏石室東官本曰案此十字原本及近刻並截上九

字訛作經東字仍為注　案朱訛趙改又朱作河入趙改河水刊誤曰九字是注混作經入當作水南北有二石室臨側河崖即

子夏廟室也孫校曰史記正義引括地志云竭泉山一名隱泉山在汾州隰城縣北四十里水經注云其山崖壁立崖畔有一石室去地五十丈頂上平地十許

頃此爲子夏石室退老西河居此有卜商碑祠今見在

又南過汾陰縣西孫校曰今榮河縣

河水東際汾陰脽官本曰案原本及近刻並訛作睢下同今改正　案朱訛趙改縣故城在脽側漢高帝六年封周昌爲侯國魏土地記曰河東郡北八十里有汾陰城北去汾水三里城西北隅曰脽邱孫校曰今榮河西北上有后土祠封禪書曰元鼎四年始立后土祠于汾陰脽邱是也又有萬歲宮漢宣帝神爵元年幸萬歲宮東濟大河而神魚舞水矣昔趙簡子沈欒徼朱趙作激趙釋曰朱氏箋曰呂氏春秋作欒徼于此曰吾好聲色而是子致之吾好士六年不進一人是長吾過而黜吾善君子以爲能譴矣官本曰案近刻脫長吾二字黜訛作點　案朱脫訛趙增改紬

河水又逕郃陽城東官本曰案此八字原本及近刻並訛作經　案朱訛趙改刊誤曰八字是注混作經孫校曰今臨晉縣周威烈王之十七年魏文侯伐秦至鄭還築汾陰郃陽官本曰案近刻訛作縣　案朱訛趙改刊誤曰郃縣黃省曾本作郃陽事亦見史記魏世家卽此城也故有莘邑矣爲太姒之國詩云在郃之陽在渭之涘又曰纘女維莘長

子維行謂此也城北有瀵水（官本曰案近刻訛作城北在北瀵水 案朱訛趙改刊誤曰在當作有下北字衍文孫潛校正）南去二一水各數里其水東逕其城內東入于河又于城內側中（官本曰案內近刻訛作南 案朱趙同）有瀵水東南出城注于河城南又有瀵水東流注于河（官本曰案近刻流下衍東字 案朱衍趙刪刊誤曰下東字衍文寰宇記引此文校正）水南猶有文母廟廟前有碑（官本曰案近刻脫一廟字 案朱脫趙增刊誤曰於文當重一廟字）去城（朱趙有一字）十五里水即郃水也縣取名焉故應劭曰在郃水之陽也河水又南瀵水入焉水出汾陰縣南四十里西去河三里平地開源濆泉上湧（朱濆作漬箋曰當作濆趙改濆）大幾如輪深則不測俗呼之爲瀵魁（朱箋曰郭璞爾雅注云汾陰有水口如車輪許濆沸湧出其深無限名之爲瀵）古人壅其流以爲陂水種稻東西二百步南北（朱趙有一字）百餘步（趙釋曰一清案王氏存元豐九域志河中府古跡瀵水下引水經云瀵水出汾陰南四十里周回一百八十步冬溫夏冷清澈見底今本似缺）與郃陽瀵水夾河河中渚上（朱趙不重河字）又有一瀵水皆潛相通（官本曰案近刻作皆相潛通 案朱同趙改刊誤曰相潛二字當倒互爾雅注校改）故呂

忱曰爾雅異出同流爲瀵水趙釋曰一清案榮河縣本漢汾陰縣地道元何以不取爾雅郭註原文僅錄呂忱字林數語致與經典全相乖迕殆故以示博爾今疏記於左以正其失爾雅釋水瀵大出尾下註云今河東汾陰縣有水口如車輪許濆沸湧出其深無限名之曰瀵馮翊郃陽縣復有瀵亦如之相去數里而夾河中陼上又有一瀵瀵源皆潛相通在汾陰者人壅其流以爲陂種稻呼其本出處爲瀵魁此是也尾猶底也其水西南流歷蒲坂西西流注于河河水又南逕陶城西官本曰案此八字原本及近刻並訛作經案朱訛趙改刊誤曰八字是注混作經舜陶河濱皇甫士安以爲定陶不在此也然陶城在蒲坂城北城卽舜所都也南去歷山不遠或耕或陶所在則可何必定陶方得爲陶也舜之陶也斯或一焉孟津有陶河之稱蓋從此始之南對蒲津關汲冢竹書紀年魏襄王七年秦王來見于蒲坂關四月越王使公師隅來獻乘舟始罔及舟三百箭五百萬犀角象齒焉

又南過蒲坂縣西

地理志曰縣故蒲也王莽更名蒲城應劭曰秦始皇東巡見有長坂故加坂也孟康曰晉文公以賂秦秦人還蒲于魏

魏人喜曰蒲反矣故曰蒲反也薛瓚注漢書曰秦世家以垣為蒲反官本曰案漢書作秦世家云以垣為蒲反此史記秦本紀語索隱曰為當為易蓋字訛也然則本非蒲也趙釋曰全氏曰孟康解因魏壽餘事而參錯其說皇甫謐曰舜所都也或言蒲坂或言平陽及潘者也官本曰案潘原本訛作瀵今考潘縣漢書地理志屬上谷郡㶟水章潘泉故瀆上承潘泉於潘城中或云舜所都也　案朱趙作瀵趙釋曰一清案舜都廣寧今直隸之懷來縣漢上谷郡之潘縣也師古曰音普拌反而胡三省通鑑註曰據水經注潘當作瀵然其引皇甫士安之書則又云或言蒲阪或言潘可知宋本水經已誤潘為瀵趙弼不能決擇所從徒啓後學之疑漢志續志晉志魏志皆作潘亦見㶟水篇注蓋瀵是夾河中渚非可以建都也今城中有舜廟魏秦州刺史治太和遷都罷州置河東郡郡多流雜官本曰案近刻訛作離　案朱訛趙改刊誤曰流雜黃省曾本作流雜後卷注中多有之蓋魏晉間人語也謂之徙民民有姓劉名墮者宿擅工釀採挹河流醞成芳酎懸食同枯枝之年排于桑落之辰朱箋曰懸食二語字有脫誤案洛陽伽藍記云河東人劉白墮善釀酒六月中以甖貯酒曝日中經旬酒味不動飲之香美朝貴千里相餉命曰鶴觴齊民要術云十月桑落初凍則收水釀者為上時春酒正月晦日收水為中時春酒趙釋曰朱氏謀㙔箋曰二語有訛脫一清案宋李厚註東坡詩胡三省註通鑑引水經注語正同則知相沿已久故酒得其名矣然香醑之色清白若滫漿焉別調氛氳不與佗同蘭薰麝越自成馨逸趙釋曰一清案通鑑注作馨遠方士之貢選最佳酌矣自王公庶友牽拂相招者每云索郎有顧思同

旅語衷郎反語爲桑桑落也更爲籍徵之雋句中書之英談郡

南有歷山官本曰案山下近刻衍也字趙有孫校曰在今蒲州府南案朱謂之歷觀舜所耕處也趙無也字有舜井嬀汭二水出焉南曰嬀水北曰汭水西逕歷山下官本曰案西近刻訛作迺趙改刊誤曰迺沈炳巽校改西案朱訛上有舜廟周處風土記曰舊說舜葬上虞又記云耕于歷山而始寧剡二縣界上舜所耕田于山下多柞樹官本曰案上虞剡竝屬會稽郡順帝永建四年分上虞南鄉立始寧縣吳越之間名柞爲櫪故曰歷山余案周處此志爲不近情傳疑則可證實非矣安可假木異名附山殊稱彊引大舜卽比寗壤官本曰案近刻訛作寧懷案朱趙作寧懷朱箋曰寧字誤當作甯懷括地志云河內郡獲嘉縣有甯城而懷縣亦屬河內又嬀州懷戎縣西有舜井路史國名記云陽處父聘衛過甯一作寧趙釋曰全氏曰寧懷當作甯壤寧與甯通卽指舜都廣甯朱謀㙔箋强引河內之甯城於舜何與又引嬀州懷戎縣之舜井以解懷字六朝何嘗有懷戎之稱乎蓋謂以歷山在東越猶之以廣甯之壤爲歷山也刊誤曰箋曰寧字誤當作甯案寧甯音同通用朱氏引路史國名記固自言之矣又以誤字目之何也更爲失誌記之本體差實錄之嘗經矣歷山嬀汭言是則安于彼乖矣尚書所謂釐降二女于嬀汭也孔安國曰居嬀水之內王肅曰

嬀汭虞地名皇甫謐曰納二女于嬀水之汭馬季長曰水所出曰汭然則汭似非水名而今見有二水異源同歸渾流西注入于河河水南逕雷首山西官本曰案此八字原本及近刻並譌作經南上近刻有又字案朱譌趙改刊誤曰九字是注混作經又朱趙有又字山臨大河北去蒲坂三十里尚書所謂壺口雷首者也官本曰案近刻脫也字案朱脫趙增刊誤曰者下落也字俗亦謂之堯山山上有故城世又曰堯城闞駰曰蒲坂堯都按地理志曰縣有堯山首山祠官本曰案首近刻譌作有下脫山字案朱譌脫趙改增刊誤曰案漢志作首山祠有字誤也雷首山在南事有似而非非而似朱趙作是千載眇邈非所詳耳又南涑水注之官本曰案此六字原本及近刻並譌作經案朱譌趙改刊誤曰六字是注混作經孫校曰在今蒲州治北注河也水出河北縣雷首山趙釋曰全氏曰此別是河北縣之涑水非聞喜縣之涑水也蓋聞喜之涑水水經以爲出東山黍葭谷注以爲至周陽與洮水合通鑑地理通釋所云在陝州夏縣北四十里者是也河北之涑水則雷水亦即陽安澗水地理通釋所云在河中府臨晉縣東十二里者是也近人合而一之樂史曰涑川自聞喜接河今涑水篇但言涑水入張澤而不言張澤之所入又曰西北去蒲坂一十五里然則聞喜之涑水所入正與河北之涑水所出相接而又皆名涑水道元不細剖之兩處並引左傳伐我涑川之語已自蒙混及讀唐志虞鄉縣北十五里有涑水渠貞觀十七年蒲州刺史薛萬徹所開自聞喜引流入臨晉以溉

田乃恍然曰是兩涑水所由合也鹽池圖說曰涑水中犀多窄至臨晉而小谿諸水咸注之不
知涑水本至張陽而止所謂中尾多窄者出於人力之通也過此則又一涑水也若左傳之涑
川則在聞喜不在蒲坂蓋王官城亦在聞喜故也一清案全氏之說甚辨然涑水實非有二也
涑之別曰洮而其截爲二則自金天氏始左氏傳云臺駘能業其官宣汾洮障大澤以處太原
帝用嘉之封諸汾川則是張陽澤乃臺駘之遺迹故禹貢曰既修太原至於岳陽蓋治汾洮之
水也曰修者修鯀之功至於岳陽而止岳陽霍太山之陽也其不及河可知鯀且不毀臺駘之
業至唐乃溝而通之此數千年之水道一變也又徵之杜元凱之言矣左傳成十三年注云涑
水出河東聞喜縣西南至蒲坂縣入河是二涑水本有相通之道杜故云然杜又在酈前惟其
有道可通唐人乃得溝而合之如二涑
水各異則源流判然何以稱名合一乎
縣北與蒲坂分山有夷齊廟闞駰十
三州志曰山一名獨頭山夷齊所隱也山南有古冢陵柏蔚然
攢茂邱阜俗謂之夷齊墓也
官本曰案也字近刻訛在其水下　案朱訛趙改
刊誤曰也字當移在墓字之下趙釋曰閻氏若璩
四書釋地曰史記正義首陽山凡五所王伯厚考曾子書以爲在
蒲坂舜都者得之莫徵信於酈注然已兩說互存蓋莫能定爾
其水西南流
亦曰雷水穆天子傳曰壬戌天子至于雷首犬戎胡觴天子
于雷首之阿乃獻良馬四六天子使孔牙受之于雷水之干是
也
趙刊誤曰箋曰穆天子傳良馬作食馬受之于雷水之平案良馬見於經典良馬四六所
獻二十四匹也雷水之干干是水涯詩魏風寘之河之干兮傳曰干厓也朱氏所引皆誤
昔趙盾田首山食祁彌明翳桑之下
官本曰案祁左傳作提　趙釋曰朱
氏謀瑋箋曰左傳作提彌明全氏曰
祁提音近致訛然食者別是靈輒非提彌明史記則以翳桑餓人爲祁彌明斯乃善長有意舍
左用史義門所謂故以示博者也趙刊誤曰箋曰左傳作提彌明案公羊傳作祁彌明此是道

元有意立異非傳寫之誤詳本卷史記作汧眛明鄭誕生音汧眛爲祁彌即于此也涑水又西南流注于

河春秋左傳謂之涑川者也俗謂之陽安澗水

又南至華陰潼關渭水從西來注之

汲郡朱作冢箋曰舊本作汲郡乃汲郡之訛吳改汲冢趙改郡竹書紀年曰晉惠公十五年趙釋曰沈氏曰晉惠公以十四年卒無十五年乃周襄王之十五年是年秦納重耳次年至河上則周襄王之十六年也涑水篇誤同秦穆公帥師送公子重耳

涉自河曲春秋左氏僖公二十四年秦伯納之及河子犯以璧

授公子曰臣負羈紲從君巡於天下臣之罪多矣臣猶知之而

況君乎請由此亡公子曰所不與舅氏同心者有如白水投璧

于此官本曰案投近刻訛作授案朱訛趙改子推笑曰官本曰案笑近刻訛作哭案朱趙作哭天開公子子犯以

爲功吾不忍與同位遂逃焉河水歷船司空與渭水

會官本曰案此十字原本及近刻並訛作經案朱訛趙改刊誤曰十字是注混作經漢書地理志官本曰案志下近刻衍曰字案朱趙有舊

京兆尹之屬縣也官本曰案尹近刻訛作郡案朱訛趙改刊誤曰郡當作尹趙釋曰一清案既引漢志不當云舊也左邱明

國語云官本曰案此六字訛舛當作古語云趙釋曰朱氏謀㙔箋曰案巨靈事在薛綜西京賦注引古語云云非左氏國語也此乃誤記耳華岳

本一山當河河水過而曲行河神巨靈手盪腳蹋開而爲兩今掌足之迹仍存華巖開山圖曰有巨靈胡者偏得坤元之道官本曰案近刻偏訛作徧坤訛作神　案朱趙同能造山川出江河官本曰案近刻脫江字　案朱趙無所謂巨靈贔屭首冠靈山者也常有好事之士官本曰案近刻作人　案朱趙作人故升華岳而觀厥迹焉自下廟歷列柏南行十一里東迴三里至中祠又西南出五里至南祠謂之北君祠諸欲升山者至此皆祈請焉從此南入谷七里官本曰案此近刻訛作北　案朱訛趙改刊誤曰北當作此又屆一祠謂之石養父母石龕木主存焉又南出一里至天井官本曰案又近刻訛作入　案朱作入箋曰疑作又趙改又井裁容人穴空迂迴頓曲而上官本曰案頓近刻訛作傾　案朱訛趙改刊誤曰初學記引此文作頓曲而上傾字誤可高六丈餘山上又有微涓細水流入井中亦不甚沾人上者皆所由陟朱趙作涉更無別路

欲出井望空視明如在室窺窗也出井東南行

二里峻坂斗上斗下降此坂二里許又復東上

百丈崖升降皆須扳繩挽葛而行矣南上四里

路到石壁緣旁稍進逕朱趙有一字百餘步自此西南

出六里又至一祠官本曰案祠近刻作神　案朱趙同趙釋曰全氏曰魏書地形志每縣下皆載有祠但直作神字疑是北人竟以神字當祠字耳名曰胡越寺朱趙越作趨趙刊誤曰箋曰郭緣生述征記云西南出六里又至一祠名曰胡越寺神案北人呼祠曰神神即祠也魏收多單舉神字可證胡越寺亦無可考神像有童子之容從祠南歷夾嶺廣

裁三尺餘兩箱懸崖數萬仞官本曰案近刻脫懸字　案朱無懸字箋曰宋本有懸字趙增窺

不見底祀祠有感則雲與之平朱有也字箋曰宋本無也字趙刪然後

敢度猶須騎嶺抽身漸以就進故世謂斯嶺爲

搊嶺矣度此二里便屆山頂官本曰案便近刻訛作復　案朱訛趙改刊誤曰復黃省曾本作便

上方七里靈泉二所一名蒲池西流注于澗一

名太上泉東注澗下上宮神廟近東北隅其中

塞寶雜物事難詳載自上宮東北出四百五十步有屈嶺東南望巨靈手跡惟見洪崖赤壁而已都無山下上觀之分均矣河在關內南流潼激關山因謂之潼關蕿水注之官本曰案蕿原本及近刻並訛作灌今據山海經改正　案朱訛趙改水出松果之山官本曰案近刻訛作上　案朱訛趙改刊誤曰鍾伯敬云水出松果之上奇境奇語卮林云山海經曰太華之山六十里曰松果之山蕿水出焉北流注於渭則灌水當作蕿水之上當作之山松果山名伯敬豈以為懸泉樹杪激波本末乎觀周方叔所析鍾譚不學之妄可見矣北流逕通谷世亦謂之通谷水東北注于河述征記所謂潼谷水者也或說因水以名地也河水自潼關東北流水側有長坂謂之黃巷坂官本曰案巷近刻訛作卷下同　案朱訛趙改釋曰一作黃卷坂傍絕澗官本曰案近刻脫坂字　案朱脫趙增說見下陟朱趙作涉此坂以升潼關所謂泝黃巷以濟潼矣官本曰案潼下近刻有關字　案朱趙有朱作卷趙改巷趙刊誤曰箋曰潘岳西征賦云泝黃巷以濟潼案今西征賦泝作愬何焯校衍關字愚謂注特撮其文耳通典虢州宏農縣有黃巷陌引西征賦亦作黃巷字寰宇記陝州閿鄉縣下云黃巷坂即潼關路引述征記西征賦俱作黃巷疑卷字是近代傳寫之誤又黃巷坂下當重一坂字歷北出東崤官本曰案崤近刻訛作嵴　案朱訛趙改通

謂之函谷關也邃岸天高空谷幽深澗道之峽車不方軌號曰天險故西京賦曰巖險周固衿帶易守所謂秦得百二并吞諸侯也是以王元說隗囂曰請以一丸泥東封函谷關圖王不成其弊足霸矣趙釋曰全氏曰案何焯曰函谷關潼關蓋一地而異名也通典漢武帝徙函谷關于新安至獻帝西幸出關猶在新安建安十六年曹操破馬超於潼關即是中間移此所謂國之巨防不爲細事而史官失之是以杜岐公亦直謂函谷關即潼關特徙其地耳然通典於新安縣下云魏明帝景初元年河南尹盧延請卻函谷關於崤下宏農守杜恕議以東徙潼關著郡下省函谷關徙新關於盧氏正始元年宏農守孟康請移函谷關更號大崤關又爲金關地理志曰是年廢函谷關然則潼關置於季漢而函谷關廢於魏之正始岐公前說未經刊正而善長亦同此誤耳王元泥封之說豈指華陰之潼關乎郭緣生記曰漢末之亂魏武征韓遂馬超連兵此地今際河之西有曹公壘道東原上朱東作來趙改刊誤曰來吳琯本作東二云李典營義熙十三年王師曾據此壘西征記曰沿路逶迤入函道六里有舊城官本曰案近刻脫有字　案朱脫趙增刊誤曰舊城上落有字方輿紀要校增城周百餘步北臨大河南對高山姚氏置關以守峽宋武帝朱趙作王入長安檀道濟王鎮惡或據山爲營或平地結壘官本曰案地近刻訛作城　案朱訛趙改刊誤曰平城當作平

地爲大小七營濱帶河險姚氏亦保據山原陵阜之上官本曰案近刻脫陵字案朱脫趙增刊誤曰阜上落陵字十六國春秋校增尚傳故跡矣關之直北隔河有層阜巍然獨秀孤峙河陽世謂之風陵趙釋曰全氏曰史記作封陵戴延之所謂風塠者也朱箋曰風塠御覽作風堆又引戴延之西征記云伏羲女媧風姓也此當是女媧之墓九域志云女媧墓在今潼關口河灘上屹然介河有木數株雖暴漲不漂沒也寰宇記云河東縣三里風陵是女媧之墓南則河濱姚氏之營與晉對岸河水又東北玉澗水注之官本曰案此十字原本及近刻並訛作經案朱訛趙改刊誤曰十字是注混作經孫校曰水在閿鄉西南五十里源出秦山經文底鎮入河又文谷水會玉溪澗北流入河水南出玉溪北流逕皇天原西周固記開山東首上平博方可里餘三面壁立高千許仞漢世祭天于其上名之爲皇天原上有漢武帝思子臺孫校曰臺在閿鄉縣西北又北逕閿鄉城西官本曰案閿原本及近刻並訛作閺下同案朱趙作閺下同郡國志曰宏農湖縣有閺鄉趙釋曰全氏曰案師古曰閺本從旻許密反後誤作受而妄音汝授反今俗讀閺音則以閺與閿近致訛傳呼失其實也一清案後漢書鄭興傳云客授閿鄉章懷註云閺音聞建安中改作閿今世但有閿音而許密反之音隱矣又李宏憲云閿古文聞說文從門受聲則知閿即聞也世謂之閺鄉水也魏尚書僕射閺鄉侯河

東衞伯儒之故邑其水北流注于河河水又東逕閿鄉城北東與全鳩澗水合官本曰案城北近刻訛作侯河又此十六字原本及近刻並訛作經　案朱訛經趙改注侯河改城南刊誤曰箋曰孫云侯河當作城南案十六字是注混作經孫校曰元和志靈寶縣全鳩水一名全節水當卽今沙河又玉娘湖在閿鄉縣西南四十五里皇天原旁水出南山朱出作北趙改刊誤曰北吳琯本作出北逕皇天原東述征記曰全節地名也朱箋曰圖經云全節卽漢書全鳩里戾太子死處其西名桃原古之桃林孫校曰桃原在靈寶縣東北十里古之桃林周武王克殷休牛之地矣西征賦曰咸徵名于桃原朱趙作園者也晉太康地記曰桃林在閿鄉南谷中其水又北流注于河官本曰案流近刻訛作河　案朱作其水入北河箋曰北河疑作河北蓋謂河北縣也趙改河北

又東過河北縣南孫校曰今芮城縣

縣與湖縣分河蓡蓡水出襄山蓡谷西南注于河官本曰案注近刻訛作流　案朱作流趙流下增注字河水又東永樂澗水注之官本曰案此十字原本及近刻並訛作經　案朱訛趙改刊誤曰十字是注混作經水北出于薄山南流逕河北縣故城西故魏國也晉獻公滅魏以封畢萬卜偃曰魏大名也

萬後其昌乎後乃縣之在河之北故曰河北縣也今城南西二
面並去大河可二十餘里北去首山朱趙有一字十許里處河山之閒
土地迫隘故魏風著十畝之詩也 城內有龍泉南流出
城又南斷而不流永樂溪水又南入于河余按
中山經官本曰案近刻脫山字案朱脫趙增刊誤曰中下落山字郎渠豬之水也太史公
封禪書稱華山以西名山七薄山其一焉朱山下有有字趙刪
刊誤曰有字衍文薄山即襄山也徐廣曰蒲坂縣有襄山山
海經曰蒲山之首曰甘棗之山朱作甘桑箋曰今山海經作甘棗之山括地志云蒲州河東縣
雷首山一名中條山一名歷山亦名首陽山亦名蒲山一名襄山亦名甘棗山亦名豬山趙改甘棗共水出焉而西流注
于河東則渠豬之山渠豬之水出焉而南流注
于河如準封禪書二水無西南注朱趙作流河之理今
診蓼水川流所趣趙作趨與共水相扶永樂溪水導
源注于河又與渠豬勢合蒲山統目總稱亦與

襄山不殊故揚雄河東賦曰河靈矍踢(官本曰案近刻訛作矍踢案朱作矍踢趙改矍踢)掌華蹈襄(趙釋曰沈氏曰原賦作兀華蹈衰蘇林曰衰山也師古曰兀古掌字)注云襄山在潼關北十餘里以是推之知襄山在蒲坂湨水郎渠豬之水也(官本曰案湨近刻訛作蓼案朱趙同)河水自河北城南東逕芮城(官本曰案此十一字原本及近刻並訛作經案朱訛趙改刊誤曰十一字是注混作經)二城之中有段干木冢干木晉之賢人也魏文侯過其門式(朱趙作軾)其盧所謂德尊萬古芳越來今矣汲冢竹書紀年曰晉武公元年尚一軍芮人乘京荀人董伯皆叛匪直大荔故芮也此亦有焉(趙釋曰全氏曰案大荔之戎亦名芮戎在北地而芮伯之國在臨晉其後大荔滅于秦種落蓋有居于臨晉者漢人遂合芮戎芮伯之國而一之謂臨晉即故大荔是大繆也惟善長稍辨之曰匪直大荔故芮也此亦有焉則二芮了然矣而讀其注者鮮知之)紀年又云晉武公七年芮伯萬之母芮姜逐萬萬出奔魏八年周師虢師圍魏(圍朱作圖箋曰今竹書作圍魏趙改圍)取芮伯萬而東(朱趙有之字)九年戎人逆芮伯萬于郊(官本曰案郊近刻訛作郟案朱訛趙改刊誤曰左傳文公三年秦伯伐晉取王官及郊郟字誤)斯城亦或芮伯(朱趙芮伯作伯萬)之故畫也(官本曰案畫朱謀㙔云疑是疆字趙刊誤曰箋曰畫字誤疑是疆字案畫界限也左傳芒芒禹迹畫爲

九州故畫猶故疆也河水右會槃澗水官本曰案此七字原本及近刻並訛作經右訛作又　案朱訛經脫水趙改增右並作又刊誤曰六字是注混作經槃澗下落水字孫校曰水在陝州城西三十五里源出秦山北流入河水出湖縣夸父山孫校曰山在閿鄉縣東南三十五里北逕漢武帝思子宮歸來望思臺東官本曰案思近刻訛作子　案朱訛趙改刊誤曰望子全祖望校改望思見漢書又北流入于河河水又東逕湖縣故城北官本曰案此十字原本及近刻並訛作經　案朱訛趙改刊誤曰十字是注混作經孫校曰元和志湖縣故城在湖城縣西南十里又閿鄉縣本漢湖縣地昔范叔入關遇穰侯于此矣湖水出桃林塞之夸父山孫校曰水在陝州廢湖城西門外源出秦山北流入河廣圓三百仞武王伐紂天下既定王巡嶽瀆官本曰案巡近刻訛作及　案朱趙作及趙刊誤曰及字誤當作巡周頌時邁所謂及河喬嶽案全祖望云箋既引詩則及字不誤放馬華陽散牛桃林即此處也其中多野馬造父于此得驊騮綠耳盜驪之乘以獻周穆王使之馭以見西王母湖水又北逕湖縣東而北流入于河魏土地記曰宏農湖縣有軒轅黃帝登仙處黃帝採首山之銅鑄鼎于荊山之下孫校曰荊山在閿鄉縣南三十里有龍垂胡于鼎黃帝登龍從登者七十人遂升于天故名

其地爲鼎胡官本曰案近刻訛作湖刊誤曰鼎湖之湖當作胡不從水　案朱訛趙改荊山在馮翊首山在蒲坂與湖朱同趙作胡縣相連晉書地道記太康記並言胡縣也漢武帝改作湖俗云黃帝自此乘龍上天也地理志曰京兆湖縣有周天子祠二所故曰胡官本曰案近刻訛作湖刊誤曰此是漢志原文湖當作胡　案朱訛趙改不言黃帝升龍也山海經曰西九十里曰夸父之山朱無曰字趙增刊誤曰西九十里下山海經有曰字今校補其木多稷柟多竹箭其陽多玉其陰多鐵其北有林焉名曰桃林其中多馬湖水出焉北流注于河故三秦記曰桃林塞在長安東四百里若有軍馬經過好行則牧華山休息林下惡行則決河漫延人馬不得過矣河水又東合柏谷水官本曰案此八字原本及近刻並訛作經　案朱訛趙改刊誤曰八字是注混作經水出宏農縣南石隄山官本曰案南近刻訛作兩　案朱訛趙改刊誤曰兩名勝志引此文作南孫校曰山在靈寶縣西南萬度里山下有石隄祠銘云魏甘露四年散騎常侍征南將軍豫州刺史領宏農太守

南平公之所經建也其水北流逕其亭下晉公子重耳出亡（官本曰案晉近刻訛作昔案朱訛趙改刊誤曰昔通鑑地理通釋引此文作晉）及柏谷卜適齊楚狐偃曰不如之翟漢武帝嘗微行此亭（孫校曰柏谷亭在靈寶縣朱陽谷）見饋亭長妻故潘岳西征賦曰長傲客于柏谷（朱作徼客箋曰徼客賦作傲賓趙改傲賓）妻覩貌而獻餐謂此亭也谷水又北流入于河（趙增柏字刊誤曰據上文谷水上有柏字今校補）河水又東右合門水（官本曰案此八字原本及近刻並訛作經案朱訛趙改刊誤曰八字是注混作經）門水即洛水之枝流者也洛水自上洛縣東北于拒陽城西北（官本曰案近刻脫陽字案朱作拒城之西北趙改刊誤曰禹貢錐指作拒陽城之字衍文方輿紀要商州洛南縣有拒陽城云在縣東南東晉時置縣於此舊唐書隋改拒陽為洛南舊治拒陽川即斯城矣）分爲二水枝渠東北出爲門水也門水又東北歷陽華之山即山海經所謂陽華之山（官本曰案卽字下近刻衍華陽二字案朱趙有）門水出焉者也又東北歷峽謂之鴻關水水東有城（官本曰案近刻脫一水字案朱脫趙增刊誤曰東上落水字）即關亭也水西有堡謂之鴻關堡（官本曰案近刻訛作鳥案朱訛趙改刊誤曰鳥字誤當作堡）世亦謂之劉項裂地處非也

余按上洛有鴻臚圍池是水津渠沿注故謂斯川爲鴻臚澗孫校曰元和志鴻臚水過宏農縣北十五里入靈寶界溉田四百餘頃水在今靈寶縣西源出朱陽鎮藏牛谷會嶠灆諸水西入河鴻臚之名乃起是矣門水又東北歷邑川二水注之官本曰案二近刻訛作燭　案朱訛趙改刊誤曰全祖望曰此燭水是二水之誤不然與下文複出今以先贈公本校正案二水卽下左水右水也左水出于陽華之陰官本曰案近刻訛作陽　案朱趙作陽孫校曰左水卽山海經楊水東北流逕盛牆亭西東北流與右水合右水出陽華之陽官本曰案近刻訛作陰　案朱趙作陰東北流逕盛牆亭東東北與左水合官本曰案近刻脫一東字　案朱盛牆亭下少一東字趙增刊誤曰盛牆亭下落東字卽山海經所謂緒姑之水官本曰案緒姑近刻作緒茹下同　案朱同趙改刊誤曰沈炳巽曰緒茹當作緒姑緒音藉下同史記秦本紀靈公十三年城籍姑正義曰括地志云籍姑故城在同州韓城縣北蓋因水以受氏也出于陽華之陰東北流注于門水者也又東北燭趙作爥水注之水有二源左水南出于衙嶺官本曰案原本及近刻並訛作衡嶺下同今據漢書改正　案朱訛趙改刊誤曰漢書地理志宏農郡宏農縣衙嶺下谷爥水所出北入河燭當作爥衡當作衙下同郡國志劉昭補注亦作衡山蓋誤字也世謂之石城山其水東北流逕石城西東北

合右水右水出石城山東北逕石城東東北入左水地理志曰燭水出衙嶺下谷官本曰案燭漢書作爥　案朱作燭趙改爥開山圖曰衙山在函谷山西南孫校曰衙山在靈寶山西十二里是水亂流東注于緒姑之水二水悉得通稱矣歷澗東北出謂之開方口水側有阜謂之方伯堆官本曰案謂近刻作名　案朱趙作名孫校曰元和志方伯堆在宏農縣東南五里宋奮武將軍魯方平建武將軍薛安都等官本曰案武近刻訛作威　案朱訛趙改刊誤曰宋書南史薛安都傳俱作建武將軍今改正與建威將軍柳元景北入軍次方伯堆者也堆上有城卽方平所築也官本曰案平近刻訛作伯　案朱訛趙改刊誤曰方伯當作方平卽魯方平也又東北逕邑川城南官本曰案邑近刻訛作入　案朱作入籤曰宋本作逕邑川城趙改邑卽漢封寶門之故邑川受其名亦曰寶門城在函谷關南七里又東北田渠水注之官本曰案渠下近刻衍川字　案朱衍趙刪刊誤曰川字衍文孫校曰水在靈寶縣源出乾山歷固水川而下西北注於澗水今名霸底河

水出衙山之白石谷官本曰案近刻脫水字衙訛作衡　案朱脫訛趙增改刊誤曰出上落水字衡山當作衙山東北流逕故郎亭東是薛安都軍所從城也其水又

逕鹿蹏山西（孫校曰山在靈寶縣虢州鎮西亦見山海經也）山石之上有鹿蹏自然成著（官本曰案近刻訛作者 案朱訛趙改刊誤曰者當作著此與沁水篇注正同）非人功所刊歷田渠川謂之田渠水西北流注于燭水燭水又北入門水水之左右卽函谷山也門水又北逕宏農縣故城東城卽故函谷關校尉舊治處也（孫校曰元和志宏農縣本漢舊縣又函谷故城在靈寶縣南十里秦函谷關城漢宏農縣也）終軍棄繻于此燕丹孟嘗亦義動雞鳴于其下可謂深心有感志誠難奪矣昔老子西入關尹喜望氣于此也故趙至與嵇茂齊書曰李叟入秦及關而歎亦言與嵇叔夜書及關尹望氣之所異說紛綸並未知所定矣漢武帝元鼎四年（趙釋曰沈氏曰是三年）徙關于新安縣以故關爲弘農縣弘農郡治王莽更名右隊劉桓公爲郡虎相隨渡河光武問（朱趙作聞）而善之其水側城北流而注于河河水于此有浢津之名（官本曰案浢近刻訛作洹 孫校曰浢津在靈寶縣西北三里）說者咸云漢武微行柏谷遇辱竇門又感其妻深

識之饋旣返玉階厚賞賚焉賜以河津令其鬻

渡今寶津是也官本曰案津下近刻衍者字　案朱趙有故潘岳西征賦云官本曰案近刻脫云字　案朱趙無酬匹婦其已泰胡厥夫之謬官袁豹之

徒並以爲然余案河之南畔夾側水瀆有津謂

之涇津朱有津作有測趙改有澗刊誤曰箋曰測一作澗或作津案澗字與測字形相近澗字爲是河北縣有涇水官本曰案此下近刻衍涇津其水四字　案朱趙有南入于河河水故有涇津之名不

從門始蓋事類名同故作者疑之官本曰案疑近刻訛作是　案朱趙作是竹

書穆天子傳曰天子自寘軨乃次于涇水之陽

丁亥入于南鄭考其沿歷所踵官本曰案近刻訛作鍾　案朱趙作鍾路直

斯津以是推之知非因門矣俗或謂之偃鄉澗

水也河水又東左合一水官本曰案近刻東訛作有合訛作右　案朱訛趙作又合左右二水刊誤曰有當作合一水當作二水其水二源疏引官本曰案二近刻作三下同　案朱作三趙改二刊誤曰三源當作二源俱導薄

山官本曰案近刻訛作水　案朱訛趙改刊誤曰薄水是薄山之誤南流會成一川其二水之

內（朱二作三趙改刊誤曰三水之內當作二水之內）世謂之閑原言虞芮所爭之田所未詳矣又南注于河河之右曹水注之（官本曰案近刻之訛作水曹訛作會　案朱訛）（趙改河水右會谷水刊誤曰水上落谷字下文注云谷水自南山通河是也注之二字衍文孫校曰水在靈寶縣源出峴山今名好陽河）水出南山北逕曹陽亭西（孫校曰元和志曹陽亭在靈寶縣東南四十里）陳涉遣周章入秦少府章邯斬之于此魏氏以爲好陽晉書地道記曰亭在弘農縣東十三里其水西北流入于河河水又東菑水注之（孫校曰水在靈寶縣東二十里經曲沃村西北流入河）水出常烝之山（孫校曰見山海經）西北逕曲沃城南又屈逕其城西西北入河諸注述者咸言曲沃在北此非也魏司徒崔浩以爲曲沃地名也余案春秋文公十三年晉侯使詹嘉守桃林之塞處此以備秦時以曲沃之官守之故曲沃之名遂爲積古之傳矣河水又東得七里澗（孫校曰在陝州城西南七里今名石橋溝北入河）澗在陝城西七里（官本曰案近刻脫城字趙無朱箋曰陝縣之西　案朱）故因名焉其（朱趙作谷）水自南山通河亦謂之曹陽坑

是以潘岳西征賦曰行于漫瀆之口憩于曹陽之墟袁豹崔浩亦不非其地矣余按漢書昔獻帝東遷逼以寇難李傕郭汜追戰于弘農澗天子遂露次曹陽孫校曰元和志曹陽墟俗名七里澗在陝縣西南七里楊奉董承外與傕和內引白波李樂等破傕乘輿于是得進復來戰奉等大敗兵相連綴四十餘里方得達陝以是推之似非曹陽然以山海經朱有曰字趙刪刊誤曰曰字衍文求之菑曹字相類是或有曹陽之名也趙釋曰王氏世懋讀史記疑曰靈寶之西函谷之東有澗直下黃河曰弘農澗一統志云宋避英宗諱改爲鴻麠[illegible]疑宋爲太祖父諱宏殷耳何必並農字改之英宗初名及後更名俱不犯二字以爲英宗者尤誤也後閱王得臣麈史始知其大繆不然得臣曾修陝志云靈寶之西有澗曰洪溜不知其名之因也比見水經注云縣有鴻臚闉池是水津渠沿注故謂斯川爲鴻臚澗是知洪溜語之訛也灑然始悟當時俗名是洪溜原非宏農所謂鴻臚者即得臣援證水經修志時改之耳彼自云鴻臚非鴻麠也得臣政和時年八十所著書正當英宗前後何嘗有避諱之說乎蓋陝州古名宏農而是澗先名洪溜後名鴻臚其聲近於宏農措大强解事遂以意傅會其說以爲復古而名之事故有習而非真予故拈出之以雪斯澗之誤名今靈寶人亦順呼爲宏農無有知其非者仍當稱鴻臚爲是不然稱洪溜猶是宋以前之語也一清案敬美之言非也據酈注鴻臚闉池在上洛縣上洛屬商州去陝四百餘里安可便以鴻臚爲宏農也後漢書獻帝紀云十一月庚午李傕郭汜等

追乘與戰於東澗王師敗績壬申幸曹陽露次田中章懷注云曹陽澗名在今陝州西南七里俗謂之七里澗董卓傳云傕汜共追乘輿大戰於宏農東澗天子遂露次曹陽寰宇記陝州陝縣下云曹陽墟俗名七里澗在縣西四十五里魏武帝改曰好陽澗本曰曹陽以在曹水之陽然則傕汜戰處乃是宏農之東澗一名七里澗者是今節去東字直云宏農澗方士之稱酈氏因之未為失也若以鴻臚園池釋之抑更差違已且洪溜澗名見漢書注顏師古曰桃林縣南有洪溜澗水卽古之函關是也紛紛辨質實為辭費又全氏曰善長疑曹陽卽萵陽然師古注陳涉傳云曹水出陝縣西南峴頭山北流入河今謂之好陽澗在陝縣西四十五里則萵水外別有曹水不如善長所云 河水又東合譙水 官本曰案譙水近刻訛作譙譙 案朱作譙譙趙改譙水刊誤曰下譙字是水字之誤又朱趙並無又字 水導源常烝之山 孫校曰亦見山海經 俗謂之為干山 官本曰案干近刻訛作于 案朱訛趙改刊誤曰于孫潛本校改干 蓋先後之異名也山在陝城南八十里其川 官本曰案此下近刻衍流也二字 案朱趙有 二源雙導同注一壑而西北流注于河

又東過陝縣北 孫校曰元和志陝縣本漢縣也歷代不改硤石縣本漢陝縣地

橐水出橐山 孫校曰見山海經水在陝州城南一名永定澗出橐山南流入河橐山在陝州東五十里 西北流又有崖水 官本曰案崖近刻作于 案朱作于趙改干刊誤曰于當作干 出南山北谷 官本曰案近刻訛作合 案朱訛趙改刊誤曰合孫潛本校改谷 逕崖峽北流與干山之水會 官本曰案干近刻亦訛作于下同 案朱訛趙改 水出干山東谷 官本曰案近刻脫水字 案朱趙無 兩川合注于崖水又

東北注櫜水櫜水朱趙不重櫜水北流出谷謂之漫潤矣孫校曰元和志陝縣北利人渠隋開皇六年文帝遣郢國公蘇威引櫜水西北入城百姓賴其利故以爲名南利人渠東南自硤石界流入與北渠同時疏導與安陽溪水合水出石崤南西逕安陽城南漢昭帝封上官桀爲侯國官本曰案昭帝近刻訛作武帝案朱趙同國下並有也字趙釋曰一清案史記索隱曰表在蕩陰志屬汝南地理志汝南郡安陽縣下云侯國是也方輿紀要云彰德府安陽縣本紂之朝歌地七國時爲魏寧新中邑秦昭襄王五十年王齕從張唐拔之更名安陽漢省入蕩陰縣昭帝封上官桀爲侯邑然則非陝之安陽城也外戚恩澤侯表桀以昭帝始元二年正月壬寅封武帝字亦誤潘岳所謂我徂安陽也東合漫潤水水北有逆旅亭朱趙不重水字謂之漫口客舍也又西逕陝縣故城南官本曰案此八字原本及近刻並訛作經今考上下文乃注內敘櫜水所逕案朱訛趙改刊誤曰八字是注混作經又合一水謂之瀆谷水孫校曰疑即青龍澗南出近溪北流注櫜櫜朱趙作其水又西北逕陝城西西北入于河官本曰案注內敘櫜水終于此河北對茅城故茅亭茅戎邑也公羊曰晉敗之大陽者也朱之作入趙改刊誤曰入公羊傳作之津亦取名焉春秋文公三年秦伯伐晉自茅津濟封崤尸而還是也東則咸陽澗水注之水出北虞山南至

陝津注河　河南即陝城也昔周召分伯以此城爲東西之別東城即虢邑之上陽也虢仲之所都爲南虢三虢此其一焉

趙釋曰一清案地理志陝縣下云北虢在大陽東虢在滎陽西虢在雍州如此是西虢蓋陝與大陽夾河對岸南虢即北虢故有上陽下陽之分亦有南虢北虢之稱矣陝爲虢都大陽爲虢塞邑穀梁傳及杜註可證下陽失而虢不守故春秋書曰滅也何焯云案杜預云陝縣東南有虢城即是西虢國此南字或是西字之誤蓋虢仲之封非雍州之虢其說與班志異春秋分記曰僖五年虢仲虢叔王季之穆此二虢西虢也仲之封今陝州陝縣又以別於鳳翔之虢故亦謂之南虢虢叔之封今鳳翔府虢縣以虢在中國之西又謂之西虢隱元年制巖邑也虢叔死焉東虢也今鄭州滎陽縣觀此則北虢即南虢而非西虢分記所言本于孟堅足證何說之繆分記爲宋程公說撰其疆理書最精覈予嘗見宋鈔于妹壻姚小坡家眞異寶也

其大城中有小城故焦國也 孫校曰元和志故焦城在陝縣東北百步 武王以封神農之後于此王莽更名黃眉矣戴延之云城南倚山原北臨黃河懸水百餘仞臨之者咸悚惕焉西北帶河水湧起方數十丈有物居水中父老云銅翁仲所沒處 官本曰案沒近刻訛作投朱訛趙改刊誤曰投當作沒 案又云石虎載經于此沈沒二物並存水所以湧所未詳也或云翁仲頭髻常出水之漲減恆與水齊晉軍當至髻不復出今惟見水異耳嗟嗟有聲聲聞數里案秦始皇二十六年長狄十二見于臨洮長

五丈餘以爲善祥鑄金人十二以象之各重二十四萬斤坐之宮門之前謂之金狄皆銘其胸云皇帝二十六年初兼天下以爲郡縣正法律同度量大人來見臨洮身長五丈足六尺李斯書也故衞恆敘篆曰秦之李斯號爲工篆諸山碑及銅人銘官本曰案近刻脫碑字　案朱脫人作山趙增改刊誤曰箋曰銅山山當作人案諸山下落碑字皆斯書也漢自阿房徙之未央宮前朱趙無宮字俗謂之翁仲矣地皇二年王莽夢銅人泣惡之念銅人銘有皇帝初兼天下文使尚方工鐫滅所夢銅人膺文後董卓毀其九爲錢其在者二魏明帝欲徙之洛陽重不可勝至霸水西停之漢晉春秋曰或言金狄泣故留之石虎取置鄴宮苻堅又徙之長安朱苻作符趙改刊誤曰箋曰舊本是苻字吳本作付誤案苻堅之苻从草不从竹見晉書載記朱氏亦誤金石文字記曰考漢碑隸書率以竹爲艸少有从竹者如符節字皆然今漢書符瑞多从艸魏晉以降真書碑亦有書符節爲苻節者蓋古者皆通用耳此不可不知案符節之符或从艸而苻堅之姓不可改从竹也毀二爲錢其一未至而苻堅亂百姓推置陝北河中于是金狄滅余朱作除箋曰一作余趙改余以爲鴻河巨瀆故應不爲細梗躓湍長津碩浪無

宜以微物也流 趙釋曰一清按史記索隱引謝承後漢書銅人翁仲翁仲其名也三輔舊事銅人十二各重二十四萬斤漢代在長樂宮門前董卓壞其十爲錢餘二猶在石季龍徙之鄴苻堅又徙之長安而銷之也則銅人存者只二枚非三枚亦非百姓推置河中誠如道元所云足以杜悠謬之口也 斯水之所以濤波者蓋史記所云魏文侯二十六年虢山崩壅河所致耳獻帝東遷日夕潛渡 官本曰案日近刻訛作自 案朱訛趙改刊誤曰自孫潛本校改日據後漢書董卓傳夜乃潛議過河之文則日夕爲是日夕字本史記項羽本紀 墜坑爭舟舟指可掬亦是處矣

又東過大陽縣南 孫校曰今平陸縣

交㵎水出吳山東南流入河河水又東路㵎水亦出吳山東逕大陽城西西南流 官本曰案此下近刻衍注水二字 案朱衍趙改注中㵎水四字刊誤曰箋曰西南流注疑有脫落案方輿紀要解州平陸縣下云交㵎水出中條山東西二溝流與中㵎合俗名二汊㵎流注于河蓋交㵎路㵎卽東西二溝也合流注于中㵎水而入于河是注字下脫中㵎二字今補正 入于河河水又東逕大陽縣故城南 官本曰案此十一字原本及近刻並訛作經 案朱訛趙改刊誤曰十一字是注混作經 竹書紀年曰晉獻公十有九年獻公會虞師伐虢滅下陽虢公醜奔衛 趙釋曰全氏曰善長書多不引三傳而引竹書如晉滅下陽是一事在僖二年滅虢又一事在僖五年明見三傳今竹書混而舉之非矣且醜奔京師不奔衛也 獻公命瑕父呂甥邑于虢都

地理志曰北虢也有天子廟王莽更名勤田應劭地理風俗記曰朱趙無曰字城在大河之陽也官本曰案在近刻訛作南 案朱訛趙改刊誤曰南孫潛本校改在河水又東沙澗水注之官本曰案此九字原本及近刻並訛作經 案朱訛趙改刊誤曰九字是注混作經水北出虞山朱無水字趙改北爲水刊誤曰北孫潛本校改水東南逕傅巖歷傅說隱室前孫校曰在今平陸界俗名之爲聖人窟孔安國傳傳說隱于虞虢之閒卽此處也傅巖東北十餘里卽巔軨坂也春秋左傳所謂入自巔軨者也有東西絕澗左右幽空窮深地壑中則築以成道指南北之路謂之爲軨橋也傅說傭隱止息于此高宗求夢得之是矣橋之東北有虞原原上道東官本曰案近刻脫一原字 案朱脫趙增刊誤曰於文當重一原字有虞城堯妻舜以嬪于虞者也趙釋曰全氏曰釐降嬀汭在蒲坂道元明載二水于前與虞何豫張冠李帶不亦傎乎周武王以封太伯後虞仲于此官本曰案後近刻訛作弟 案朱趙作弟趙釋曰一清案漢書地理志河東郡大陽縣下云周武王封太伯後於此是爲虞公此是孟堅誤記史記吳世家云太伯卒無子弟仲雍立仲雍卒子季簡立季簡卒子叔達立叔達卒子周章立是時周武王克殷求太伯仲雍之後得周章周章已君吳因而封之乃封周章弟虞仲於周之北故夏墟是爲虞仲然則虞仲是仲

雍之曾孫周章之弟明係二人小司馬以爲祖與孫同號也古今人表有中雍在上中列太伯之次有虞仲在中中云周章弟與史記合今注作太伯弟虞仲酈氏亦誤當作太伯弟後虞仲也

是爲虞公晉太康地記官本曰案近刻脫晉字康訛作原　案朱脫訛趙增改刊誤曰太原是太康之誤上又落晉字所謂北虞也城東有山世謂之五家冢冢上有虞公廟春秋穀梁傳曰晉獻公將伐虢荀息曰君何不以屈產之乘垂棘之璧假道于虞公曰此晉國之寶也曰是取中府置外府也公從之及取虢滅虞乃牽馬操璧璧則猶故馬齒長矣卽宮之奇所謂官本曰案所下近刻衍以字　案朱衍趙刪刊誤曰全氏校衍以字虞虢其猶輔車相依脣亡則齒寒虢亡虞亦亡矣

其城北對長坂二十許里謂之虞坂

戴延之曰自上及下七山相重戰國策曰昔騏驥駕鹽車上于虞坂遷延負轅而不能進此蓋其困處也

橋之東北山溪中官本曰案之近刻訛作水　案朱訛趙改刊誤曰橋水之水當作之有小水西南注沙澗官本曰案注近刻訛作流　案朱訛趙增注字刊誤曰西南流下落注字亂流逕大陽城東河北郡治也

趙釋曰一清案河北郡見魏書地形志是拓跋氏所置隋書五代志河東郡河北縣下云舊置河北郡開皇初郡廢則又似治河北縣也且魏志大陽縣亦居河北郡之第四其第一縣爲北安邑也

沙澗水

南流注于河官本曰案近刻脫沙字流下衍逕字　案朱脫衍趙增刪刊誤曰澗水上落沙字逕字衍文河水又東

左合積石土柱二溪官本曰案近刻東下衍右字合亦訛作右　案朱東下有右字箋曰一作南趙改南朱合作右趙改合刊誤曰右黃省曾本作合並北發大陽之山南流入于河是山也亦

通謂之爲薄山矣故穆天子傳曰天子自盬趙刊誤曰箋曰盬舊本作臨案盬卽鹽池臨是何地乎己丑南登于薄山寘軨之隥官本曰案近刻脫山字　案朱脫趙增刊誤曰薄下落山字乃宿于虞

是也

又東過砥柱間孫校曰底柱山在陝州東四十里河中今平陸東南

砥柱山名也昔禹治洪水山陵當水者鑿之故破山以通河河水分流包山而過山見水中若柱然故曰砥柱也三穿旣決水流疏分指狀表目亦謂之三門矣趙釋曰全氏曰趙冬曦云砥柱山之六峯皆生河之中流夏后所鑿其最北有兩柱相對距崖而立卽所謂三門也都穆云砥柱在陝州東五十里黃河中循河至三門中曰神門南曰鬼門北曰人門水行其間聲激如雷而鬼門尤爲險惡舟筏一入鮮有得脫三門之廣約二十丈其東百五十步卽砥柱崇約三丈周數丈以三門爲砥柱者誤也孫校曰三門山在底柱上流百餘步有魏徵勒銘山在虢城東北大陽城

東也搜神記稱齊景公渡于江沇之河黿銜左驂沒之衆皆趙衍驚字惕古冶子于是拔劍從之邪行五里逆行三里至于砥柱之下乃黿也左手持黿頭右手挾左驂燕躍鵠踊而出仰天大呼水爲逆流三百步觀者皆以爲河伯也亦或作江沅字者也若因地而爲名則宜在蜀及長沙案春秋此二士並景公之所不至古冶子亦無因而騁其勇矣劉向敘晏子春秋稱古冶子曰吾嘗濟于河黿銜左驂以入砥柱之流當是時也從而殺之視之乃黿也不言江沅矣又考史遷記云景公十二年公見晉平公十八年復見晉昭公旌軒所指路直斯津從黿砥柱事或在茲又云觀者以爲河伯賢于江沅之證河伯本非江神又河可知也朱作又河可知也趙刊誤曰箋曰舊本又何可知也何字亦衍案又河可知所以證其非江沅河字不誤河之右側崤水注之官本曰案側近刻訛作則又此八字原本及近刻並訛作經案朱訛經趙改注朱趙並作則刊誤曰八字是注混作經孫校曰崤水在永甯縣北六十里出崤山南流入洛水出河南盤崤山朱無水趙增刊誤曰出上落水字孫校曰崤山在陝州東三十里西北流

水上有梁俗謂之鴨橋也歷澗東北流（朱澗下有水字趙刪刊誤曰水字衍）與石峭水合水出石峭山山有二陵南陵夏后皋之墓也北陵文王所避風雨矣言山徑委深峯阜交蔭故可以避風雨也秦將襲鄭蹇叔致諫而公辭焉蹇叔哭子曰吾見其出不見其入晉人禦師必于峭矣余收爾骨焉孟明果覆秦師于此峭水又北左合西水（官本曰案左下近刻衍右字案朱衍趙刪刊誤曰右字衍文）亂流注于河河水又東千峭之水注焉（官本曰案此十字原本及近刻並訛作經　案朱訛趙改刊誤曰十字是注混作經）水南導于千峭之山其水北流纓絡二道漢建安中曹公西討巴漢惡南路之險故更開北道自後行旅率多從之今山側附路有石銘云晉太康三年宏農太守梁柳修復舊道太峭以東西峭以西明非一峭也西有二石又南五十步（官本曰案近刻作五六十步　案朱趙同）臨溪有恬漠先生翼神碑蓋隱斯山也其水北流注于河河水翼岸夾山巍峯峻舉（官本曰案峻近刻訛

作岐案朱趙作岐羣山疊秀重嶺干霄鄭玄案地說河水東流貫砥柱觸閼流今世所謂砥柱者蓋乃閼流也砥柱當在西河未詳也余案鄭玄所說非是西河當無山以擬之(官本曰案擬近刻訛作礙案朱是作自擬作礙趙改刊誤曰自禹貢錐指作是礙禹貢錐指作擬)自砥柱以下五戸已(趙作以)上其閒(朱趙有一字)百二十里河中竦石桀出(官本曰案中近刻訛作水案朱趙作水)勢連襄陸蓋亦禹鑿以通河疑此閼流也其山雖闢尚梗湍流激石雲洄澴波怒溢合有(朱趙有一字)十九灘水流迅急勢同三峽破害舟船自古所患漢鴻嘉四年楊焉言從河上下患砥柱隘可鐫廣之上乃令焉鐫之裁沒水中不能復去而令水益湍怒害甚平日魏景初二年二月帝遣都督沙邱(朱作兵箋曰一作丘趙改)部監運諫議大夫寇慈(官本曰案近刻訛作茲案朱趙作茲趙釋曰一清案元和郡縣志引此文作寇慈)帥工

五千人官本曰案近刻脫工字　案朱帥下無工字箋曰脫一工字趙增五趙作三歲常修治以平河

阻官本曰案近刻脫以字　案朱脫趙增刊誤曰元和郡縣志引此文作帥工三千人平河岨上有以字晉泰始三年正月

官本曰案近刻訛作秦始皇三年五月　案朱趙同官本正作五武帝遣監運大中大夫趙國

趙釋曰一清案下缺人姓名都匠中郎將河東樂世帥衆五千餘人

修治河灘事見五戸祠銘雖世代加功水流湍

濬濤波尚屯及其商舟是次鮮不踟躕難濟故

有衆峽諸灘之言五戸灘名也有神祠通謂之

五戸將軍亦不知所以也

又東過平陰縣北朱有又東至鄧四字官本移此卷之末趙刪刊誤曰全氏云又東至鄧四字諸本錯簡入清水條清水卽是濬水並不至鄧至鄧者湛水也注於清水下並不志鄧地所在而下卷湛水下則云洛陽西北故鄧鄉合觀湛水篇注則更了然矣

清水從西北來注之

清水出清廉山之西嶺世亦謂之清營山朱無之字趙增刊誤曰亦謂下落之字

其水東南流出峽峽左有城蓋古關防也清

水歷其南東流逕臯落城北　服虔曰赤翟之都也世

謂之倚亳城蓋讀聲近轉官本曰案近刻訛作傳 案朱趙同因失實也春秋左傳所謂晉侯使太子申生伐東山皐落氏者也與倚亳川水合水出北山礦谷東南流注于清清水又東逕清廉城南又東南流右會南溪水官本曰案近刻右訛作又水訛作溪 案朱作又作溪趙改右不改水刊誤曰又當作右水出南山而東注清水清水朱趙不重清水二字又東合乾棗澗水官本曰案近刻脫乾字 案朱脫趙增水出石人嶺下官本曰案石近刻訛作左 案朱訛趙改刊誤曰初學記引此文作乾棗澗水左人嶺作石人嶺南流俗謂之扶蘇水又南歷奸苗北馬頭山亦朱作赤箋曰疑作亦趙改亦曰朱箋曰宋本無曰字白水原西南逕垣縣故城北史記魏武侯二年城安邑至垣即是縣也其水西南流注清水官本曰案流注二字近刻訛在初會清流句下 案朱流注作入字趙改刊誤曰入孫潛校改作流注水色白濁官本曰案近刻脫水字 案朱脫趙增刊誤曰清水下當重一水字初會清流朱有流注字箋曰宋本無流注字趙移於上乃有玄素之異也清水又東南逕陽壺城東即垣縣之壺亭邱官本曰案邱亭上原本及近刻並重城東即垣縣之壺七字 案朱重趙刪刊誤曰城東即垣縣之壺七字重文寰宇記校衍

晉遷宋五大夫所居也清水又東南流注于河河水

又東與教水合官本曰案此八字原本及近刻並訛作經案朱訛趙改刊誤曰八字是注混作經水出垣縣

北教山朱無水字趙增刊誤曰名勝志引此文出字上有水字南逕輔山山高三十許

里朱趙不重山字上有泉源官本曰案近刻脫源字案朱脫趙增刊誤曰名勝志引此文泉字下有源字不測其深

山頂周圓五六里少草木趙釋曰一清案太平寰宇記東輔山在沁水縣西南九十二里其山及西輔山與析城山相連有相輔之勢又澤州沁水縣下云害水出西輔山水經云害水出垣曲縣界今本無害水之目蓋缺失矣山海經曰孟門東

南有平山水出于其上潛于其下又是王屋之

次疑即平山也其水南流歷鼓鍾上峽懸洪五

丈飛流注壑夾岸深高壁立直上輕崖秀舉官本曰案輕近刻訛作經案朱訛趙改刊誤曰經崖孫潛校改作輕崖百有餘丈峯次青松巖懸頳石

于中歷落有翠柏生焉丹青綺分望若圖繡矣

水廣朱趙有一字十許步南流歷鼓鍾川分爲二澗一

澗西北出朱趙有一字百六十許里山岫迴岨纔通馬

步今聞喜縣東北谷口猶有乾河里故溝存焉今無復有水趙釋曰一清案續志聞喜邑劉昭補注引史記曰伐韓到乾河郭璞曰縣東有乾河口但有故溝處無復水也而注下文又有冬乾夏流之稱然則未嘗竟枯絕也亦見澮水注一水歷冶官西世人謂之鼓鍾城城之左右猶有遺銅及銅錢也城西阜下有大泉西流注澗與教水合伏入石下南至下峽山海經曰鼓鍾之山帝臺之所以觴百神即是山也其水重源又發官本曰案又近刻訛作雙案朱訛趙改刊誤曰雙黃省曾本作又南至西馬頭山東截朱作戴箋曰疑作截趙改截坡下又伏流南十餘里復出又謂之伏流水南入于河山海經曰教山教水出焉而南流注于河官本曰案而近刻訛作又案朱作又南流箋曰今山海經作西流趙改西南流是水冬乾夏流實惟乾河也今世人猶謂之爲乾澗矣河水又與畛水合官本曰案此七字原本及近刻並訛作經案朱訛趙改刊誤曰七字是注混作經水出新安縣青要山孫校曰山在新安縣西北二十五里今謂之彊山官本曰案彊近刻作疆下同又此句之下衍山海經曰河長澗七字案朱趙作疆下同

又朱衍七字趙刪山海經曰河長澗水北流入于河十三字刊誤曰孫潛校衍此十三字其水北流入于河朱無其字山海經曰青要之山畛水出焉即是水也朱箋曰此處錯誤當云山海經曰青要之山畛水出焉北流注于河即是水也趙即上增北流注于河五字河水又東正回之水入焉水出騩山疆山東阜也東流俗謂之疆川水與石瓜疇川合官本曰案近刻訛作與石等瓜川合案朱訛趙改刊誤曰等字誤當作疇移在瓜字下水出西北石澗中官本曰案近刻脫水字案朱脫趙增刊誤曰出上落水字東南流注于疆川水朱無川字下同趙增刊誤曰準上文當作疆川水下同疆川水又東逕疆治鐵官東東北流注于河河水又東合庸庸之水官本曰案此九字原本及近刻並訛作經案朱訛經箋曰山海經作滽滽趙改注刊誤曰九字是注混作經水出河東垣縣宜蘇山官本曰案東近刻訛作南案朱訛趙改刊誤曰漢志垣縣屬河東郡南字誤俗謂之長泉水山海經曰水多黃貝伊洛門也其水北流分爲二水一水北入河一水又東北流注于河河水又東逕平陰縣北官本曰案此九字原本及近刻並訛作經案朱訛趙改刊誤曰九字是注混作經地理風俗記曰河南平陰縣故晉陰

地陰戎之所居趙釋曰全氏曰案陰戎是陰地之戎杜預曰在河南山北自上洛以東至陸渾觀左傳蠻子奔晉陰地叟是上洛善長以為平陰非矣又曰在平城之南故曰平陰也三老董公說高祖處陸機所謂皤皤董叟謨我平陰者也魏文帝改曰河陰矣河水又會濝水官本曰案此六字原本及近刻並訛作經作西趙改右刊誤曰箋曰西一作右案六字是注混作經案朱訛經又會又水出垣縣王屋山西濝溪官本曰案山西近刻訛作西山案朱趙作西山夾山東南流逕故城東即濝關也漢光武建武二年遣司空王梁北守濝關天井關擊赤眉別校皆降之獻帝自陝北渡安邑東出濝關即是關也濝水西屈逕關城南歷軹關南逕苗亭西亭故周之苗邑也又東流注于河經書清水非也是乃濝水耳官本曰案清水入河處在平陰縣西濝水則在縣東經于大河東逕平陰縣北之下乃言清水注河故道元辯其非

又東至鄧官本曰案此四字原本及近刻並訛在上句清水從西北來注之上考濝水入河之後河乃至鄧而平縣又在其東今濟源縣西有濝水有苗亭孟縣西南有鄧城道元敘河水又東逕平縣故城北即云河水於斯有盟津之目盟津值今孟縣南上注不言經文之誤然則二語上下倒亂在道元後矣今訂正案朱訛說見上趙移五卷第一條經文說見後洛陽西北四十二里故鄧鄉矣官本曰案此十二字原本及近刻並訛在後條注內南臨孟津

河之下今訂正 案朱趙同

水經注卷四

水經注卷五　　長沙王氏校本

後魏酈道元撰

河水官本曰案二字原本訛在經文又東上近刻又增河水五三字表目　案朱趙作河水三下有濕水二字

又東過平縣北官本曰案平下原本及近刻並衍陰字今考上言過平陰清水來注此不得言過平陰湛水來注明矣後人習見平陰罕見平因而妄加然湛水入河在鄧不在平縣故城之東道元于河水逕平縣故城北下卽云又東湨水入焉于湛水云斯乃湨川之所由非湛水之間關也可證此經本作平縣　案朱作河水又東過平陰縣北趙改又東至鄧四字刊誤曰全氏云九字與上卷清水條複出當是衍文易以又東至鄧四字在此以注中有洛陽西北四十二里故鄧鄉之語及湛水篇注可參證也湛水從北來注之

河水又東逕河陽縣故城南官本曰案此十一字原本及近刻並訛作經考河陽臨平洛陽皆在平陰之東平縣之西不得與經文淆紊今改正　案朱訛趙改刊誤曰十一字是注混作經春秋經書天王狩于河陽壬申公朝于王所晉侯執衞侯歸于京師朱侯下有而字趙刪刊誤曰而字衍文春秋左傳僖公二十八年冬會于溫執衞侯是會也晉侯召襄王以諸侯見且使王狩仲尼曰以臣召君不可以訓故書曰天王狩于河陽言非其狩地服虔賈逵曰河陽溫也班固漢書地理志司馬

彪袁山松郡國志官本曰案山松原本及近刻並訛作一崧字今改正後同　案朱訛趙改釋曰一清案通鑑晉紀吳國內史袁崧胡三省曰袁崧當作袁山松此本晉書列傳耳案傳袁山松有名無字諸本亦有作崧者豈山松即崧之字而以字行者耶晉太康地道記十二州志河陽別縣非溫邑也官本曰案河陽故城在今孟縣西三十五里溫故城在今溫縣西南三十里是以道元辯之漢高帝六年封陳涓爲侯國王莽之河亭也十二州志曰治河上河孟津河也郭緣生述征記曰踐土今冶坂城官本曰案冶原本及近刻並訛作治下同今考冶坂城其下爲冶坂津在今孟縣西南而踐土在今滎澤縣西北王宮城之內故道元辯其非　案朱訛趙改刊誤曰冶坂魏書作冶坂亦作野坂宋書王鎮惡傳云索虜野坂戍主黑矟公遊騎在芒上是也野冶音同是名異春秋焉非也朱趙無也字今河北見者河陽城故縣也在冶坂西北蓋晉之溫地故羣儒有溫之論矣魏土地記曰冶坂城舊名漢祖渡城險固南臨孟津河朱趙有洛陽西北四十二里故鄧鄉矣十二字官本移入上卷末河水右逕臨平亭北官本曰案此八字原本及近刻並訛作經近刻右訛作又　案朱訛經訛又趙改注不改又刊誤曰八字是注混作經帝王世紀曰光武葬臨平亭南西望平陰者也河水又東逕洛陽縣北官本曰案此九字原本及近刻並訛作經　案朱訛趙改刊誤曰九字是注混作經河之南岸有一朱作二箋曰宋本作一趙改一碑北面題云洛陽北界津水二渚分

屬之也官本曰案近刻脫津字屬訛作爲　案朱脫訛趙增改刊誤曰水上落津字名勝志引此文校增爲全氏校改屬　上舊有河平侯祠祠前有碑今不知所在郭頒世語曰晉文王之世大魚見孟津長數百步高五丈頭在南岸尾在中渚河平侯祠卽斯祠也河水又東逕平縣故城北官本曰案此十字原本及近刻並訛作經今考以上注文記河之西來所逕至此卽上經文所謂又東過平縣北也　案朱訛趙改刊誤曰十字是注混作經孫校曰地理志河南有平縣括地志平縣故城在濟州偃師縣西北二十五里　漢武帝元朔三年封濟北貞王子劉遂爲侯國趙釋曰沈氏曰漢表作濟北式王子此從史表又史表貞王子十一人其五人漢表以爲式王子莫可考也　王莽之所謂治平矣俗謂之小平也有高祖講武場河北側岸有二城相對置北中郎府徙諸徒隸府戶官本曰案徙近刻訛作從　案朱訛趙改刊誤曰從當作徙　并羽林虎賁領隊防之河水南對首陽山春秋所謂首戴也孫校曰公羊穀梁經僖五年秋八月諸侯盟于首戴左傳戴作首止杜注首止衞地陳留襄邑縣東南有首鄉　夷齊之歌所以曰登彼西山矣朱趙作夷齊之歌所矣曰登彼西山趙刊誤曰籤曰謝兆申云宋本作夷齊之歌所以曰登彼西山矣案本文自通無庸假宋本改作　上有夷齊之廟前有二碑並是後漢河南尹廣陵陳導雒陽令徐循與處士平原蘇騰官本曰案近刻脫原字　案朱脫趙增刊誤曰平下落原字隸釋校補

南陽何進等立事見其碑趙釋曰全氏曰案續漢書五行志注引蔡邕作夷齊廟碑熹平五年天下大旱禱請名山處士平陽蘇騰字元成夢陟首陽有神馬之使在道明覺而思之以夢陟上聞詔使者登山升祠天尋雨是郎善長所云事具其碑也然是平陽非平原考洪氏隸釋所引則是平原又有周公廟魏氏起玄武觀于芒垂張景陽玄武觀賦所謂高樓特起竦時峭嶢直亭亭以孤立延千里之清飆也朝廷又朱作有箋曰當作又古通用趙改又置冰室于斯阜室內有冰井春秋左傳曰日在北陸而藏冰常以十二月採冰于河津之隘峽石之阿北陰之中即邠詩二之日鑿冰沖沖矣而內于井室所謂納于凌陰者也河南有鉤陳壘世傳武王伐紂八百諸侯所會處尚書所謂不期同時也紫微有鉤陳之宿主鬭訟兵陣故遁甲攻取之法以所攻神與鉤陳并氣下制所臨之辰則決禽敵官本曰案決近刻訛作秩　案朱作秩趙改秩刊誤曰箋曰秩疑誤案集韻秩祭有次也亦作秩是以壘資其名矣河水于朱趙作至趙刊誤曰箋曰至謝作由一作於案至字義長斯有盟津之目論衡曰武王伐紂升舟陽侯波起疾風逆流官本曰案逆近刻訛作疾朱作疾箋曰當作逆趙改逆　案武

王操黃鉞而麾之風波畢除中流白魚入于舟燔以告天官本曰案燔近刻訛作熿 案朱趙作熿與八百諸侯咸同此盟尚書所謂不謀同辭也故曰孟津亦曰盟津尚書所謂東至于孟津者也又曰富平津孫校曰唐志偃師有故富平津晉陽秋曰杜預造河橋于富平津官本曰案近刻脫河字 案朱脫趙增刊誤曰橋上落河字何焯校增所謂造舟爲梁也又謂之爲陶河官本曰案爲近刻作曰 案朱趙作曰魏尚書僕射杜畿以帝將幸許朱作將許箋曰魏志云帝將幸許趙增幸字試樓船覆于陶河謂此也昔禹治洪水觀于河見白面長人魚身出曰吾河精也授禹河圖而還于淵及子朝篡位與敬王戰乃取周之寶玉沈河以祈福後二日津人得之于河上將賣之則變而爲石及敬王位定得玉者獻之復爲玉也 河水又東溴水入焉官本曰案此八字原本及近刻並訛作經溴訛作湨溴水詳見卷七濟水內 案朱訛經作湨趙改注不改湨刊誤曰八字是注湨作經孫校曰溴水出濟原縣琮山俗呼白澗水山海經曰和山上無草木而多瑤

碧實惟河之九都是山也五曲九水出焉朱作五典箋曰山海經作五曲趙改五曲合而北流注于河其陽多蒼趙作倉玉吉神泰逢司之是于萯山之陽朱同箋曰山海經作是好居於萯山之陽趙增好居二字出入有光呂氏春秋曰夏后氏孔甲田于東陽萯山遇大風雨迷惑入于民室皇甫謐帝王世紀以爲即東首陽山也蓋是山之殊目矣今于首陽東山無水以應之當是今古世懸川域改狀矣趙釋曰全氏曰案魏書地形志曰武德郡溫縣有貝水予謂善長尚未能詳貝水之顛末則地形志所言亦襲舊文書之耳竊疑是溴梁之溴水而誤爲湨字蓋溴水正流入河支流入濟適當溫原之地善長偶有不照遽引山經之言滑突了之而云無水以應川域改狀則不識湨水之爲誤文也趙刊誤曰箋曰一作或山川改狀案依本文無誤昔帝堯修壇河洛擇良議沈率舜等升于首山而遵河渚官本曰案遵近刻訛作導案朱趙作導有五老遊焉相謂河圖將來告帝以期知我者重瞳也五老乃翻爲流星而升于昴即于此也朱箋曰論語比考讖曰堯與舜等遊首山觀河渚有五老遊河一老曰河圖將來告帝期河圖將浮龍銜玉苞刻版題命可卷金泥玉檢書成知我者重瞳黃姚歌訖五老飛入於昴又東濟水注焉官本曰案此六字原本及近刻並訛作經

今考此即後注內所謂今濟水自溫縣入河者也　案朱訛經濟作沛趙改注改泲刊誤曰箋曰孫云沛水當作泲水案六字是注混作經孫校曰今泲水源出濟源縣王屋山既見而伏東出濟源縣有東西二源出流至溫縣南入汜水境又南十里入河

又東過鞏縣北孫校曰地理志河南縣有鞏東周所居元和郡縣志鞏縣黃河西自偃師界流入

河水于此有五社渡爲五社津趙釋曰一清案後漢書章懷註引水經注曰五社津一名土社津蓋異名也建武元年朱鮪遣持節使者賈彊討難將軍蘇茂將二萬人從五社津渡攻溫馮異遣校尉與寇恂合擊之大敗追至河上生擒萬餘人投河而死者數千人縣北有山臨河官本曰案近刻訛作城　案朱訛趙改刊誤曰城寰宇記引此文作河即所謂直穴有渚也謂之崟原邱其下有穴謂之鞏穴言潛通淮浦官本曰案近刻脫淮字　案朱脫趙增刊誤曰後漢書光武帝紀章懷注引此文作潛通淮浦張衡東京賦王鮪岫居蔣綜注云山有穴曰岫長老言王鮪從南方來出此穴中入河水是也北達于河直穴有渚謂之鮪諸成公子安大河賦曰鱣鯉王鮪春暮來遊官本曰案近刻脫春字　案朱脫趙作暮春刊誤曰大河賦作暮春來遊禮記月令季春薦鮪於寢廟周禮春薦鮪然非時及仡處則無故河自鮪穴已上又兼鮪稱呂氏

春秋稱武王伐紂至鮪水紂使膠鬲候周師卽是處矣官本曰案近刻脫此二字　案朱脫趙增處也二字刊誤曰卽是下落處也二字禹貢錐指引此文校增

洛水從縣西北流注之

洛水于鞏縣官本曰案近刻縣下衍而字　案朱衍趙刪說見下東逕洛汭官本曰案近刻脫逕字　案朱脫趙增刊誤曰寰宇記引此文衍而字東下有逕字北對琅邪渚入于河謂之洛口矣自縣西來而北流注河官本曰案近刻訛作洛　案朱訛趙改刊誤曰洛水入河洛字誤當作河清濁異流皦焉殊別應瑒靈河賦曰資靈川之遐源官本曰案靈近刻訛作虛　案朱訛趙改說見下　案出崑崙之神邱涉津洛之阪泉官本曰案阪近刻訛作峻　案朱作峻箋曰原賦虛作靈峻作阪趙改阪播九道于中州者也

又東過成皋縣北孫校曰成皋故城在汜水西北濟水從北來注之

河水自洛口又東左逕平皋縣南官本曰案皋近刻訛作高　案朱訛趙改刊誤曰高當作皋又東逕懷縣南濟水故道之所入與成皋分河官本曰案河下近刻衍水字　案朱衍趙刪刊誤曰水字衍文河水右逕黃馬坂北官本曰案此八字原本及近刻

並訛作經近刻右訛作又 案朱訛經訛又趙改注不改又刊誤曰九字是注混作經謂之黃馬關孫登之去楊駿作書與洛中故人處也朱箋曰晉書云武帝崩楊駿輔政百官總已公室怨望天下憤然駿自知素無美望乃徵高士孫登遺以布被登截被於門大呼曰斫斫刺刺旬日託疾詐死後駿果敗死於馬廄河水又東逕旋門坂北官本曰案此九字原本及近刻並訛作經 案朱訛趙改刊誤曰九字是注混作經今成皋西大坂者也升陟此坂而東趣成皋也曹大家東征賦曰望河洛之交流看成皋之旋門者也河水又東逕成皋大伾山下官本曰案此十一字原本及近刻並訛作經 案朱趙無又字朱訛經趙改注刊誤曰箋曰孫云案史記括地志云大伾山今名黎陽東山在衞州黎陽南張揖云今成皋非也案孫汝澄所稱史記括地志即是史記夏本紀張守節正義所引之括地志也唐書藝文志括地志五百五十卷又序略五卷魏王泰命著作郎蕭德言祕書郎顧胤記室參軍蔣亞卿功曹參軍謝偃蘇勗譔以大伾爲黎陽東山其言發於臣瓚漢書音義而泰書述之箋說祇據史記註文然不云正義而云史記括地志則繆矣十字是注混作經爾雅曰山一成謂之伾許慎呂忱等並以爲邱一成也孔安國以爲再成曰伾亦或以爲地名非也尚書禹貢曰過洛汭至大伾者也鄭康成曰地喉也沇朱作流箋曰宋本作沇趙改沇出伾際矣官本曰案此句之下近刻衍然則大伾四字 案朱趙有在河內脩

武武德之界濟沇之水與滎播澤出入自此然

則大伾即是山矣趙釋曰禹貢錐指曰鄭玄云大伾在修武武德之界張揖云成皋縣山也漢書音義有臣瓚者以爲修武武德無此山也成皋縣山又不一成今黎陽縣山臨河豈不是大伾乎又曰辯士龍曰大伾山許慎說文今黎陽之黎山是其說不始於臣瓚矣今案伾坯二字說文俱無伾字下引詩以車伾伾坏字下云邱再成者與孔傳同並無辯所稱語慎有五經異義或出其中然宋時此書已亡辯何由見且鄭康成生於慎後張揖三國魏人可見漢魏時未有指黎山爲大伾者實臣瓚倡之酈元猶不從從瓚自穎達始此後人勝前人處辯所稱疑是徐鍇說文繫傳語出楚金誤爲叔重耳又云大伾山在汜縣西一里有大澗九曲一名九曲山西去洛口裁四十里非禹貢之大伾山明甚

伾北即經所謂濟水從北來注之者也今濟水自温縣入河官本曰案濟近刻訛作沛案朱作沛趙改沛不于此也所入者奉溝水耳官本曰案溝近刻訛作濟案朱作濟箋曰舊本作溝趙改溝即濟沇之故瀆矣官本曰案濟近刻訛作溝　案朱作溝箋曰舊本作濟趙改沛釋曰禹貢錐指曰濟水於武德入河南直成皋今汜水河陰之界是也其後由温縣入河則南直鞏縣所謂津渠勢改不與昔同者也今其故瀆盡陷河中濟水唯從枝津之合溴水者至孟縣東南入河南直孟津縣其流益短矣由大禹而來濟入河之道凡再變成皋縣之故城在伾上官本曰案近刻脫城在二字　案朱脫趙增刊誤曰之故下落城在二字下文注云遂城虎牢蓋修故耳可證也滎帶伾阜絕岸峻周高四十許丈城張翕險崎而不平春秋傳曰制巖邑也虢叔死焉即東虢也魯襄公二年七月晉成公與諸侯會于戚朱作咸箋曰左傳作

戚趙改戚遂城虎牢以逼鄭求平也蓋修故耳穆天子傳曰天子射
鳥獵獸于鄭圃命虞人掠林有虎在于朱作乎趙改刊誤曰箋曰乎舊本作于按乎義亦通葭中
天子將至七萃之士高奔戎生捕虎而獻之天子官本曰案捕近刻作擒案朱趙同
命之為柙畜之東虢官本曰案近刻訛作虞案朱趙作虞趙釋曰全氏曰案東虞漢志師古注作東虢是也元和志引此文作東隅是
曰虎牢矣然則虎牢之名自此始也秦以為關漢乃縣之城西
北隅有小城周三里北面列觀臨河岧岧孤上朱趙作苕苕趙刊誤曰箋曰當作岧岧案沈名
蓀云詩若之華即今淩霄花也附木而上最能高矣苕苕孤上義取象斯無可疑者漸江水注云苕苕孤危是其詞例也景明中言之壽春路
值茲邑升眺清遠勢盡川陸羇途遊至有傷深情河水南
對玉門官本曰案此六字原本及近刻並訛作經案朱訛趙改刊誤曰六字是注混作經昔漢祖與滕公潛出濟
于是處也門東對臨河側岸有土穴魏攻北司州刺史毛德祖
于虎牢官本曰案北司州近刻訛作此同州案朱訛趙改刊誤曰箋曰此宋本作宋案此同二字當作北司宋書州郡志云武帝北平關洛河南底定置司州刺史治虎
牢少帝景平初司州復沒北虜文帝元嘉末僑立於汝南壽亦省廢云云是當時以治虎牢者為北司州而僑置汝南者為南司州魏書地形志以宋明帝於南豫州之義陽郡復設之司州
為南司州故道元以劉武王所置治虎牢者為北司州也又梁書夏侯夔傳大通二年詔改魏郢州為北司州以夔為刺史梁大通二年魏孝昌四年也此道元身後之事所不及知也若朱

氏以此爲宋殆未審北字之義耳且又不釋同州之譌何居 戰經二百日不克城惟一井井深四十丈
山勢峻峭不容防捍潛作地道取井余頭因公至彼故往尋之
其穴處猶存河水又東合汜水 官本曰案此七字原本及近刻並訛作經 案朱訛趙改朱箋曰汜音似
汜水在成皋故城東趙刊誤曰七字是注混作經孫校曰汜水在汜水縣西一里出鞏縣玉仙山北流逕古崤關東入河 水南出浮戲山
世謂之曰方山也北流合東關水 官本曰案近刻脫合字東訛作車 案朱同趙車改
東不增合字刊誤曰車關濟水注作東關實字記引濟水注亦是東字下並同 水出嵩渚之山 官本曰案近刻脫水字作出于嵩渚之山也
案朱趙同 泉發于層阜之上一源兩枝分流瀉注世謂
之石泉水也東爲索水西爲東關之水 官本曰案近刻作東流爲索水
西注爲車關 案朱同趙作西注爲東關水 西北流楊蘭水注之水出非山西
北流注東關水 官本曰案注下近刻衍爲字 案朱衍又東作車趙爲改於車改東刊誤曰爲當作於箋近致譌車是東字之誤 東
關水又西北清水入焉 官本曰案清近刻訛作蒲 案朱趙不重東關水三字朱作蒲趙改清刊誤曰蒲當作清
水自東浦西流與東關水合而亂流注于汜汜
水又北右合石城水水出石城山 其山複澗重嶺

敧疊若城山頂泉流瀑布懸瀉下有溫泉東流洩注邊有數十石畦畦有數野蔬朱數作聲趙刪刊誤曰箋曰聲宋本作數案沈炳巽校衍聲字巖側石窟數口隱迹存焉而不知誰所經始也又東北流注于汜水朱注下有入字趙刪刊誤曰入字衍文汜水又北合鄤水官本曰案又近刻訛作下案朱趙作下水西出婁山至冬則煖故世謂之溫泉東北流逕田鄤公谷謂之田鄤溪水東流注于汜水汜水又北逕虎牢城東漢破司馬欣曹咎于是水之上汜水又北流注于河征艱賦朱箋曰虞讃有征艱賦所謂步汜口之芳草弔周襄之鄙館者也余案昔儒之論官本曰案近刻脫昔字案朱儒上脫箋曰疑脫一先字趙增先字周襄所居在潁川襄城縣是乃城名非爲水目原夫致謬之由俱以汜鄭爲名故也是爲爽矣又案郭緣生述征記劉澄之永初記並言高祖即帝位于是水之陽朱陽上脫箋曰當有之字趙增刊誤曰是水下落之字今不復知舊壇所在盧諶崔雲亦言是矣余案高皇帝受天命于定陶汜

水朱趙有又字不在此也于是求壇故無髣髴矣官本曰案無近刻訛作爲朱訛趙改刊誤曰爲黃省曾本案作無又朱箋曰定陶氾水音泛取其氾愛而潤下河水又東逕板城北官本曰案此八字原本及近刻並訛作經案朱訛趙改刊誤曰八字是注混作經有津謂之板城渚口河水又東逕五龍塢北官本曰案此九字原本及近刻並訛作經案朱訛趙改刊誤曰九字是注混作經塢臨長河官本曰案塢字近刻訛在河字下案朱趙同有五龍祠應劭云崑崙山廟在河南滎陽縣官本曰案南近刻訛作東案朱訛趙改刊誤曰東當作南疑即此祠所未詳

又東過滎陽縣北蒗蕩渠出焉官本曰案近刻脫北字蒗訛作蕩案朱蒗作蕩朱脫北趙增刊誤曰寰宇記引此文滎陽縣下有北字今校補

大禹塞滎澤開之以通淮泗即經所謂蒗蕩渠也趙釋曰全氏曰以滎澤爲禹所塞酱長之繆極矣一清案禹貢豫州云滎波既豬禹波水爲澤故道元濟水注云大禹塞其淫水則指既豬而言此言禹塞滎澤辭不達意未爲大非惟云開之以通淮泗則指鴻溝爲禹迹乃其繆耳漢平帝之世河汴決壞未及得修汴渠東侵日月彌廣門閭故處皆在水中官本曰案門閭近刻訛作水門案朱趙作水門趙水中作河中朱箋曰御覽引此作門閭故處後漢書王景傳作皆在河中漢明帝永平十二年

議治汳朱趙作汴渠上乃引樂浪人王景問水形便官本曰案近刻問下有理字　案朱趙有景陳利害應對敏捷帝甚善之乃賜山海經河渠書禹貢圖及以錢帛後作隄發卒數十萬詔景與將作謁者王吳治渠築隄防脩堨官本曰案近刻吳訛作昊治渠訛作共防又隄下脫防字　案朱同箋曰後漢書及王海皆作王吳御覽引此亦作吳下作治渠築隄防脩堨趙作共築隄防修堨王吳改王吳起自滎陽東至千乘海口千有餘里景乃商度地勢鑿山開澗防遏衝要疏決壅積十里一水門更相迴朱趙作洄注無復滲漏之患官本曰案滲近刻作潰　案朱作潰趙改滲刊誤曰潰太平御覽引注文作滲明年渠成帝親巡行詔濱河郡國置河隄員吏如西京舊制景由是顯名王吳及諸從事者皆增秩一等順帝陽嘉中又自汴口以東緣河積石爲堰通渠官本曰案河字近刻訛在爲堰下渠訛作淮下衍古口二字　案朱同緣下箋曰宋本作緣河河下箋曰宋本無河字通淮古下箋曰疑作古淮趙改緣河積石爲堰通古渠口刊誤曰箋曰疑作古淮案當作古渠卽蒗蕩渠也下同咸曰金隄朱箋曰御覽作自汴河口以東緣河積石

爲堰通淮曰金隄靈帝建寧中又增修石門以遏渠口官本曰案渠近刻亦訛作淮朱訛趙改案水盛則通注津耗則輟流趙釋曰禹貢錐指曰司馬彪不志河渠東漢後無可考據賴有水經注存其所敘當時見行之河自涼城縣長壽津東逕鐵邱南至東北逕甲下邑北又東北入于海皆東漢以後大河之所行也又曰王景修渠築隄自滎陽東至千乘海口千餘里則其所治者卽東漢以後大河之經流也而史稱汴渠又曰汴渠成始終皆不言河蓋建都洛陽東方之漕全資汴渠故惟此爲急河汴分流則運道無患治河所以治汴也自平帝之後汴流東侵日月益甚建武十年陽武令張汜上言河決積久侵毀濟渠漂數十許縣是其時濟亦決敗矣莽時河入濟南千乘則侵濟處更多故築隄自滎陽至千乘海口千餘里永平十三年詔曰河汴分流復其舊迹陶邱以北漸就墳壤十五年景從駕東巡至無鹽帝美其功拜河隄使者賜車馬縑錢陶邱今定陶無鹽今東平皆濟水所經之地也二渠旣成則東南之漕由汴入河西北之漕由濟入河舳艫千里輓輸不絕京師無匱乏之憂矣又曰武帝疏于討論執北瀆爲禹河及哀平之世人始有知禹河之所經者意欲復禹故道而國事阽危事不可爲矣永平上距平帝時僅六十餘歲故道豈遽湮滅而王景治河惟從事汴濟蓋當時所急在運道就其便者爲之不暇遠圖耳史稱景鑿山阜截溝澗防遏衝要疏決壅滯十里立一水門費以百億計財力之充裕若是向使講求禹迹故道而復之則河流歸北汴濟不勞而治功施到今五代以降潰溢橫流之禍可以免矣惜乎其見不及此也河雖從自周定王時而東光以下至章武入海猶是徙駭之故道至王莽時始改從千乘入海而景遂因之禹迹蕩然無存君子於此有遺憾焉

河水又東北逕卷之扈亭北官本曰案此十一字原本及近刻並訛作經案朱訛趙改刊誤曰十一字是注混作經

春秋左傳曰文公七年晉趙盾與諸侯盟于扈竹書紀年晉出公十二年官本曰案近刻訛作二十二年案朱訛趙改刊誤曰何焯云上二字衍文竹書周貞定王六年晉河絕于扈正出公十二年也河絕于扈卽于是趙作此也河

水又東逕八激隄北官本曰案此九字原本及近刻並訛作經　案朱訛趙改刊誤曰九字是注混作經漢安帝永初七年令謁者太山于岑于石門東積石八所皆如小山以捍衝波謂之八激隄河水又東逕卷縣北官本曰案此八字原本及近刻並訛作經　案朱訛趙改刊誤曰八字是注混作經晉楚之戰晉軍爭濟舟中之指可掬楚莊祀河告成而還卽是處也河水又東北逕赤岸固北而東北注官本曰案十四字原本及近刻並訛作經　案朱訛趙改又朱趙注下有之字刊誤曰十五字是注混作經

又東北過武德縣東沁水從西北來注之官本曰案近刻脫西北來注四字　案朱同趙增西來注三字刊誤曰禹貢錐指引此文作沁水從西來注之今本脫三字

河水自武德縣漢獻帝延康元年封曹叡爲侯國朱無侯字　趙增刊誤曰三國志魏書明帝紀云年十五封武德侯爲下落侯字卽魏明帝也東至酸棗縣西濮水東出焉官本曰案此十一字原本及近刻並訛作經　案朱訛趙改刊誤曰十一字是注混作經戰國時河溢酸棗漢世又決孝文塞之故無濮水而東漢見行之濮水則上承濟水于陳留封邱縣班志所謂濮渠水首受濟東北至都官入羊里水者也應劭則以爲南入鉅野而道元從之濮水水經敘入濟水及瓠子水而以新溝目之此條注所以補經

當與彼文參驗漢興三十有九年孝文時河決酸棗東潰金隄大發卒塞之故班固云文堙棗野武作瓠歌謂斷此口也今無水河水又東北通謂之延津官本曰案此十字原本及近刻並訛作經案朱訛趙改刊誤曰十字是注混作經石勒之襲劉曜途出于此以河冰泮爲神靈之助號是處爲靈昌津昔澹臺子羽齎千金之璧渡河陽侯波起兩蛟挾舟子羽曰吾可以義求不可以威劫官本曰案近刻訛作卻案朱趙不訛操劍斬蛟蛟死波休乃投璧于河三投而輒躍出乃毀璧而去亦無吝意趙建武中造浮橋于津上採石爲中濟石無大小下輒流去用工百萬經年不就石虎親閱作工沈璧于河明日璧流渚上波蕩上岸遂斬匠而還河水又逕東燕縣故城北官本曰案此十字原本及近刻並訛作經近刻脫逕字又此句之下衍則有濟水自北來注之九字案朱同趙改注增逕不刪九字刊誤曰十八字是注混作經河水又下落逕字通鑑注引水經注校補胡三省曰考兩漢志東郡有燕縣無東燕縣魏收地形志東燕縣晉屬濮陽國賢曰東燕故城今滑州胙城縣今案班志東郡有南燕縣續志始去南云燕本南燕國有胙城古胙國梅磵所引容有差錯且又引魏收志及晉屬云云似疑不當

作東燕字也蓋不悟此條之爲酈注非經也河水于是有棘津之名亦謂之石濟津官本曰案原本及近刻並脫石字今攷郎胙城縣東北石濟津　案朱脫趙增故南津也春秋僖公二十八年朱八作一趙改刊誤曰晉文公伐曹經傳是僖公二十八年今校改晉將伐曹曹在衞東官本曰案衞近刻訛作縣　案朱訛趙改假道于衞衞人不許還自南河濟郎此也官本曰案濟字近刻訛在郎此下又此句之下衍河水于是亦有棘津之名十字　案朱趙作郎此濟也朱有十字趙作河水於是亦有石濟之名刊誤曰箋曰宋本作濟郎此也案孫云左傳僖公二十八年春晉侯將伐曹假道于衞衞人弗許還自南河濟注云曹在衞東故從衞借道案傳文還自南河濟人所共曉何難據傳校增必欲託名宋本可謂陋矣抑知酈氏原書刪去濟字程公說春秋分記引此文作還自南河郎此濟也克齋所見之本何以與朱氏異耶又曰下文云垣䕶之以水軍守石濟郎此處也又云又東逕棘津南棘津在東郡河內之間田融以爲郎石濟南津也是句不當重上作棘津宜改石濟蓋一地而二名也宋書垣䕶之傳云石濟在滑臺西南百二十里晉伐陸渾亦于此渡宋元嘉中官本曰案近刻訛作年　案朱訛趙改刊誤曰年黃省曾本作中遣輔國將軍蕭斌率寧朔將軍王玄謨北入宣威將軍垣䕶之官本曰案垣近刻訛作桓　案朱訛趙改刊誤曰宋書作垣从土不从木以水軍守石濟郎此處也趙釋曰一清案石濟資治通鑑作文石津懷帝紀永嘉四年石勒爲王讚所敗退屯文石津胡三省曰據帝紀文石津在河北又據永嘉六年勒自葛陂北行至東燕使孔萇自文石津潛渡枋頭取向汲船則文石津在東燕之東北枋頭之東南蓋濟者津渡之名非四瀆之濟並非常山之石濟也河水又東淇水入焉又東逕遮害亭南官本曰案此十五字原本及近刻並訛作經　案朱訛趙改刊誤曰十五字是注混作經

漢書溝洫志曰在淇水口東十八里有金隄隄高一丈自淇口東地稍下隄稍高至遮害亭高四五丈官本曰案近刻脫高字 案朱脫趙增刊誤曰漢書亭字下有高字又有宿胥口舊河水北入處也官本曰案此所謂舊河即禹貢古河也 案朱脫處字趙增刊誤曰北入下落處字河水又東右逕滑臺城北官本曰案此十字原本及近刻並訛作經 曰九字是注混作經寰宇記引此文城下有北字 案朱訛脫北字趙改增刊誤曰一清案何焯曰寰自滑臺城北至長壽津皆古漯也胡東樵亦以爲然詳見河水又東至東光縣故城西而北與漳水合下城有三重朱無城字趙增刊誤曰寰宇記引此文作城有三重落城字中小城謂之滑臺城舊傳滑臺人自修築此城因以名焉城卽故鄭廩延邑也下有延津春秋傳曰孔悝爲蒯聵所逐載伯姬于平陽行于延津是也趙釋曰一清案今本左傳哀十六年載伯姬于平陽而行及西門無于延津字蓋酈氏所見之書異矣廩延南故城卽衛之平陽亭也今時人謂此津爲延壽津宋元嘉中右將軍到彥之官本曰案近刻脫將字 案朱脫趙增刊誤曰南史宋文帝紀元嘉七年十一月右將軍到彥之自滑臺奔退落將字留建威將軍朱脩之守此城魏軍南伐脩之執節不下其母悲憂一旦乳汁驚出母乃號踊告

家人曰我年老非有乳時今忽如此吾兒必沒矣脩之絕援果以其日陷沒城故東郡治續漢書曰延熹九年濟陰東郡濟北平原河水清襄楷上疏曰朱箋曰襄楷詳後漢書春秋注記未有河清而今有之易乾鑿度曰上天將降嘉應河水先清京房易傳曰河水清天下平天垂異官本曰案近刻訛作翼　案朱訛趙改刊誤曰翼全氏校改異地吐妖民厲疫官本曰案近刻作疾　案朱趙作疾三者並作而有河清春秋麟不當見而見孔子書以為異河者諸侯之象朱趙作相趙刊誤曰箋曰宋本作諸侯之象案渭水注云非人臣之相蓋其詞例如此清者陽明之徵豈獨諸侯有窺京師也明年宮車宴駕徵解瀆侯為漢嗣是為靈帝建寧四年二月河水又清也

又東北過黎陽縣南孫校曰元和志臨河縣本漢黎陽縣地黃河南去縣五里

黎侯國也詩式微黎侯寓于衛是也　晉灼曰黎山在其南河水逕其東其山上碑云縣取山之名取水之陽以為名也王莽之黎蒸也官本曰案黎蒸近刻訛作魏丞　案朱訛趙改刊誤曰漢志魏郡黎陽縣莽曰

黎蒸魏丞字誤今黎山之東北故城蓋黎陽縣之故城也山在城西城憑山爲基東阻于河官本曰案于近刻訛作爲 案朱訛趙改刊誤曰爲當作於故劉楨黎陽山賦曰南蔭黃河左覆金城青壇承祀高碑頌靈昔慕容玄明自鄴率衆南徙滑臺既無舟楫將保黎陽昏而流澌冰合于夜中濟訖旦而冰泮燕民謂是處爲天橋津東岸有故城險帶長河戴延之謂之逯明壘官本曰案逯近刻訛作逮下同 案朱訛趙改周二十里言逯明石勒十八騎中之一官本曰案近刻脫此二字 案朱脫趙增刊誤曰晉書載記云石勒遂招集王陽夔安支雄冀保吳豫劉膺桃豹逯明八騎爲羣盜後郭敖劉徵劉寶張曀僕呼延莫郭黑略張越孔豚趙鹿支屈六等又赴之號十八騎逮當作逯十八騎中下落之一二字案亦作六明通鑑後周紀河決靈河魚池酸棗陽武常樂驛河陰六明鎮原武凡八口胡三省曰六明鎮即大通軍大通軍即胡梁渡六逯音同字變耳城因名焉郭緣生曰城袁紹時築皆非也余案竹書紀年梁惠成王十一年官本曰案近刻訛作十三年 案朱訛趙改刊誤曰竹書紀年是十一年鄭釐侯使許息來致地平邱戶牖首垣諸邑及鄭馳道官本曰案近刻訛作地 案朱訛趙改刊誤曰馳地竹書紀年作馳道通鑑地理通釋校同我取枳道

與鄭鹿官本曰案此下近刻重鄭鹿二字案朱衍趙刪刊誤曰鄭鹿二字重文宜衍卽是城也今城內有故臺尚謂之鹿鳴臺又謂之鹿鳴城王玄謨自滑臺走鹿鳴者也濟取名焉故亦曰鹿鳴津又曰白馬濟津之東南有白馬城衞文公東徙渡河都之故濟取名焉袁紹遣顏良攻東郡太守劉延于白馬關羽爲曹公斬良以報效卽此處也官本曰案也上近刻衍是字案朱衍趙刪刊誤曰是字衍文白馬有韋鄉韋城故津亦有韋津之稱史記所謂下修武渡韋津者也官本曰案下脩武近刻訛作脩武下武案朱訛趙改又白馬下增縣字刊誤曰白馬下落縣字史記是下脩武渡韋津此文誤也河水舊于白馬縣南泆通濮濟黃溝趙刊誤曰箋曰泆當作決案泆與溢同說文解字云水所蕩泆也字不誤故蘇代說燕曰決白馬之口魏無黃濟陽竹書紀年梁惠成王十二年楚師出河水官本曰案出近刻訛作決案朱出作山趙改刊誤曰箋曰謝兆申云宋本作楚師決河水案趙琦美云竹書是出字於山字相近以水長垣之外者也金隄既建故渠水斷尚謂之白

馬瀆故瀆東逕鹿鳴城南又東北逕白馬縣之涼城北耆舊傳云（朱有者舊二字箋曰疑衍趙刪）東郡白馬縣之神馬亭實中層峙南北二百步東西五十許步狀邱斬城也（官本曰案此句有脫誤未詳）自外耕耘墾斫削落平盡正南有躔陛陟上（官本曰案近刻訛作陟躔陛上案朱訛趙改刊誤曰陟字當移在躔陛之下）全氏校正方軌是由西南側城有神馬寺樹木脩整西去白馬津可二十許里東南距白馬縣故城可五十里疑即開山圖之所謂白馬山也山下常有白馬羣行悲鳴則河決馳走則山崩注云山在鄭北（官本曰案北近刻訛作此又訛在下句故字下案朱訛趙改刊誤曰孫潛云當作山在鄭北故鄭也）故鄭也所未詳劉澄之云有白馬塞孟達登之長歎可謂于川土疏妄矣亭上舊置涼城縣治此（官本曰案舊字下近刻衍曰字涼訛作源案朱訛衍趙改刪刊誤曰舊曰之曰衍文源城當作涼城）白馬瀆又東南逕濮陽縣散入濮水所在決會更相通注以成往復也河水自津東北逕涼城縣（官本曰案此十字原本及近刻並訛作經案朱訛趙改刊誤曰十字是注混作經）河北有般祠孟氏記云祠在河中積

石爲基河水漲盛恆與水齊戴氏西征記曰今見祠在東岸臨
河累石爲壁其屋宇容身而已殊似無靈不如孟氏所記將恐
言之過也河水又東北逕伍子胥廟南官本曰案此十一字原本及近刻並訛作
經　案朱訛趙改刊誤曰十一字是注混作經祠在北岸頓邱郡界臨側長河廟前有碑魏青
龍三年立河水又東北爲長壽津官本曰案此九字原本及近刻並訛作經　案朱訛趙改刊誤
曰九字是注混作經述征記曰涼城到長壽津六十里河之故
瀆出焉朱六字亦作注趙改經刊誤曰全氏云六字是經混作注趙釋曰禹貢錐指曰案水經東漢人所撰凡稱故瀆者皆時已無水戚城以下東光以上河水不至
又無他水行其中孟康所云王莽時空者唯此耳故謂之大河故瀆其自長壽津以西至宿胥口爲東漢見行之河則敘入河水東光以北至章武爲清河漳水之所行則敘入清河漳水並
不列大河故瀆漢書溝洫志曰河之爲中國害尤甚故導
河自積石歷龍門二渠以引河官本曰案此有脫文漢書作歷龍門南到華陰東下底柱及盟
津雒內至于大伾于是禹以爲河所從來者高水湍悍難以行平地數爲敗乃釃二渠以引其河北載之高地　案趙二上增釃字刊誤曰漢書溝洫志云迺釃二渠以引其河孟康曰釃分
也是注二渠上落釃字史記河渠書作廝趙釋曰一清案釃史記河渠書作廝索隱曰漢書作灑史記舊本亦作灑字從水韋昭云疏決爲灑字音疏跬反顏師古音山支反然則釃字近本
之誤耳漢書溝洫志注孟康曰釃分也分其流泄其怒也二渠其一出貝邱西南折者也其一則漯川也河自王莽時遂空唯用漯耳一則漯川官本曰案

此下近刻有則字案朱作今則趙刪則刊誤曰箋曰宋本作則今案非也則字衍今所流也一則北瀆王莽時空趙刊誤曰箋曰空一作塞案溝洫志注孟康曰河自王莽時遂空唯用漯耳空字不誤故世俗名是瀆爲王莽河也故瀆東北逕戚城西官本曰案此八字原本及近刻並訛作經今考以下乃注內敘河之故瀆所逕案朱訛趙改刊誤曰八字是注混作經春秋哀公二年晉趙鞅率師納衛太子蒯聵于戚宵迷陽虎曰右河而南必至焉今頓邱衛國縣西戚亭是也爲衛之河上邑漢高帝十二年封將軍李必爲侯國矣趙釋曰一清案史記索隱曰戚漢志闕地道記屬東海又曰案灌嬰傳云重泉人李必此云李必誤也然則酈注所引是漢書列傳而表亦作季必與史表同漢書百官公卿表元狩四年戚侯李信成爲太常卽必曾孫又史記灌嬰傳索隱曰姚氏云案漢紀桓帝延熙二年追錄高祖功臣李必後黃門丞李遂爲晉陽關內侯則作李姓者是也又戚是衛邑東海亦有之地理志東海郡戚縣注引鄭氏曰音蹙戚故城在山東滕縣西南五十里本泰縣史記曹參嘗遷爲戚今是也此戚在今開州北七里李必封邑當在東海如小司馬說姚氏祭也鄭氏德也故瀆又逕繁陽縣故城東官本曰案此十字原本及近刻並訛作經案朱訛趙改刊誤曰十字是注混作經史記趙將廉頗伐魏取繁陽者也官本曰案近刻脫取字案朱脫趙增北逕陰安縣故城西官本曰案此八字原本及近刻並訛作經案朱訛趙改刊誤曰八字是注混作經漢武帝元朔五年封衛不疑爲侯國故瀆又東北逕樂昌縣故城東官本曰案此十二字

原本及近刻並訛作經　案朱訛經樂昌訛昌樂趙改刊誤曰十二字是注混作經昌樂當作樂昌說詳本卷趙釋曰一清案漢志東郡有樂昌縣後漢省今本作昌樂縣誤舊唐書地理志以爲晉置昌樂而晉志不載魏書地形志昌樂縣太和二十一年分魏置似非漢縣地理志東郡之屬縣也漢宣帝封王稚君爲侯國趙釋曰一清案褚表樂昌侯王稚君名武平昌侯王長君弟也索隱曰表在汝南案地理志汝南無樂昌徐廣曰細陽之池陽鄉也細陽汝南郡屬縣道元蓋誤證也故瀆又東北逕平邑郭西官本曰案此十字原本及近刻並訛作經　案朱訛趙改刊誤曰十字是注混作經竹書紀年晉烈公二年官本曰案近刻訛作四年　趙同趙釋曰沈氏曰當作二年　案朱趙城平邑五年田公子居思伐邯鄲圍平邑九年官本曰案近刻訛作十年　案朱趙作十齊田肸及邯鄲韓舉戰于平邑官本曰案肸近刻訛作汾　案朱訛趙改邯鄲之師敗逋官本曰案近刻訛作遂　案朱訛趙改獲韓舉取平邑新城又東北逕元城縣故城西北而至沙邱堰官本曰案此十六字原本及近刻並訛作經　案朱訛故城作故縣趙改刊誤曰十六字是注混作經故縣何焯校改故城史記曰魏武侯公子元食邑于此故縣氏焉官本曰案漢書地理志魏郡元城應劭曰魏武侯公子元食邑于此因而遂氏焉此引史記當是地理風俗記之誤　趙釋曰朱氏謀㙔箋曰公子元食邑於此出漢書地理志應劭注非史記也一清案漢志常山郡元氏縣下師古又引闞駰云趙公子元之封邑故曰元氏史記趙世家惠成王十一年城元氏洪邁容齋隨筆疑之曰二邑命名不應相似如此竊謂闞駰十三州志之說爲本仲瑗或誤以魏爲趙師古兩引之非矣郭東有五鹿墟墟之左右多陪城官本曰案之字下近刻衍在字　案朱衍趙刪刊誤曰在字衍文公羊

曰襲邑也說曰襲陷矣郡國志曰五鹿（朱趙有墟字）故沙鹿有沙亭周穆王喪盛姬東征舍于五鹿其女叔㛗居此思哭是曰女㛗之邱爲沙鹿之異名也春秋左傳僖公十四年沙鹿崩晉史卜之曰陰爲陽雄土火相乘故有沙鹿崩後六百四十五年宜有聖女興其齊田乎後王翁孺自濟南（官本曰案濟近刻訛作齊脫南字　案朱訛脫趙改增刊誤曰齊全氏校改濟南二字）徙元城正直其地日月當之王氏爲舜後土也漢火也王禁生政君其母夢見月入懷年十八詔入太子宮生成帝爲元后漢祚道汙（朱作沿箋曰宋本作道汙趙改汙）四世稱制故曰火土相乘而爲雄也及崩大夫揚雄作誄曰太陰之精沙鹿之靈作合于漢配元生成者也獻帝建安中（官本曰案獻帝上近刻衍漢字　案朱趙有）袁紹與曹操相禦于官渡（官本曰案禦近刻作襲　案朱趙作襲）紹逼大司農鄭玄載病隨軍屆此而卒郡守已下受業者衰經赴者千餘人玄注五經讖緯候歷天文經通于世故范曄贊曰孔書遂明漢章中輟矣（趙釋曰一清案後漢書贊云元定義乖褒修禮缺孔書遂明漢章中輟是卷曹）

襃鄭玄合傳故章懷注云中輟謂曹襃禮不行也則漢章句無與于康成偶牽連引之實爲詞句之累

縣北有沙邱堰朱趙有者字趙釋曰禹貢錐指曰水經以王莽河爲禹河故以沙邱堰爲禹迹推其意似謂古河本東行禹作此堰以障之使北而九河自此播焉不遵其道是爲降水唐人云河自貴鄉縣界分爲九道宗此說也然禹河不經元城此堰必非禹所作黃文叔云今澶州臨河有縣隄自黎陽入北至恩州清河歷亭皆有之然則降水者自元城以北隄堨之水是也蓋以堰爲縣所作或曰元城爲戰國魏地北與趙接壤賈讓云隄防之作近起戰國雍防百川各以自利齊與趙魏以河爲境趙魏瀕山齊地卑下作隄遏水使西泛趙魏趙魏亦爲隄以防之沙邱堰疑趙所作以障水使不得北而注于齊魏所謂以鄰國爲壑者也全氏曰此下有脫文當補尚書北過降水之故道也十字觀下文注云不遵其道曰降是言降水而濁漳水注中論降水曰館陶北出屯氏河其故道與是明以沙邱堰一帶爲降水故竊取其義補此一句一清案全說是也寰宇記魏州大名縣下云本漢元城縣地水經注云沙邱堰在貴鄉今本無之則知此處有脫誤通典魏州治貴鄉元城二縣貴鄉有大河故瀆俗曰王莽河魏書地形志司州魏尹貴鄉縣天平二年分館陶置治趙城上去孝昌三年已九年矣道元所不及知元和志云後魏孝文分元城置方輿紀要云五代志前燕慕容暐置屬昌樂郡則是先曾置縣旋廢復立于天平二年地形志略前著後殆爲疏矣且道元恪守班固漢志魏郡鄴縣下分注云故大河在東北故大河卽大河故瀆今注無鄴縣是知其缺失多矣東樵不察注文縣北有沙邱堰者與下不遵其道曰降義不連屬以意測識不亦誣乎

堰障水也官本曰案此四字近刻訛在亦曰瀆下

尚書禹貢曰北過降水官本曰案近刻脫此九字朱趙無全氏以爲當補說見上案不遵其道曰降亦曰潰堰障水也四字朱趙在此下至于大陸北播爲九河官本曰案此九字原本及近刻並訛作經今考此卽上文所引禹貢以解釋雜其間耳案朱訛經爲作于趙改刊誤曰播于之于當作爲蓋因于字篆近致譌禹貢經文校正九字是注混作經全祖望曰此節經文不與上下相比屬所以熟于水經之學如閻百詩黃子鴻皆疑之多所辭費而不知大陸九河之非經也水經于河濟江淮渭洛沔漾諸篇從無直鈔禹

貢之例善長之注上文已承沙邱堰而言之序及降水故釋之曰不遵其道曰降亦曰潰堰漳水也而因接之以大陸以九河又接之以齊桓塞河自堰以北故迹多亡所云堰者沙邱堰也善長蓋謂沙邱堰以北是禹治水之故道自齊桓閼河之後而堰以起堰起而九河亡矣是也氏諸河之所由出也其文明白了當胡東樵章謂水經以王莽河爲禹河亦誤會也趙釋曰古文尚書疏證曰案水經注河水篇凡五敘至長壽津而止下便及大河故瀆故瀆皆周漢以來之新道非禹河故道也然中有至于大陸北播于九河經文及注一段上不與元城縣沙邱堰相次下不與沙邱堰南分屯氏河出焉相次分明經注別有及禹河故道者惜不傳耳偶閱于黃子鴻驚曰某讀水經注三十年從未聞此論參以濁漳水條詳北過絳水是禹河自大陸以下至入海處了了然見于經注或當日有意互見或後人任意錯簡一清案潛邱既不識縣北有沙邱堰者下有脫文又不悟此九字是注混作經蓋水經一書從無直鈔禹貢經文之例其得閒猶未精于考核爾

風俗通曰河播也趙有昔禹治洪水五字刊誤曰寰宇記引此文河播也下有昔禹治洪水五字今校補播爲九河自此始也禹貢沇州九河既道官本曰案道下近刻有矣字案朱衍趙刪刊誤曰矣字羨文謂徒駭太史馬頰覆釜胡蘇簡潔句盤鬲津也同爲逆河鄭玄曰下尾合曰逆河言相迎受矣官本曰案迎近刻訛作承案朱趙作承蓋疏朱趙作所潤下之勢以通河海及齊桓霸世塞廣田居同爲一河朱箋曰尚書中候云齊桓之霸遏八流以自廣故自堰以北館陶廮陶貝邱鬲般廣川信都東光河閒樂成以東官本曰案川近刻訛作光案朱訛趙改刊誤曰漢書地理志信都國有廣川縣光字誤城

地竝存川瀆多亡漢世河決金隄南北離其害

議者常欲求九河故迹而穿之官本曰案穿近刻訛作川　案朱訛趙改刊誤曰川孫潛校改穿未知其所是以班固云自茲距漢北亡八枝

者也朱北亡八枝作北三八枝趙改刊誤曰漢書敘傳云北亡八枝今改正趙釋曰禹貢錐指曰許商云徒駭在成平滹水即徒駭古之九河並東北出至章武高城柳縣之東合爲逆河入海及周定王時河徙自東光南皮浮陽絕八枝而北合徒駭漢人指此爲逆河是九河之所同故王莽改勃海郡曰迎河郡南皮縣曰迎河亭而其實非也以意度之徒駭大勢北行亦迤東八枝太史最北宜最短向南則漸加長鬲津最南最長首受大河當在南宮縣界也要之九河所在後人率多附會馮逡云九河既滅難明班固云自茲距漢北亡八枝酈道元云城地竝存川瀆多亡斯爲實錄無俟深求河之故瀆自沙邱堰南分屯氏河

出焉河水故瀆東北逕發干縣故城西又屈逕

其北官本曰案此三十三字原本及近刻並訛作經　案朱訛經故城作北城趙自河水下十八字改作注河之下十五字仍作經北城改故城其下增城字刊誤曰十八字是注混作經北城禹貢錐指作故城其下落城字　王莽之所謂戢楯矣漢武帝以大將軍衞青

破右賢王功朱右作左趙改刊誤曰史漢表傳左作右封其子登爲侯國大河故瀆又

東逕貝邱縣故城南官本曰案此十三字原本及近刻並訛作經　案朱訛趙改刊誤曰十三字是注混作經　應劭

曰左氏傳齊襄公田于貝邱是也朱無傳字趙增刊誤曰左氏下落傳字　余案京相璠

杜預並言在博昌即司馬彪郡國志所謂貝中聚者也應注于此事近違矣大河故瀆又東逕甘陵縣故城南官本曰案此十三字原本及近刻並訛作經案朱訛趙改刊誤曰十三字是注混作經地理志之所謂厝也王莽改曰厝治者也漢安帝父孝德皇以太子被廢爲王薨于此乃葬其地趙作乃其葬地尊陵曰甘陵縣亦取名焉桓帝建和二年改清河曰甘陵官本曰案縣亦縣名焉取五字近刻訛在此曰甘陵下二訛作元脫清河二字案朱趙訛又脫二字趙釋曰一清案是注殊欠分曉續漢志清河國劉昭補注云高帝置桓帝建和二年改爲甘陵又云甘陵故厝安帝更名則是安帝更名厝縣爲甘陵縣而桓帝改清河國爲甘陵國也後漢書清河孝王慶傳亦云梁冀惡清河名乃改爲甘陵於文當云尊陵曰甘陵縣亦取名焉桓帝建和二年改清河國曰甘陵方合是周之甘泉市地也官本曰案市近刻訛作巿案朱訛趙改刊誤曰巿寰宇記引此文作市陵在瀆北邱墳高巨雖中經發壞猶若層陵矣世謂之唐侯冢官本曰案近刻訛作家案朱訛趙改城曰邑城皆非也昔南陽文叔良以建安中爲甘陵丞夜宿水側趙人蘭襄夢求改葬叔良明循水求棺果于水側得棺半許落水叔良顧親舊曰若聞人傳此吾必以爲不然遂爲移殯醊而去之大河故瀆又東逕艾亭城南又

東逕平晉城南今城中有浮圖五層上有金露盤題云趙建武八年比釋道龍和上竺二浮圖澄樹德勸化興立神廟官本曰案與近刻訛作與案朱訛趙改刊誤曰與當作興浮圖已壞朱已作以趙改刊誤曰箋曰以當作已案以已古字通用露盤尚存煒煒有光明大河故瀆又東北逕靈縣故城南王莽之播亭也河水于縣官本曰案水近刻作瀆趙刊誤曰瀆漢書地理志作水案朱同趙改別出爲鳴犢河河水故瀆趙河水改大河刊誤曰河水禹貢錐指作大河又東逕鄃縣故城東呂后四年以父嬰功封子佗襲爲侯國官本曰案襲近刻訛作龍案朱訛趙改釋曰一清按史記惠景閒侯者年表俞侯嬰子它襲功用太中大夫侯謂它襲父功爲侯耳漢書高惠高后文功臣表俞侯呂佗可知佗只單名酈注連佗襲爲稱蓋其誤也王莽更名之曰舍陸大河故瀆又東逕平原縣故城西而北絕屯氏三瀆官本曰案三瀆謂屯氏河及屯氏別河之南北瀆近刻三訛作二案朱作三趙改二刊誤曰三當作二卽屯氏南北二瀆也北逕繹幕縣故城東北西流逕平原鬲縣故城西官本曰案此三十九字原本及近刻並訛作經案朱訛趙改刊誤曰三十九字是注混作經地理志曰鬲津也趙釋曰一清案漢志云平當以爲鬲津王莽名之曰河平亭故有窮后羿國也官本曰案近刻脫羿字案朱脫趙增刊誤曰

何焯云后下落羿字應劭曰鬲偃姓咎繇後趙釋曰全氏曰案先贈公曰有鬲氏當是夏之同姓應氏以爲偃姓恐非若以爲有窮之國則竟大謬矣光武建武十二年封建義將軍朱祐爲侯國官本曰案義近刻訛作議祐訛作祐 案朱訛趙改議存祐刊誤曰議後漢書作義大河故瀆又北逕脩縣故城東又北逕安陵縣西官本曰案此十九字原本及近刻並訛作經 案朱訛趙改刊誤曰十九字是注混作經本脩之安陵鄉也地理風俗記曰朱理下有志字趙刪刊誤曰地理風俗記應劭撰志字衍文脩縣東四十里有安陵鄉官本曰案近刻訛作縣 案朱訛趙改刊誤曰禹貢錐指引此文作有安陵鄉縣字誤故縣也又東北至東光縣故城西而北與漳水合官本曰案注內敘河之故瀆終于此趙釋曰禹貢錐指曰禹釃二渠自黎陽宿胥口始一北流爲大河一東爲漯川周定王五年河徙自宿胥口東行漯川右逕滑臺城又東北逕黎陽縣南又東北逕涼城縣又東北爲長壽津河至此與漯別行而東北入海水經謂之大河故瀆大河故瀆東北逕戚城西至東光縣故城西而北與漳水合故城在今東光縣東淇水篇云清河自東光縣西南又東北右會大河故瀆濁漳水篇云漳水自阜城縣故城北又東北逕成平縣南又東北入清河故大河也大河自宿胥口徙流至成平合漳水復歸禹河故道又東北歷浮陽參戶平舒至章武入海定王五年歲己未下逮王莽始建國三年辛未而北瀆遂空凡六百七十二歲一水分大河故瀆北出爲屯氏河逕館陶縣東北出官本曰案此二十一字原本及近刻並截上三字屬注文下十八字訛作經 案朱訛趙改刊誤曰十八字是注混作經御覽引此文亦作注漢書溝洫志曰自塞宣防河復北決于館陶縣分爲屯氏

河廣深與大河等成帝之世河決館陶及東郡金隄上使河隄謁者王延世塞之三十六日朱作二十箋曰前漢志作三十六日趙改三十六日下增河字隄成詔以建始五年爲河平元年以延世爲光祿大夫是水亦斷屯氏故瀆水之又東北屯氏別河出焉屯氏別河故瀆又東北逕信成縣官本曰案近刻訛作信城縣下同　案朱訛趙改刊誤曰信城漢書地理志作信成張甲河出焉官本曰案近刻脫河字　案朱脫趙增刊誤曰張甲下落河字孫潛校增地理志官本曰案志下近刻有曰字　案朱趙有張甲河官本曰案此下近刻衍及瀆二字　案朱作及瀆趙改故瀆刊誤曰地理志清河郡信成縣下云張甲河首受屯氏別河及瀆當是故瀆之誤趙釋曰一清案漢志分注無故瀆字蓋道元所加首受屯氏別河于信成縣者也張甲河故瀆官本曰案故近刻訛作及　案朱訛趙改北絕清河于廣宗縣官本曰案清字近刻訛在縣字下　案朱訛趙改刊誤曰箋曰一本絕下有清字案及瀆當作故瀆下清字衍文朱氏箋之未盡分爲二瀆左瀆逕廣宗縣故城西又北逕建始縣故城東田融趙釋曰全氏曰案五代志燕太傅長史田融著趙書云趙武帝十二年官本曰案近刻訛作二十二年　案朱訛趙改立建興郡官本曰案近刻脫郡字

案朱脫趙增刊誤曰箋曰趙武帝三字有誤案趙武帝石虎也魏書地形志廣宗郡廣宗縣有建始城資治通鑑晉紀建興人史科胡三省注云水經注云田融言趙立建興郡于廣宗城第

石虎前後改元共計十五年不得云二十二年上二字衍文建興下落郡字治廣宗置建始興德五縣隸焉左瀆又北逕經城東繚城西又逕南宮縣西北注絳瀆官本曰案此二十一字原本及近刻並訛作經今考注內敘張甲河左瀆終于此　案朱訛趙改右瀆朱趙有又字東北逕廣宗縣故城南又東北逕界城亭北又東北逕長樂郡棗彊縣故城東官本曰案棗彊原本及近刻並訛作武彊今訂正又此三十二字亦訛作經今考以下乃注內敘張甲河右瀆所逕　案朱訛經趙改注又朱趙作武彊刊誤曰五十四字是注混作經程大昌考古編云河水右瀆東北逕長樂郡武彊縣故城東酈注曰長樂故信都也晉太康五年改從今名案杜佑以桑欽所紀有後漢和帝時地名疑其人出和帝以後今此既改信都從長樂則晉太康閒事也議者以為後人誤以酈注加之本文然此所訂正信都改為長樂乃酈所注則不得以為酈注而入之經程氏之言非也統上皆是注道元蓋自為釋文耳程氏所謂議者云云是宋本固有以左瀆右瀆一條為注者且左瀆右瀆乃張甲河所行之道而以為河水右瀆是于本文尚未細審何況其他長樂故信都也晉太康五年改從今名趙釋曰一清案長樂郡不見晉志地形志云晉改又東北逕廣川縣與絳瀆水故道合官本曰案原本及近刻並脫絳瀆二字今考濁漳水注內言絳瀆東逕于廣川縣之張甲河同歸于海其為絳瀆合流顯然　案朱脫趙增屯氏河三字刊誤曰與水故道合與下落屯氏河三字全祖望校增又東北逕廣川縣故城西又東逕棘津亭南官本曰案此二十九字原本及近刻並訛作經　案朱訛趙改刊誤曰二十九字是注混作經徐廣曰棘津在廣川司馬彪曰縣

北有棘津城呂尚賣食之困疑在此也劉澄之云譙郡酇縣東北有棘津亭故邑也呂尚所困處也余案春秋左傳伐巢克棘入州來無津字杜預春秋釋地趙釋曰全氏曰杭世駿曰杜預書名釋例所謂釋地特其中一種耳當作釋例予謂非也引班書者但云地理志引續書者或云郡國志莫之非也然則引釋例而但云釋地庸何傷乎又言棘亭在酇縣東北亦不云有津字矣而竟不知澄之于何而得是說然天下以棘爲名者多未可咸謂之棘津也又春秋昭公十七年官本曰案近刻訛作十四年　案朱訛趙改刊誤曰晉滅陸渾傳是十七年晉侯使荀吳帥師涉自棘津用牲于洛遂滅陸渾杜預釋地闕而不書服虔曰棘津猶孟津也徐廣晉紀又言石勒自葛陂寇河北襲汲人向冰于枋頭官本曰案近刻訛作入向水　案朱訛趙改又朱訛方趙改枋刊誤曰晉書載記石勒自葛陂退還壽春行達東燕聞汲郡向冰有衆數千壁於枋頭勒將于棘津北渡又通鑑晉紀勒聞汲郡向冰聚衆數千壁枋頭引兵自棘津濟河擊冰大破之則冰是汲人注文入當作人水當作冰方當作枋濟自棘棘津在東郡河內之間田融以爲即石濟南津也雖千古茫昧理世玄遠遺文逸句容或可尋沿途隱顯方土可驗司馬遷云呂望東海上人也老而無遇以釣干朱作于箋曰當作干

趙改干周文王又二云朱無二云字箋曰脫一云字趙增呂望行年五十賣食棘津七十則屠牛朝歌行年九十身爲帝師皇甫士安云欲隱東海之濱聞文王善養老故入釣于周今汲水城亦言有呂望隱居處起自東海迄于酆雍緣其逕趣趙魏爲密眉之誰宋事爲疏矣趙釋曰一清案名勝志引水經注云清河又東北逕棗強縣故城西又東北逕棘津津上有古臺耆舊相傳呂望賣漿臺疑是清水篇注之逸文又司馬彪郡國志云清河國廣川縣故屬信都有棘津城劉昭補注云太公呂尚困於棘津城在琅琊海曲非此城也琅琊國西海縣補注引博物記云太公望所出今有東呂鄉又釣于棘津其浦尚存西海縣即前漢之海曲縣也今莒州日照縣是是眞所謂東海者矣道元以劉澄之之說爲非今觀昭注較酈氏爲尤密也張甲故瀆又東北至脩縣東會清河官本曰案此十四字原本及近刻並訛作經今考注內敘張甲河右瀆終于此　案朱訛趙改刊誤曰十四字是注混作經十三州志曰張甲河東北至脩縣趙釋曰一清案漢志作修分注作脩顏師古曰音條入清漳者也屯氏別河又東枝津出焉東逕信成縣故城南又東逕清陽縣故城南清河郡北官本曰案此三十一字原本及近刻並訛作經今考屯氏別河又東承前逕信成縣張甲河出焉之文以下則又敘屯氏別河之枝津也　案朱訛經東上脫又字信成下脫縣故二字清作信趙改增刊誤曰二十八字是注混作經別河下落又字信成下落縣故二字信陽吳琯本作清陽漢書地理志清河郡有清陽縣魏自清陽徙置也又東

北逕陵鄉南又東北逕東武城縣故城南又東

北逕東陽縣故城南官本曰案此二十八字原本及近刻並訛作經案朱訛趙改刊誤曰二十八字是注混作經地

理志曰王莽更之曰胥陵矣俗人謂之高黎郭非也應劭曰東

武城東北三十里趙釋曰一清案淇水篇注引應劭語作西南七十里兩情互異有陽鄉趙陽改陵刊誤曰陽鄉據上文當作陵鄉此文

互見淇水又東北過東武城縣注故縣也又東散絕無復津逕官本曰案注內敘屯氏別河枝津終于此

屯氏別河又東北逕清河郡南又東北逕清河

故城西官本曰案此二十一字原本及近刻並訛作經今考以下皆注內敘屯氏別河所逕　案朱訛又別河作別瀆趙改刊誤曰二十一字是注混作經別瀆上下

文俱作別河漢高帝六年朱無帝字趙補刊誤曰準後文當作高帝今補正封王吸爲侯國朱箋曰漢功臣表高帝六年封

王吸爲清河侯吳本作王及誤矣趙釋曰一清案史表清陽侯王吸索隱曰漢表作清河地理志清陽清河郡之屬縣也寰宇記云後漢甘陵國除復爲縣晉省于厝城西南十七里置清河

縣魏又移清河縣幷清河郡于故厝城中又云清陽漢縣後漢幷入甘陵西晉省甘陵于此置清河郡理清陽縣復漢名今注云漢封王吸爲清河侯蓋用漢表地理風

俗記曰甘陵郡東南十七里有清河故城者世謂之鵲城也趙釋

曰一清案續漢志云甘陵故厝鵲城即厝城之轉音師古曰厝音趨亦反又東北逕繹幕縣南分爲二

瀆屯氏別河北瀆東逕繹幕縣故城南東絕大

河故瀆又東北逕平原縣枝津北出至安陵縣遂絶〔朱東絶作東邑趙改刊誤曰三十七字是注混作經東邑大河故瀆當作東絶邑字誤〕屯氏別河北瀆又東北逕重平縣故城南〔官本曰案此五十三字原本及近刻竝訛作經今考以下皆注內敘屯氏別河北瀆承上分爲二瀆之文　案朱訛趙改刊誤曰十六字是注混作經〕應劭曰重合縣西南八十里有重平鄉故縣也又東北逕重合縣故城南又東北逕定縣故城南漢武帝元朔四年封齊孝王子劉越爲侯國〔官本曰案越近刻訛作成　案朱趙同趙釋曰一清案成史漢表皆作越史表云諡敬漢表云諡敷索隱曰說文云敫讀如躍今說文敫音芳无切無躍音疑誤也嘗考當作敫字中山靖王子有臨樂敫侯光齊太史敫徐廣音躍可證也〕地理風俗記曰饒安縣東南三十里有定鄉城故縣也屯氏別河北瀆又東入陽信縣今無水又東爲咸河東北流逕陽信縣故城北〔官本曰案此三十字原本及近刻竝訛作經　案朱訛東入下作信陽趙改刊誤曰三十字是注混作經東入信陽縣誤漢書地理志勃海郡有陽信縣〕地理志勃海之屬縣也東注于海〔官本曰案注內敘屯氏別河北瀆終于此〕屯氏別河南瀆自平原東絶大河故瀆又逕平原縣故城北枝津右出東北

至安德縣界東會商河朱訛經右作又趙改校上並有東北字刊誤曰四十字是注混作經東北二字宜衍枝津又出當作右出屯氏別河南瀆又東北于平原界又有枝渠右出至安德縣遂絕朱訛經箋曰孫云案上下文屯氏別河南瀆當相續趙改注刊誤曰二十五字是注混作經又誤分爲二條屯氏別河南瀆自平原城北首受大河故瀆東出亦通謂之篤馬河官本曰案此八十九字原本及近刻並訛作經今考以下皆注內敘屯氏別河南瀆所逕　案朱訛趙改刊誤曰二十六字是注混作經即地理志所謂平原縣有篤馬河東北入海行五百六十里者也朱脫行字趙增刊誤曰入海下當有行字以黃省曾本參校彼落海字此落行字今本漢書地理志注亦缺行字東北逕安德縣故城西又東北逕臨齊城南始東齊未賓官本曰案此二十二字原本及近刻並截上十八字訛作經下四字仍屬注文　案朱訛趙改刊誤曰箋曰始字是注案十八字俱是注混作經大魏築城以臨之故城得其名也又屈逕其城東故瀆廣四十步又東北逕重邱縣故城西官本曰案此二十二字原本及近刻並訛作經　案朱訛趙改刊誤曰二十二字是注混作經春秋襄公二十五年秋同盟于重邱朱無于字趙增刊誤曰左傳同盟下落于字伐齊故也應劭曰安德縣北五十里有重

邱鄉故縣也又東北逕西平昌縣故城北官本曰案此十一字原本及近刻竝訛作經 案朱訛趙改刊誤曰十一字是注混作經北海有平昌縣故加西趙釋曰漢志兩平昌縣一屬平原郡一屬琅琊郡續志北海國平昌侯國故屬琅琊而平原郡無之平原郡九縣數之適合是省併也晉志平原國西平縣蓋今誤本脫去昌字地形志安德郡平昌縣下云二漢晉屬平原後漢晉曰西平昌是西平昌之名沿于典午而遂波及于後漢爾漢宣帝元康元年封王長君爲侯國趙釋曰沈氏曰漢表是地節四年善長蓋倂褚表王長君名無故故渠川派東入般縣爲般河蓋亦九河之一道也後漢書稱公孫瓚破黃巾于般河卽此瀆也朱趙無後字趙釋曰一清案當作後漢書又漢志注如淳曰般如面般之般韋昭曰音逋垣反師古曰爾雅說九河云鉤般郭璞以爲水曲如鉤流般桓也然今土俗用如韋之音又東爲白鹿淵水南北三百步東西千餘步深三丈餘其水冬清而夏濁渟而不流若夏水洪泛水深五丈方乃通注般瀆趙增焉字刊誤曰名勝志引此文般瀆下有焉字又逕般縣故城北官本曰案此句九字原本及近刻竝截上二字屬注文下七字訛作經今考以下乃注內敘屯氏別河南瀆爲般河者也 案朱訛趙改刊誤曰七字是注混作經王莽更之曰分明也東逕樂陵縣故城北官本曰案此八字原本及近刻竝訛作經 案朱訛趙改刊誤曰八字是注混作經地理志曰故都尉治伏琛晏謨言平原邑今分

爲郡又東北逕陽信縣故城南東北入海官本曰案此十四字原本及近刻竝訛作經今考注內敘屯氏別河南瀆終于此　案朱訛趙改刊誤曰十四字是注混作經屯氏河故瀆自別河

東逕甘陵之信鄉縣故城南官本曰案此十九字原本及近刻竝訛作經今考以下乃注內承前敘屯氏河之文　案朱訛趙改刊誤曰十九字是注混作經地理志曰安帝更名安平官本曰案安帝近刻訛作順帝　案朱趙作順趙釋應劭曰甘曰一清案此是應劭注本云信都國明帝更名樂安安帝改曰安平國司馬彪郡國志安平國故信都延光元年改延光爲安帝紀年非順帝也道元誤矣

陵西北十七里有信鄉故縣也屯氏故瀆又東逕甘陵

縣故城北又東朱趙無又東二字逕靈縣北又東北逕鄃縣

與鳴犢河故瀆合上承大河故瀆于靈縣南官本曰案此四十二字原本及近刻竝訛作經　案朱訛趙改刊誤曰四十二字是注混作經地理志曰河水自靈縣別

出爲鳴犢河者也東北逕靈縣東東入鄃縣而

北合屯氏瀆屯氏瀆兼鳴犢之稱也又東逕鄃

縣故城北東北合大河故瀆謂之鳴犢口官本曰案近刻脫鳴犢二字注內敘屯氏河終于此　案朱脫趙增靈鳴犢三字刊誤曰漢書溝洫志元帝永光五年河決清河靈鳴犢口而屯氏河絕師古曰清河之靈縣鳴犢河口也謂之下落靈鳴犢三字

十三州志曰鳴犢河東北至脩入屯氏考瀆則不至也官本曰案此六十六字原本訛作經近刻截上東北逕靈縣東入鄃縣而北合屯氏瀆十六字訛作經餘仍屬注文　案朱同近刻趙改刊誤曰十六字是注混作經趙釋曰一清案漢志魏郡館陶縣下云河水別出爲屯氏河東北至章武入海過郡四行千五百里者也溝洫志元帝永光五年河決清河靈鳴犢口而屯氏河遂絕蓋屯氏河漢世絕後不復流行賴有水經及酈注猶存故道而別河而南北二瀆而張甲河亦得附見否則遺迹罔知名稱莫辨如師古所云隋室分析州縣誤以爲毛氏河乃置毛州之失也

又東北過衛縣南官本曰案近刻作又東北右過衛國縣南　案朱訛趙存右刪國刊誤曰全氏云案東漢至晉皆名衛縣不名衛國縣也東漢以衛縣爲衛國耳而國與縣未嘗連稱拓跋氏始稱衛國縣善長注中所云者是也經文及注所引京相璠土地名但當稱曰衛縣此是後人妄加

又東北過濮陽縣北瓠子河出焉

河水東逕鐵邱南官本曰案此七字原本及近刻並訛作經今考鐵邱戚竝值長壽津東濮陽衛國兩縣之西南乃注文不得與經相紊　案朱訛趙改刊誤曰七字是注混作經春秋左氏傳哀公二年鄭罕達帥師趙增救衛二字刊誤曰帥師下落救衛二字郵無恤御簡子衛太子爲右登鐵上官本曰案近刻訛作上　案朱訛趙改刊誤曰左傳是鐵上邱字誤望見鄭師衛太子自投車下卽此處也京相璠曰鐵邱名也杜預曰在戚南河之北岸有古城官本曰案近刻訛作目城　案朱作目箋曰後漢志作聶城趙改聶戚邑也東城有子路冢官本曰案近刻脫東城二字戚邑上衍城字　案朱脫衍趙增仍留戚上城字刊誤曰吳琯本作東城有子路冢增二字河

之西岸有竿城朱箋曰舊本在河之右竿城作河北非今據宋本改正郡國志曰衞縣有竿城者
也河南有龍淵宮武帝元光中河決濮陽汜郡
十六發卒十萬人塞決河起龍淵宮蓋武帝起
宮于決河之傍龍淵之側故曰龍淵宮也河水
東北流而逕濮陽縣北爲濮陽津官本曰案此十五字原本及近刻竝訛作經今考經
次濮陽在衞縣下于地望疏舛故注正其失案朱訛趙改刊誤曰十五字是注混作經故城在南與衞縣分水城北
十里有瓠河口有金隄宣房堰官本曰案近刻訛作堰案朱訛趙改刊誤曰堰當作堰
粵在漢世河決金隄涿郡王尊官本曰案近刻訛作導下同案朱訛趙改下同自
徐州刺史遷東郡太守朱趙徐作益趙釋曰一清案漢書尊自徐州刺史遷東郡太守非益州也河水
盛溢泛浸瓠子金隄決壞尊躬率民吏投沈白
馬祈水神河伯親執圭璧請身填隄廬居其上
民吏皆走官本曰案近刻作吏民皆走案朱趙作吏民尊立不動而水波齊足
而止公私壯其勇節河水又東北逕衞國縣南

東爲郭口津趙釋曰黃氏曰郭口一作國口全氏曰一作谷口方輿紀要晉太元十年秦苻丕與晉將檀元戰于谷口胡三省注谷口在枋頭西即此處也漢志河內郡隆慮縣國水東至信成入張甲河過郡三行一千八百四十里凡漢志之水大較皆見于水經注獨國水不著蛛絲馬迹蓋賴此文胡東樵求其詳而不得竟以淇水當之非也漢志淇出共而國出隆慮淇入大河而國入張甲河源流判然水經以淇出隆慮隆慮與共本屬接壤或是水源之互見然未可遂以國水當之也東京以後張甲之瀆已枯而國水無所考見道元亦遂失之使國水即是淇水則遮害亭上淇已入河矣安得至此又以國口名其津哉河水又東逕鄄城縣北官本曰案此二十四字原本及近刻並訛作經案朱訛趙改刊誤曰二十四字是注混作經故城在河南朱趙有一字十八里王莽之鄄良也沇州舊治魏武創業始自于此河上之邑最爲峻固晉八王故事曰東海王越治鄄城城無故自壞七十餘丈越惡之移治濮陽城南有魏使持節征西將軍太尉方城侯鄧艾廟廟南有艾碑秦建元十二年廣武將軍沇州刺史關內侯安定彭超立河之南岸有新城宋寧朔將軍王玄謨前鋒入河所築也北岸有新臺鴻基層廣高數丈衞宣公所築新臺矣詩齊姜所賦也爲盧關津官本曰案盧近刻訛作廬案朱訛趙改刊誤曰廬當作盧方輿紀要引唐志曰盧關津一名高陵津宋祁曰在臨黃縣東南案盧與廬古亦通用臺東有小城崎嶇頹側臺址枕河

官本曰案近刻脫址字　案朱脫趙增刊誤曰名勝志引此文作臺址枕河落址字俗謂之邸閣城官本曰案近刻訛作俗爲之底閣城　案朱作爲趙改謂邸並作底疑故關津都尉治也所未詳矣河水又東北逕范縣之秦亭西官本曰案此十二字原本及近刻並訛作經　案朱訛趙改刊誤曰十二字是注混作經春秋經書築臺于秦者也河水又東北逕委粟津官本曰案此九字原本及近刻並訛作經　案朱訛趙改刊誤曰九字是注混作經大河之北卽東武陽縣也左會浮水故瀆官本曰案此六字原本及近刻並訛作經　案朱趙作經故瀆上承大河于頓邱縣而北出東逕繁陽縣故城南官本曰案此下近刻有故字　案朱脫縣字有故字趙增刪刊誤曰繁陽下落縣字故應劭曰故字衍文應劭曰縣在繁水之陽張晏曰縣有繁淵趙釋曰一清案漢志注張晏曰其界爲繁淵春秋襄公二十年經書公與晉侯齊侯盟于澶淵杜預曰在頓邱縣南今名繁淵趙釋曰一清案春秋有兩澶淵襄二十年盟于澶淵杜預曰澶淵在頓邱縣南今名繁汙此衛地又近戚田二十六年傳云會于澶淵以討衛疆戚田此衛之澶淵也三十年會于澶淵宋災故許慎說文澶淵水在宋是爲宋地司馬彪郡國志沛國杼秋故屬梁有澶淵聚則非此繁汙也澶淵卽繁淵也亦謂之浮水焉昔魏徙大梁趙以中牟易魏故志曰趙

南至浮水繁陽卽是瀆也趙釋曰一清案書敘指南曰水經瀆州地名曰龍緌今本無之蓋缺失矣故瀆東絕大河故瀆東逕五鹿之野官本曰案此十四字原本及近刻竝訛作經今考以下皆注內敘浮水所逕　案朱訛趙改刊誤曰十四字是注混作經晉文公受塊于野人卽此處矣京相璠曰今衞縣西北三十里官本曰案衞下近刻衍國字衍趙刪刊誤曰國字衍文說見上　案朱有五鹿城官本曰案近刻訛作地　案朱訛趙改刊誤曰地當作城國語齊桓公築五鹿以衞諸侯是也今屬頓丘縣趙釋曰一清案杜預曰衞地有二五鹿一在元城東一在衞縣西北寰宇記云元城東爲五鹿墟卽重耳乞食處此爲五鹿城道元合而一之浮水故瀆又東南逕衞國邑城北官本曰案此十三字原本及近刻竝截上十一字訛作經下二字仍爲注　案朱訛無衞字趙改增刊誤曰十字是注混作經漢書地理志東郡畔觀縣應劭曰夏有觀扈世祖更名衞國以封周後此落衞字故衞公國也漢光武以封周後也又東逕衞國縣故城南古斟觀官本曰案此十二字原本及近刻竝訛作經　案朱訛趙改刊誤曰十二字是注混作經應劭曰夏有觀扈卽此城也朱箋曰左傳曰夏有觀扈謂五觀及有扈也趙釋曰一清案所謂觀扈是五觀漢志之畔觀與有扈同或曰卽太康姦子五人王應麟曰五子述大禹之戒以作歌豈朱均管蔡比水經本章氏之說非也全氏曰夏時有斟灌無斟觀得無以畔字之形近斟而誤乎竹書紀年梁惠成王二一年齊田壽率師伐我官本曰案近刻訛作趙　案朱訛趙改刊誤曰竹書紀年作伐我趙字誤圍斟觀觀降浮水故瀆又東逕河牧城而東北出官本曰案此十

四字原本及近刻竝訛作經　案朱訛趙改刊誤曰十四字是注混作經郡國志曰衛本觀故國姚姓官本曰案近刻訛作衛故觀國姚姓　案朱訛趙改刊誤曰簽曰衛下脫故觀二字案郡國志云東郡衛公國本觀故國今校正有河牧城又東北入東武陽縣東入河官本曰案此十一字原本及近刻竝訛作經今考注內敘浮水終于此　案朱訛趙改刊誤曰十一字是注混作經又有漯水出焉官本曰案此六字亦訛作經　案朱趙作經孫校曰漯當爲濕戴延之謂之武水也官本曰案水字近刻訛作陽又後注內漯水注之下九十八字原本重見于此　案朱同趙陽改水刊誤曰武陽當作武水趙釋曰一清案困學紀聞曰太史公班孟堅謂禹灑二渠以引其河一貝邱一漯川李垂導河書曰東爲漯川者乃今泉源赤河北出貝邱者乃今王莽故瀆而漢塞宣房所行二渠蓋獨漯川其一則漢決之起觀城入蒲臺所謂武河也武河以漢武帝導河北流而得其名又案朱趙此下有地理志曰漯水出東武陽縣今漯水上承河水於武陽縣東南而北逕武陽新城東曹操爲東郡所治也引水自東門石竇北注于堂池池南故基尚存中城內又立一石臺甚大城西門名冰井門門內曲中冰井猶存門外有故臺號武陽臺匝臺亦有陽雉遺迹一百字官本移後河水又東逕武陽縣東范縣西而東北流也官本曰案此十七字原本及近刻竝訛作經　案朱訛趙改刊誤曰十七字是注混作經趙釋曰一清案禹貢錐指曰河自此與漯別東北逕東阿茌平等縣至千乘入海此自西漢末以迄後魏漯川之源委宋世河決商胡朝城流絕而舊迹之存者鮮矣

又東北過東阿縣北

河水于范縣東北流爲倉亭津官本曰案此十二字原本及近刻竝訛作經今考倉亭津及柯

澤皆值東阿西南乃注文不得與經案朱訛趙改刊誤曰十二字是注混作經述征記曰倉亭津在范縣界去東阿六十里魏土地記曰津在武陽縣東北七十里津河濟名也河水右歷柯澤官本曰案此六字原本及近刻竝訛作經案朱訛趙改朱趙右作又趙又下增東字刊誤曰箋曰今左傳作阿澤杜預曰東阿西南有大澤案七字是注混作經春秋左傳襄公十四年衞孫文子敗公徒于阿澤者也朱趙阿作柯又東北逕東阿縣故城西而東北出流注官本曰案此十六字原本及近刻竝訛作經近刻脫又東北三字案朱訛趙改竝無又東北三字刊誤曰箋曰孫云此下疑有鄧里渠三字案非也□三字是注混作經河水枝津東出謂之鄧里渠也

又東北過茌平縣西孫校曰茌當爲茌

河自鄧里渠東北逕昌鄉亭北又東北逕碻磝城西官本曰案此二十字原本及近刻竝訛作經案朱趙無又東北三字朱訛經趙改注河下增水字刊誤曰十六字是注混作經河下落水字述征記曰碻朱作礍趙改礍刊誤曰箋曰克家云礍磝當作碻磝案太平御覽碻磝城沈約宋書作敲礍字今酈注作礍磝音聲之轉耳礍字是礍字之譌史記殷本紀仲丁遷于隞孔安國曰河南敖倉是也索隱曰隞亦作囂竝音敖字又詩車攻薄狩于敖春秋傳晉師救鄭在敖鄗之閒杜預以爲二山名皆一地也磝津名也

自黃河泛舟而渡者皆為津也其城臨水西南崩于河宋元嘉二十七年趙刊誤曰宋元嘉下全氏據通典校增七年到彥之北入拔之後失至十二字案趙本今增十二字以王玄謨為寧朔將軍前鋒入河平碻磝守之都督劉義恭以沙城不堪守召玄謨令毀城而還後更城之官本曰案更近刻訛作登案朱訛趙改魏立濟州治此也趙釋曰朱氏謀𤁋箋曰玉海引此作魏置鎮守名濟州關〔案朱作下尚有後更城之一句〕河水衝其西南隅又崩于河即故茌平縣也應劭曰茌山名也縣在山之平地官本曰案近刻訛作陸案朱趙作陸故曰茌平也王莽之功崇矣經曰大河在其西鄧里渠歷其東官本曰案水經瓠子河章云東北過茌平縣東為鄧里渠即此所引趙釋曰全氏曰此蓋約舉瓠子河篇經文即斯邑也昔石勒之隸師懽屯耕于茌平聞鼓角鞞鐸之聲于是縣也朱箋曰十六國春秋云石勒年二十餘為并州刺史司馬騰所執枷送冀州賣充軍賞東至平原賣與茌平人師懽為奴每屯耕于野常聞鞞鐸音勒以告諸奴諸奴亦聞之西與聊城分河官本曰案近刻西訛作而聊訛作柳案朱訛趙改刊誤曰柳城當作聊城不言西蓋偶漏河水又東北與鄧里渠合水上承大河于東阿縣西東逕東阿縣故城北官本曰案此二十八字原本及近刻竝訛作經案朱訛趙改竝無東北二字朱脫合字趙增刊誤曰二十五字是

注混作經鄧里渠下落合字 故衞邑也應仲瑗曰有西故稱東魏封曹植爲王國

朱趙王作侯趙釋曰朱氏箋曰案魏志曹植自雍邱徙封東阿非侯國也〔案朱植作雄箋曰案魏志曹植自雍丘王徙封東阿王非侯國也宗室中亦無曹雄趙有刪改〕大

城北門內西側皋上有大井其巨若輪深六七丈歲嘗煑膠以貢天府本草所謂阿膠也故世俗有阿井之名縣出佳繒縑故史記云秦昭王服太阿之劍阿縞之衣也又東北逕臨邑縣與將渠合又北逕茌平縣東臨邑縣故城西北流入于河河水又東北流逕四瀆津官本曰案此三十九字原本及近刻竝訛作經 案朱訛趙改刊誤曰三十九字是注混作經津西側岸臨河有四瀆祠東對四瀆口河水東分濟亦曰濟水受河也然滎口石門水斷不通官本曰案原本及近刻竝訛作滎口水右斷門不通今據濟水注內有滎口石門訂正 案朱訛趙改滎口水斷石門不通刊誤曰右當作石移在斷字下㳄文云滎口水斷石門不通詳濟水注始自是出東北流逕九里與清水合故濟瀆也官本曰案故近刻訛作放 案朱訛趙改刊誤曰放沛當作故沛自河入濟自濟入淮自淮達江水徑周通故有四瀆之名

也昔趙趙釋曰一清案史記孔子世家及家語趙下當有鞅字或簡子二字殺鳴犢仲尼臨河而歎曰是而返曰丘之不濟命也朱箋曰鳴犢國語作鳴鐸竇犨字夫琴操以爲孔子臨狄水而歌矣曰官本曰案近刻脫矣字曰作云　案朱趙同狄水衍兮風揚波船趙作舟楫顛倒更相加余案臨濟故狄也是濟所逕得其通稱也官本曰案也字近刻在逕字下　案朱同趙刪也字釋曰于氏欽齊乘曰朱子韓文考異曰水經河水至東阿茌平等縣東北流四瀆津灌注之河水東分濟水受河蓋滎口水斷石門不通始自是出與清水合昔趙殺鳴犢孔子臨河而歎作歌曰狄之水兮風揚波舟楫顛倒更相加歸來歸來胡爲斯臨濟故狄也是濟所經得其通稱詳此則是濟水自滎澤之下潛流至此四瀆津口而復出河又東分一支與之合流以過臨濟而爲狄水然此皆齊地在今濟鄆之閒史記以爲孔子自衞將西見趙簡子則其道不當出此又不可曉者今姑闕之以俟深于地理者考焉案漢陳留郡平邱縣有臨濟亭故狄也蓋濟水出陶邱北南被孟豬北瀆注巨野亭臨此瀆故曰臨濟春秋時狄人據此因以名焉此水夫子所歌至王莽時枯堨水經所謂濟枯渠注巨野者也其自巨野至四瀆津與河合流者乃齊之清河水經所謂得其通稱者是也漢千乘郡別有狄縣安帝更名臨濟唐又別以漢東朝陽縣爲臨濟今章邱之臨濟鎮也文公蓋疑于此云河水又逕楊墟趙作虛縣之故城東俗猶謂是城曰陽城矣河水又逕茌平城東疑縣徙也官本曰案今本脫此四字考上文以碻磝城爲茌平縣至是又有茌平城故道元疑縣嘗徙此　案朱趙無四字城內有故臺世謂之時平城非也蓋茌時音相近耳趙刊誤曰黃省曾本是注下有疑縣徙也四字孫潛云竟陵本無

又東北過高唐縣東官本曰案原本及近刻並作縣界蓋後人所改今考下注云大河又東北逕高唐縣故城西經言出東誤耳可證經本作東故注特辯之　案朱同趙改刊誤曰界當作東下文注云大河逕其西而不出其東經言出東誤耳蓋指此也

河水于縣漯水注之地理志曰漯水出東武陽朱趙有縣字又朱東下有郡字趙刪刊誤曰漢志東郡東武陽禹治漯水東北至千乘入海東武陽三字縣郡字宜衍然釋曰一清案地理志東郡東武陽縣下云禹治漯水無出字漯始黎陽宿胥口不僅出此也應劭於平原郡漯陰縣注云出東武陽鄙蓋誤以應說爲班志也續志亦云東武陽漯水出皆與班志異今漯水上承

河水于武陽縣東南西北逕武陽新城東趙西改而刊誤曰西何焯校改而曹操爲東郡所治也引水自東門石竇北注于堂池池南故基尚存城內有一石甚大朱作中城內又立一石甚大趙石下增臺字刊誤曰初學記引此文作又立一石臺甚大今改正

城西門名冰井門門內曲中冰井猶存門外有故臺號武陽臺帀臺亦有隅雉遺迹官本曰案此九十六字原本又昇前戴延之謂之武水也下近刻刪此存彼考下文水自城東北逕東武陽縣故城南所謂自城者承上武陽新城也若徑接漯水注之則漯注河在高唐縣水自城三字不可通矣然則九十六字本應繫之于此後人妄移前耳今存此刪彼　案九十六字朱趙本見上此無今從官本併趙注移此

水自城東北逕東武陽縣故城南趙釋曰一清案此句文義難解蓋高唐漯水與東武陽漯水相承而有別禹貢錐指曰漢志東郡東武陽縣下云禹治漯水東北至千乘入海又平原郡高唐縣下云桑欽言漯水所出案禹引河自大伾山西折而北循大陸東

畔入海而漯首受河自黎陽宿胥口始不起東武陽也自周定王五年河徙從宿胥口東行漯川至長壽津始與漯別其津以西漯水之故道悉爲河所占而上游較短然河之故瀆不經東武陽亦不經高唐迨漢成帝建始末河決館陶由東武陽絕漯水而東北至高唐又絕漯水東北至千乘入海雖嘗塞治而故道猶存王莽始建國三年復決於此莽爲元城冢墓計不隄塞明帝永平中王景修之遂爲大河之經流自是委粟津以西漯水之故道又爲河所占上游益短矣漯水一出于東武陽再出于高唐據成帝以後言之觀此益知高唐在東武陽之東北漯水既至高唐不得復經東武陽抑或城東北上脫去涼字蓋河漯分流自涼城長壽津始也應劭曰縣在武水之陽

王莽之武昌也然則漯水亦或武水矣朱作也趙改矣刊誤曰世名勝志引此文作矣臧洪爲東郡太守治此曹操圍張超于雍邱洪以情義請袁紹救之不許洪與紹絕紹圍洪城中無食洪呼吏士曰洪于大義不得不死諸君無事空與此禍官本曰案近刻作受案朱趙作受衆泣曰何忍捨明府也男女八千餘人相枕而死洪不屈紹殺洪邑人陳容爲丞謂曰寧與臧洪同日死不與將軍同日生紹又殺之士爲傷歎今城四周紹圍郭尚趙作猶存水巿隍壍于城東北合爲一瀆東北出郭逕陽平縣之岡成城西官本曰案原本及近刻並脫成字據後漢書補案朱脫趙增郡國志曰陽平縣有岡成亭官本曰案成近刻訛作城案朱訛趙改又

北逕陽平縣故城東朱趙無北字朱無又字趙增刊誤曰逕上落又字漢昭帝元平元年封丞相蔡義爲侯國漯水又北絕莘道城之西北有莘亭春秋桓公十六年朱無六字趙增刊誤曰左傳是十六年落六字衛宣公使伋使諸齊令盜待于莘伋壽繼殞于此亭京相璠曰今平原陽平縣北十里官本曰案平原近刻訛作平陽 案朱訛趙改刊誤曰平陽當作平原漢書地理志陽平縣屬平原郡又朱趙十上有一字有故莘亭官本曰案此下近刻衍道字 案朱趙有阨限蹊要自衛適齊之道也望新臺于河上感二子于夙齡朱趙作宿齡趙刊誤曰箋曰當作夙齡案說文解字宿从宀㐁聲㐁古文夙二字通用詩人乘舟誠可悲矣今縣東有二子廟猶謂之爲孝祠矣官本曰案近刻脫爲字 案朱趙無漯水又東北逕樂平縣故城東縣故清也漢高帝八年封窒中同于清官本曰案近刻窒訛作室脫同字 案朱趙作封空中於清箋曰史記年表云清簡侯室中漢功臣表作室中徐廣云一作窒中索隱云窒中姓也趙釋曰沈氏曰漢表作室中同徐廣云一作窒中索隱曰窒中姓也史表作空中脫同字宣帝封許廣漢少弟翁孫于樂平趙釋曰沈氏曰褚表作樂平班表作樂成屬平氏與褚表異然則非平原之清也一清案此是褚表之謬而道元誤承之者漢表樂成侯許延壽翁孫延壽字也褚少孫以爲樂平樂平是霍山封邑非翁孫也詳具漳水篇吾于此更有一疑地理志東郡清縣師古注引應劭曰章帝更名樂平夫樂平既始自章帝則何以宣帝時封邑卽有此稱且班固于外戚恩澤侯霍山封邑明注云東郡則又非他處

可知此皆事之不可以臆測者至清本屬東郡沈氏云平原誤也並爲侯國王莽之清治矣漢章帝建初中官本曰案初近刻訛作始案朱訛趙改刊誤曰章帝改元建初非建始以後漢書校改更從今名也漯水又北逕聊城縣故城西城內有金城周帀有水南門有馳道絕水南出自外泛舟而行矣東門側有層臺秀出雲表官本曰案近刻脫此二字案朱脫趙增刊誤曰名勝志引此文秀出下有雲表二字今補正魯仲連所謂還高唐之兵卻聊城之衆者也趙釋曰一清案寰宇記博州聊城縣下云石柱後魏孝文所立爲鄭東之表水經曰武水東流從石柱北是也今本無之蓋缺失矣漯水又東北逕清河縣故城北官本曰案此十二字原本及近刻並訛作經今考以下皆注內敘漯水所逕案朱訛趙改刊誤曰十二字是注混作經地理風俗記曰甘陵故清河清河在南朱趙有一字十七里今于甘陵縣故城東南無城以擬之直東二十里有艾亭城東南四十里有此城擬卽清河城也朱作擬趙改疑刊誤曰擬當作疑後蠻居之故世稱蠻城也朱無也字趙增刊誤曰蠻城下黃省曾本有也字漯水又東北逕文鄉城東南又東北逕博平縣故城南官本曰案此二十一字原本及近刻並載上十八字訛作經下三字仍爲注案朱訛趙改刊誤曰十八字是注混作經城內有層臺秀上官本曰案近刻脫城內二字案朱趙無王莽改之曰加睦

也右與黃溝同注川澤官本曰案此八字原本及近刻並訛作經　案朱訛趙改刊誤曰八字是注混作經黃

溝承聊城郭水水泛則津注水耗則輟流自城

東北出逕清河城南又東北逕攝城北春秋所謂

聊攝以東也俗稱郭城非也城東西三里南北二里東西隅有

金城城卑下墟郭尚存左右多墳壟京相璠曰聊城縣東北三

十里有故攝城今此城西去聊城二十五六里許即攝城者也

又東逕文鄉城北又東南逕王城北官本曰案此十四字原本及近刻並訛作經今考上下文乃注內敘黃溝所逕　案朱訛趙改朱脫北字趙增刊誤曰十三字是注混作經文鄉城下脫北字魏太常七年安平王鎮

平原所築世謂之王城太和二十三年罷鎮立平原郡治此城

也趙釋曰全氏曰案魏書地形志所謂太平鎮者也但據志則以太和十一年分屬濟州非二十三年置也蓋罷鎮在是年而平原之爲郡固久矣黃溝又

東北流左與漯水隱覆勢鎮河陸東出于高唐

縣大河右迆東注漯水矣官本曰案此三十一字原本及近刻並訛作經　案朱訛趙改朱流作逕趙改迆刊誤曰三十一字是注混作經逕當作迆桑欽地理志曰趙作地理志桑欽曰刊誤曰全氏云案桑欽地理志不見簿錄此文今載漢書地理

志注引桑欽語蓋傳鈔者倒互耳漯水出高唐余按竹書穆天子傳稱丁卯天子自五鹿東征釣于漯水以祭淑人是曰祭邱己巳天子東征食馬于漯水之上尋其沿歷逕趣不得近出高唐也桑氏所言蓋津流所出官本曰案近刻脫所字　案朱趙無次于是間也官本曰案近刻是訛作所　案朱趙作所俗以是水上承于河亦謂之源河矣趙釋曰禹貢錐指曰源河乃漯之再出者桑欽惟知出此而不知起東武陽則疏矣河既與漯合復分爲二漯由漯陰縣故城北河由平原縣故城東蓋自高唐以西至武陽河在南而漯在北自高唐以東至海則漯在南而河在北矣今禹城縣南有源陽故城唐縣在源河之北故名一清案上條經云又有漯水出焉酈以東武陽隸之而漢志則引桑欽之語以爲漯出高唐後人猶指水經爲桑欽作豈其然乎漯水又東北逕援趙釋曰一清案漢志作瑗縣故城西官本曰案此十一字原本及近刻並訛作經　案朱訛趙改刊誤曰十一字是注混作經王莽之東順亭也杜預釋地曰濟南祝阿縣西北有援城漯水又東北逕高唐縣故城東官本曰案此十二字原本及近刻並訛作經　案朱訛趙改刊誤曰十字是注混作經又朱趙無東北二字昔齊威王使肹子守高唐官本曰案肹近刻訛作盼　案朱訛趙改刊誤曰盻子當作肹子史記世家校正趙人不敢漁于河即魯仲連子謂田巴曰今楚軍南陽

趙伐高唐者也春秋左傳哀公十年趙鞅帥師伐齊取犂及轅官本曰案犂近刻訛作黎下同　案朱趙作黎下同毀高唐之郭杜預曰轅即援也祝阿縣西北有高唐城漯水又東北逕漯陰縣故城北官本曰案此十二字原本及近刻並訛作經　案朱訛趙改刊誤曰十二字是注混作經縣故犂邑也趙釋曰一清案春秋傳注作犂邱漢武帝元光三年封匈奴降王趙增昆邪爲侯國五字刊誤曰降王下全祖望據漢表校增昆邪爲侯國五字王莽更名翼成歷北漯陰城南伏琛謂之漯陽城趙釋曰一清案是注可與下經注相參證南有魏沈州刺史劉岱碑地理風俗記曰平原漯陰縣今巨漯亭是也漯水又東北逕著縣故城南趙釋曰一清案漢志濟南郡著縣師古曰音竹庶反又音直庶反而韋昭誤以爲蓍龜之蓍字乃音紀咨反失之遠矣又東北逕崔氏城北官本曰案此十九字原本及近刻並訛作經　案朱訛趙改刊誤曰十九字是注混作經春秋左傳襄公二十七年崔成請老于崔者也官本曰案近刻脫于字崔下衍氏字　案朱脫衍趙增刪杜預釋地曰濟南東朝陽縣西北有崔氏城漯水又東北逕東朝陽縣故城南官本曰案此十三字原本及近刻並訛作經　案朱訛經東北作東南趙改水下並無又字刊誤曰十二字是注混作經東南禹貢錐指引此文作東北漢高帝七年官本曰案近刻訛作六年　案朱趙作六年趙釋曰沈氏曰本表是七年

封都尉宰寄爲侯國官本曰案宰近刻訛作華 案朱趙作華地理風俗記曰南陽有朝

陽縣故加東地理志曰王莽之脩治也謝釋曰一清案漢志濟南郡朝陽縣應劭曰在朝水之陽至續志始加東字後漢書耿弇傳云從朝陽橋濟河以渡章懷注曰朝陽縣名屬濟南郡在朝水之陽城在濟水北有漯河在今濟州臨濟縣東亦見濟水篇注漯水又

東逕漢徵君伏生墓南官本曰案此十二字原本及近刻並訛作經 案朱訛趙改刊誤曰十二字是注混作經

碑碣尚存以明經爲秦博士秦坑儒士伏生隱焉漢興教于齊

魯之閒撰五經尚書大傳文帝安車徵之官本曰案文帝二字近刻訛在撰字上 案朱訛趙改

年老不行乃使掌故歐陽生等受尚書于徵君號曰伏生者也

漯水又東逕鄒平縣故城北官本曰案此十一字原本及近刻並訛作經 案朱訛趙改刊誤曰十一字是注混作經古鄒侯國官本曰案古近刻訛作有 案朱訛趙改刊誤曰有孫潛校改古舜後姚姓也又東北

逕東鄒城北官本曰案此八字原本及近刻並訛作經 案朱訛趙改朱逕下有界字趙刪刊誤曰九字是注混作經楊慎刊本經文無界字名勝志引此文同地理志官本曰案志下近刻衍曰字 案朱趙有千乘郡有東鄒縣漯水又東北

逕建信縣故城北官本曰案此十二字原本及近刻並訛作經 案朱訛趙改刊誤曰十二字是注混作經漢高帝

七年封婁敬爲侯國應劭曰臨濟縣西北五十里有建信城官本

曰案信下近刻衍侯字　案朱趙有趙釋曰全氏曰婁敬以關內侯號建信耳是虛名非封國也故史漢表中俱不列敬封爵而地志亦不稱建信縣爲侯國然應劭載有建信侯城之名則又何居考漢家關內侯之制不得稱國而未嘗不有食邑蓋敬所食邑在建信故以名其城焉

都尉治故城者也漯水又東北逕千乘縣二城閒官本曰案此十二字原本及近刻竝訛作經　案朱訛趙改刊誤曰十二字是注混作經漢高帝六年以爲千乘郡王莽之建信也章帝建初四年爲王國和帝永元七年改爲樂安郡故齊地官本曰案近刻訛作也　案朱訛趙改刊誤曰也當作地伏琛曰千乘城在齊城西北百五十里官本曰案近刻脫在字　案朱脫趙增刊誤曰千乘城下全氏校增在字又朱趙百上有一字隔會水即漯水之別名也又東北爲馬常坑官本曰案此七字原本及近刻竝訛作經　案朱訛趙改朱箋曰玉篇有坑字而勇切云地名也案此注里數則坑是數澤之名趙釋曰一清案馬常坑卽馬車瀆見淄水注刊誤曰七字是注混作經坑東西八十里南北三十里亂河枝流而入于海官本曰案注內敘漯水終于此河海之饒茲焉爲最地理風俗記曰漯水東北至千乘入海河盛則通津委海水耗則微涓絕流書浮于濟漯亦是水者也趙釋曰禹貢錐指曰此自西漢末以迄後魏漯川之源委也

又東北過楊虛縣東商河出焉官本曰案楊虛今漢書地理志訛作樓虛功臣表同惟王子侯表仍作楊虛又河先逕楊虛乃至高唐經次楊虛于高唐後非也注就高唐下附記漯水至此經之後始敘河流

地理志朱趙有曰字楊虛平原之隸縣也趙釋曰一清案漢志平原郡有樓虛無楊虛齊氏曰樓乃楊之譌當以水經注正之然功臣表元帝封樓虛侯訾順而范史馬武亦封楊虛侯續志無樓虛並無楊虛似是明章以後所省樓虛楊虛二名並見漢封抑或原是楊虛後改樓虛東京始建旋復故稱迨乎廢幷杳爾無聞如以為誤殆不然矣漢文帝四年官本曰案文近刻訛作景　案朱趙作景趙釋曰一清案景帝史漢表皆作文帝以封齊悼惠王子將閭為侯國也官本曰案閭近刻訛作盧　案朱趙作盧趙釋曰將盧漢表作將閭注從史表城在高唐城之西南經次于此是不比也商河首受河水官本曰案近刻脫水字　案朱脫趙增刊誤曰受河下落水字亦漯水及澤水所潭也官本曰案潭下近刻衍水字　案朱衍趙刪刊誤曰潭水之水衍文淵而不流世謂之清水自此雖沙漲填塞厥迹尚存歷澤而北俗謂之落里坑逕張公城西又北重源潛發官本曰案此下近刻有世謂之落里坑六字係衍文　案朱衍趙刪刊誤曰六字重文宜衍亦曰小漳河商漳聲相近故字與讀移耳趙釋曰一清案元和郡縣志云漢鴻嘉四年河水泛溢河隄都尉許商鑿此河通海故以商為名禹貢錐指曰商河行大河之南漯水之北改次于四瀆津之下高唐漯水之上緣道元有不比之糾也商河

又北逕平原縣東又逕安德縣故城南又東北逕平昌縣故城南官本曰案平昌原本及近刻並訛作昌平據漢書改正　案朱訛趙改又東逕般縣故城南又東逕樂陵縣故城南官本曰案此四十四字原本及近刻並訛作經今考以下皆注內敘商河所逕　案朱訛趙改刊誤曰四十四字是注混作經昌平縣當作平昌漢書地理志平原郡有平昌縣漢宣帝地節四年封侍中史子長爲侯國趙釋曰全氏曰案褚表史子長名高商河又東逕枋縣故城南官本曰案此十字原本及近刻並訛作經近刻枋訛作初下同　案朱訛趙改朱枋作初鄉趙改枋鄉刊誤曰十一字是注混作經初當作枋漢書地理志平原郡有枋縣道元謂之枋鄉縣也孫校曰元和志滴河縣漢枋縣黃河在縣南八十里滴河縣北十五里高后八年封齊悼惠王子劉辟光爲侯國朱趙有也字趙釋曰沈氏曰案本表是文帝四年封王莽更之曰張鄉朱趙有也字應劭曰般縣東南六十里有枋鄉城故縣也沙溝水注之官本曰案此五字原本及近刻並訛作經　案朱訛趙改刊誤曰五字是注混作經水南出大河之陽泉源之不合河者一百步其水北流注商河商河又東北流逕馬嶺城西北屈而東注南轉逕城東官本曰案此二十一字原本及近刻並訛作經　案朱訛趙改西北下朱有而流二字趙改南流刊誤曰二十三字是注混作經而流當作南流城在河曲之中東海王越

斬汲桑于是城趙釋曰全氏曰此語出晉書然其實是并州乞活之田甄田蘭所斬非越也商河又東北逕

富平縣故城北官本曰案此十二字原本及近刻竝訛作經誤曰十二字是注混作經孫校曰元和志厭次縣本漢富平縣案朱訛趙改刊

黃河在縣南三里滴河在縣南四十里地理志曰侯國也王莽曰樂安亭官本曰案近刻訛作安樂亭案朱訛趙改刊誤曰安樂漢書地理志作樂安應劭曰明帝更名厭次官本曰案近刻脫此二字案朱脫趙增闞駰曰厭次

縣本富平侯車騎將軍張安世之封邑官本曰案侯近刻訛作矣案朱訛趙改刊誤曰矣當作侯非也案漢書昭帝元鳳六年封右將軍張安世爲富平侯薨子

延壽嗣國在陳留別邑在魏郡官本曰案近刻脫在字案朱脫趙增刊誤曰別邑下落在字漢書校補陳留

風俗傳曰陳留尉氏縣安陵鄉故富平縣也是乃安世所食矣

歲入租千餘萬延壽自以身無功德何堪久居先人大國上書

請減戶官本曰案近刻脫請字案朱脫趙增刊誤曰上書下落請字天子以爲有讓徙封平原并食一

邑戶口如故而稅減半十二州志曰明帝永平五年改曰厭次

矣案史記高祖功臣侯者年表高帝六年封元頃爲侯國徐廣

音義曰漢書作爰類官本曰案作下近刻衍侯字案朱衍趙刪刊誤曰箋曰爰類下舊本有一字字案史漢表俱無之侯字衍文趙釋曰全氏曰

十字注中注是知厭次舊名非始明帝蓋復故耳趙釋曰一清案小司馬云縣漢志闕蓋疏忽之甚耳

西有東方朔冢冢側有祠官本曰案近刻脫一冢字增刊誤曰於文下當重一冢字案朱脫趙祠有神驗

水側有雲城漢武帝元封四年封齊孝王子劉信爲侯國也趙釋曰一清案索隱曰志屬瑯琊史表是元狩漢表是元朔又商河又分爲二水南水謂之長

叢溝官本曰案此十四字原本及近刻並訛作經案朱訛趙改叢朱作藂趙改藂刊誤曰十四字是注混作經寰宇記引此文作長叢溝韻會云叢或作藂聚字誤

東流傾注于海官本曰案于近刻訛作爲案朱訛趙改刊誤曰爲當作于趙釋曰一清案郡國志平原郡鬲縣劉昭補注引魏都賦曰縣有蓋節淵疑卽長藂溝溝南海側有蒲臺臺高八丈方二百步三齊略記曰鬲

城東南有蒲臺秦始皇東遊海上于臺上蟠蒲繫馬朱作上趙改下刊誤曰劉昭郡國志補注引三齊記作臺下至今每歲蒲生官本曰案近刻脫每字案朱脫趙增縈委若有繫狀似水

楊可以爲箭今東去海三十里北水世又謂之百薄瀆官本曰案此九字原本及近刻並訛作經百訛作白案朱訛趙改刊誤曰九字是注混作經初學記引此文作百薄瀆白字誤東北流注于

海水矣官本曰案注內敘商河終于此趙釋曰一清案全氏校本於此注下增又東北過高唐縣東經文一條予謂非也上文注云城在高唐城之西南經次于此是不比也則經文楊虛宜在高唐之前矣而下文大河又東北逕高唐縣故城西當直接前漯水入海之下緣經之誤文義遂乖隔爾大河又東北

逕高唐縣故城西官本曰案此十二字原本及近刻竝訛作經今考經敘河水云又東北過高唐縣東已見前此係注文正經之失案朱訛趙改刊誤曰十二字是注混作經春秋左傳襄公十九年齊靈公廢太子光而立公子牙以夙沙衛爲少傅齊侯卒崔杼逆光光立殺公子牙于句瀆之邱衛奔高唐以叛京相璠曰本平原縣也齊之西鄙也大河逕其西而不出其東經言出東誤耳官本曰案此辯前經文過高唐縣東之失大河又北逕張公城臨側河湄官本曰案此十二字原本及近刻竝訛作經案朱訛趙改刊誤曰十二字是注混作經衛青州刺史張治此官本曰案張某脫其名趙釋曰一清案張下失其名魏青州後魏之東青州魏書地形志東平原郡治梁鄒領平原鬲臨濟茌平廣宗高唐六縣屬齊州不屬青州隋書地理志平原郡平原縣下云後魏置東青州未久而廢史記正義曰德州平原縣南六十里有張公故城水東有津焉俗名張公津恐此平原郡古津也魏書張彝傳曾祖幸位青州刺史祖準之又爲東青州刺史東青州暫置旋廢未必更有一張姓者莅其土或即是彝之祖未可知也以彝貴重故稱張公云故世謂之張公城水有津焉名之曰張公渡河水又北逕平原縣故城東官本曰案此十一字原本及近刻竝訛作經案朱訛趙改刊誤曰十一字是注混作經地理風俗記曰原博平也故曰平原矣縣故平原郡治矣漢高帝六年置王莽改曰河平也晉灼曰齊西有平原官本曰案

此下近刻衍河字案朱衍趙刪河水東北過高唐官本曰案近刻作河水北過高唐縣　案朱同趙改高唐即平原也官本曰案近刻脫高唐二字衍河水下落東字高唐縣之縣羨文　案朱脫趙增刊誤曰平原河之河重文宜當重高唐二字以漢書高帝紀注校正故經言河水逕高唐縣東官本曰案此明河水逕高唐縣西平原縣東而經云過高唐縣東者由誤以平原爲高唐非也按地理志曰官本曰案原本及近刻此下有高唐平原也五字係複上衍文地理志無是語　案朱衍趙刪刊誤曰高唐平原也五字重文錯簡宜衍高唐漯水所出平原則篤馬河導焉明平原非高唐大河不得出其東審矣大河右溢世謂之甘棗溝官本曰案此十字原本及近刻並訛作經　案朱訛趙改刊誤曰十字是注混作經水側多棗故俗取名焉河盛則委泛水耗則輟流故溝又東北歷長隄逕漯陰縣北官本曰案此十三字原本及近刻並訛作經溝訛作瀆漯訛作溫今改正　案朱訛經漯作溫趙改朱趙溝作瀆刊誤曰溫陰宋本作漯陰案十三字是注混作經東逕著城北東爲陂淀淵潭相接世謂之穢野薄河水又東北逕阿陽縣故城西官本曰案此十二字原本及近刻並訛作經又阿陽近刻訛作陽阿下同　案朱訛趙改朱趙作陽阿下同刊誤曰十二字是注混作經漢高帝六年封郎中萬訢爲侯國朱作萬訴趙改刊誤曰萬訴沁水注作卞訢訢字誤趙釋曰一清案漢志上黨郡有陽阿縣非河水逕流之地平原郡有阿陽

縣與漯陰縣相近萬訢史漢表皆無其姓名表有陽河齊侯其石索隱曰縣名屬上黨是知河字誤也當作陽阿陽阿與阿陽其文互易因致混淆漢書孝成皇后傳云屬陽阿主家師古曰陽阿平原之縣也今俗書阿字爲河字又或爲河陽皆後人所妄改耳方輿紀要濟南府臨邑下云著城在縣東南五十里秦縣漢書灌嬰收著漯陰平原鬲盧此卽著也漯陰城在縣西十里本齊之犂邱邑阿陽城在縣南漢縣屬平原郡後漢省太平寰宇記云阿陽城在禹城縣南七十里漢魏以下卻改爲陽阿然則阿陽之在平原審矣酈氏既誤記陽阿爲訢封邑而沁水篇注陽阿縣下又引卞訢爲證一事兩隸書成一手隔越不過數卷猶有斯繆信乎撰述之難也已又案訢封邑宜爲阿陽非上黨之陽阿陽阿齊侯其石封邑也然訢名不見于史漢表則以世本漢書多脫失是以班固云高祖百四十七人今實數之得百三十三人耳訢亦在失亡之中矣不然道元既記于此而又筆之沁水篇豈眞鑿孔造作耶但此篇作萬訢沁水篇又作卞訢萬古省作万與卞字相似不妨兩存其疑義耳

應劭曰漯陰朱作溼陰箋曰宋本作漯陰趙改漯縣東南五十里有阿陽鄉故縣也朱趙阿陽作陽阿說見上

又東北過漯陽縣北官本曰案陽近刻訛作陰　案朱訛趙改刊誤曰胡渭云此北漯陰也伏琛謂之漯陽城黃省曾本正作漯陽字寰宇記云漯陰縣漢縣今廢城在臨邑縣西四十里宋武帝平廣固遂移理于今臨邑縣西北五十里北漯陰城今縣北有故城漢城亦謂之南漯陰城凡水以南爲陰北爲陽意者漢有漯陰漯陽二縣南北對立道元故云漯陰縣故黎邑王莽更名翼成又云漯陰縣王莽之巨武今翼成之文見於漢志而巨武無考豈世本漢書脫失漯陽道元猶見善本故耶不然二城明有分畫新莽又制異名尙[illegible]水經漯陽一語酈以巨武釋之可補漢志之缺

河水自平原左逕安德城東而北爲鹿角津東北逕般縣樂陵朸鄉至厭次縣故城南爲厭次

河官本曰案此三十七字原本及近刻並訛作經　案朱訛經杒作初脫城字爲字趙改增鄉下並無至字刊誤曰三十四字是注混作經初鄉當作杒鄉故下落城字南下落爲字

孫潛校增漢安帝永初二年劇賊畢豪等數百官本曰案豪近刻訛作毫下同　案朱訛趙改乘船

寇平原縣令劉雄門下小吏所輔浮舟追至厭次津與賊合戰

並爲賊擒求代雄趙求上增輔字刊誤曰擒下落輔字孫潛校增豪縱雄于此津所輔趙刪所字刊誤曰孫

潛校衍所字此句有脫誤詳本卷趙釋曰一清案輔下有脫文范史劉茂傳豪縱雄而刺輔貫心洞背即死道元不應沒其大節也可謂孝盡愛敬義

極君臣矣河水右逕漯陰縣故城北官本曰案此十字原本及近刻並訛作經　案朱訛

經右作又箋曰一作右逕趙改刊誤曰十字是注混作經又黃省曾本作右王莽之巨武縣也朱趙巨作臣趙釋曰一清案此北漯陰也伏琛之所

謂漯陽城者也今本漢書脫去漯陽縣故並王莽所改臣武之名亦失之又臣武孫潛夫校本作巨武巨字是也前北漯陰注引地理風俗記云今巨漯亭漯水即武水故新莽有巨武之稱

河水又東北爲漯沃津官本曰案此九字原本及近刻並訛作經　案朱訛脫爲字趙改增刊誤曰箋曰孫云漯沃誤

漢志千乘郡有溼沃縣案非也胡渭云濟漯之漯說文本作濕燥濕之濕說文本作溼隸改日爲田又省一糸遂作漯而濕轉爲溼濕溼二字混而無別漢千乘郡有濕沃縣漯水之所逕故

名而地理志譌爲溼司馬彪魏收皆承其誤惟水經注作漯沃當從之八字是注混作經東北下落爲字在漯沃縣故城南官本曰案近刻脫在字

案朱脫趙增刊誤曰漯沃上落在字王莽之延亭者也地理風俗記曰千乘縣西北五

十里有大河河北有漯沃城故縣也魏改爲後部亭今俗遂名

之曰右輔城河水又東逕千乘城北官本曰案此九字原本及近刻竝訛作經　案朱訛趙改乘下增縣故二字刊誤曰九字是注混作經千乘下落縣故二字伏琛之所謂千乘北城者也

又東北過利縣北官本曰案利縣原本及近刻竝訛作黎城縣考濟水章經文云東北過利縣西又東北過甲下邑入于河可證此經訛舛今改正　案朱訛趙改刊誤曰黎城當作利城漢書地理志齊郡有利縣濟水篇經云又東北過利縣西卽是城也趙釋曰一清案漢志齊郡利縣續志樂安國利故屬齊又東北過甲下邑濟水從西來注之又東北入于海

河水又東分爲二水枝津東逕甲下城南東南歷馬常坈注濟官本曰案此二十四字原本及近刻竝訛作經　案朱訛經脫馬字坈作沆箋曰孫云案上文有馬常坈此沆字疑當作坈趙改增刊誤曰二十三字是注混作經胡渭不悟此條是注移在又東北過利城縣之上非是經言濟水注河非也官本曰案此二字原本及近刻竝訛在倉子城下考濟水注云又東北河水枝津注之水經以爲入河非也斯乃河水注濟非濟入河其文與此注互相發明　案朱訛脫趙改增刊誤曰濟水注下落河非也三字濟水篇注可互證（案朱本止一河字既下屬爲文趙云脫三字是也）河水自枝津東北流逕甲下邑北世謂之倉子城朱有非也二字趙刪刊誤曰非也二字衍文又東北流入于海官本曰案此卽濟水注所謂河水于濟漯之北別流注海者是也淮南子曰九折注于海而流不絕者崑崙之輸也尚書禹貢曰朱于作爲趙改刊誤曰爲當作于

曰夾右碣石入于河山海經曰碣石之山繩水出焉東流注于河河之入海舊在碣石今川流所導（官本曰案所近刻訛作可案朱訛趙改刊誤曰可當作所）非禹瀆也周定王五年河徙故瀆故班固曰商竭周移也（官本曰案竭近刻訛作碣案朱訛趙改刊誤曰碣漢書敘傳是竭字）又以漢武帝元光二年河又（趙無又字）徙東郡更注渤海是以漢司空掾王璜（趙釋曰一清案漢書儒林傳琅邪王橫平仲傳古文尚書溝洫志亦作王橫）言曰往者天嘗連雨東北風（官本曰案近刻作往昔天嘗連北風案朱同趙改刊誤曰漢書溝洫志作往者天嘗連雨東北風今改正）海水溢西南出侵數百里故張折云（官本曰案折近刻作君案朱趙作君趙釋曰禹貢錐指曰後漢志注禹貢正義竝引張氏地理志張氏不知其名豈即所稱張君耶程大昌以爲張揖案隋書經籍志有魏博士張揖撰廣雅二卷而無張氏地理志未審張君是揖否）碣石在海中蓋淪于海水也（趙釋曰禹貢錐指曰案道元卒于魏孝昌二年歲在丙午下距齊文宣登碣石之歲天保四年癸酉凡二十八年而文宣所登乃在營州前此未聞營州有碣石疑是時平州之碣石已亡故假營州臨海之一山登之以修故事不然豈有舍此登彼之理自是以後登碣石者無聞焉妄意推測碣石之亡當在魏齊之世丙午至癸酉二十八年間也）昔燕齊遼曠分置營州今城届海濱海水北侵城垂淪者半

王璜之言信而有徵碣石入海非朱無者字箋曰宋本作城垂淪者半趙增者無證矣趙釋曰禹貢錐指曰薛氏曰河入海處舊在平州石城縣東望碣石其後大風逆河皆漸于海舊道堙矣又曰王橫曰往者天嘗連雨東北風海水溢西南出寖數百里九河之地已爲海所漸矣九河但堙塞耳而橫云爲海所漸世莫不痛詆之百詩獨爲余言曰九河若作逆河則未爲不是余頷之而未有以見其誠然及讀薛氏語始知古人先得我心又曰九河之地爲海所漸王璜之言誠誤若程人昌云酈道元亦謂九河淪爸于海則善長實未之有也按酈氏三言碣石淪于海中而九河不從橫說第五卷河水注云自鬲般東光河閉樂成以東城地竝存川瀆多亡第十卷漳水注云九河既播八枝代絕遺迹故稱往往時存此與許商鄭康成所言如出一口而程氏與碣石連舉遂使酈亭負此長冤吁可怪也一清案酈注引王橫之言以證碣石淪海而九河爲海所漸之語竟概從刪削卓見特識得東樵爲之闡明善哉言乎薛氏名季宣字士龍永嘉人宋史儒林傳焦氏經籍志書古文訓十六卷薛季宣撰著

水經注卷五

後魏酈道元撰

汾水　澮水　涑水　文水　原公水

洞過水朱趙過作渦　晉水　湛水

汾水出太原汾陽縣北管涔山孫校曰元和志靜樂縣本漢汾陽地管涔山在縣北一百卅里山海經曰北次二經之首在河之東其首枕汾官本曰按近刻其下衍東字汾字下有其名二字　案朱趙並有曰管涔之山其上無木而下多玉官本曰按山海經作其上無木而多草其下多玉　案朱木上有草字趙依山海經改汾水出焉西流注于河官本曰按西近刻訛作而　案朱作而趙改而下加西字十三州志曰出武州之燕京山亦管涔之異名也孫校曰御覽引云管涔山汾水所出土人亦爲箕管山見多管草或以爲名又爲管子山董祐誠曰武州二漢縣屬雁門郡今管涔山縣亘寧武五寨諸縣漢武州城在今清水河廳界中偏關五寨縣地皆其東南境矣其山重阜脩巖趙刊誤曰箋曰舊本作修層按巖字爲是有草無木泉源導于南麓之下蓋稚水濛流耳趙濛改蒙刊誤曰濛當作蒙易蒙卦象山下出泉曰蒙不从水說文濛微雨也義異又西南夾岸連

山聯峯接勢劉淵族子曜嘗隱避于管涔之山官本曰按避近刻作居　案朱趙同夜中忽有二童子入跪曰管涔王使小臣奉謁趙皇帝獻劍一口置前再拜而去以燭視之劍長二尺光澤非常背有銘曰神劍御官本曰按御上近刻有服字　案朱趙有除衆毒曜遂服之劍隨時變爲五色也後曜遂爲胡王矣汾水又南與東西温溪合水出左右近溪官本曰按近刻脫左字　趙增刊誤曰出下落左字　案朱脫聲流翼注董祐誠曰二溪當在今寧武縣水上雜樹交蔭雲垂煙接自是水流潭漲波襄轉泛又南逕一城東憑墉積石側枕汾水俗謂之代城官本曰按此下近刻重一城字　案朱重趙刪刊誤曰城字衍文董祐誠曰代城鬭朱本作代城城疑係伏戎城之誤元和郡縣志伏戎城在靜樂縣北八十里在今寧武縣西南又南出二城閒其城角倚翼枕汾流世謂之侯莫干城董祐誠曰當在今靜樂縣蓋語出戎方傳呼失實也汾水又南逕汾陽縣故城東董祐誠曰續漢志無汾陽蓋省入晉陽故城在陽曲縣西北川土寬平峘山夾水地理志曰官本曰按近刻作故地理志衍故字脫曰字　案朱同趙存故增曰刊誤曰地理志下落曰字汾水出汾陽縣北山西

南流者也漢高帝十一年封靳彊爲侯國後立屯農積粟在斯謂之羊腸倉山有羊腸坂董祐誠曰羊腸山在交城縣東北一百二十里案漢永平中通呼沱石臼河自都慮至羊腸倉將憑汾水以漕太原苦役連年肅宗知其難而止蓋漢鑿此道以通汾於虖沱太平寰宇記引皇甫謐羊腸塞卽龍山晉陽西北九十里交城本分晉陽地故言晉陽西北也海內東經虖沱水出晉陽城南而西至陽曲北東注渤海必臣舊圖有永平所通故道故竟以虖沱爲出晉陽下文南而西三字當有錯誤知今本山海經尙有東漢人羼入者並非建平定本漢陽曲爲今定襄縣虖沱經其北永平所鑿當自今交城太原北山絕汾逕陽曲忻州之北至定襄會虖沱正可因誤而得其大略也在晉陽西北石隥縈行官本曰按近刻作縈委案朱趙同若羊腸焉故倉坂取名矣漢永平中治呼沱石臼河案司馬彪後漢郡國志常山南行唐縣有石臼谷官本曰按此十九字亦注內之小注趙釋曰一清按十九字注中注寰宇記平山縣下云隋圖經房山瀻水出焉亦謂之石臼河又謂之行唐水出行唐東入博陵謂之木刀溝一謂之袈裟水南流入虖沱瀻水一見於清水篇曰瀻邑是也再見於濁漳水篇曰瀻口是也皆是水流逕通者也蓋資承呼沱之水轉山東之漕官本曰按近刻資承訛作咨乘漕訛作費案朱趙作咨乘趙釋曰朱氏謀㙔箋曰御覽作資承又朱作費箋曰李云疑作漕趙改漕自都慮至羊腸倉官本曰按慮近刻訛作盧案朱趙作盧將憑汾水以漕太原趙釋曰一清按古今注曰永平十年作常山呼沱河蒲吾渠通漕船也此卽所謂轉山東漕之道也用實秦晉苦役連年轉運所經凡三百八十九隘官本曰按三近刻訛作二案朱訛趙改死者無算拜鄧訓爲謁者監護水功訓隱括知其難立具

言肅宗肅宗從之全活數千人和熹鄧后之立官本曰按熹近刻譌作意案朱訛趙改刊誤曰熹當作意叔父陔以爲訓積善所致也官本曰按原本及近刻竝脫陔字今據後漢書補　案朱脫趙增刊誤曰叔父下落陔字後漢書后紀校正羊陽即此倉也又南逕秀容城東官本曰按近刻脫此七字　案朱脫趙增刊誤曰魏土地記上脫又南逕秀容城東七字全氏曰以先司空本校補孫校曰元和志宜芳縣秀容故城在縣南三十里劉元海感神而生姿容秀美因以爲名也董祐誠曰本注引魏土地記東去汾水六十里今爲嵐縣秀容都太平寰宇記以爲即漢汾陽故城誤魏土地記曰秀容胡人徙居之立秀容護軍治東去汾水六十里官本曰按汾近刻訛作浴朱訛趙改刊誤曰浴當作汾　案南與酸水合水源西出少陽之山董祐誠曰元和郡縣志太平寰宇記皆稱少陽山在交城縣西南九十五里自天授移縣後山在縣北云西南者舊圖經之文二家仍而未改方志皆以交城爲漢晉陽地此亦據舊治言自唐以來縣治實漢大陵地也諸志俱不言酸水所在李吉甫言少陽山周回二十里則山之綿亘可知今孔河出交城縣西北龍鬚山東南流又東逕故交村巡檢司入汾疑即酸水也東南流注于汾水汾水又南出山東南流洛陰水注之孫校曰洛陰水在今太原府北水出新興郡董祐誠曰魏書地形志肆州永安郡後漢末置新興郡永安中改鄷氏時尙爲新興郡也晉志新興郡治九原蓋後漢僑縣即今忻州治今洛陰水自忻州流入陽曲縣又忻州別有洛陰水合牧馬河入滹沱非此水也西流逕洛陰城北董祐誠曰魏書地形志永安郡陽曲有羅陰城洛羅聲相轉在今陽曲縣東北又西逕于盂縣故城南董祐誠曰二漢晉志屬太原郡元和郡縣志陽曲縣東北八十里故盂縣

城是也後魏省屬石艾縣案唐陽曲城在今治東北盂縣故城亦在其東北也今平定州屬盂縣隋代所置元和郡縣志辨之甚明後漢書注謂卽漢縣誤春秋左傳昭公二十八年分祁氏七縣爲大夫之邑以孟丙爲盂大夫朱作孟丙趙改盂釋曰顧炎武左傳杜解補正云孟丙爲盂大夫今本作孟丙者非漢書地理志云盂晉大夫盂丙邑以其爲盂大夫而謂之盂丙猶魏大夫之爲魏壽餘閻大夫之爲閻嘉邯鄲大夫之爲邯鄲午也洛陰水又西官本曰按近刻脫洛陰二字 案朱脫趙增刊誤曰水上落洛陰二字逕狼孟縣故城南董祐誠曰二漢晉志屬太原郡元和郡縣志晉末省在陽曲縣東北三十六里王莽之狼調也左右夾澗幽深南面大壑俗謂之狼馬澗舊斷澗爲城有南北門門闉故壁尚在洛陰水又西南逕陽曲城北魏土地記曰陽曲胡寄居太原界置陽曲護軍治 其水西南流注于汾水董祐誠曰今洛陰水自忻州至陽曲縣北入汾汾水又南逕陽曲城西南注也趙釋曰一清案漢志太原郡陽曲縣應劭曰河千里一曲當其陽故曰陽曲也董祐誠曰元和郡縣志陽曲本漢舊縣今定襄縣是也後漢末移于太原縣北四十五里陽曲故城後魏又移于今縣南四里又云縣城故木井城也案陽曲縣志木井城在東北七十里則直南四里卽魏城

東南過晉陽縣東晉水從縣南東流注之官本曰案近刻南字譌在東字下 案朱趙同

太原郡治晉陽城秦莊襄王三年立官本曰案莊近刻譌作昭　案朱趙作昭尚書
所謂既脩太原者也春秋說題辭曰高平曰太原原端也平而
有度廣雅曰朱作廣延箋曰延當作疋古雅字大鹵太原也釋名曰地不生物曰鹵
鹵鑪也官本曰案近刻鑪譌作盧脫一鹵字及也字　案朱趙同朱箋曰釋名曰鹵鑪也如鑪火處也穀梁傳曰中國曰太原
夷狄曰大鹵尚書大傳曰東原底平大而高平者謂之太原郡
取稱焉魏土地記曰城東有汾水南流水東有晉使
持節都督并州諸軍事鎮北將軍太原成王之碑水上舊有梁
青荓殞于梁下官本曰案青荓近刻譌作清洴　案朱趙作清洴豫讓死于津側亦襄子解衣
之所在也朱箋曰呂氏春秋云趙襄子遊於囿中至於梁馬卻不進使青荓進視則豫讓佯為死人叱青荓曰吾且有事青荓退而自殺史記索隱引古本趙策云襄子使持衣與豫讓讓拔劍三躍而擊之衣盡出血

汾水西逕晉陽城南董祐誠曰晉陽二漢晉魏志皆屬太原郡即今太原縣治汾水在城東南流不得屈西過縣南觀晉水注可見此有誤字舊有介子推祠祠前有碑朱不重祠字趙增刊誤曰名勝志引此文重一祠字廟宇傾頹惟單碑獨存矣今文字剝落無可尋也

又南洞過水從東來注之官本曰案過近刻作渦下同　案朱趙作渦下同

汾水又南逕梗陽縣故城東董祐誠曰縣故二字衍城在清源縣南關今縣廢入徐溝故

榆次之梗陽鄉也官本曰按鄉近刻訛作縣 案朱訛趙改刊誤曰縣漢書地理志分註史記索隱俱作鄉魏獻子以邑

大夫魏戊也京相璠曰梗陽晉邑也今太原晉陽縣南六十里

榆次界有梗陽城官本曰案近刻訛作地 案朱訛趙改刊誤曰地當作城趙釋曰名勝志清源縣下引水經注云汾水又南逕梗陽縣故城東有白石水中隱水俱來注之今本無之汾水又南即洞過水會者也

又南過大陵縣東孫校曰地理志太原郡縣有大陵故城在今文水縣北十三里董祐誠曰大陵見文水下

昔趙武靈王遊大陵夢處女鼓琴而歌想見其人朱箋曰史記載其歌曰美人熒熒兮顏若苕之榮命乎命乎曾無我嬴吳廣進孟姚焉即于此縣也王莽改曰大寧矣汾水于縣左迤爲鄔澤董祐誠曰今爲鄔城泊在平遙縣西南跨介休縣界注敘鄔澤於大陵之下平陶之上與地形不合案注言迤爲鄔澤下言西北入鄔陂歸於汾流廣雅言水自汾出爲汾陂是汾水別出在大陵平陶之左迤南至平遙介休爲鄔澤也昭餘祁既涸汾水復從而西而故道多湮矣廣雅曰水自汾出爲汾陂其陂東西四里南北朱趙有一字十餘里陂南接鄔地理志曰九澤在北并州藪也呂氏春秋謂之大陸又名之曰漚洟之澤

俗謂之鄔城泊官本曰案近刻脫泊字　案朱脫趙增又朱箋曰呂氏春秋九藪吳之具區楚之雲夢秦之陽華晉之大陸梁之圃田孟諸齊之海隅趙之鉅鹿燕之大昭周禮云正北幷州其川虖池嘔夷注云嘔夷祁夷也許愼說文曰鄔水出西河中陽縣北沙官本曰按近刻作之西　案朱訛趙改刊誤曰之西當作北沙說文校正南入河即此水也趙釋曰禹貢雒指曰冀州有三大陸一在鉅鹿郡北班固繫諸禹貢又名鉅鹿澤呂氏春秋云趙有鉅鹿又名廣河澤爾雅晉有大鹿孫炎曰今鉅鹿縣廣河澤是也此眞禹貢之大陸也一在河內修武縣左傳定公元年魏獻子田于大陸還卒于甯杜預云大陸疑即吳澤陂近甯是也一在太原鄔縣班固云九澤在縣北是爲昭餘祁幷州藪酈道元云呂氏春秋謂之大陸是也斯二者皆非禹貢之大陸也今案呂覽九藪既云晉之大陸又云趙之鉅鹿則一澤不應兩見故道元以鄔澤當之蓋晉爲唐叔始封大陸宜在其境內而鉅鹿當戰國時實爲趙地故分爲二澤也要之廣平曰陸是處有之其大者則謂之大陸猶之高平曰原亦是處有之其大者則謂之太原耳然晉之大陸在漢大陵縣界陸恐陵之誤全氏曰昭餘祁是鄔水蓄而爲鄔水鄔爲字之變也是爲幷州藪若幷州之川曰漚夷則滱也呂覽以二者合而爲一善長於滱亦明指爲漚夷矣而鄔水又溷引之蓋失檢也董祐誠曰案呂覽又稱燕之昭餘高誘以爲鄔澤酈氏蓋又以鄔澤不當在燕也鄔水又會嬰侯之水董祐誠曰酈氏以曹魏從治之中陽縣爲二漢縣河水下既誤據以駁經此引說文亦爲誤證二漢中陽在甯鄉西鄔水無越汾而東會嬰侯以入鄔澤之理戴氏之辨甚明說文所稱當即離石諸水固言入河不言入汾也全氏說鄔爲鄔字之變今案左氏昭二十八年傳有鄔臧釋文云鄔舊烏戶反又音偃案地名在周者烏戶反隱十一年王取鄔劉是也在鄭者音偃成十六年戰于鄢陵是也在楚者音於建反又音偃昭十三年王沿夏將入鄢是也在晉者音於庶反字林乙祛反郭璞三倉解詁音瘀於庶反嚴駰音厭飫之飫重言之太原有鄔縣唯周地名從烏餘皆從焉字林亦作隝音同舊音誤據陸氏說則呂忱郭璞諸家皆以太原之鄔从焉不从烏酈氏既以鄔澤爲鄔水則凡篇中鄔字亦當作隝今仍作鄔或後人所改說文鄔太原縣名从邑烏聲鄢南郡縣以邑焉聲二字之別較然固不當舍說文而從字

林說文旣不以太原之鄔爲鄔則鄔澤必非濕水矣山海經稱謁戾之山嬰侯之水水出于其陰董祐誠曰寰宇記謁戾山一名麓臺山在今平遙縣東南四十七里中都水出焉卽此北流注于祀水官本曰按祀近刻訛作汜下同　案朱趙作汜水朱趙作右出祀山其水殊源共舍官本曰按近刻訛作其合　案朱訛趙改注于嬰侯之水董祐誠曰今平遙縣東南十五里有源祠水北注中都水疑卽祀水也亂流逕中都縣南董祐誠曰此故縣也見下俗又謂之中都水侯甲水注之水發源祁縣胡甲山官本曰按近刻源訛作原祁訛作平　案朱訛趙改刊誤曰箋曰孫按漢地理志太原郡有原平縣按非也原當作源平當作祁侯甲水發源太原之祁縣耳孫校曰元和志胡甲水一名大谷水東南自潞州武鄉界流入祁縣又南入汾州平遙界侯胡一音之轉董祐誠曰魏書地形志太原郡祁二漢晉屬胡甲山在今武鄉縣西北一百里有長坂謂之胡甲嶺朱作領趙改嶺刊誤曰領黃省曾本作嶺古領嶺通用卽劉歆遂初賦所謂越侯甲而長驅者也蔡邕曰侯甲亦邑名也在祁縣侯甲水又西北歷宜歲郊董祐誠曰當在今武鄉西北境逕太谷謂之太谷水董祐誠曰太平寰宇記太谷縣太谷山山海經云少山晉地記云少山卽太谷水衍出經祁縣界案當在今太谷縣南出谷西北流逕祁縣故城南董祐誠曰魏書地形志太原郡祁二漢晉屬有祁城元和郡縣志漢祁縣在祁縣東南五里明一統志後魏徙今治自縣連延西接鄔澤是爲祁藪

也卽爾雅所謂昭餘祁矣朱譌作爲祁作祈趙改刊誤曰爲當作謂爾雅祈本作祁古祁祈通用董祐誠曰今無復有水賈辛邑也辛貌醜妻不爲言與之如皋射雉雙中之則笑也官本曰按左傳魏子引叔向稱賈大夫事杜預云賈國之大夫是也此誤以爲賈辛趙釋曰朱謀瑋箋曰據左傳貌醜者自是賈大夫非賈辛也王莽之示縣也又西逕京陵縣故城北董祐誠曰二漢志晉志縣屬太原郡魏書地形志太原郡平遙有京陵城是魏省京陵改置平遙也在今平遙縣東注以爲春秋九原之地日知錄辨其非而以太平西南二十五里九原山當之王莽更名曰致城矣于春秋爲九原之地也故國語曰趙文子與叔向遊于九原曰死者若可作也吾誰與歸叔向曰其陽子乎文子曰夫陽子行并植朱趙作廉直于晉國不免其身智不足稱叔向曰其舅犯乎文子曰夫舅犯見利不顧其君仁不足稱官本曰按近刻脫此二十三字案朱趙無吾其隨會乎納諫不忘其師言身不失其友事君不援而進不阿而退官本曰按近刻脫此十六字無師下有矣字案朱趙其故京尚存官本曰按故字近刻譌在其字上案朱同趙刪故字漢興增陵于其下故曰京陵焉趙釋曰方輿紀要平陶城後魏改曰平遙避太武嫌名水經注西胡內侵徙居京陵今本無之侯甲水

又西北逕中都縣故城南董祐誠曰魏書地形志太原郡中都二漢晉屬有榆次城鄔有中都是魏以中都入

鄔縣別于榆次置中都縣也在今平遙縣西北城臨際水湄官本曰按城臨近刻訛作臨城朱訛趙改刊誤曰臨城二字當倒互案春秋昭
公二年晉侯執陳無宇于中都者也漢文帝爲代王都此武帝
元封四年上幸中都宮殿上見光赦中都死罪以下侯甲水
又西合于嬰侯之水朱無侯字于作爲趙增改刊誤曰甲上落侯字爲當作於董祐誠曰昭餘祁既涸侯甲水亦獨入汾不復
會嬰侯水今水出武鄉西北逕祁平遙南東入于汾逕鄔縣故城南董祐誠曰魏書地形志太原郡鄔二漢晉屬有鄔城介休下亦有鄔城蓋
二縣之交亦後魏徙治之證在今介休縣東北晉大夫司馬彌牟之邑也謂之鄔水朱趙有也字
俗亦曰慮水慮鄔聲相近故因變焉又西北入鄔陂
而歸于汾流矣董祐誠曰今中都水自平遙縣東南橫嶺下西合源祠水逕平遙城南至介休東北鄔城泊入汾
又南過平陶縣東文水從西來流注之孫校曰平陶故城在今文水縣西南二十五里
汾水又南與石桐水合卽綿水也水出界休縣
之綿山董祐誠曰今亦曰洪山水出介休東南三十里洪山四泉並發石桐水出其下北流逕石桐寺西
卽介子推之祠也昔子推逃晉文公之賞而隱于綿上之山也

晉文公求之不得乃封綿爲介子推田曰以志吾過且旌善人因名斯山爲介山故袁山松郡國志曰界休縣有介山朱趙有綿字上聚子推廟王肅喪服要記曰昔魯哀公祖載其父孔子問曰寧設桂樹乎哀公曰不也桂樹者起于介子推子推晉之人也文公有內難出國之狄子推隨其行割肉以續軍糧後文公復國忽忘子推子推奉唱而歌文公始悟當受爵祿子推奔介山抱木而燒死國人葬之恐其神魂霣于地官本曰按霣近刻訛作賈案朱訛趙改刊誤曰箋曰賈字脫誤當作貿貿檀弓蒙袂輯屨貿貿然來注云貿貿目不明貌全氏云非也蓋是霣字之誤〇箋曰異苑載子推逃祿隱迹抱樹燒死文公拊木哀嗟伐而製屐每懷割股之功俯視其屐曰悲乎足下足下之稱將起於此矣故作桂樹焉吾父生于宮殿死于枕席何用桂樹爲余按夫子尚非璠璵朱趙作璵璠送葬安能問桂樹爲禮乎王肅此證近于誣矣石桐水又西流注于汾水董祐誠曰今水在介休入汾汾水又西南逕界休縣故城西朱不重汾水二字界作介趙增改刊誤曰又上落汾水二字介休之介當從漢志作界董祐誠曰二漢志界休屬太原郡晉志屬西河國曰介休魏書地形志晉亂罷太和八年復有介休城是後魏徙治也故城在今介休縣東南王莽更名之

曰界美矣城東有徵士郭林宗宋子浚二碑宋沖以有道司徒徵官本曰按此句有脫誤未詳林宗縣人也官本曰按近刻脫人字案朱趙不脫辟司徒舉太尉以疾辭其碑文朱有之字箋曰之字疑衍趙刪云將蹈洪崖之遐迹紹巢由之逸軌翔區外以舒翼超朱作起箋曰一作超趙改超天衢朱趙作路以高峙稟命不融享年四十有二官本曰按近刻作三案朱趙作三建寧二年官本曰按近刻訛作四年案朱趙作四正月丁亥卒趙釋曰一清按漢隸字源載此碑作乙亥文選同後漢書靈帝紀建寧四年正月甲子是有乙亥無丁亥注文誤凡我四方同好之人永懷哀痛乃樹碑表墓昭銘景行云陳留蔡伯喈范陽盧子幹扶風馬日磾等遠來奔喪持朋友服官本曰按近刻脫持字刊誤曰朋友上落持字隸釋校補案朱脫趙增心喪朞年者如韓子助宋子浚等二十四人其餘門人著錫衰者千數官本曰按此下近刻衍其碑文故四字案朱趙有蔡伯喈謂盧子幹馬日磾曰吾為天下碑文多矣皆有慙容惟郭有道無愧于色矣汾水之右有左部城董祐誠曰太平寰宇記左部城在孝義縣南二十五里案今縣治即宋城側臨汾水蓋劉淵為晉都尉所築也

又南過冠爵津朱作冠爵箋云一作冠御覽引此作冠爵津趙改孫校曰在介休縣西南

汾津名也在界休縣之西南俗謂之雀鼠谷董祐誠曰今在介休縣西南接孝義縣界數十里間道險隘水左右悉結偏朱箋曰御覽引此偏作編梁閣道累石就路縈帶巖側或去水一丈或高五六尺官本曰按近刻脫水字五字尺訛作丈 案朱同趙增水字五字下文改尺刊誤曰箋曰御覽引此云或去水一尺孫潛云一丈字不誤上戴山阜下臨絕澗俗謂之為魯般橋蓋通古之津隘矣亦在今之地險也朱矣作又箋曰一作矣趙改矣釋曰太平寰宇記靈石縣下引水經云汾水又南過冠爵津與桐水合注云汾水關名也在雀谷一名雀津俗謂之雀鼠谷校勘云按今水經及注與此皆小異大抵今記所引古書但取其意而增損其文務要通俗不與古書合又寰宇記洪洞縣下引水經云霍山北有雀鼠谷谷中道險左右悉結成偏梁累石就路俗謂之魯般橋與今文差近也

又南入河東界又南過永安縣西董祐誠曰永安見彘水下

故彘縣也周厲王流于彘卽此城也王莽更名黃城漢順帝陽嘉二年改曰永安縣霍伯之都也

歷唐城東官本曰按此四字原本及近刻並誤入注內按霍伯之都也下以體例考之乃經之書法與注異今改正 案朱趙作注董祐誠曰本注引薛瓚注漢書云堯

所都也東去彘十里詩正義引作東於彘十里則在彘東汾水不得出其東正義本誤也城在今霍州西臣瓚以為堯所都諸家皆以為誤

薛瓚注漢書云堯所都也東去彘十里 朱趙無薛字 汾水又南 官本曰按近刻訛作又東案朱趙作東 與彘水合水出東北太岳山 董祐誠曰霍山在今霍州東南南接趙城洪洞二縣界周二百餘里有石鼻谷在霍州南五里即彘水所出 禹貢所謂岳陽也即霍太山矣上有飛廉墓飛廉以善走事紂惡來 朱箋曰疑脫以字趙增以字 多力見知周武王伐紂 官本曰按近刻脫武字案朱趙無 兼殺惡來飛廉先為紂使北方還無所報乃壇于霍太山而致命焉得石棺銘曰帝令處父不與殷亂賜汝石棺以葬死遂以葬焉 朱作於箋曰疑作焉趙改焉 霍太山有岳廟廟甚靈烏雀不棲其林猛虎常守其庭又有靈泉以供祭祀 官本曰按近刻作事案朱同趙改刊誤曰事孫潛校改祀 鼓動則泉流聲絕則水竭湘東陰山縣有侯雲山上有靈壇壇前有石井深數尺居常無水及臨祈禱則甘泉湧出周用則已亦其比也彘水又西流逕觀阜北 董祐誠曰今有觀堆祠在霍州東南 故百邑也原過之從襄子也受竹書于王澤以告襄子

襄子齋三日朱作月箋曰舊本作日趙改日親自剖竹有朱書曰余霍太山山陽侯天使也朱作天史箋曰宋本作大使史記同趙改天使三月丙戌余將使汝反滅智氏汝亦立我于百邑朱趙有也字襄子拜受三神之命遂滅智氏祠三神于百邑使原過主之世謂其處爲觀阜也彘水又西流逕永安縣故城南董祐誠曰魏書地形志永安郡永安二漢屬河東前漢曰彘順帝改眞君七年併禽昌正始二年復屬治仇池壁是魏時徙治故稱故城太平寰宇記魏末復還治在鄒氏後漢永安城卽今霍州治西南流注于汾水董祐誠曰今彘水出霍州東南西流至州西南入汾水汾水又南逕霍城東董祐誠曰史記索隱永安縣西南汾水西有霍城在今霍州西南十六里故霍國也昔晉獻公滅霍趙夙爲御霍公求奔齊官本曰按霍公求近刻作霍哀公下同案朱作求公下同趙改公求刊誤曰箋曰求公當作哀公按史記趙世家是霍公求徐廣曰求一作來蓋字倒互耳晉國大旱卜之曰霍太山爲祟使趙夙召霍君奉祀晉復穰朱趙有也字蓋霍公求之故居也汾水又逕趙城西南董祐誠曰魏書地形志永安縣有趙城太平寰宇記趙城在趙城縣南三十五里案今縣治南至洪洞縣治三十五里洪洞治卽宋治今趙城治又視宋城稍移而北記所云三十五里當有誤字或卽義寧所置縣在宋城之西三里今縣之西南也穆王以封造父趙氏自此始也汾水又南霍水入焉水出霍太山董祐誠曰今爲趙城

縣霍山西麓發源成潭漲七十步而不測其深西南逕

趙城南西流注于汾水趙釋曰太平寰宇記洪洞縣下引水經云霍水出趙城縣東三十八里廣勝寺大郎神西流至洪洞縣界與今本異董祐誠曰今至洪洞縣北入汾

又南過楊縣東孫校曰楊縣故城在今洪洞縣東南

澗水朱作閒水趙改刊誤曰箋曰克家云疑作澗水按嘉靖洪洞縣志澗河其源二出岳陽安吉嶺與金堆里水經注曰澗水東出穀遠縣西山逕楊縣西流入于汾是也

東出穀遠縣西山董祐誠曰穀遠二漢志屬上黨郡晉省魏書地形志義甯郡治孤遠城卽穀遠也城在今沁源縣南門外今澗水出岳陽縣東北堆金嶺爲漢穀遠縣西境西南逕霍山南又西逕楊縣故城北官本曰按楊縣二字近刻訛在霍字上案朱趙同趙故城上又增楊縣二字刊誤曰故城上落楊縣二字董祐誠曰楊縣見上魏書地形志楊治楊城是魏末徙治此云故城未詳

晉大夫僚安之邑也官本曰按僚安近刻訛作僚公去安案朱訛趙改刊誤曰箋曰郡國志云河東郡楊縣有高梁亭晉羊舌大夫叔向邑也此云僚公去安誠所未詳按顧炎武云左傳昭公二十八年僚安爲楊氏大夫公去二字衍文應劭曰故楊侯國王莽更名有

年亭也其水西流入于汾水董祐誠曰今自洪洞縣南入汾汾水逕楊

城西不于東矣董祐誠曰魏書地形志永安郡楊縣二漢屬河東晉罷太和二十一年復治楊城在今洪洞縣東南魏土地

記曰平陽郡治楊縣郡西有汾水南流者是也

西南過高梁邑西

黑水出黑山董祐誠曰山在今浮山縣北四十里接岳陽縣界澇水所出卽黑水也西逕楊城南又西與巢山水會山海經曰牛首之山勞水出焉西流注于潏水疑是水也孫校曰星衍案山海經道里酈君所說是也而世以山海經勞水爲是潏中之水非也潏水卽巢山之水也水源東南出巢山東谷董祐誠曰巢山今爲崇山在襄陵縣東南三交水出焉卽巢山水也北逕浮山東董祐誠曰山在今臨汾縣東南又西北流與勞水合亂流西北逕高梁城北西流入于汾水董祐誠曰今澇水會潏至臨汾縣北入汾水汾水朱趙不重二字又南逕高梁故城西董祐誠曰魏書地形志平陽郡平陽有高梁城在今臨汾縣東北故高梁之墟也春秋僖公二十四年秦穆公納公子重耳于晉害懷公于此竹書紀年晉出公十三年官本曰按近刻訛作三十年　案朱訛趙改刊誤曰箋曰今竹書作二十年沈炳巽云按竹書是十三年智伯瑤城高梁漢高帝十二年以爲侯國封共侯酈疥于斯邑也官本曰按疥近刻訛作介　案朱訛趙改刊誤曰介本表作疥

又南過平陽縣東孫校曰平陽故城在今臨汾縣西南汾水之西

汾水又南逕白馬城西魏刑白馬而築之故世謂之白馬城今平陽郡治董祐誠曰魏書地形志平陽郡太和十八年置一統志云白馬故城即今平陽府治又即魏禽昌縣又云神䴥時置禽昌郡在北屈真君時改縣乃東徙太和時又徙白馬城汾水又南逕平陽縣故城東董祐誠曰魏書地形志平陽郡平陽二漢屬河東晉屬真君六年併禽昌太和十一年復自魏以前諸志並不言徙治案太平寰宇記劉元海築平陽城太平御覽引和苞漢趙記石勒攻平陽小城是前趙築城置都時已有改易故此言故城也在今臨汾縣西南晉大夫趙鼂之故邑也應劭曰縣在平河之陽堯舜竝都之也竹書紀年晉烈公元年韓武子都平陽漢昭帝封度遼將軍范明友爲侯國趙補二十五字於漢下昭上刊誤曰名勝志引註云初曹參擊魏王豹走之盡有魏地後封列侯食邑平陽固斯境矣二十五字今補正于此文之上王莽之香平也魏立平陽郡官本曰按魏近刻訛作晉　案朱趙作晉趙釋曰一清按三國志魏書三少帝紀齊王芳正始八年夏五月分河東之汾北十縣爲平陽郡非始于晉也治此矣水側有堯廟廟前有碑朱不重廟字趙增刊誤曰名勝志引此文重一廟字魏土地記曰平陽城東十里汾水東原上有小臺臺上有堯神屋石碑永嘉三年劉淵徙平陽于汾水得白玉印方四寸高二寸二分龍紐其文曰有新寶之印王莽所造也淵以爲天授改永鳳二年爲河瑞元年汾水南與

平水合官本曰按平水近刻訛作平陽趙改刊誤曰平陽胡渭校改平水　案朱訛水出平陽縣西壺口山官本曰按近刻脫縣字　案朱趙無董祐誠曰漢志壺口在北屈爲禹貢之壺口此注以平陽之壺口當之禹貢錐指已辨其誤酈氏篤守班志何以忽生異文蓋魏晉之北屈移治平陽本非漢縣故北屈之山亦誤移於此魏收地形志以禽昌爲二漢北屈是北屈徙治當時罕知之者酈氏不察故亦有此誤元和郡縣志平山一名壺口山今平山在臨汾縣西南而臨汾治卽白馬城以地形志禽昌卽北屈寰宇記禽昌在白馬城證之蓋誤以魏晉北屈縣西南之山當二漢北屈縣西南之山也漢志壺口山在北屈東南禹貢錐指謂在西南而斥漢志爲非以此注致誤之由推之則知漢志本作西南矣尚書所謂壺口治梁及岐也趙釋曰禹貢錐指曰冀州有二壺口一在吉州西南禹貢之壺口也一爲汾陰縣西南之平山平水所出亦名壺口山又名姑射山酈道元謬以爲尚書之壺口一在長治縣東南左傳哀公四年齊國夏伐晉取壺口杜註潞縣東有壺口關潞縣卽今潞城縣關以山名此二山皆非禹貢之壺口也又曰壺口山漢志在北屈縣東南括地志云在吉昌縣西南五十里吉昌今吉州也後魏延興四年於此置定陽郡及縣元和志云北屈故縣在定陽郡北二十里今州直北之地山當在其西南漢志云東南誤也其水東逕狐谷亭北董祐誠曰在今襄陵縣西春秋時狄侵晉取狐廚者也又東逕平陽城南東入汾董祐誠曰今平水出臨汾縣西南平山東流至縣西爲平湖分流至襄陵縣界入汾俗以爲晉水非也董祐誠曰魏書地形志平陽有晉水太平寰宇記引冀州圖平水卽晉水皆俗說也汾水又南歷襄陵縣故城西董祐誠曰在今縣東南魏書地形志平陽郡襄陵二漢屬河東晉屬治襄陵城是漢晉及魏未嘗徙治此云故城所未詳矣晉大夫郤犨之邑也故其地有犨氏鄉亭矣西北有晉襄公陵官本曰按近刻脫此七字　案

朱脫趙增刊誤曰漢書地理志河東郡襄陵縣注應劭曰襄陵在西北師古曰晉襄公之陵因以名縣全氏校本縣上補西北有晉襄公陵七字縣蓋郇陵以命氏也官本曰按命近刻作名　案朱作名世趙改刊誤曰名世字誤當作命氏黃省曾本原是氏字王莽更名曰幹昌矣朱更作改矣作也趙改更改矣刊誤曰改黃省曾本作更

又南過臨汾縣東董祐誠曰臨汾見古水下

天井水出東陘山西南北有長嶺嶺上東西有通道即鈃隥也董祐誠曰太平寰宇記烏嶺山即鈃隥山在今翼城縣東北六十五里今天井水出臥龍山蓋即東陘山也穆天子傳曰乙酉天子西絕鈃隥西南至盬是也官本曰按盬近刻訛作鹽　案朱隥作蹬盬作鹽箋曰穆天子傳蹬作隥鈃音邢郭注云即井鈃之山趙改同官本刊誤曰鹽當作盬穆天子傳校其水二泉奇發西北流總成一川董祐誠曰今有溫泉諸水會之西逕堯城南董祐誠曰元和郡縣志故唐城在縣西二十里堯裔子所封此堯城當在曲沃縣北蓋別一堯城也又西流入汾官本曰按流字近刻訛作南　案朱作南趙南下加流字刊誤曰西南下落流字董祐誠曰今日合水出臥龍山逕曲沃縣北入于汾又古水故溝東流入汾亦當在此下

又屈從縣南西流

汾水又逕絳縣故城北董祐誠曰元和郡縣志曲沃漢絳縣後漢加邑字後魏孝文于今縣東南十里置曲沃縣屬正

平郡在今曲沃縣西南案此絳爲新田二漢皆治此屬河東郡詩譜晉穆侯遷絳孝侯改絳爲翼後魏置北絳郡今爲翼城史記晉世家城聚都之命曰絳後魏于此置南絳縣今爲絳縣春秋大事表云左氏城聚城絳非一地史記混而一之誤 竹書紀年梁武王二十五年 官本曰按朱謀㙔云當作梁惠成王 案趙改惠成 絳中地𡑽西絕于汾汾水西逕虒祁宮北 橫水有故梁截汾水中凡有三十柱柱徑五尺裁與水平蓋晉平公之故梁也物在水故能持久而不敗也 又西逕魏正平郡南 董祐誠曰本注云故東雍州治太和中罷州立郡魏書地形志東雍州太和中罷正平郡故南太平神䴥元年改爲征平太和十八年復是正平故有郡特罷州而改郡名也元和郡縣志絳州正平縣郭下因故郡城爲名案今絳州治卽唐治 故東雍州治 官本曰按近刻脫雍字 案朱脫趙增刊誤曰魏書地形志正平郡屬東雍州世祖置太和中罷東下落雍字 太和中皇都徙洛罷州立郡矣 又西逕王澤 澮水入焉 官本曰按原本訛作王橋近刻訛作正橋考原過受竹書于王澤卽此地今改正 案朱作正橋箋曰一作王橋趙改王橋董祐誠曰在今絳州西南七里

又西過長脩縣南

汾水又西與古水合水出臨汾縣故城西黃阜下 朱無水字趙增刊誤曰出上落水字胡渭校增董祐誠曰魏書地形志平陽郡臨汾二漢屬河東晉屬真君七年併秦平太和十一年復此云故城是太和復縣及分臨汾置正平郡時縣更徙治也故城在今絳州東北水在西北古山下亦名鼓堆泉 其大若輪西南流故溝橫出

焉官本曰案溝橫近刻訛作橫溝朱訛趙改刊誤曰橫溝二字當倒互案東注于汾今無水又西南

逕魏正平郡北又西逕荀城東董祐誠曰在今絳州西十五里古荀國也

汲郡古文晉武公滅荀以賜大夫原氏也趙氏下補黯是爲荀叔五字刊誤曰原氏下落黯是爲荀叔五字以漢書地理志注應劭引汲郡古文校增古水又西南入于汾董祐誠曰今古水出絳州西北南入汾隋唐後穿渠溉田故道多易汾水又西南逕長脩縣故城南董祐誠曰漢志縣屬河東後漢省在今絳州西北漢高帝十一年以爲侯國封杜恬也官本曰案杜近刻訛作莊案朱訛趙改刊誤曰史漢表俱作杜恬莊字誤趙釋曰一清案史表曰一云杜恬有脩水出縣南董祐誠曰今泉掌泉在絳州西北三十里卽脩水而西南

流入汾董祐誠曰今泉水分渠溉田汾水又西逕清原城北董祐誠曰在今稷山縣南

故清陽亭也城北有清原晉侯蒐清原作三軍處也汾水又

逕冀亭南董祐誠曰元王思誠圖記冀亭在河津縣北十五里案冀亭在華水及稷山東不得在河津北續漢志皮氏有冀亭杜預曰在縣東北諸家俱以稷山爲漢聞喜地故皮氏專屬河津續漢志聞喜有董池陂稷山亭涑水洮水皆不及汾北則今稷山當爲皮氏東境冀亭卽在界中昔臼季使過冀野

見郤缺耨其妻饁之相敬如賓言之文公文公命之爲卿復與

之冀京相璠曰今河東皮氏縣有冀亭古之冀國所都也杜預

釋地曰平陽皮氏縣東北有冀亭卽此亭也汾水又西與華水合水出北山華谷董祐誠曰水在今稷山縣北亦曰清水亦曰黃華谷澗西南流逕一朱箋曰一作于故城西俗謂之梗陽城非也梗陽在榆次不在此三字朱作在此非箋曰宋本作非在此趙改非在此案故漢上谷長史侯相碑云侯氏出自倉頡之後踰殷歷周官本曰案歷近刻訛作立案朱作立箋曰疑作歷周趙改歷各以氏分或著楚魏或顯齊秦晉鄉士蔫斯其胄朱趙並作裔朱箋曰一作胄也食采朱作于箋曰宋本作采趙改采華陽今蒲坂北亭朱趙有地字卽是城也董祐誠曰城在今稷山縣西北二十里爲華谷鎭其水西南流注于汾汾水又逕稷山北在水南四十許里山東西二十里南北三十里高十三里西去介山一朱趙有字十五里董祐誠曰稷山在今稷山縣南介山在今萬泉縣東山上有稷祠山下稷亭春秋宣公十五年秦桓公伐晉晉侯治兵于稷以略狄土官本曰案近刻脫伐晉晉侯四字案朱趙無趙釋曰朱氏謀㙔箋曰孫汝澄云案左傳秦桓公伐晉晉侯治兵于稷以略狄土是也

又西過皮氏縣南孫校曰皮氏故城在今河津縣西二里

汾水西逕郇邱北官本曰案郇近刻訛作鄧下同　案朱訛趙改刊誤曰何焯云鄧當作郇顏師古曰郇與荽同漢舊儀作荽上宋史鎮王元偓傳上登郇邱亭是也董祐誠曰在今萬泉縣東北介山北故漢氏之方澤也賈逵云漢法三年祭地汾陰方澤澤中有方邱故謂之方澤邱卽郇邱也許慎說文稱從邑癸聲官本曰案癸近刻訛作登　案朱作發趙改癸刊誤曰箋曰發當作癸案非也當作癸說文校正河東臨汾地名矣在介山北山卽汾山也其山特立周七十里高三十里文穎言在皮氏縣東南則可三十里官本曰案則近刻訛作側　案朱趙作側乃非也今準此山可高十餘里山上有神廟廟側有靈泉祈祭之日周而不耗世亦謂之子推祠揚雄河東賦曰靈輿安步周流容與以覽于介山嗟文公而愍推兮勤大禹于龍門晉太康記及地道記與永初記竝言子推所逃隱于是山卽實非也余案介推所隱者綿山也文公環而封之爲介推田號其山爲介山杜預曰在西河界休縣者是也汾水又西逕耿鄉城北董祐誠曰在今河津縣南故殷都也帝祖乙自相徙此爲河所毀故書敘曰祖乙圮于耿杜

頹曰平陽皮氏縣東南耿鄉是也盤庚以耿在河北迫近山川

乃自耿遷亳官本曰案此下近刻衍後字 案朱趙有晉獻公滅耿官本曰案近刻作滅之 案朱趙作之趙釋曰一清案此註語有病漢志云耿鄉故耿國晉獻公滅之以賜大夫趙夙斯爲無弊也以封趙夙後襄子與韓魏分晉韓康子居平陽魏桓子都安邑號爲三晉此其一也漢武帝行幸河東濟汾河作秋風辭于斯水之上汾水又西逕皮氏縣南董祐誠曰見河水下竹書紀年魏襄王十二年秦公孫爰率師伐我圍皮氏翟章率師救皮氏圍疾西風十三年城皮氏者也漢河東太守潘朱箋曰舊本作番趙改番係穿渠引汾水以溉皮氏縣故渠尚存今無水也朱趙無也字

又西至汾陰縣北西注于河孫校曰汾陰故城在今榮河縣北董祐誠曰汾陰縣見河水下

水南有長阜背汾帶河阜長四五里廣一二里餘高十丈汾水歷其陰西入河董祐誠曰見河水下河津縣志汾水舊西南流至榮河入河明隆慶四年徙縣西南入河則榮河入河之流爲水經故道也今汾水自寧武府之寧武縣北逕忻州之靜樂縣西太原之陽曲縣西太原縣東徐溝縣西交城縣東文水縣東汾州之汾陽縣東平遙縣

西孝義縣東介休縣西霍州之靈石縣西平陽府之汾西縣東霍州之州治西趙城縣西平陽府之洪洞縣西臨汾縣西襄陵縣東太平縣東曲沃縣西絳州之州治南稷山縣南河津縣南入河在漢則逕太原郡之汾陽晉陽大陵平陶鄔茲氏界休河東郡之彘楊平陽襄陵臨汾絳長脩聞喜皮氏汾陰入河故漢志云過郡二漢書謂之

汾陰脽應劭曰脽邱類也汾陰男子公孫祥望氣寶物之精

上見祥言之于武帝武帝于水獲寶鼎焉遷于甘泉宮改其年

曰元鼎即此處趙增也字刊誤曰處下落也字孫潛校增趙釋曰沈氏曰望氣者汾陰男子公孫滂洋上遂立后土祠于汾陰脽見漢書郊祀志得鼎者汾陰巫錦上遂改元見史記封禪書自是二事且公孫滂洋非祥也得鼎于地非水也

澮水出河東絳縣東澮交東高山

澮水東出絳高山官本曰案絳近刻作詳詳高是絳高之誤孫校曰御覽作詳高案朱訛趙改刊誤曰亦曰

河南山又曰澮山董祐誠曰澮山又名翔高山在今翼城縣東南十五里說文澮水出霍山西南入汾蓋汾澮二水之間皆霍太山之脈也

西逕翼城南董祐誠曰在今翼城東南十五里地名故城村案詩譜言晉穆侯遷都于

絳暨朱作翼箋曰舊本作翼宋本作暨趙改暨孫孝侯改絳為翼翼為晉之舊都也後獻

公朱趙有又字北廣其城方二里又命之為絳故司馬遷史記年表稱

獻公九年始城絳都左傳莊公二十六年晉士蔿城絳以深其

宮是也 其水又西南合黑水 官本曰案此下近刻衍嶺字朱衍趙刪刊誤曰嶺字衍文 案水導源東北黑水谷 董祐誠曰水出今翼城縣北烏嶺山 西南流逕翼城北右引北川水水出平川南流注之 朱趙不重水字董祐誠曰當亦在翼城縣北 亂流西南入澮水澮水又西南與諸水合謂之澮交 董祐誠曰今大交鎮在絳縣東北四十里即澮交魏書地形志南絳郡治會交川即澮交矣北絳南絳置郡皆在酈氏作注後 竹書紀年曰莊伯十二年翼侯焚曲沃之禾而還作爲文公也 官本曰案此句有訛舛未詳 趙釋曰一清案作字疑誤 又有賀水東出近川 董祐誠曰在今翼城縣東南賀水村 西南至澮交入澮又有高泉水出東南近川 董祐誠曰在今翼城縣東南 西北趣澮交注澮又南紫谷水東出白馬山白馬川 董祐誠曰太平寰宇記絳縣絳山東距白馬山蓋在翼城縣南 逌甲開山圖曰絳山東距白馬山謂是山也 西逕熒庭城南 官本曰案熒近刻訛作榮 案朱訛趙改刊誤曰左傳襄公二十三年張武軍于熒庭春秋分記云絳州翼城縣東南八十五里有古熒庭城榮字誤董祐誠曰在今翼城縣東南七十五里 而西出紫谷 董祐誠曰太平寰宇記熒庭城與紫谷相當 與乾河合即教水之枝川也 董祐誠曰見河水下 史記白起傳稱涉河

趙涉上增起字刊誤曰稱下落起字取韓安邑東至乾河是也其水西與田川水

合水出東溪西北至澮交入澮又有于家水官本曰案

于近刻訛作女　案朱趙作女董祐誠曰今亦曰女家水在絳縣東北大交鎮東出于家谷竹書紀年曰莊伯以

曲沃叛伐翼公子萬救翼荀叔軫追之至于家谷　有范壁

水出于壁下董祐誠曰今亦曰故郡水在絳縣東北四十里其地有范壁里亦曰范壁水竝西北流至

翼廣城董祐誠曰當近今大交鎮　昔晉軍北入翼廣朱趙有以字築之因卽其姓以

名之　二水合而朱趙有爲字趙釋曰全氏曰此處有脫文西北流董祐誠曰今至大交鎮西合流至澮

交入澮澮水又西南與絳水合俗謂之白水非

也董祐誠曰史記正義引括地志絳水一名白水卽俗說也　水出絳山東官本曰案此下近刻衍至字案朱有至字趙改南刊誤曰至

當作南漢書地理志絳縣應劭曰絳水出西南董祐誠曰山在今絳縣北寒泉奮涌揚波北注懸流奔

鑿一十許丈官本曰案一十近刻訛作十一　案朱訛趙改刊誤曰當作一十許丈董祐誠曰水經今曲沃縣景明山縣崖瀑布而下也青

崖若點黛素湍如委練望之極爲奇觀矣其水

西北流注于澮董祐誠曰今至曲沃縣南入澮應劭曰絳水出絳縣西南蓋以

故絳為言也史記稱智伯率韓魏引水灌晉陽不沒者三版智氏曰吾始不知水可以亡人國今乃知之汾水可以浸安邑絳水可以浸平陽官本曰案原本及近刻竝訛作汾水可以浸平陽絳水可以浸安邑今據戰國策史記資治通鑑訂正 案朱趙同時韓居平陽魏都安邑魏桓子肘韓康子韓康子履魏桓子肘足接于車朱作足箋曰史記作車趙改車上而智氏以亡魯定公問一言可以喪邦有諸孔子以為幾乎余覩趙作觀智氏之談矣汾水灌安邑或亦有之絳水灌平陽未識所由也官本曰案原本及近刻亦安邑平陽互訛今據括地志及胡三省注通鑑所引此文訂正 案朱趙互訛灌安邑作澆安邑趙刊誤曰箋曰澆當作浸案閻若璩曰壬子冬客太原顧寧人向余稱水經注箋為三百年一部書余退而讀之殊有未然如通鑑智伯言今乃知水可亡人國以汾水可以灌安邑絳水可以灌平陽胡身之引酈注曰智伯所謂汾水可以灌安邑或亦有之絳水可以灌平陽未識所由此是宋時所見本如是未經舛譌朱氏何不引梅磵本校正之趙釋曰資治通鑑周成烈王紀云以汾水可以灌安邑絳水可以灌平陽也胡氏三省注曰水經注曰絳水出絳縣西南蓋以故絳為言其水出絳山東西北流而合于澮猶在絳縣界中智伯所謂汾水可以灌安邑或亦有之絳水可以灌平陽未識所由余謂自春秋之季至于元魏歷年滋多郡縣之離合山川之遷改有不可以一時所睹為據者史記正義曰韓初都平陽今晉州也括地志曰絳水一名白水今名沸泉源出絳山可接引灌平陽城酈道元父範歷仕三齊少長齊地熟其山川後入關死于道未嘗至河東也此蓋因耳學而致疑括地志成于唐之魏王泰羅致天下一時名儒以此作書其考據宜詳當取以為據 一清案梅磵所引酈注與今本全相乖迕閻百詩潛邱劄記曰汾水可以灌平陽絳水可以澆安邑此亦何須說余嘗往來于平陽夏縣而悟二

語具有妙解蓋汾水弁可以灌安邑至絳水則又不待言絳水弁可以灌平陽至汾水則又不待言交錯互舉總見水之爲害溥爾然梁書韋叡傳卻是吾聞汾水可以灌平陽絳水可以灌安邑不如通鑑所云又案顧景范曰括地志亦因舊文強爲附會汾水可以灌平陽絳水可以灌安邑舊史云汾水可以灌安邑絳水可以灌平陽乃文互耳又云涑水在蒲州東十里有孟盟橋其上流卽絳水自絳縣歷聞喜夏縣安邑猗氏至臨晉縣界合姚暹渠而西出又西南注于大河俗名陽安澗水水經注涑水出雷首山縣北與蒲坂分水是也戰國策絳水可以灌安邑以絳水爲涑水蓋合聞喜河北二涑水爲一今觀道元注絳水出絳山下流入澮澮入汾汾入河不與涑水合也董祐誠曰此條戴氏據通鑑注改正蓋梁書韋叡傳所稱爲史記本文酈氏所見史記本上下互易故深以爲疑今史記戰國策本並與酈氏所見同諸家爲渠接引及交互錯舉之說皆爲強解絳水灌安邑中隔涑水故顧景范有涑水上流卽絳水之解然絳涑二水實不相通趙氏注釋辨之當矣

西過其縣南

春秋成公六年晉景公謀去故絳欲居郇瑕韓獻子曰官本曰案原本及近刻六年訛作元年晉景公訛作晉悼公韓獻子訛作魏獻子今據左傳改正　案朱趙同趙又改獻爲莊釋曰何氏曰事在成六年非元年晉景公非悼公韓獻子非魏莊子柳子厚晉問魏絳之言曰近寶則公室乃貧自本水經注非不記左氏傳故以示博也土薄水淺不如新田有汾澮以流其惡遂居新田又謂之絳卽絳陽也蓋在絳澮之陽董祐誠曰注據史記以絳縣爲漢絳陽侯國趙氏云漢表作終陵又稱會孫於陵大夫蓋終陵卽於陵之誤於陵屬濟南漢高帝六年封越騎將軍華無害爲侯國趙釋曰危林曰故絳猶故都故

宅耳杜元凱成六年故絳注曰晉復命新田爲絳故謂此爲故絳杜蓋以新田爲新絳也酈氏遂用其說然莊二十六年士蔿城絳杜注曰絳晉所都今平陽絳邑縣而新田注又曰今平陽絳邑縣是夫故絳既絳邑而新田又復同墟杜之釋地殆自相伐且殷人五遷不稱新亳周京屢徙非帶舊豳齊都臨淄便棄薄姑之號楚移湫郢豈仍故郢之思矧絳本非嘉名不過以水氏縣晉人何所取而三以命都哉又史記越將絳陽侯無害司馬貞考地理志無絳陽而漢表作終陵則史記之絳陽未足以證新田也閻氏若璩曰故絳在太平縣南二十五里絳州之北土人至今呼故晉城新絳去故晉城五十里土人呼爲王官城一清案屈林之說甚辨然究不能名終陵爲何地漢表華毋害孫祿失侯其曾孫於陵大夫告元康四年詔復家迺知終陵者於陵之訛地理志於陵濟南郡之屬縣

縣南對絳山面背二水董祐誠曰今故城基址猶存南對紫金山有中城有外城其南面爲澮水衝汲紫金山蓋即絳山矣古文項語曰晉平公與齊景公乘至于澮上見乘白驂八駟以來有大朱趙作犬下同狸身而狐尾隨平公之車公問師曠對首陽之神趙增曰字刊誤曰對下落曰字有大貍身狐尾其名曰趙釋曰朱氏謀㙔箋曰名曰一作逢君者飲酒得福則徼之蓋于是水之上也官本曰案此有脫誤朱謀㙔云太平廣記引汲冢瑣語晉平公至澮上見人乘白驂八駟以來有貍身而狐尾去其車而隨公之車公問師曠師曠曰貍身而狐尾其名曰首陽之神飲酒于霍太山而歸其逢君于澮乎君其有喜

又西南過虒祁朱作祈箋曰左傳作祁趙改祁宮南

宮在新田絳縣故城西四十里董祐誠曰元和郡縣志在正平縣南六里案宮當在王澤西史記正義引括地志王澤在正平縣西南宮亦當在西南元和志脫西字今爲絳州西南也晉平公之所搆也時有石言于魏榆晉侯

以問師曠曠曰石不能言或憑焉臣聞之作事不時怨讟動于民則有非言之物言也今宮室崇侈民力彫盡石言不亦宜乎叔向以爲子野之言君子矣其宮也背汾面澮官本曰案也近刻訛作地案朱趙作地西則兩川之交會也竹書紀年曰晉出公五年澮絕于梁卽是水也

又西至王澤注于汾水官本曰案澤原本及近刻並訛作橋下注內不誤案朱趙同董祐誠曰今澮水出翼城縣東南逕絳縣及曲沃縣南至絳州西南入汾水

晉智伯瑤攻趙襄子襄子奔保晉陽原過從後至遇三人于此澤自帶以下不見持竹二節與原過曰爲我遺無卹原過受之于是澤所謂王澤也

涑水出河東聞喜縣東山黍葭谷孫校曰黍葭谷三字疑屬注上董祐誠曰二漢晉志聞喜屬河東郡魏書地形志屬正平郡漢聞喜縣卽下左邑城故曰東山

涑水所出俗謂之華谷趙釋曰太平寰宇記校勘云涑水出黎葭谷俗謂之葦谷水經涑水出黍葭谷俗謂之華谷今

黍作黎薛作葭華作葦未知孰是一清案校勘不知何人所作其云水經以黎葭爲黍薛今本皆作黍葭與校勘所見之本異當作黍葭爲是又汾水篇長脩縣下注云汾水又西與華水合水出北山華谷蓋其地相連接北史載高孝寬之守玉壁請于華谷及長秋築城及周武帝東伐趙王招率兵出稽胡敕孝寬爲行軍總管圍守華谷以應接之卽是谷也董祐誠曰水在今聞喜縣東南源出絳縣陳村谷伏流至柳莊復出流入縣界陳村谷當卽華谷也趙氏謂與汾水篇下華水所出之華谷其地相連接案二谷相距尙遠且隔汾水趙氏偶失檢耳

至周陽與洮水合水源東出清野山世人以爲清襄山也其水東逕大嶺下官本曰案近刻脫逕字　案朱脫趙增刊誤曰東下落逕字方輿紀要引此文增董祐誠曰水出今絳縣橫嶺山煙莊谷山在聞喜縣東南九十里跨絳及垣曲界在聞喜者名小橫嶺在絳縣南者名大橫嶺在垣曲西北者名清廉山清廉清營清野清襄四名皆橫嶺山也

西流出謂之唅口董祐誠曰卽煙莊谷口出谷卽聞喜縣界又西合涑水董祐誠曰今陳村谷水卽涑水

鄭使子產問晉平公疾平公曰卜云臺駘爲祟官本曰案駘近刻訛作台下同　案朱趙作台下同朱箋曰左傳作駘史官莫知敢問子產曰高辛氏有二子長曰閼伯季曰實沈不能相容帝遷閼伯于商邱遷實沈于大夏臺駘實沈之後趙釋曰全氏曰案昔長于左學甚疏左氏明云實沈出高辛爲參神臺台出金天爲汾神是二祟也乃曰臺台實沈之後不其舛與能業其官帝用嘉之國于汾川官本曰案近刻脫于字　案朱脫趙增刊誤曰國下落于字名勝志引此文增由是觀之臺駘汾洮之神也　賈逵曰汾洮二水名司馬彪曰洮

水出聞喜縣故王莽以縣爲洮亭也趙釋曰全氏曰案漢志王莽以左邑爲洮亭不以聞喜下注可驗蓋善長失檢也董祐誠曰今案續漢志別無左邑而聞喜移治左邑則後漢之聞喜正王莽之洮亭注兩見洮亭引前志則曰左邑引續志則曰聞喜精審如此不得云失檢也然則涑水殆亦洮水之兼稱乎

西過周陽邑南朱趙西上有又字

其城南臨涑水北倚山原董祐誠曰魏書地形志聞喜有周陽城史記正義引括地志在聞喜縣東三十九里案唐初聞喜治甘泉谷在今縣東二十里則周陽城當在今縣東六十里竹書紀年晉獻公二十五年正月翟人伐晉周有白兔舞于市卽是邑也漢景帝以封田勝爲侯國官本曰案此下近刻有也字案朱趙有趙釋曰沈氏曰索隱曰在上郡則是陽周之譌善長誤矣全氏曰案趙兼田勝皆封周陽索隱皆以爲陽周然考周陽由以周陽侯受姓則非陽周矣恐是索隱之誤善長所云足以正史表之失也一清案外戚世家索隱曰周陽縣名屬魏郡是又一說也尋地理志無之故不足爲據又案趙兼以淮南王舅封而厲王子賜亦封周陽後以侯立爲廬江王則其地當在九江廬江境內而今不可考矣涑水西逕董澤陂南董祐誠曰左氏傳杜注以蒐于董爲汾陰之董亭與酈氏異澤在今聞喜縣東北四十里卽古池東西四里南北三里春秋文公六年蒐于董官本曰案此句下近刻衍澤字案朱趙有趙釋曰何氏曰左傳作蒐于董杜元凱注云汾陰縣有董亭宣十二年傳董澤之蒲注云澤名河東聞喜縣東北有董澤陂則文六年改蒐于董者非董澤也卽斯澤也涑水又與景水合水

出景山北谷董祐誠曰山在今聞喜縣東南三十里卽中條最高峯也景水卽在縣東南山海經曰景山南望鹽販之澤北望少澤其草多藷藇秦椒其陰多赭其陽多玉郭景純曰鹽販之澤卽解縣鹽池也案經不言有水今有水焉西北流注于涑水也

又西南過左邑縣南官本曰案左邑縣近刻訛作其縣　案朱趙同董祐誠曰戴氏本作左邑縣案續漢志有聞喜無左邑太平寰宇記後漢廢左邑移聞喜理之是左邑卽後漢聞喜經云其縣承上聞喜言尤水經作于東京以後之證今從朱氏趙氏本

涑水又西逕仲邮郥趙釋曰一清案三字疑有誤趙氏琦美曰小學書無郥字疑是郭字亦未有據說文高陵有邮徒歷切則邮本地名北又西逕桐鄉城北董祐誠曰元和郡縣志桐鄉故城漢聞喜縣也在聞喜縣西南八里案當在今縣東南

竹書紀年曰翼侯伐曲沃大捷武公請成于翼官本曰案成近刻訛作城　案朱訛趙改至桐乃返者也官本曰案近刻桐訛作洞下衍庭字　案朱作洞庭趙改桐庭刊誤曰箋曰洞一讀作桐庭當作凋又曰今竹書云武公請城于翼至桐而還

案朱氏既以桐釋洞字又欲改庭爲凋洞凋水名與曲沃無涉自相乖繆何也漢河東聞喜縣故晉之曲沃秦改爲左邑者也武帝紀云將幸緱氏至左邑桐鄉聞南越破以爲聞喜縣師古曰左邑河東之縣也桐鄉其鄉名也桐爲左邑之鄉卽是曲沃之鄉北近都邑翼侯伐曲沃敗曲沃而還自其地桐庭卽桐鄉矣城當作成但其事有可疑者據竹書紀年周桓王之元年壬

戌十月莊伯以曲沃叛伐翼公子萬救翼荀叔軫追之至于家谷翼侯焚曲沃之禾而還翼侯伐曲沃大捷武公請成于翼至桐而還二年王使虢公伐晉之曲沃晉鄂侯卒曲沃莊伯復攻晉立鄂侯子光是爲哀侯四年曲沃莊伯卒子稱立是爲武公尚一軍武公者莊伯之子元年搆兵莊伯未死何以書武公請成乎左傳隱公五年曲沃莊伯以鄭人邢人伐翼王使尹氏武氏助之翼侯奔隨曲沃叛王秋王命虢公伐曲沃而立哀侯于翼史記十二諸侯年表同晉世家云周平王使虢公將兵伐曲沃莊伯平乃桓之誤翼侯者鄂侯也孝侯之弟與曲沃莊伯相讎殺左傳史記皆無武公請成之事且太史公取周譜以成年表隸事最密缺而不書汲冢之文未足信也 漢書曰朱趙有漢字武帝元鼎六年將幸緱氏至左邑桐鄉聞南越破以爲聞喜縣者也 涑水

又西與沙渠水合水出東南近川董祐誠曰今曰呂莊河在聞喜縣東南西

北流注于涑水涑水又西南逕左邑縣故城南董祐誠曰經所謂聞喜縣也漢志屬河東郡後漢移聞喜來治即今聞喜縣治也故曲沃也晉武公自晉陽徙此趙釋曰全氏曰案晉穆侯自晉陽徙翼武公自翼徙曲沃箋誤矣秦改爲左邑縣詩所謂從子于鵠者也春秋傳曰下國有宗廟謂之國在絳曰下國矣即新城也王莽之

洮亭也 涑水自城西注水流急濬輕津無緩故

詩人以爲激揚之水言不能流移束薪耳 水側

即狐突遇申生處也春秋傳曰秋狐突適下國遇太子太子使

登僕（朱作登僕使箋曰宋本作使登僕趙依改）曰吏吾無禮吾請帝以畀秦對曰神不歆非類君其圖之君曰諾請七日見我于新城西偏及期而往見于此處故傳曰鬼神所憑有時而信矣

涑水又西逕王官城北（董祐誠曰先和郡縣志王官城在虞鄉非注所言王官也在今聞喜縣南）城在南原上（官本曰案近刻脫城字 案朱脫趙增刊誤曰在上落城字）春秋左傳成公十三年四月晉侯使呂相絕秦曰康猶不悛入我河曲伐我涑川俘我王官故有河曲之戰是矣今世人猶謂其城曰王城也

又西南過安邑縣西（董祐誠曰二漢晉志縣皆屬河東郡魏書地形志河北郡北安邑太和十一年置爲郡十八年復屬元和郡縣志後魏孝文太和十一年別置安邑縣十八年改爲夏縣案地形志言太和十一年置郡不言置縣言十八年復屬不言別置夏縣元和志未知何本下注言故城是分縣時徙治元和郡縣志安邑故城在夏縣西北十五里今夏縣即唐夏縣）

安邑禹都也禹娶塗山氏女思戀本國築臺以望之今城南門臺基猶存余案禮天子諸侯臺門隅阿相降而已未必一如書傳也故晉邑矣春秋時魏絳自魏徙此昔文侯懸鼓經之琴于

其門以爲言戒也朱箋曰劉向說苑云師經鼓琴魏文侯起舞曰使我言而無見違師經援琴而撞文侯中旒潰之文侯將烹經經曰堯舜唯恐言之而人不違桀紂唯恐言而人違之臣撞桀紂非撞吾君也文侯令懸琴于城門以爲寡人戒武侯二年又城安邑蓋增廣之

秦始皇使左更白起取安邑置河東郡王莽更名兆隊官本曰案近刻訛作陽　案朱趙同趙釋曰全氏曰洮陽當作兆隊乃巨君六隊之一今本漢志亦誤以莽傳考之則知善長所見之漢書亦已誤矣縣曰河東也有項趙作寧曼都學道升仙忽復還此河東號曰斥仙朱作升仙箋曰王充論衡作項曼都號曰斥仙趙改斥漢世又有閔仲叔隱遁市邑罕有知者後以識瞻而去涑

水西南逕監鹽縣故城官本曰案此縣卽下文所云分猗氏安邑置縣以守之者也　案朱趙水下有又字趙刊誤曰箋曰監疑作鹽案非也史記秦本紀昭襄王十一年齊韓魏趙宋中山五國共攻秦至鹽氏而還徐廣曰鹽一作監正義曰括地志云鹽氏故城一名司鹽城在蒲州安邑縣案掌鹽池之官因稱氏寰宇記解州安邑縣下云司鹽城在縣西二十里蓋漢司鹽都尉治此司卽監也監鹽官亦見三國志衞覬傳所謂鹽國之大寶宜如舊置使者監賣是也官居此城故曰監鹽城下文注云杜預曰後罷尉司分猗氏安邑置縣以守之蓋晉初置縣旋廢耳朱氏不審改作監鹽大緣趙釋曰一清案後漢書靈帝紀熹平四年遣守宮令之鹽監穿渠爲民興利章懷注曰前漢地理志及續漢郡國志並無鹽監今蒲州安邑縣西南有鹽池鹽監卽監鹽城也董祐誠曰下注云司鹽都尉治杜預曰後罷尉司分猗氏安邑置縣以守之是晉嘗置縣旋省也在今安邑縣西南十五里卽運城城南有鹽池董祐誠曰鹽池圖考今池東西長五十五里周一百四十四里安邑南者爲東池安邑西南村者爲中池解州東三里者爲西池上承鹽水官本曰案近刻訛作水承之鹽　案朱訛作水承鹽趙改刊誤曰箋曰承字下脫一之字案通鑑注引此文作上承

鹽水水出東南薄山上水字宜移在鹽之下水出東南薄山董祐誠曰今鹽水出夏縣南中條山一名白沙河又名姚暹渠又名巫咸
河河水注以中條山在蒲坂者爲薄山此爲安邑之薄山亦中條山河水注所云通謂之薄山也西北流逕巫咸山北
董祐誠曰漢志安邑巫咸山在南在今夏縣東亦卽中條山也地理志曰山在安邑縣南官本曰案近刻訛作東案朱訛趙改刊誤曰
漢書地理志安邑縣下云巫咸山在南鹽池在西南東當作南海外西經曰巫咸國在女丑北官本曰案近刻脫國字　案朱
脫趙增刊誤曰山海經作巫咸國落國字右手操青蛇左手操赤蛇在登葆山羣巫所從
上下也大荒西經云大荒之中有靈山巫咸巫卽巫肦巫彭巫
姑巫真巫禮巫抵巫謝巫羅官本曰案近刻肦作盼真作貞禮作孔　案朱趙貞孔同朱作盼趙作肦朱箋曰今山海經貞作真
又有巫禮趙釋曰一清案山海經巫貞作巫真巫孔作巫禮禮本書作礼形似孔字然寰宇記引注文亦作孔字是宋初本已如是矣十巫從此升降
百藥爰在郭景純曰言羣巫上下靈山採藥往來也蓋神巫所
遊故山得其名矣谷口嶺上官本曰案口近刻訛作曰作曰箋曰疑作口趙改口　案朱有巫咸祠
其水又逕安邑故城南又西流注于鹽池董祐誠曰今鹽水自
夏縣南逕安邑解州之北至虞鄉北入五姓湖水入鹽池則鹽不成故障之不復入池注云注于鹽池蓋今昔懸殊矣地理志曰鹽池
在安邑西南許慎謂之監官本曰案近刻訛作謂之鹽鹽　案朱趙同長五十

一里廣七里周百一十六里從鹽省古聲官本曰案近刻作廣六里周一百一十四里從鹽古聲　案朱趙同朱箋曰今許愼說文解鹽字云鹽鹽池也在河東袤五十一里廣七里周百十六里从鹽省古聲趙加省字呂忱曰

夙沙初作煑海鹽官本曰案近刻訛作呂宿曰沈沙煑海謂之鹽　案朱同趙作呂忱曰宿沙煑海謂之鹽刊誤曰呂忱作字林呂宿字誤當作呂忱曰宿沙煑海謂之鹽河東鹽池謂之鹽官本曰案近刻訛作謂之解鹽蓋後人所改　案朱趙同今

池水東西七十里南北十七里紫色澄渟潭而

不流官本曰案潭近刻訛作渾　案朱趙同水出石鹽自然印成朝取夕復

終無減損惟山水暴至雨澍潢潦奔泆官本曰案近刻訛作惟水暴雨澍甘潦奔泆　案朱趙同則鹽池用耗故公私共堨水徑防其淫

濫朱趙有故字謂之鹽水亦謂之爲堨水官本曰案近刻脫謂之二字此句之下有也故二字衍　案朱趙同山海經謂之鹽販之澤也澤南面層山天

巖雲秀地谷淵深官本曰案近刻訛作池谷泉深　案朱作池箋曰一作地趙改地淵朱趙作泉左右壁

立閉不容軌謂之石門路出其中名之曰徑南

通上陽北暨鹽澤官本曰案暨近刻訛作塈　案朱訛趙改刊誤曰塈當作暨趙釋曰一清案解州有白徑嶺路通陝州大陽津渡志

云由檀道山陸徑出自徑嶺趨陝州即石門百梯之險也注所云名之曰徑者也 池西又有一池謂之女鹽澤 董祐誠曰在今解州西北亦生硝曰硝池 東西二十五里南北二十里在猗氏故城南 董祐誠曰猗氏縣二漢晉魏志俱屬河東郡太平寰宇記猗氏縣漢舊縣在南二十里此言故城是後魏時已徙治也今縣治即宋治 春秋成公六年晉謀去故絳大夫曰郇瑕地沃饒近盬 朱作鹽箋曰左傳作沃饒而近盬趙改鹽 服虔曰土平有溉曰沃盬鹽池也 官本曰案此四字近刻訛作鹽盬也三字 案朱趙同 土俗裂水沃麻 官本曰案近刻訛作土人鄉俗引水裂沃麻趙删水字刊誤曰箋曰裂字疑衍全氏云當衍水字 案朱同 分灌川野畦水耗竭土自成鹽即所謂鹹鹺也 官本曰案鹹近刻訛作鹽 案朱趙同 而味苦號曰盬田鹽盬之名始資是矣 本司鹽都尉治領兵 朱趙有一字 千餘人守之周穆王漢章帝竝幸安邑而觀鹽池故杜預曰猗氏有鹽池後罷尉司分猗氏安邑置縣以守之

又南過解縣東又西南注于張陽池

涑水又西逕猗氏縣故城北 春秋文公七年晉敗秦

于令狐至于刳首先蔑奔秦士會從之闞駰曰令狐卽猗氏也刳首在西三十里縣南對澤卽猗頓之故居也孔叢曰猗頓魯之窮士也耕則常饑桑則常寒聞朱公富往而問術焉朱公告之曰子欲速富當畜五牸朱作特箋曰特當作牸牝牛也謂牛馬豬羊驢五畜之牸孫校曰牸當爲特不當作牸于是乃適西河大畜牛羊于猗氏之南十年之閒其息不可計貲擬王公馳名天下以興富于猗氏故曰猗頓也涑水又西逕郇城董祐誠曰史記正義引括地志郇城在猗氏西南八里案今治卽唐治詩云郇伯勞之蓋其故國也杜元凱春秋釋地云今解縣西北有郇城服虔曰郇國在解縣東郇瑕氏之墟也余按竹書紀年云晉惠公十有四年朱趙四作五趙釋曰沈氏曰是十四年說見河水篇秦穆公率師送公子重耳圍令狐桑泉臼衰皆降于秦師官本曰案于近刻訛作焉案朱訛趙改刊誤曰焉當作於箋近致譌狐毛與先軫禦秦至于廬柳趙釋曰全氏曰狐毛與子犯兄弟並從文公其父突以此死如何反爲子圉禦秦師耶竹書之謬甚矣董熜曰其時晉將爲呂郤乃謂秦穆公使公子縶來與師言朱無乃謂二字趙增刊誤曰箋曰宋本無乃謂二字案二字宜存箋說非也退舍次于郇盟于軍京相璠

春秋土地名曰（官本曰案曰字近刻訛在春字上　案朱訛趙改刊誤曰春秋土地名晉京相璠撰曰字當移在土地名之下）桑泉臼衰
並在解東南不言解明不至解可知春秋之文與竹書不殊今
解故城東北二十四里有故城在猗氏故城西北鄉俗名之爲
郇城考服虔之說又與俗符賢于杜氏單文孤證矣涑水又
西南逕解縣故城南（董祐誠曰二漢晉志屬河東郡魏書地形志分南解北解案一統志云解縣故城在臨晉縣東南又云地形志言南解有桑泉城在今臨晉縣其地在北北解有張揚城其地在南又以漢解縣改爲南解縣與寰宇記不合則今本魏志南北二字傳寫互易）春秋晉惠
公因秦返國許秦以河外五城內及解梁卽斯城也涑水（朱作川箋曰當作水趙改水）又西南逕瑕城（董祐誠曰注引京相璠曰解縣西南五里當在今臨晉縣南此爲郇瑕之瑕非詹嘉所處日知錄辨之審矣城下當脫南字）晉大夫詹嘉之故邑也（趙釋曰顧氏炎武日知錄曰晉有二瑕其一左傳成公六年諸大夫皆曰必居郇瑕之地杜氏曰郇瑕古國名水經注涑水又西南逕瑕城京相璠曰今河東解縣西南五里有故瑕城是也在今之臨晉縣境其一僖公三十年燭之武見秦伯曰許君焦瑕朝濟而夕設版焉解焦瑕晉河外五城之二邑文公十二年晉人秦人戰于河曲秦師夜遁復侵晉入瑕解以河曲在河東蒲坂縣南則瑕必在河外十三年晉侯使詹嘉處瑕以守桃林之塞案漢書地理志湖故曰胡武帝建元二年更名湖水經河水又東逕湖縣故城北古瑕胡二字通用禮記引詩心乎愛矣瑕不謂矣鄭氏註云瑕之言胡也瑕胡音同故記用其字是瑕轉爲胡又改爲湖而瑕邑卽桃林之塞也今爲閿鄉縣治成公十三年伐秦成肅公卒于瑕亦此地也道元以郇瑕之瑕爲詹嘉之邑誤矣）春秋僖公三十年秦晉圍

鄭鄭伯使燭之武謂秦穆公曰官本曰案近刻脫穆字　案朱脫趙增刊誤曰當作秦穆公落穆字晉許君

焦瑕朝濟而夕設版者也京相璠曰今河東解縣西南五里有

故瑕城涑水朱作川箋曰一作水趙改水又西南逕張陽城東董祐誠曰在今虞鄉縣西

北

竹書紀年齊師逐鄭太子齒奔張城南鄭者也官本曰案張城近刻訛作城張　案朱訛又城張下有陽字箋曰今竹書無陽字趙改刪刊誤曰城張當作張城潛夫論河東解縣有東張城西張城漢書之所謂東張矣高祖

二年曹參假左丞相別與韓信東攻魏將孫遫軍東張官本曰案孫下近刻衍林字　案朱衍箋曰史記無林字趙同釋曰全氏曰史記無林字大破之蘇林曰屬河東即斯城也涑

水又西南屬于陂陂分爲二城南面兩陂左右

澤渚東陂世謂之晉興澤東西二十五里南北

八里南對鹽道山董祐誠曰今亦曰壇道山在虞鄉縣西南其西則石壁千尋

東則磻溪萬仞方嶺雲回奇峯霞舉孤標秀出

罩絡羣山之表翠柏蔭峯清泉灌頂郭景純云

世所謂鸞𪗋也發于上而潛于下矣厥頂方平有

艮藥神農本草曰地有固活女疏銅芸紫菀之族也孫校曰本草防風一名銅芸是以緇服思元之士鹿裘念一之夫代往遊焉路出北巘勢多懸絕來去者咸援蘿騰崟趙刊誤曰箋曰崟疑作嶔案崟音吟說文山之岑崟也杜甫詩挽葛上崎崟正是援蘿騰崟之意箋說非尋葛降深于東則連木乃陟百梯方降巖側縻鎖之跡仍今存焉故亦曰百梯山也水自山官本曰案自近刻訛作泉朱訛趙改刊誤曰泉當作自案北流五里而伏云潛通澤渚所未詳也董祐誠曰在今虞鄉縣南十二里方山頂注云潛通澤渚蓋即五姓湖矣西陂即張澤也西北去蒲坂朱趙有一字十五里東西二十里南北四五里冬夏積水亦時有盈耗也董祐誠曰今曰五姓湖在永濟縣東南三十里分屬臨晉虞鄉界又此下董有涑水又西南流注于河左傳謂之涑川也十六字曰此條見河水下左傳涑川杜注涑水至蒲坂縣入河是晉時涑已入河而經不言故酈注補見于河水下秦渡河伐晉循涑川而至王官正其道也雷水在河北與涑水隔山注有脫文遂上下互易詳見河水下今涑水自絳州之絳縣西逕聞喜縣南解州之夏縣北安邑縣北蒲州府之猗氏縣南臨晉縣南虞鄉縣北至永濟縣東南入五姓湖又西南入河

文水出大陵縣西山文谷董祐誠曰今文水有二源一出孝文山後名渾谷水一出劉王嵬山名西谷水流至榆城合渾

谷水孝文山在交城縣西北一百六十里劉王嶂山在交城縣西北一百九十里榆城在交城縣西北一百三十里元和郡縣志交城縣文水出縣西南文谷東南流入文水縣界行八十里蓋天授移治後在縣西南者皆爲西北榆城以上通蒙文谷之

東到其縣屈南到平陶

稱故交城西北九十里文水旁復有文山也

縣東北東入于汾

文水逕大陵縣故城西

趙釋曰一清案善長不記文水之所出而云逕大陵縣故城西蓋率筆也太平寰宇記云出交城縣西南文谷大陵縣故城在文水縣北十三里發源此城流入文水縣界文水縣隋開皇十年置因縣西文水爲名董祐誠曰二漢晉志縣皆屬太原郡魏書地形志太原郡受陽有大陵城文谷水是魏移受陽至汾西而省大陵也在今文水縣東北

而南流有泌水注之縣西南山下

趙縣上增水出二字刊誤曰縣上落水出二字寰宇記校增

武氏穿井給養井至幽深後一朝水溢平地

官本曰案近刻訛作流改刊誤曰流當作地名勝志校改 案朱訛趙

東南注文水

董祐誠曰水在今文水縣北寰宇記謂之神福泉

文水

朱趙不重文水二字

又南逕平陶縣之故城東西逕其城內南流出郭

董祐誠曰二漢晉志縣皆屬太原魏書地形志太原郡平遙有平遙城蓋避陶作遙又改治也元和郡縣志漢平陶縣城在文水縣西南二十五里案今縣治移而西當在今縣南平陶以下經注不合詳原公水下

王莽更曰多穰也

文水又南逕縣

董祐誠曰此後魏平遙縣也元和郡縣志後魏改平遙縣後西胡內侵遷居京陵塞鄺氏時尚未徙治京陵故縣在汾水之西漢平陶城之南也注不言逕縣之東西今無攷

右會隱泉口

董祐誠曰原公水入文水在此下

水出謁泉

山之上頂官本曰案近刻脫出字案朱脫趙增刊誤曰箋曰謝兆申云出謁泉山之頂上案上頂字不誤董祐誠曰山在今汾陽縣北接文水縣界史記正義引括地志云謁泉山一名隱泉山在汾州堰城縣北四十里注水經云崖半有石室隨國集記云此爲子夏石室退老西河史記考異云謁泉當作謁泉堰城當作隰城案隰城即今汾陽在漢爲茲氏屬太原無以爲西河者子夏石室蓋魏晉移西河郡於此因而附會與酈氏中陽之誤證正同然酈氏於夏陽石室云子夏教授西河疑即此也無以辨之而此謁泉山石室下不言子夏其於中陽故城下亦惟引晉書地道記太康地記不及漢代亦足見立言之慎而河水及溈水之誤證誠千慮之偶失矣俗云暘雨愆時是謁是禱故山得其名非所詳也其山石崖絕險朱作石岸地險箋曰御覽引此作石崖絕險趙改石崖絕險壁立天固崖半朱作平箋曰當作半趙改半有一石室去地可五十餘丈爰有層松飾巖列柏綺望惟西側一處得歷級升陟頂上平地朱趙有一字十許頃沙門釋僧光表建二剎泉發于兩寺之閒東流瀝石沿注山下又東津渠隱沒趙刊誤曰箋曰又一作入案又東之文恆見注中而不恆流故有隱泉之名矣雨澤豐澍則通入文水文水朱趙不重文水二字又南逕茲氏縣故城東董祐誠曰二漢志縣屬太原郡魏書地形志西河郡晉亂罷太和八年復治茲氏城原公水注所謂茲氏故秦置魏黃初二年分置西河郡故縣有西河也故城即今汾陽縣治爲文

湖東西朱趙有一字十五里南北三十里世謂之西湖

官本曰案近刻訛作西河 案朱作河趙河下增泊字刊誤曰寰宇記汾州西河縣下云文湖一名西河泊落泊字在縣直東朱趙有一字十

里董祐誠曰當在今汾陽縣東湖之西側臨湖又有一城謂之潴城

朱趙作豬趙刊誤曰箋曰豬當作瀦案尚書禹貢大野既豬又被孟豬之豬俱不加水漢書地理志經典釋文並同董祐誠曰在今汾陽縣東水澤所聚

謂之都亦曰潴蓋即水以名城也文湖又東董祐誠曰

下當脫南字逕中陽縣故城東董祐誠曰此魏晉中陽縣也二漢志中陽屬西河郡元和志孝義本漢玆氏縣地曹魏移西河

郡中陽縣于今理永嘉後省入隰城後魏又分隰城于靈石縣東三十里置永安縣故鄺氏謂之故城又引太康地記西河有中陽城也孝義縣志以縣西二十五里故城當魏中陽城以此

注推之當在縣北 案晉書地道記太康地記西河有中陽城官本曰案近刻訛作縣 案朱訛趙改刊

誤曰縣字當作城舊縣也文水又東南流與勝水合水西出

狐岐之山官本曰案西出近刻訛作出西 案朱趙作出西孫校曰山海經狐岐之山勝水出焉董祐誠曰山在今孝義縣西八十里勝水出焉亦曰孝水有

南北二川南川即勝水北川即陽泉水也東逕六壁城南董祐誠曰魏書地形志顯州永安中置治汾州六壁城在鄺氏後今爲孝義縣西六

壁村魏朝舊置六壁于其下防離石諸胡因爲大鎮太和中罷鎮

仍置西河郡焉勝水又東合陽泉水水出西山陽

溪朱趙不重水字東逕六壁城北又東南流注于勝水董祐誠曰今南北二川合于六壁村曰勝水陂勝水又東逕中陽故城南趙增縣字刊誤曰中陽下落縣字又東合文水文水又東南入于汾水也董祐誠曰今文水在文水縣東入汾與注所稱異詳原公水下

原公水出茲氏縣西羊頭山董祐誠曰白彪山在汾陽縣西北三十里原公水一名壺溪水又名馬跑泉出白彪山麓東過其縣北

縣故秦置也漢高帝更封沂陽侯嬰爲侯國趙釋曰全氏曰沂陽是夏侯嬰初封而食邑茲氏非封國也更封是汝陰王莽之茲同也魏黃初二年趙增置西河郡四字刊誤曰全氏云西河本漢郡尚在太原之西建安之亂空荒黃初復立注所載碑文可證二年下當有置西河郡四字今補正分太原復置西河郡晉徙封陳王斌于西河故縣有西河繆王司馬子政廟官本曰案近刻脫分太原至故縣有凡二十字又繆訛作恭政訛作緎案朱趙無訛同碑文云西河舊處山林漢末擾攘百姓失所魏興更開疆宇分割太原四縣以爲邦邑趙釋曰全氏曰西河本漢郡建安之亂空荒其土黃初復立而割太原之地以隸之攷晉志太原郡統縣十三皆漢之舊所少者界休茲氏慮虒三縣碑云分割四縣蓋破三爲四也晉志西河郡統縣四離石隰城中陽介休其三縣又皆是漢西河郡故縣名蓋以此三縣之名加之茲氏慮

麗之地耳其郡帶山側塞矣工以咸寧三年官本曰案近刻作四年案朱趙作四改命爵土明年官本曰案近刻作其年案朱趙作其十二月喪國臣太農閻崇離石令宗羣等二百三十四人刊石立碑以述勳德碑北廟基尚存也趙釋曰一清案此碑文多與史異晉宗室無司馬子政其人者晉書云西河繆王斌字子政魏中郎武帝受禪封陳王三年改封西河咸寧四年薨其薨年與碑同而改封之歲碑在四年傳在三年傳云字子政碑云子威傳云諡繆碑云諡恭善長親見其碑或是史誤

又東入于汾董祐誠曰今原公水分濬溉田下流入汾趙氏謂原公水即原過水善長失於分疏誤

水注文湖不至汾也趙釋曰一清案原公水即洞渦水篇注之原過水魏書地形志所謂出原過祠下者也善長蓋失于分疏董祐誠曰案文水原公水注與經異以今水道證之則又與經合而與注異經言文水止于平陶原公水逕入于汾注言文水至茲氏縣東爲文湖東南注于汾水原公水注文湖不至汾今文水自文水縣之東入汾不入古茲氏境而汾陽亦無復有文湖原公水勝水皆逕入汾並與經合推校其故由汾水有遷徙故諸水皆有變更元和郡縣志文水縣下云城甚寬大約三十里汾水經縣東十五里文水自交城縣界入經縣西又南入隰城縣界西河縣下云隰城縣上元元年改爲西河縣文湖在縣東十里多蒲魚之利是唐時文水與酈注正同也一統志文水故城在今縣東十里宋元符間因水患徙此宋時汾水西徙之證太原府志汾水舊西南流入汾陽縣界明代東徙南流入平遙縣界是明以前汾水益西今乃稍東也汾水既西文水下流皆爲所奪故逕自文水縣東入汾不復南注文湖既湮而原公水勝水亦獨流注汾經所言者漢魏之文水注所言者後魏至宋初之文水而宋以來之文水又近于經而異于注也又案元和郡縣志言文水城中種水田新唐書地理志文水有柵城渠甘泉渠蕩沙渠靈長渠千畝渠俱引文谷水溉田既多則水皆入田故道之湮或由此歟

洞過水出沾縣北山官本曰案魏書地形志作同過云五水合道故曰同過近刻過作渦　案朱趙作渦下同董祐誠曰二漢志沾屬上黨郡晉志屬樂平郡其故城在今樂平縣西南今洞過水出縣西當時則爲北山也一統志陡泉山在樂平縣西四十里洞過水出其西

其水西流與南溪水合水出南山西北流注洞過水董祐誠曰當亦在樂平縣西接壽陽界洞過水朱趙三字不重又西北黑水西出山趙作出西山三源合舍官本曰案近刻訛作三合源舍　案朱同箋曰宋本作合三源無舍字趙改刊誤曰箋曰謝云宋本作合三源同歸一川無舍字案名勝志引此文作黑水出西山三源合舍箋說非同歸一川董祐誠曰水出今壽陽縣西北七十里西山又有龍門河在壽陽縣西北三十里壽水在壽陽縣南二里俱入黑水蓋龍門河爲西源壽水爲東源也東流南屈逕受陽縣故城東官本曰案近刻脫逕字　案朱脫趙增刊誤曰南屈下落逕字孫潛校增董祐誠曰魏地形志太原郡受陽有大陵城中都有壽陽城是魏移晉受陽于大陵又移中都于榆次以受陽入之也元和郡縣志受陽貞觀十一年更名壽陽今晉志亦作壽陽此注尚係受字元和郡縣志言隋于受陽故城別置受陽縣卽今縣也方志皆以今壽陽城卽唐城然注言黑水逕其東今乃逕其西或唐以後更徙治歟　案晉太康地記樂平郡有受陽縣盧諶征艱賦所謂歷受陽而總轡者也其水又西南入洞過水朱趙無又字董祐誠曰黑水至壽陽縣南五十里入洞過水洞過水朱趙三字不重又西蒲水南出蒲谷北流注之董祐誠曰一統志云涂水在榆次縣南一曰大涂水出和順縣八縛嶺西北流至縣東南十五里入洞渦水一曰小涂水源出鷹山西流入大涂水

水經注涂水入洞過在原過水之下今此水反在上流蓋水經所謂涂水卽今金水河而此實
蒲水也案今涂水卽注所稱蒲水八縛嶺以上又有木瓜水出遼州木瓜嶺西流至八縛嶺入
蒲水魏收所謂同過水出木瓜嶺者也 洞過水又西 官本曰案近刻訛作于洞過又西 案朱趙同 與原過水
合 董祐誠曰魏書地形志太原郡晉陽下云同過水出木瓜嶺一出沾嶺一出大廉山一出原過祠下五水合道故曰同過案志所述止四水其出沾嶺者爲洞過水出木瓜嶺者爲
蒲水出大廉山者卽涂水出原過祠者卽原過水此注自原過水以上有南溪水黑水蒲水并洞過已有五水 近北便水源也 官本曰案
近刻訛作逕北便水流也 案朱同箋曰逕舊本作近趙改同官本 水西阜上有原過祠 董祐誠曰一統志在榆次縣東 蓋懷道
協靈受書天使憂結宿情傳芳後日棟宇雖淪攢木猶茂故水
取名焉 官本曰案故下近刻有層毖二字衍 案朱趙有

西過榆次縣南又西到晉陽縣南

其水南流注于洞過水也
榆次縣故涂水鄉 官本曰案涂近刻訛作塗下涂陽同 案朱訛趙改刊誤曰塗水漢志分註作涂水 晉大夫智徐吾
之邑也春秋昭公八年晉侯築虒祁之宮有石言晉之魏榆服
虔曰魏晉邑榆州里名也漢書曰榆次十三州志以爲涂陽縣
矣王莽之太原亭也縣南側水有鑿臺 孫校曰卽鹿臺山見山海經元和志麓臺山俗名鑿
臺山在縣東南三十五里董祐誠曰榆次二漢晉志皆屬太原郡魏書地形志真君九年併晉陽景明元年復故注不言故城然後魏移置中都縣于榆次卽元和郡縣志所稱中都故城在

榆次東十里者地形志中都下有榆次城似漢榆次城已廢入中都而別於縣東南置榆次縣者不言故城或注偶有脫略歟元和郡縣志榆次縣高齊移中都縣于廢榆次城即今縣理是也廢城即漢城今治即唐治則今城即漢城矣元和郡縣志鑿臺在縣南四里韓魏殺智伯瑤于其下刳腹絕腸折頸摺頤處也官本曰案近刻頸訛作頭摺訛作指　案朱訛趙改刊誤曰元和郡縣志引此作折頭摺頤寰宇記引此作折頸摺頤今從樂氏趙釋曰卮林曰史記智伯醉以酒灌擊毋卹又豫讓傳襄子怨智伯漆其頭以爲飲器乃知漆頭之讞實報灌首之辱諸家解同虎子已屬庬言而水經注曰韓魏殺智伯刳腹絕腸折頸摺頤處也蓋所未聞尋史記及新序載黃歇上秦王書曰智氏信韓魏從而伐趙韓魏叛之殺智伯瑤于鑿臺之下又曰韓魏父子兄弟接踵而死於秦者十世社稷壞宗廟隳刳腹絕腸折頸摺頤身首分離暴骨于草澤此春申極言韓魏之怨秦而酈氏誤以爲智伯見屠之酷可謂疏鹵矣其水又西南流逕武灌城西北官本曰案灌近刻訛作觀　案朱趙同董祐誠曰在今榆次縣西南二十里陳侃村盧諶征艱賦曰逕武館之故郛問厥塗之遠近官本曰案塗近刻訛作噎　案朱訛趙改洞過水又西南爲涪湖謂之洞過澤官本曰案澤近刻訛作津　案朱訛津趙作洞湖津董祐誠曰今分渠日多不復成澤澤南官本曰案近刻訛作而　案朱趙同並無澤字涂水注之水出陽邑東北大嵰山涂谷孫校曰魏收以此爲同過別原董祐誠曰二漢晉魏志陽邑皆屬太原郡一統志金水河即涂水出太谷縣東北大塔山案陽邑故城在太谷縣東則大塔山即大嵰山魏收所謂大廉山地形志又稱陽邑有徐水即涂水之誤西南逕蘿蘑亭南朱蘑作磬趙改刊誤曰箋曰謝云一本作蘿蘑亭案寰宇記云蘿蘑亭俗名落莫城蘑字是也董祐誠曰元和郡縣志蘿蘑亭俗名洛漢城在太谷縣西北十九里今爲太谷縣登豐村與蔣谷水合孫校曰地

形志榆次有長寧水西北合同過此疑卽魏收所說長寧水也董祐誠曰今金水河至徐溝縣合象谷水水出縣東南蔣溪董祐誠曰元和郡縣志蔣谷水今名象谷水今水出榆社縣恤張嶺下流逕太谷縣東北魏土地記曰晉陽城東南朱趙有一字百一十里至山有蔣谷大道度軒車嶺通于武鄉水自蔣溪西北流西逕箕城北董祐誠曰城在今太谷縣東春秋僖公三十三年晉人敗狄于箕杜預釋地曰城在陽邑南水北卽陽邑縣故城也董祐誠曰元和郡縣志太谷縣本漢陽邑今縣東故城是也後魏景明復置陽邑縣卽今縣也自後魏徙治之證竹書紀年曰梁惠成王九年與邯鄲榆次陽邑者也孫校曰地形志陽邑有白壁嶺樊陽水八表山徐水又曰沾有夾山豫水出得車嶺西北入汾王莽之繁穰矣蔣溪又西合涂水亂流西北入洞過澤也董祐誠曰今象谷水西北流至徐溝縣界入洞渦水西入于汾出晉水下口者也趙七字改注刊誤曰七字是注混作經董祐誠曰今洞過水亦曰洞渦水俗名小河自樂平縣西逕壽陽榆次至徐溝縣西北入汾劉琨之爲幷州也劉曜引兵邀擊之官本曰案劉曜近刻訛作劉淵案朱趙作淵合戰于洞過卽是水也趙釋曰一清案晉書劉曜攻晉陽劉琨使張喬拒之戰于武灌喬敗死晉陽太守高鎧等皆降琨屯榆次與左右數十騎攜妻子奔趙郡遂如常山

酈以爲現與劉淵戰誤也

晉水出晉陽縣西懸甕山朱趙懸作縣朱甕作罋趙改甕下同刊誤曰箋曰縣舊本作懸孫云罋山海經作雍注云音甕案縣古懸字罋當作罋从缶不从土方輿紀要云懸甕山腹有巨石如甕亦曰汲甕山蓋取象斯形罋是罋塞之義爲誤無疑

縣故唐國也春秋左傳稱唐叔未生其母邑姜夢帝謂己曰余名而子曰虞將與之唐屬之參及生名之曰虞呂氏春秋曰叔虞與成王居王援桐葉爲珪以授之曰吾以此封汝虞以告周公孫校曰史記以公爲史佚周公請曰天子封虞乎王曰余戲耳公曰天子無戲言時唐滅乃封之于唐孫校曰地理志太原郡縣有晉陽故詩唐國周成王滅唐封弟叔虞史記正義曰括地志故唐城在并州晉陽縣北二里城記云堯築也縣有晉水後改名爲晉孫校曰國都城記云唐叔虞之子燮父徙居晉水傍今并理故唐城唐者即燮父初徙之處也毛詩譜云叔虞子燮父以堯虛南有晉水改曰晉侯故子夏敘詩稱此晉也而謂之唐儉而用禮有堯之遺風也　晉書地道記及十三州志並言晉水出龍山一名結絀山官本曰案名近刻訛作水　案朱同趙改一云出結絀山刊誤曰箋曰宋本一下有云字案水字亦誤當作出在縣西北非也董祐誠曰魏書地形志晉陽有懸甕山一名龍山晉水所出元和郡縣志因之是又合龍山懸

甕山爲一山海經曰懸甕之山晉水出焉今在縣之西

南董祐誠曰漢志晉陽龍山在西北有鹽官晉水所出東入汾蓋別志龍山所在非蒙下晉水也續志以下因之而誤故酈氏辨之山在今太原縣西南十里晉水所出曰滴瀝泉

昔智伯之遏晉水以灌晉陽官本曰案水以近刻訛作以水　案朱訛趙改刪之字刊誤曰箋曰以水當作水以案之字衍文

其川上溯後人踵其遺跡蓄以爲沼沼

西際山枕水有唐叔虞祠趙釋曰方輿紀要云臺駘驛在太原縣南十里卽晉澤也舊爲晉水匯流處蒲魚所鍾水經注晉祠南有難老善利二泉大旱不涸隆冬不凍溉田百餘頃又有泉出祠下曰滴瀝泉其泉導流爲晉水瀦爲晉澤今本無之

水側有涼堂趙刊誤曰箋曰御覽作涼臺案今御覽引此文是堂字

結飛梁于水上左右雜樹交蔭

希見曦景至有淫朋密友羈遊宦子莫不尋梁

契集用相娛慰于晉川之中最爲勝處

又東過其縣南又東入于汾水

沼水分爲二派官本曰案近刻訛作汾水分爲二流　案朱訛趙改刊誤曰箋曰汾水舊本作湖水案非也寰宇記引此文云沼水分爲二派

沼水卽上文智伯遏晉水以灌晉陽蓄以爲沼之水其水流入汾後漢書安帝紀元初三年春正月甲戌修理太原舊溝渠溉灌官私田章懷注引酈元水經曰昔智伯遏晉水以灌晉陽後人踵其遺跡蓄以爲沼分爲二派北瀆卽智氏故渠也其瀆乘高東北入晉陽城以周溉北

灌東南出城注於汾水今所修渠卽謂此與寰宇記所引正同箋云舊本作湖水蓋誤耳

瀆卽智氏故渠也昔在戰國襄子保晉陽智氏防山以水之城不沒者三版與韓魏望叡于此故智氏用士其瀆乘高東北注入晉陽城以周灌溉官本曰案灌近刻訛作園 案朱趙同漢末赤眉之難郡掾劉茂朱作椽趙改掾刊誤曰椽當作掾負太守孫福匿于城門西下空穴中其夜奔盂卽是處也東南出城流注于汾水也其南瀆于石塘之下伏流逕舊溪東南出逕晉陽城南城在晉水之陽故曰晉陽矣官本曰案近刻脫故字 案朱趙無經書晉荀吳帥師敗狄于大鹵杜預曰大鹵晉陽縣也爲晉之舊都春秋定公十三年趙鞅以晉陽叛後乃爲趙矣其水又東南流入于汾董祐誠曰元和郡縣志晉水初泉出處砌石爲塘自塘東分爲三派其北一派名智伯渠東北流入州城中出城入汾水其次派東流逕晉澤南又東流入汾水此二派卽酈道元所言分爲二派者其南派隋開皇四年開東南流入汾水唐書地理志貞觀中引晉水入城謂之晉渠太原縣志晉渠俗謂之北派餘復分二派中派曰中河又分流爲陸堡河南派曰南河會流曰清水河今入城之流已涸餘引爲渠以溉田

湛水出河內軹縣西北山

湛水出軹縣南原湛溪官本曰案近刻軹訛作枳原訛作源　案朱訛趙改刊誤曰枳縣當作軹縣南源當作南原俗謂之椹水也官本曰案椹近刻訛作湛　案朱作湛趙改須釋曰全氏曰先司空曰須讀作須趙刊誤曰全氏云湛水字誤先司空校本作須水旁註云須讀作須通鑑隋漢王諒遣其將屯河陽與史詳戰于須水是也是蓋聲形盡鄰朱作聲盡鄰趙改聲畫鄰刊誤曰盡當作畫故字讀俱變同于三豕之誤耳其水自溪出南流朱出作之趙改又刊誤曰之當作又

東過其縣北又東過波縣之北官本曰案波近刻訛作皮　案朱訛趙改刊誤曰漢書地理志河內郡有波縣皮字誤

湛水南逕向城東而南注

又東過毋辟邑南

原經所注官本曰案原近刻訛作源　案朱訛趙改刊誤曰源當作原斯乃湨川之所由官本曰案湨原本及近刻並訛作洎今改正湨水詳見卷七濟水內　案朱作洎趙改湨刊誤曰箋曰舊本作洎川案洎川是湨川之誤訛而為洎又缺筆作泊非湛水之閒關也是乃經之誤證耳官本曰案近刻脫乃字　案朱趙無湛水自向城東南逕湛城東時人謂之椹城官本曰案近刻訛作湛城　案朱趙同亦或謂之隰城矣溪曰隰澗隰城在東言此非矣趙此改北刊誤曰此當作北後漢郡

國志曰河陽縣有湛城是也

又東南當平縣之東北官本曰案平縣原本及近刻竝訛作平陰縣考河水注云河水又東逕平縣故城北又東湨水入焉此注云原經所注斯乃湨川之所由不得爲平陰明矣今訂正　案朱趙有陰字南入于河

湛水又東南逕鄧南流注于河故河濟有鄧津之名矣官本曰案鄧津在孟津西河水自西而東先得清水次教水次畛水次庸庸之水乃至平陰又得濝水次至鄧得湛水次至平縣得湨水撰水經者敘清水于平陰下敘湛水于平縣下皆于地望不協故道元辨其非

水經注卷六

西元二〇二〇年四月一日重製一版

王氏合校水經注 冊一（清 王先謙 合校）

平裝四冊基本定價三仟元正
（郵運匯費另加）

發行人：張敏君
發行處：中華書局
臺北市內湖區舊宗路二段一八一巷八號五樓（5FL., No. 8, Lane 181, JIOU-TZUNG Rd., Sec 2, NEI HU, TAIPEI, 11494, TAIWAN）
客服電話：886-2-8797-8396
公司傳真：886-2-8797-8909
匯款帳戶：華南商業銀行西湖分行
179100026931
印刷：維中科技有限公司
海瑞印刷品有限公司

No. N1021-1

國家圖書館出版品預行編目(CIP)資料

王氏合校水經注 / (清)王先謙合校. -- 重製一版.
-- 臺北市 : 中華書局, 2020.04
冊 ; 公分
ISBN 978-986-5512-04-0(全套 : 平裝)

1.水經注 2.注釋

682 109003702